中/国/经/济/与/管/理/研/究/系/列

资源与增长

(第二版)

金 碚 等◎著

Resources and Growth

经济管理出版社

图书在版编目（CIP）数据

资源与增长/金碚等著. —2版. —北京：经济管理出版社，2014.1
ISBN 978-7-5096-2756-3

Ⅰ．①资… Ⅱ．①金… Ⅲ．①自然资源－关系－工业增长－研究－中国 Ⅳ．①F424

中国版本图书馆CIP数据核字（2013）第259338号

组稿编辑：	谭　伟
责任编辑：	张巧梅
责任印制：	蒋　方
责任校对：	超　凡

出版发行：经济管理出版社
（北京市海淀区北蜂窝8号中雅大厦A座11层 100038）
网　　址：www.E-mp.com.cn
电　　话：（010）51915602
印　　刷：三河市延风印装厂
经　　销：新华书店
开　　本：720mm×1000mm/16
印　　张：21.25
字　　数：340千字
版　　次：2014年1月第2版　2014年1月第1次印刷
书　　号：ISBN 978-7-5096-2756-3
定　　价：58.00元

·版权所有　翻印必究·
凡购本社图书，如有印装错误，由本社读者服务部负责调换。
联系地址：北京阜外月坛北小街2号
电　　话：（010）68022974　邮编：100836

本书为国家社会科学基金重大项目（05&ZD054）研究成果

项 目 名 称：资源约束条件下的工业增长问题研究

课题承担单位：中国社会科学院工业经济研究所
课 题 周 期：2005~2007 年 12 月
课 题 主 持 人：金　碚
课题组主要成员：

　　　　　　　　金　碚　　崔　云　　陈晓东
　　　　　　　　刘戒骄　　朱　彤　　李　钢
　　　　　　　　陈　志　　张其仔　　郭朝先

目 录

总 论　中国工业化的资源路线与资源供求 ······ 1
- 一、工业化进程中资源开发利用的基本技术路线 ······ 2
- 二、世界工业化过程的资源路径 ······ 5
- 三、中国工业化资源路线的主要特点 ······ 13
- 四、资源供求平衡与短缺的经济学性质 ······ 20
- 五、资源产业的垄断性及其对供求关系的影响 ······ 25
- 六、结论 ······ 28

第一章　土地资源与工业增长 ······ 31
- 一、经济增长理论中的土地资源约束分析 ······ 32
- 二、土地资源对我国工业增长的约束 ······ 38
- 三、工业增长中土地资源约束的实证分析 ······ 69
- 四、我国工业用地政策评析 ······ 74
- 五、结论 ······ 84

第二章　水资源与工业增长 ······ 87
- 一、水资源对我国工业增长的影响 ······ 87
- 二、西方工业发展中的水资源利用 ······ 95
- 三、水资源与产业结构 ······ 99
- 四、技术创新与工业节水 ······ 106
- 五、水价与工业用水 ······ 111
- 六、结论和建议 ······ 117

第三章 化石燃料能源与工业增长 ·········· 121

一、石油和天然气与工业增长 ·········· 121

二、煤炭资源约束与开采利用 ·········· 150

第四章 矿产资源与工业增长 ·········· 185

一、中国矿产资源基本情况的分析 ·········· 185

二、"矿产资源约束下经济增长"的经济学解释 ·········· 205

三、矿产资源对中国经济增长约束的估计 ·········· 215

四、经济发展、产业结构和矿产资源利用 ·········· 223

第五章 环境保护与工业增长 ·········· 235

一、环境保护的经济学分析 ·········· 235

二、中国的工业污染 ·········· 241

三、环境保护与产业竞争力 ·········· 265

四、中国的环境管制制度 ·········· 279

第六章 资源环境对工业增长总体贡献的分析 ·········· 307

一、经济增长与自然资源 ·········· 307

二、资源环境对工业增长贡献的总体计量分析 ·········· 311

附录 原始数据 ·········· 319

附表1 时间序列数据 ·········· 319

附表2 各地区工业总产值 ·········· 321

附表3 各地区规模以上工业企业固定资产净值年平均余额 ·········· 323

附表4 各地区规模以上工业企业从业人员 ·········· 325

附表5 各地区工业用土地 ·········· 326

附表6 各地区工业新鲜用水量 ·········· 327

附表7 各地区能源消费总量 ·········· 328

附表8 各地区钢铁生产量 ·········· 329

附表9 各地区水泥产量 ·········· 330

总论 中国工业化的资源路线与资源供求

工业化是世界上大多数国家近现代经济社会发展的主题。工业化的经济表现首先是，在不断进步的科学技术的支持下，人类对自然资源的大规模深度开发和利用。在工业化进程中，工业技术路线的实质是资源技术路线，即对自然资源进行开发利用的基本原理、路径机理和技术特征。发达国家已经完成了工业化过程，成为基于工业化所创造的丰富物质成果之上的现代国家。但迄今为止，工业化进程所因循的资源路线仍然在大多数发达国家中延续，后工业化社会的资源路线尚未成为世界主流。[①] 而越来越多的发展中国家走上工业化的道路，必然表现为工业化资源路线在世界的更大范围内扩展和强化。特别是近 30 年来直至未来的相当长的时期内，中国的崛起使传统工业化资源路线的性质和特征以极为突出的形式表现出来。工业化资源路线的形成有其客观必然性，人类即使必须为其付出代价也难以逾越必经的发展阶段。在中国工业化进程中，工业化资源路线的成就和代价都是客观规律的表现，即使我们可以从发达国家过去的"错误"中吸取教训，也不可能找到一条完美无缺的道路，只享用工业化资源路线的利益而完全避免付出一定的代价。但是，人类必须深刻地认识到，工业化的前途确实是既可能是"天堂"，也可能是"地狱"，也就是既可能创造更发达的物质基础和美好的生活条件，也可能毁坏自然环境和资源基础，最终使人类无法生存。因此，从长远来看，工业化的资源路线既是不以人的意志为转移的客观规律，也是人类所面临的一个严峻的命运选择。

---

① 只有北欧的瑞典等少数国家正在进入不再依赖煤炭、石油和钢铁等传统工业资源的社会。

一、工业化进程中资源开发利用的基本技术路线

近 200~300 年来，从世界范围看，人类发展的最主要表现就是从西欧到西欧移民国家，再到亚洲以至逐渐扩展到全球各国的工业化过程。工业化的实质就是对自然资源的大规模深度开发利用，以不断满足经济和社会发展的需求。工业的资源之母仍然是土地，这与农业有相同之处。但是，同土地对于农业所提供的自然资源主要是植物和动物所不同，土地对于工业所提供的自然资源，不仅是动植物，而且还有化石能源、矿物等。同样重要的是，工业和农业都需要淡水资源，水不仅是工农业之源，也是生命之源。当然，除了陆地资源之外，海洋也是重要的资源之母。广义的农业包括了渔业以及海水养殖业等。但真正大规模地开发利用海洋资源，则依赖于工业化时期的生产活动，特别是以造船业为代表的海洋工业活动。

为了进行经济研究，可以把大规模开发并进行工业利用的自然资源分为四类：第一类：土地，在工业化的经济学研究中，土地主要被当作工业生产活动的空间场地，当然，间接地也必须考虑到土地作为提供工人生活资料的条件对工资进而对工业成本的影响；第二类：水源，在工业化的经济学研究中，水源是工业选址和布局的先决条件，起先被当作无限供应的物质，而到了工业化中后期，水资源的经济价值（稀缺性）成为越来越重要的问题；第三类：能源，工业化的经济学研究，主要关注的是煤炭和石油等化石燃料能源，当然，随着化石燃料能源的耗竭，新能源的开发利用也成为越来越重要的研究对象；第四类：原料，包括矿物和生物，工业化的经济学研究主要研究的是矿物资源。

除了上述工业生产活动的物质投入资源之外，环境也可以被视为工业化进程中的一种资源。因为，工业生产必然会影响环境，对环境的破坏性影响如果超过自然的可恢复程度，就会导致人类生存条件的毁坏。也就是说，在任何地方，对于人类活动的环境容量都是有限的，所以，从经济学意义上说，环境对于工业生产是一种稀缺性资源。而且，环境资源同其他投入要素之间也有一定的可替代性，即消耗环境资源可以"节约"其他投入要素，例如资本。而增加其他要素投入，例如技术和资本，也可以节约

环境资源。当然,环境资源的可替代性是有限度的,对环境的过度破坏可能导致其无法恢复,例如原始森林被砍伐而变为沙漠后,难以再恢复为森林。

与农业生产相比,工业是一种更深度开发和利用自然资源的生产活动。同其所创造的经济价值相比,工业比农业相对地节约了土地和水资源,而更多地开发、利用了能源和矿物资源,对环境资源的利用也大大超过了农业。在工业生产活动大规模扩展的地区,对土地和水资源的需求量不断扩大,起先是农业用地转变为工业用地,以及与工业生产密切相关的商业用地和住宅用地;进而导致可开发而进行工业利用的土地趋于稀缺,土地成为工业生产的制约因素。水资源的工业利用也有类似情况,起先,水几乎是可以无限供应的工业资源,而随着工业规模的扩大,终于使水成为越来越具有稀缺性的资源。节水,即以资本和技术来替代水资源投入或增加水资源供应,即调水或造水(海水淡化),成为工业生产持续进行的重要条件之一。

现代工业生产是一种高度追求效率的经济活动。具有大规模工业开发利用价值的自然资源通常具有的基本经济性质是:第一,在地球上储量大;第二,获取比较容易;第三,在现实的技术条件下具有开发利用的经济性,不存在大量更经济的替代物质。工业化的一般技术路线是:

(1)对于土地。首先开发具有区位优势(交通便利)的低价格土地;当生产和生活活动的集聚导致工业用地的级差地租上升时,工业生产向低级差地租地区转移;只有高度节约土地和附加价值高的高技术工业可以利用高级差地租地区的工业用地。一般来说,在工业化的前期和中期,工业生产具有强烈的追求低价格土地的趋势。而进入工业化的中后期,工业集聚地区的土地价格上升,而工业产品的单位附加价值大幅度提高,同时,工业产业链的分解使得工业生产(特别是高技术产业)具有较高土地价格的承受能力。因而,高级差地租土地也可能进行工业利用。当然,由于工业生产的高度竞争性和可转移性,不断寻求低价格和优区位的土地资源(不过,随着工业化的推进,土地的"低价格"和"优区位"往往是相矛盾的),终究是工业发展的内在要求。

(2)关于水资源。只要不是由于其他资源要素(例如矿物)的限制,工业选址总是倾向于水资源丰富的地区,例如沿河、沿湖、沿江地区。这就可以利用无限供应至少是充分供应的水源。而随着工业的发展,水资源从无限供应到显著稀缺,因而,工业生产的技术路线必须从大量利用免费或低价水源,向适应高计价的水源供应的方向转变,也就是将节约用水作为降低工业成本的重要方式之一。一些耗水工业甚至可以成为节水工业(例如钢铁生产)。因此,对水资源的工业性需求通常会在达到一定的峰值后趋向减少。

(3) 关于能源。前工业化社会,水力、植物、矿物(煤、石油)等自然资源就被利用作为生产和生活的能源。但在近现代工业化过程中,大规模开发利用能源的技术路线是:从煤炭到石油的化石能源,以及主要以此为燃料而生产的二次能源,即电力、成品油等。迄今为止,从世界工业化的总体状况看,仍然处于一次能源的石油时代(二次能源的电力时代)。而中国由于其资源禀赋所决定,煤炭和煤电具有更重要的地位。实际上,即使是从世界范围来看,煤炭也是储量最大的传统能源资源,所以,当石油价格趋于大幅上升时,煤炭将再度成为具有更大开发价值的世界能源资源。

(4) 关于矿物资源。工业生产的原材料来源是多方面的,从植物、动物、泥土(砖、陶瓷、水泥),到金属(铜、钢铁、铝、其他有色金属)和非金属原料,再到石油等以资源为基础的化学材料和各种新型材料……而迄今为止,对工业生产最具重要意义的仍然是矿物资源。从工业化的技术路线看,相对于所创造的财富,工业生产过程既消耗资源,同时又更大程度地节约资源,即更高效率地利用资源;工业化过程不断把原先没有经济价值的无限供应物质转变为具有经济价值(稀缺性)的工业资源,所以资源价格上涨既是工业发达的表现,又是推动技术进步的风险表现;大规模工业开发利用确实可能使一些不可再生资源枯竭,但也只有依靠发达的工业技术和工业生产才能实现持续的资源供应。

工业生产本质上进行的是资源物质形态的转换,通过勘探、采掘、储存、运输、加工等工业过程,不断扩大和深化对自然的工业利用,即增加实际的资源供应量。换句话说,工业可以创造资源供应,资源供应并不构成对工业发展的绝对障碍,所以,工业发展在本质上是可持续的。解决工业资源问题的基本的经济要求是:资源的稀缺性通过市场供求的价格机制能够导致资源开发利用的技术不断进步,使大规模利用的工业资源具有社会能够普遍接受的经济性和可行性,成为工业经济增长的基本物质基础。总之,依靠价格机制基础上工业技术的不断进步,保证资源开发利用路线的可持续延伸，是工业资源问题的核心内容。

必须深刻认识的是：从本质上说，只有能够大规模工业利用的物质才是"资源"。地球上的物质如果没有工业需求（或者其他需求），就没有什么价值，所谓"价值"总是相对于人的需要和评价而言的。所以，在最彻底的意义上，所有的"资源"本质上都是由人类的生产活动所创造的，没有人类生产活动的需要，就没有什么物质可以称为"资源"。特别是当世界进入工业化时期后，几乎所有的"资源"都是由工业需求和工业生产活动所创造的。例如，如果没有钢铁工业，铁矿是没有价值的；如果没有石油工业、汽车工业、电力工业、航空工业，石油和煤炭都算不上是什么"资源"；如果没有工业和以工业为基础的建筑业，土地也不会有很高的价值。而正是由于工业的发展，才使得原本没有价值的物质，成为价值（价格）高昂的"资源"和"财富"。例如，大多数居民家庭所拥有的最有价值的财产——房地产，实际上是由最便宜最容易获得的物质所建造的。总之，地球上原本并没有天生的"资源"，只是相对于人类生产活动特别是工业生产活动来说，才有了所谓的"资源"。反过来也可以说，地球上的物质其实本身并没有"资源"和"废物"之别，只要工业充分发达，地球上的任何物质都可以成为资源。工业的本质就是：既创造资源，又消耗资源，而且是，正因为消耗资源，才会形成资源。工业技术越发达，可以成为资源的物质就越多，从理论上说，只要工业足够发达，所有的"废物"都可以成为"资源"。因此，人类所面临的资源问题，实质上是工业技术路线、资源路线和工业发达水平的问题。

二、世界工业化过程的资源路径

从世界工业化的资源历史看，主要工业化国家，大体经历了从蒸汽机时代，到内燃机、电动机时代的过程，即从煤炭时代发展到石油时代。而如果从具有代表性的工业原材料看，主要工业化国家都经历了从前钢铁时代，到钢铁时代，再到后钢铁时代的发展过程。其中，特别值得关注的历史过程是：在各国经历的重化工业阶段，资源的供应和需求状况发生了重大的变化和转折。

从区位特征看,世界工业国际转移的基本走势是:16~18世纪从西欧发端,18~19世纪向西欧移民国家北美、澳洲扩张,20世纪向东亚以至中国、南亚印度转移,其中也发生了向南美和非洲的少数国家扩散……

一般认为,经过了200~300年的世界工业化历程,到现在,在全世界200多个国家(地区)中,有60多个国家(地区)进入了工业社会,其中少数国家进入了后工业社会。而大多数发展中国家仍然处于向工业社会进化的过程中。如果从工业资源的开发、生产和消费的状况来进行总体判断,则可以得到以下基本印象:

(1)从工业原料看。以钢铁产量为主要标志,主要工业化国家大都在20世纪70年代达到了钢铁生产的最大产量:英国在20世纪70年代初就达到了粗钢产量的最高值;美国、德国、法国,甚至日本也都在20世纪70年代中期达到了粗钢产量的最高值(见表总-1)。此后,这些国家逐步进入后钢铁时代,有的则进一步迈入了后工业化社会。当然,20世纪90年代,有些发达国家的钢铁产量又有些上升,这主要是由于出口需求的增长,即一批发展中国家进入强劲的工业化进程,钢铁需求大幅度上升。从总体上说,当前发展中国家正在进入钢铁时代。韩国、巴西、印度甚至俄罗斯的钢产量从20世纪90年代以来都在大幅度增长。特别是中国,从1990年的月均粗钢产量552.9万吨,增加到2006年的3527.8万吨(见表总-2)。

表总-1　　　　主要发达国家粗钢月平均产量

单位:千吨/月

国家 年份	日本	美国	德国	意大利	法国	加拿大	英国	澳大利亚
1969	6847	10665	3776	1366	1876	767	2237	586
1970	7777	9942	3753	1440	1981	933	2319	570
1971	7380	9075	3360	1454	1905	920	2024	563
1972	8075	10062	3642	1651	2005	988	2119	563
1973	9944	11372	4127	1750	2105	1124	2227	642
1974	9761	10999	4436	1984	2252	1134	1867	651
1975	8526	8829	3368	1822	1795	1086	1653	656
1976	8948	9694	3534	1949	1936	1098	1888	650
1977	8534	9429	3249	1944	1842	1126	1708	611
1978	8508	10312	3437	2021	1904	1240	1689	632
1979	9313	10277	3837	2021	1947	1342	1795	678
1980	9283	8397	3653	2210	1930	1323	945	633
1981	8473	9073	3468	2047	1763	1234	1297	636

续表

国家\年份	日本	美国	德国	意大利	法国	加拿大	英国	澳大利亚
1982	8296	5533	2990	1998	1535	989	1148	531
1983	8097	6291	2977	1806	1468	1070	1249	467
1984	8798	6907	3282	1995	1584	1225	1268	517
1985	8770	6605	3374	1978	1569	1225	1314	532
1986	8190	6070	3095	1905	1489	1173	1235	540
1987	8209	6666	3023	1902	1476	1221	1432	489
1988	8807	7506	3416	1972	1584	1249	1582	505
1989	8992	7366	3422	2089	1558	1289	1567	556
1990	9195	7391	3203	2120	1585	1011	1492	552
1991	9136	6604	3517	2084	1537	1082	1376	515
1992	8177	6930	3316	2066	1495	1161	1338	571
1993	8301	7251	3135	2155	1426	1199	1391	644
1994	8191	7405	3403	2176	1503	1156	1448	702
1995	8471	7800	3504	2306	1509	1199	1473	708
1996	8234	7854	3317	2024	1469	1227	1508	699
1997	8712	8059	3751	2135	1647	1296	1544	736
1998	7796	8108	3671	2150	1677	1328	1441	745
1999	7849	8013	3505	2073	1683	1353	1385	681
2000	8870	8393	3865	2212	1746	1383	1252	667
2001	8572	7476	3734	2205	1616	1273	1131	586
2002	8979	7634	3751	2164	1688	1333	974	627
2003	9209	7612	3734	2236	1646	1327	1080	629
2004	9393	8210	3865	2373	1731	1359	1154	618
2005	9373	7768	3710	2446	1623	1279	1108	646
2006	9686	8212	3935	2635	1654	1291	1161	657

资料来源：中经网统计数据库；OECD 年度库。

表总-2　20世纪90年代以来若干后发国家粗钢月平均产量

单位：千吨/月

国家\年份	中国	俄罗斯	印度	韩国	巴西
1990	5529	—	—	1927	1714
1991	5917	—	—	2167	1885
1992	6745	—	—	2338	1987
1993	7463	—	—	2752	2093

续表

年份\国家	中国	俄罗斯	印度	韩国	巴西
1994	7718	—	—	2812	2140
1995	7947	—	—	3064	2089
1996	8437	—	—	3242	2103
1997	8992	3909	2048	3546	2179
1998	9511	3482	1957	3335	2147
1999	10304	4147	2022	3420	2083
2000	10526	4799	2244	3592	2314
2001	12053	4794	2274	3654	2226
2002	15044	4883	2401	3782	2467
2003	18287	5121	2648	3859	2594
2004	23340	5465	2719	3960	2742
2005	29464	5522	3405	3985	2634
2006	35278	5896	4121	4038	2575

资料来源：中经网统计数据库。

（2）从燃料能源看。世界工业化进程同化石燃料能源的开发利用密切相关。在工业化之前，人类主要利用薪柴作为能源。到18世纪工业革命时，煤炭逐渐成为主要的能源。当时最先进的工业国家英国，不仅开始大量使用煤炭作为工业和生活能源，而且煤炭工业也成为其重要的工业部门之一，其开始向国外大量出口煤炭，成为一个煤炭出口大国。据历史记载，1867年英国煤炭出口突破1000万吨，1923年英国煤炭出口达8073万吨，占其总产量的29%。后来，德国和美国相继成为世界煤炭生产大国和消费大国。1900年，美国煤炭产量达2.4亿吨，首次超过英国。这也是美国成为世界最强的资本主义工业化国家的重要标志之一。从世界范围看，到20世纪上半叶（20年代），煤炭消费量超过全部能源消费量的一半，世界进入"煤炭时代"。煤炭在能源中的主导地位一直持续到20世纪60年代，直到那个时期，世界工业发展的煤炭时代大约持续了半个世纪，而煤炭作为工业化的标志则差不多经历了100年（从19世纪60年代到20世纪60年代）。20世纪初，石油开始被用于照明和燃料。到20世纪20年代，由于内燃机代替蒸汽机成为越来越重要的动力机，石油的生产量、需求量和贸易量都迅速增长。有学者认为，人类进入石油时代的标志年份是1967年（也有资料显示是1965年）。这一年石油在一次能源消费结构中的比例达到40.4%，而煤炭所占比例下降到38.8%。

可见，如果说整个人类近现代发展过程的主要表现是工业化，那么，从能源动力资源看，迄今为止，工业化的主要表现就是化石燃料能源成为主要的能源物质，可以称为"化石矿物能源时代"。其可分为两个阶段，20世纪60年代之前为"煤炭时代"，20世纪60年代至今为"石油时代"。也就是说，今天，整个世界仍然处于化石矿物能源时代，大多数发达国家仍处于石油时代。从20世纪以来，世界的煤炭和石油供应及消费总量一直在持续增长（见图总-1）。当今，尽管全世界的化石燃料能源在各种一次能源中的比重比20世纪70年代有所下降，但煤炭和石油仍然占了一次燃料能源的近60%。在发达国家中也有些国家呈现出向后石油时代过渡的迹象。例如，瑞典等北欧国家正在进入"不使用石油"的时代。到21世纪中叶，整个世界将开始告别石油能源时代，更多地采用太阳能、风能、核能等非化石矿物能源。那时，人类也将进入后工业化社会。但是，无论如何，今天的世界离那个时代还有相当的距离。

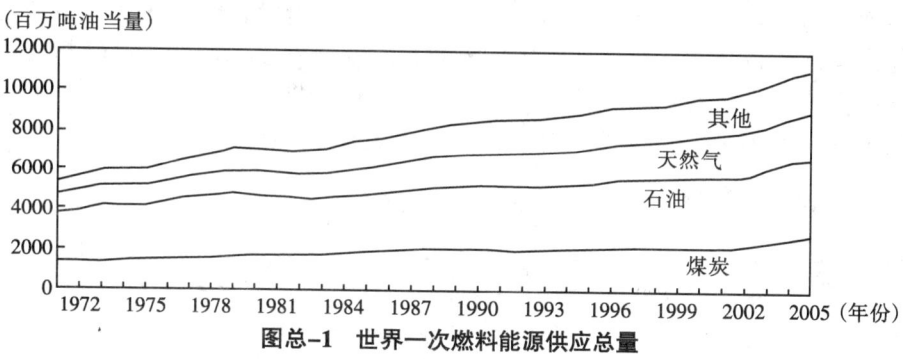

图总-1 世界一次燃料能源供应总量

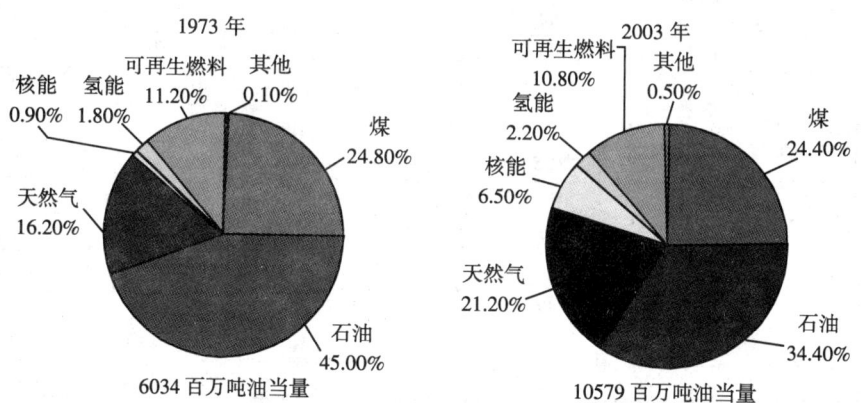

图总-2 世界一次燃料能源构成

可见，当代世界的基本现实是，从能源开发利用的角度看，煤炭和石油是两大基本能源。从工业技术路线看，由于作为最强大的工业化国家的美国具有巨大的石油资源优势，带动整个世界走上"石油依赖"之路，所以，石油成为半个世纪以来最重要的能源和战略物资。另外，从地球的地质结构看，煤炭是储量最多的化石能源物质，所以，从整个工业化的历史看，煤炭始终占有重要的地位。而石油大约只在其中的100年间占据主导地位。从这一角度看，中国以煤炭为主的能源结构并不是一个特例，而只不过是在西方国家（特别是美国）的工业技术路线居支配地位的近100年中，作为后发国家的中国在能源结构上所表现出的同西方工业化国家的"不一致"现象。

值得注意的是，尽管各国的能源利用效率和节能技术有了很大的提高，GDP的能耗强度有了显著下降，但是，除了英、法、德等少数欧洲国家外，大多数国家都处于传统能源消耗总量，即石油和煤炭的消费总量不断增长的状态（见表总–3、表总–4）。因此，可以说，迄今为止，整个世界都还处于高耗能，特别是高耗传统能源的发展阶段。即使在已经实现了工业化的发达国家，工业化社会的基本特征仍然显著存在。所以，人类还远未离开工业化资源路线所决定的资源开发利用路径。

表总–3　　　　　　　　　　若干国家煤炭消费量

单位：百万吨油当量

年份 国家	1965	1970	1975	1980	1985	1990	1995	2000	2005
美国	297.6	329.5	316.6	385.6	440.5	483.6	506.3	569.1	575.4
加拿大	15.5	16.9	15.5	22.6	29.3	24.4	25.2	29.4	32.5
法国	45.1	37.8	26.5	27.7	23.0	19.1	14.5	13.9	13.3
德国	163.5	151.7	128.3	139.6	147.6	129.6	90.6	84.9	82.1
意大利	8.6	9.9	9.8	12.6	15.1	14.1	12.5	13.0	16.9
英国	117.4	96.0	71.5	71.1	62.9	64.9	47.5	36.7	39.1
澳大利亚	16.0	18.1	21.6	26.1	30.1	37.0	41.1	48.3	52.2
日本	43.6	60.2	54.4	57.6	73.7	76.0	86.2	98.9	121.3
俄罗斯	n/a	n/a	n/a	n/a	195.6	180.6	119.4	106.0	111.6
韩国	5.0	5.6	8.0	13.2	22.0	24.4	28.1	43.0	54.8
印度	35.7	37.8	48.5	57.1	77.4	107.8	142.8	169.1	212.9
中国	165.6	196.5	250.9	305.1	410.7	529.9	694.6	667.4	1081.9

资料来源：BP Statistical Review of World Energy, June 2006.

表总-4　　　　　　　　　　　若干国家石油消费量

单位：百万吨

年份 国家	1965	1970	1975	1980	1985	1990	1995	2000	2005
美国	548.9	694.6	765.9	794.1	720.2	781.8	807.7	897.6	944.6
加拿大	53.8	71.6	81.1	90.1	71.5	79.8	79.8	88.1	100.1
法国	53.9	94.3	110.4	109.9	84.3	89.4	89.0	94.9	93.1
德国	86.3	138.7	142.6	147.3	126.3	127.3	135.1	129.8	121.5
意大利	52.3	87.3	94.5	97.9	84.4	93.6	95.5	93.5	86.3
英国	74.2	103.6	92.0	80.8	77.4	82.9	81.9	78.6	82.9
澳大利亚	16.9	24.5	28.6	29.4	27.0	31.6	35.3	37.7	39.7
日本	87.9	199.1	244.0	237.7	206.3	247.7	267.6	255.5	244.2
俄罗斯	n/a	n/a	n/a	n/a	244.5	249.7	146.1	123.5	130.0
韩国	1.3	8.4	14.2	24.1	26.1	49.5	94.8	103.2	105.5
印度	12.6	19.5	23.3	31.6	43.3	57.9	75.2	106.1	115.7
中国	11.0	28.2	68.3	85.4	89.8	112.8	160.2	223.6	327.3

资料来源：BP Statistical Review of World Energy，June 2006.

（3）从环境影响来看。工业化资源路线的主要代价之一是对环境的影响。在人类工业化的初期，即欧美、日本等国的工业高速增长时期，都发生过严重的环境污染现象。但由于当时在整个地球上工业化国家为数较少，而且污染也有一个累积过程，所以，当时工业化的环境污染尚未形成全球性影响。但是到了今天，一方面，中国、印度、巴西等发展中国家进入加速工业化时期。另一方面，各工业化国家200~300年来对环境影响的累积性作用使得环境污染成为全球性问题，甚至对整个大气环境造成很大的破坏，即温室气体的排放导致全球气候变暖（这一看法尽管并非没有争议，但确实有越来越多的证据使越来越多的人相信，人类经济活动所排放出的二氧化碳等气体导致了全球平均气温升高）。由此，可能产生一系列人类难以预料的后果。

美国前副总统阿尔·戈尔（Al Gore）摄制的纪录影片《难以忽视的真相》中提供的资料显示：在由于温室气体排放而导致的全球气候暖化中，美国负有30.3%的责任，欧洲负有27.7%的责任，俄罗斯负有13.7%的责任，中国以及东南亚、印度负有12.2%的责任（见表总-5）。这表明，工业化的生产方式和资源路线，以及由此导致的生活方式，对世界环境造成了很大影响。工业化资源路线的环境代价甚至可能对人类生存造成很大的威胁，需要全人类高度重视，并以集体合作的方式来应对这一严峻的挑战。

表总-5　　　　　　　　　世界各国温室气体的相对排放量

单位：%

国家（地区）	占世界排放总量的比重	国家（地区）	占世界排放总量的比重
美国	30.3	中东	2.6
加拿大	2.3	非洲	2.5
中美洲和南美洲	3.8	澳大利亚	1.1
欧洲	27.7	日本	3.7
俄罗斯	13.7	东南亚、印度和中国	12.2

资料来源：阿尔·戈尔（Al Gore）：《难以忽视的真相》，湖南科学技术出版社，2007年。

由于整个世界正处于工业化阶段，工业化的资源路线决定了对全球环境的巨大压力，所以，即使一些国家和地区为了本国和本地区的环境保护而禁止污染严重的工业生产或提高环境保护的标准门槛，这些生产活动也会转移到其他环境标准门槛较低的国家和地区。因此，工业化在全球的扩展，特别是传统工业从发达工业化国家向后发工业化国家的转移，可能导致环境污染从先进工业化国家向后发工业化国家的转移。所以，工业化对资源的消耗和环境的污染是一个全球性问题，或者说，资源的大量消耗和对环境的更大压力，是经济全球化过程中的一个现象，解决这个问题必须依靠全球各国的共同努力。

西方研究机构和研究者指出：14%的中国废气是由生产出口到美国的货品所造成的。英国"新经济基金会"（New Economic Foundation）的研究报告说：每一件在中国生产出口到英国的物品，其废气排放量比在英国生产要多1/3。西方国家对中国产品的依赖，变相地把废气排放量转嫁到中国。该机构政策总裁安德鲁·西姆斯表示："每当政府官员谈及气候变化的时候，他们似乎把中国当作替罪羊……"[1]

世界工业化资源路线所导致的资源和环境代价，正受到全世界越来越高度的重视。大力促进能源和资源效率的提高、可再生能源和资源的利用、清洁能源的开发，以及资源循环利用和减排技术的创新，成为世界各国共同努力的方向。这意味着，当世界进入工业化的中期和后期，必须对工业生产的技术路线和工业化的资源路线进行重大调整，这一变化的深刻

---

[1] http://www.sina.com.cn 2007年10月7日，中国新闻网。

性不仅表现为技术的进步，更重要的是将表现为制度安排、政策方向以及产业组织的全面变革。更深刻的是，要求人类对经济和社会发展的基本观念也必须发生深刻的改变。例如，绿色环保主义、慢生活和"慢食"（Slow Food）运动、简约主义等，正在成为发达国家的社会潮流。但是，人类仍然处于工业化时代这个基本现实，使得悲观主义和自然主义的观念不可能成为社会意识的主流。工业化和发展着的世界以强大的力量决定社会意识的主流必然是：以发展的力量优化环境，在发展中实现环保，经济发展与环境保护并重。人类的价值目标不是自然主义的原始环境，而是在高度发展水平上的环境质量。中国共产党所提出的科学发展观实际上就是这种工业化社会主流意识的集中表达。

三、中国工业化资源路线的主要特点

中国现代经济发展的基本性质是：在总体上循着世界工业化的路径持续推进，同时，又具有一系列非常独特的特点。中国工业化不可能逾越世界工业化过程所须经历的各主要发展阶段，也难以另辟蹊径实行完全不同于西方发达国家的基本工业技术路线，更不可能脱离经济全球化背景和居主导地位的资本主义国际经济规则。从这一方面看，中国工业化并没有"奇迹"，也不具有不受制约的自由选择权，所以，中国工业化的进程及其基本特征具有"不以任何人的意志为转移"的客观决定论性质。从另一方面看，中国工业化又是人类工业化进程中的一个非常独特的现象。迄今为止的世界工业化 200~300 年的历史使全世界 60 多个国家（或地区）的 12 亿人口进入了工业社会，仅占世界总人口的不足 20%。而中国工业化意味着在几十年（最多不超过 100 年）的时间内，占世界人口 21% 的巨大经济体将迅速地实现工业化，进入工业社会，这将对整个世界产生巨大的影响。在这一过程中，必然发生许多在迄今为止的人类工业化历史中从来未曾遇到过或者从来没有表现得如此突出的现象、问题和矛盾。所以，中国工业化必须具有更大的创新性，以解决难以回避的更大的内部不平衡性和外部不协调性所产生的种种难题。

中华人民共和国国务院新闻办公室于 2007 年 12 月发布的《中国的能

资源与增长

源状况与政策》白皮书指出，中国能源资源有以下特点：

（1）能源资源总量比较丰富。中国拥有较为丰富的化石能源资源。其中，煤炭占主导地位。2006年，煤炭保有资源量10345亿吨，剩余探明可采储量约占世界的13%，列世界第三位。已探明的石油、天然气资源储量相对不足，油页岩、煤层气等非常规化石能源储量潜力较大。中国拥有较为丰富的可再生能源资源。水力资源理论蕴藏量折合年发电量为6.19万亿千瓦时，经济可开发年发电量约1.76万亿千瓦时，相当于世界水力资源量的12%，列世界首位。

（2）人均能源资源拥有量较低。中国人口众多，人均能源资源拥有量在世界上处于较低水平。煤炭和水力资源人均拥有量相当于世界平均水平的50%，石油、天然气的人均资源量仅为世界平均水平的1/15左右。耕地资源不足世界人均水平的30%，制约了生物质能源的开发。

（3）能源资源赋存分布不均衡。中国能源资源分布广泛但不均衡。煤炭资源主要赋存在华北、西北地区，水力资源主要分布在西南地区，石油、天然气资源主要赋存在东、中、西部地区和海域。中国主要的能源消费地区集中在东南沿海经济发达地区，资源赋存与能源消费地域存在明显差别。大规模、长距离的北煤南运、北油南运、西气东输、西电东送，是中国能源流向的显著特征和能源运输的基本格局。

（4）能源资源开发难度较大。与世界其他地区相比，中国煤炭资源地质开采条件较差，大部分储量需要井工开采，极少量可供露天开采。石油、天然气资源地质条件复杂，埋藏深，勘探开发技术要求较高。未开发的水力资源多集中在西南部的高山深谷，远离负荷中心，开发难度和成本较大。非常规能源资源勘探程度低，经济性较差，缺乏竞争力。①

从改革开放以来近30年的工业化进程看，中国现代工业发展的资源路线具有以下显著特点：

（1）以低价格资源支持了工业生产的大规模扩张。中国近30年工业增长所依靠的国际比较优势，除了丰富的劳动力之外，还突出地表现为向工业企业特别是进入中国的外资企业提供了大量的低价格资源。一方面，从近30年中国工业资源的供求状况看，处于各类资源相对富余的时期，无论是土地资源、水资源、矿产资源，还是能源，都具有很大的现实供应

---

① 参见中华人民共和国国务院新闻办公室：《中国的能源状况与政策》，2007年12月。

能力,其市场表现就是资源产品价格显著低于国际水平;另一方面,为了竞争相对短缺的资本特别是境外资本和技术,中央政府和各级地方政府都实行了以"优惠政策"为特点的工业化促进战略。其基本经济性质就是以政策手段压低资源价格,例如,以低价格、零价格甚至补贴价格提供工业用地(中国土地是由政府垄断供应的,所以政府可以决定其供应价格水平),保证低价格的水、电供应,实行各种减免税收的特殊制度,以提高工业投资的吸引力和工业产品的价格竞争力。在低价格资源供应的推动下,中国工业每年都以两位数的速度高速增长,生产能力和生产规模大幅度扩张。经过短短的20多年,中国已经成为令世界惊叹的工业生产大国,世界各国几乎都离不开"Made in China"("中国制造")的工业产品。问题是,这种高度依赖低价资源的发展模式尽管具有其历史的理由,却是不可持续的。目前,已经可以十分明显地看到,中国工业发展所受到的各种工业资源成本价格上升的压力越来越大。人们已经强烈地感受到,工业生产必须摆脱对低价格资源的依赖,走向更注重资源节约和环境友好的发展路径。以政策性语言来表达就是:中国必须走科学发展的道路。

(2)中国的一次能源结构与从西方国家转移过来的工业技术路线之间具有很大的偏差。由资源禀赋条件所决定,中国的一次能源结构以煤为主,而以西方工业国为主导的世界工业技术路线的能源需求结构则是以石油为主。所以,当中国沿着世界工业发展的技术路线发展工业经济和国民经济时,以煤炭为主的能源禀赋特点与当前世界处于"石油时代"的工业技术路线之间的偏差就会突出地表现出来,甚至对中国的能源安全构成威胁。作为一个后发的工业生产大国,中国大多数的工业生产部门和交通运输方式都不可能完全脱离西方工业化国家的工业技术路线,另搞一套同中国的资源禀赋相适应的工业技术路线,所以,受本国资源禀赋条件的约束,中国的工业化必然受到资源供给结构的很大约束。我们的研究表明,由于矿物资源(包括化石能源)的制约,中国经济增长付出了2~4个百分点(GDP)的代价。同时,我们的研究也表明,中国工业增长所受到的石油供应的直接约束并不很强,这主要是因为工业生产主要使用二次能源(电力),而电力工业主要依赖煤炭供应。这反映出中国工业的能源生产结构同现代工业技术路线的"妥协"。但是,由工业技术路线所决定的工业产品,特别是交通运输业等,所受到的资源禀赋条件约束十分显著,突出表现为石油供应的约束,而且这种约束性还有进一步加强的趋势。1985~

2005年，石油在全国能源生产总量中的比重从20.9%下降到12.6%，而石油消费在能源消费总量中的比重却从17.1%上升到21.0%。前者下降了8.3个百分点，而后者提高了3.9个百分点，石油供求矛盾的压力进一步增强。

（3）重化工业的发展具有重要的意义。在加工制造业经历了10~20年的高速增长后，重化工业在强烈需求拉动下强劲增长，形成强大的资源需求和环境压力。同时，解决中国的资源、环境"瓶颈"又有待于建立发达的重化工业基础。一般来说，同轻工业和大多数加工制造业相比，重化工业具有消耗更多资源的特点。所以，重化工业的高速增长需要消耗和占用更多的资源。为此，有学者认为，中国工业化进程应越过重化工业的发展阶段，直接向高技术产业和现代服务业跨越，以避开资源短缺对经济发展的制约。但是，现实的国情则是，作为一个人口众多、幅员辽阔的巨大发展中国家，中国正在面临和将要面临的几乎一切重大和长远的经济社会问题的解决，都高度依赖于重化工业的长足发展。只有发达的重化工业，才能解决中国的城市化、交通运输、国土整治、资源开发、水利工程、环境保护和国土治理，以至国家安全、民生福利等问题。而且，高技术产业和现代服务业的发展也需要重化工业为其提供基础设施、办公设备、通信交通工具，并形成需求空间。换句话说，高技术产业和现代服务业的发展也都需要重化工业的发展为其提供供给和需求条件，无法脱离重化工业而独立发展。同时，中国城乡居民的生活质量逐步提高，越来越具有中等收入国家的居民需求行为特征，无论是交通（汽车）、住房等资产投资性需求，还是教育、旅游、卫生等服务性需求，都直接或间接地依赖于以重化工业为基础的产业供给能力的增强。总之，现阶段重化工业的高速增长具有不以人们的意志为转移的客观必然性。重化工业当然会消耗资源和影响环境，但解决中国的资源和环境问题又必须要有发达的重化工业。正是在这一强大的客观趋势之下，我们可以看到，中国的重化工业不仅快速增长，而且其国际竞争力也逐步增强。如果仅仅从资源禀赋结构的角度，传统的比较优势理论似乎无法解释中国工业结构向重化工业方向倾斜的现象，但从中国工业化的基本性质和根本性特征看，则完全可以理解重化工业在中国经济发展过程中的重大作用和重化工业发展阶段的不可逾越性。当然，中国重化工业的发展也不可避免地受到本国资源供应的严重约束，必须向国际化的方向发展，以拓展产业空间。

总 论 中国工业化的资源路线与资源供求

（4）工业密集地区的水资源、土地资源和环境生态承载力成为突出的制约条件。作为一个幅员辽阔的大国，中国工业发展的资源禀赋总量条件是雄厚的，从整体上看，自然资源储量和潜在供应量并不成为中国工业化的绝对障碍。特别是，相对于传统农业，工业对于水资源和土地的利用效率更高，即相对耗水和用地量更节约，我们的研究表明，尽管工业用水的比重有一定的提高（从1999年的21%提高到2005年的23%），但万元工业增加值用水量则显著下降（从1999年的330立方米下降到2005年的168立方米），全国土地的可开发空间也非常大。所以，从长期和总量上看，水和土地也不应成为中国工业发展不可克服的"瓶颈"。问题是，不同的资源具有不同程度的可流动性，可流动性越弱的资源，越可能产生地区性的"瓶颈"现象，而流动性越强的资源约束性则主要受供求总量的决定。①在各类资源中，能源的可流动性最强，化石能源可以直接进行长距离运输，一次能源还可以转化为二次能源进行长距离输送；矿物资源的可流动性次之，也可以进行直接运输或粗加工后运输。②水源的可流动性较弱，除非是河流的顺势自然水流或较近距离的人工水利工程调水，远距离调（江河）水的成本很高，代价很大，而地下水的调运在经济上的可行性更低，所以富水地区和缺水地区的自然状态是较难改变的，大规模调水工程的成本是很高的。③土地资源和环境资源在物质形态上基本上是不可流动的，即使是通过"造地"和"环境工程"来改变地区的土地和环境资源供应状况，也只是资本对土地及环境的替代，而土地资源的地区间"置换"和环境的"交易"（例如，排放量指标交易），则只是经济意义上的资源流动。所以，同能源和矿产资源的总量供求关系不同，水资源、土地资源和环境生态承载力的供求具有高度的区域性，因而在工业发展的高密集地区，可能成为严重的制约因素。① 这种情况在中国的一些工业密集城市和地区已经表现得越来越突出。中国城市中工业布局的密集程度已经非常高：有资料显示，美国城市建设用地中工业用地仅占7.3%，而中国城市建设用地中21%以上用于发展工业。可以看到，越来越多的地区工业生产

---

① 许多地区不仅生产用水紧张，甚至饮水安全都受到严重威胁。有资料显示，全国农村饮水不安全人口约占全国农村人口的34%。其中，因水量、取水方便程度或者保证率达不到饮水安全标准的为30%，而因水质不达标的不安全饮水人口占70%（郭凯：《站在世界，看中国饮水》，《南风窗》2007年12月1日总第347期）。

· 17 ·

密集布局已经导致土地资源和水资源超量利用，水资源短缺和水源水质破坏严重，生态环境承受极大压力。

特别值得注意的是，中国特殊的土地制度和水权制度使得土地资源和水资源开发具有很大的特殊性。由于中国经济发展所具有的区位特征，在中国优质的农业耕地往往同时也是良好的工业用地；由于工业相对于农业的更高效益，市场机制本身就有农业用地改作工业用地的倾向，再加上在中国现行土地制度下，土地价格很容易被政府和农村政权机构（乡、村）作为地区间竞争的主要手段之一，即以比其他地区更低的土地出让（使用权）价格，竞争工业资本向本地区的流入。而政府的土地收益则体现为非工业的城市建设用地（主要是商业用地和住宅建设用地）的使用权转让上，与低价的工业用地相比，后者的价格不仅显著偏高，而且节节攀升，各地不断有"天价"地块的惊人新闻见诸报端。

（5）持续的高速工业增长对资源形成特殊的压力。自20世纪70年代末80年代初开始实行改革开放以来，中国经济发展经历了持续30年的高速增长，具有十分明显的"压缩性"和"急速性"特征，即工业增长具有持续高速增长的条件和内在动力，表现为世界范围内罕见的经济增长波动的"弱周期"性。同时，在其他国家的经济发展中表现为较长时间的不同阶段及其特征，在中国经济发展的很短时间内就接连地甚至是重叠地表现出来。例如，有的经济学家将各国经济发展描述为"资源驱动"、"投资驱动"、"创新驱动"和"财富驱动"四个阶段，每一阶段有其特殊的现象特征。而在中国现阶段的经济发展中似乎这四个不同阶段的现象特征都在普遍地发生。大规模的资源开发（资源性产业的高增长、高利润）、资本投入（高储蓄、高投资和充沛的资金供应）、商业创新（尽管技术创新不尽如人意，但各种商业模式和企业经营战略的创新，则让世界为中国的商业成就惊叹）和财富增值（资本运作、资产价格上升、虚拟经济的活跃）。经济发展的这种"压缩性"、"急速性"阶段特征，使中国在较短的时期内就从低成本资源推动的工业化阶段开始向资源成本普遍上升的发展阶段过渡，但同时又保留着"资源驱动"的许多特征。正是这样，中国的资源和环境约束问题才表现得极具特殊性和紧迫性。

（6）由于巨大的人口规模，使得中国工业化必须经历特殊的漫长历史，对资源路线和供求产生非常特殊的影响。仅从统计数据就可以看到，中国工业化过程存在着巨大的不平衡性：如果从国内生产总值构成看，第二、三产业分别为 48.9% 和 39.4%，第一产业仅为 11.7%，那么，可以说中国已经是一个工业化国家，至少是已经进入了工业化中期，有些较发达地区已经进入工业化的成熟阶段。但是，如果从人口构成看，城镇人口为 5.77 亿，占 43.9%，乡村人口为 7.37 亿，占 56.1%，或者从就业人口看，一、二、三次产业的就业人口比例为：42.6∶25.2∶32.2，那么，中国仍然是一个农业人口为主的国家，很难说已经是一个完全意义上的工业化国家了。可见，"以农民为主的工业大国"是中国经济的一个显著特点和巨大矛盾。也就是说，57% 的乡村人口对应 12.6% 的第一产业（农业）产值，43% 的城镇人口对应超过 80% 的第二、三产业（工业和服务业）产值，必然导致很大的城乡人均收入差距和经济社会发展水平的极大不平衡。特别是，要通过已经超过 GDP 80% 的非农产业（二、三产业）的继续快速发展来实现更多的农业人口的非农化，意味着必须进一步加快城市建设，这必然要求大力发展电力、能源、冶金、建材、化工、装备制造、交通设备制造等重工业。这就可能导致"投资过度"、"资源制约"、"环境破坏"、"房地产涨价"等"经济过热"现象的反复出现。

面对这样的国情，中国的经济发展政策长期在"城市化"（鼓励农民进城）和"农村非农化"（把农民留在农村）之间徘徊。20 世纪 50 年代实行"人民公社"制度，希望把农民固定在土地上；70 年代以后，鼓励发展乡镇企业和乡村工业，希望农民"离土不离乡"；80 年代，鼓励小城镇建设，还是希望农村居民不要过多进入大中城市，以避免大中城市的过分拥挤。但是，工业化和城市化对乡村居民改变身份即成为"城市居民"具有极大吸引力。城市建设和经济发展也需要大量的农业人口转变为城市人口。所以，鼓励农民进城，直至彻底改变身份，成为缩小城乡差距的重要政策。有学者认为，缩小城乡差距的根本途径只能是"减少农民"，所以必须继续发展大中城市，加快吸纳乡村人口。并认为，这是中国解决农业人口非农化问题最经济和环境破坏最小的有效方式。当然，如果城市建设滞后，这条道路的不利后果就是大中城市的拥挤和"大城市病"的出现。无论如何，在中国工业化进程中，"落后的农村"和"拥挤的城市"是一对相互牵制的难题。所以，继续推进工业化和城市化进程和进行新农村建设以缩小城乡差距，是在中国现实国情下的必然选择。总之，中国工业化的产业产出结构变迁是一个相对容易达到的目标，而就业人口结构和城乡人口结构变迁则是一个相当困难的目标。尽管在人均国民收入核算的

资源与增长

国际比较上,中国已经可以被认为是一个"中等收入国家",但是,中国工业化的过程还远没有完成。

需要特别指出的是,中国工业化过程中所发生的资源紧缺现象以及我们对此所做的分析绝不意味着应该放弃工业化的发展,即试图以减缓工业化进程甚至回避工业化发展的方式来实现资源节约和解决资源短缺的问题。恰恰相反,中国的资源问题本身必须通过尽快推进工业化进程的方式来解决。我们的研究表明,尽管资源稀缺对工业增长具有一定的约束性,但对整个经济增长的约束性更大。[①] 所以,在一定的资源约束下发展经济,即突破资源稀缺对增长和发展的障碍,正是产生工业化现象的历史原因,也是工业化的历史任务。换句话说,人类在一定的发展阶段(中国正处于这一发展阶段),必须以推进工业化的方式来缓解和解决资源阻碍问题。工业化确实会遇到资源约束的阻碍,但是,如果不实现工业化,则资源短缺的问题将更难以解决,甚至根本没有解决的可能。

所以,问题的本质并不在于要不要加速工业化,而在于,在工业化阶段,如何以最科学的方式来加速工业化,通过更高效率地利用资源来从根本上解决资源问题。其中,最现实的核心问题就是,在这样的工业化时期,中国工业的竞争力来源究竟是什么?如果采取应对资源约束的战略和政策性手段,例如提高资源价格和环境标准,是否会削弱中国产业的国际竞争力而减缓工业化的进程?

总之,工业化资源路线本质上就是实现工业经济效率和增强工业国际竞争力的资源开发利用方式的选择,即以何种经济有效和可行的资源利用方式来推进工业化的进程。一定的资源技术路线必须有其相适应的制度和政策安排。

四、资源供求平衡与短缺的经济学性质

地球上的物质(以至人类有可能获取的太空物质)原先并无"资源"、

[①] 例如,我们的研究表明,土地资源约束对我国工业增长的"阻力"为0.47%,而对整个经济增长的"阻力"为1.53%。

"废物"或"丰富"、"短缺"之区别。任何自然物质是否是（工业）资源，是丰富还是缺乏，总是相对于一定的产品结构和技术路线而言的。只有生产某种产品所需要的物质才是工业资源，也只有生产一定的产品所需要的资源才可能会发生"缺乏"现象。例如，因为需要生产钢铁制品，钢铁才会短缺；如果没有钢铁工业，铁矿只是废物。同样，只有一定的技术路线所需要消耗的资源才可能会发生"不足"现象。例如，因为在现行工业技术上的飞机和汽车需要消耗汽油，才可能会发生石油的"不足"；因为火电工业，化石燃料（石油、煤炭）才会成为"资源"，并可能表现为供应不足。那么，工业生产以至工业化的资源技术路线是怎样形成的呢？世界工业发展和工业化的历史表明，资源技术路线的选择总是倾向于更多地使用地质储量丰富而且获取和加工成本较低的物质，避免使用储量稀少或者获取和加工成本较高的物质。从这一意义上说，真正会发生工业性"短缺"现象的资源通常是自然界储量丰富的资源。例如石油、煤炭、水都是地球上储量最多的物质。但是，工业生产具有巨大的扩张力量，任何进入工业消耗的物质，无论储量多么丰富，都可能成为全面的甚至世界性短缺的资源，出现所谓供应"危机"。长期以来，人们以为水是取之不尽的物质。但是，现在却成为令人担忧的短缺资源。相反，世界上真正稀少的物质，通常不会发生具有全局意义的工业性短缺。因为，根本就不会产生需要大量使用储量稀缺资源的工业技术路线。总之，任何自然物质，只有相对于一定的工业技术路线，才会成为工业资源。而工业发展的强大力量，可以使任何无节制消耗的地质物质发生供应短缺现象。①

自然资源的短缺与否，总是相对于需求与供给的关系而言的；同样，工业资源的短缺与否，总是相对于一定的工业技术路线所决定的资源供求关系而言的。而供求关系又总是同一定的价格相关，没有价格就谈不上是供大于求还是供不应求。从工业生产资源路线的技术选择的可能性上说，地球上储量丰富并且获取比较容易的物质往往成为工业生产的重要资源。而正是由于供应充分，其价格往往比较低甚至可以零价格（免费）供应。而低价格总是导致更大的需求，当需求量超过一定的量，就又会成为短缺资源。但是，短缺总是相对于一定的价格而言的，从理论上说，只要价格具有无限的浮动弹性，世界上就不可能出现普遍性的工业资源短缺现象。

---

① 参见金碚：《资源与环境约束下的中国工业发展》，《中国工业经济》2005年第5期。

问题恰恰在于，由于种种原因，可以大规模开采利用的自然资源往往并不具有价格浮动的充分弹性。所以，就其价格特征而言，工业资源可以分为以下几类：

第一类：相对于有效需求可以无限供应的（非稀缺性）资源。这种资源的价格为0，即完全可以免费获得，例如，阳光、空气、海水等。在前工业化时期，大多数国家和地区的淡水资源也属于这样的资源。这类资源通常可以称为"无约束资源"，或无限资源。

第二类：完全由市场价格调节的有限供应（稀缺性）资源。理论上说，这类资源不存在普遍性的"短缺"问题，即使是储量非常稀少的物质，也只会表现得非常"昂贵"而不会发生短缺危机。这类资源可以称为"经济性约束资源"。

第三类：必须普遍保证供应的稀缺性（非无限供应的）资源。由于这种资源对生活和生产具有不可缺少性，国家必须保证对居民和社会的普遍供应，所以其价格就不能太高。国家往往迫于种种压力而控制或者干预价格，因而发生"短缺"现象。而如果国家失去对这类资源价格的调控能力，其价格上涨超过社会承受力，就会发生严重的社会危机。可见，资源供应不足总是与价格控制有关，或者与对价格变动的不可忍受性有关，而价格变动的不可忍受性往往就是价格控制的直接原因。

由此可见，人们所关注的实际上主要是上述第三类资源的供求，特别是可能产生的"短缺"危机问题。所以，所谓资源"短缺"，归根结底是价格现象以及对价格变动的承受力问题。从经济分析的角度看，主要涉及两个基本问题：第一，某种可以普遍利用的工业资源在多大程度上是由市场价格调节供求的；第二，社会能够承受多大程度的资源价格变动（通常是向上的浮动）冲击。而这两个问题又是相互制约的，例如，往往是由于社会不能承受资源价格的过大变动冲击，所以不能让市场价格不受任何限制和干预地发挥供求调节作用；或者是相对于社会所能承受的一定价格水平来说某种资源供不应求了。这就是为什么一般工业制成品通常不会发生普遍性"短缺"，而资源产品供应则有可能发生普遍性短缺现象的主要原因之一。这是因为，一方面，一般工业制成品的供给弹性大，受自然条件的约束较小；另一方面，社会对绝大多数工业制成品没有不可容忍的价格浮动界限，即只要供不应求就可以提高价格，以实现供求平衡而不会产生严重的社会经济问题。而对于普遍利用的资源性产品，社会的价格敏感性都很高,具有明显的价格浮动(通常是价格上涨的)容忍限度。超越这一限度,社会(国家)将以种种方式进行干预或限制。

某种工业资源物质属于上述哪一类型并非一成不变,同一种物质在不同的国家和不同时期可能具有不同的类型特征。所以,在现实经济中,某种资源的短缺与否,可能处于不同的状况。首先是自然储量的多少,这取决于物质资源的自然禀赋。其次是不可再生资源的探明储量或可再生资源的潜在供应量的多少,这取决于资源勘探的投资量和勘探技术。再次是资源性产品的现实生产量和供应量的多少,这取决于产能和运输能力的大小,而这又是由技术、投资以及发挥生产能力的各种因素所决定的。最后是资源产品的实际供求关系,这取决于市场价格。简言之,储量、投资、产能(包括运输能力)、价格(机制和承受力)是工业资源问题的四个基本层面,其中,不同资源产品的价格特征又是资源供求问题的核心问题。对于我国目前和将来所面临的工业资源短缺性危机,首先是价格问题,其次是产能和投资问题,最后才是自然储量问题。

有学者的研究表明,工业资源需求对于价格变动具有较高弹性,对资本也具有较高的替代弹性。例如杨中东根据 1978~2005 年的数据计算,制造业中的能源需求价格弹性为 1.57,说明能源对价格的弹性是较为敏感的。制造业中能源与资本之间的 ALLEN 偏替代弹性为 4.9,说明能源与资本之间存在较强的替代关系。[①] 这意味着,只要提高能源价格,就可以在很大程度上克服能源短缺现象,也意味着,只要增加投资、改进技术,也可以显著减少能源的消耗。

但是,在中国工业发展和经济发展的现阶段,社会对资源价格(向上)浮动的承受力十分有限,过高的资源价格可能导致居民生活的困难和工业成本的普遍上升及企业经济效益的严重受损,甚至引发社会经济生活的混乱,所以,资源价格往往受到较严格的控制和干预。同时,以增加投资的方式来实现资源节约,也受到投资能力和新技术的经济有效性(即成本)限制。也正是以此为理由或者借口,在资源价格的形成机制以及有关产业部门所安排的资源价格体制上,至今保留了更多的计划经济因素。这必然又反过来加剧了资源供求的矛盾,特别是更容易发生"短缺"与"过剩"现象的交替出现。20 世纪 90 年代以来,我国的煤炭、电力供求就发

---

① 杨中东:《对我国制造业的能源替代关系研究》,《当代经济科学》2007 年第 3 期。

生过这种现象。这是中国经济发展过程中的一个相当棘手的难题。

由于资源需求的普遍性和复杂性，过分依靠人为干预价格的手段来调控资源供求难以实现期望的目标。而且随着经济的发展，资源需求与供应的价格弹性逐步提高，特别是资源供求的长期弹性显著高于其短期弹性，所以，归根结底，需要形成有效的价格机制来实现长期的资源供求平衡。但在一定的产业组织和社会承受力条件下，价格机制只能在相当严格的约束条件下发挥作用，所以，现实地看，在一定的条件下，价格机制特别是依靠自由市场价格能够在多大程度上解决资源的现实供求平衡问题，是一个需要做具体研究的复杂课题。这不仅涉及技术激励相容性，而且涉及制度激励相容性。

从技术激励相容性上看，人们可以问：市场竞争的效率机制为什么没有倾向于节约资源技术的更快进步？高能耗、高水耗、高物耗为什么会成为传统工业技术路线的顽固特征？其原因完全是内部成本的不完全化吗（即企业的财务成本中没有包含资源消耗和环境破坏的外部成本）？

从制度激励相容性上看，人们可以问：现行制度安排为什么没有更倾向于激励节约（少用资源）和替代（使用其他资源）行为？当节约和替代对于一部分利益主体有利，而对于另一部分利益主体不利时（市场机制的基础是交换，在交换过程中总是表现为一方的获益就是另一方的受损），现行的制度安排为什么并没有总是倾向于使节约和替代行为能有更大的获益？

激励相容关系到各方面的利益，经济活动中的行为人进行技术选择总是基于自身的实际利益。即使可以考虑社会利益和社会伦理的要求，也必须以自己的经济承受能力和企业的竞争力为前提。任何超过自己的经济承受能力和企业竞争力的良好的利他行为在竞争环境下都是不可持续的。这也许可以部分地解释在资源供求中，为什么技术激励相容和制度激励相容问题的解决会十分困难。不过，问题还有其他的方面，在制度安排上没有实现激励相容，可能同目标设定的优先顺序有关，即制度安排所要求的其他目标居于更为优先的地位。特别是，在经济和社会发展的不同阶段，各种目标的优先顺序可能是很不相同的。例如，在经济发展的初期，发展的重要性高于资源效率和环境保护，而随着经济社会进入更高的发展阶段，资源效率特别是环境质量的价值会越来越高。所以，在经济发展的初期，制度安排可能更倾向于激励发展，而随着经济发展水平的提高，制度安排将更倾向于激励资源效率和环境质量。这表明，对于资源和环境，无论是市场调节还是政府干预,其价值基础都不是一成不变的。也就是说,在不同的社会发展阶段,社会的基本价值准则是有差异的,所以,由其所决定的企业行为目标及政府政策目标也是不完全相同的。传统的工业技术路线和资源路线,具有高消耗倾向,是与当时的发展阶段相关的。但是,我们不能因此而忽视传统工业化资源路线所产生的问题。特别是,我国目前的现实是,当社会价值基础已经显著地更重视资源效率和环境质量时,在技术激励和制度激励上仍然倾向于低估资源效率和环境质量的价值,在许多情况下,企业和地方政府仍然倾向于以更高的资源投入和环境代价来获得市场竞争和企业竞争的优势地位。这显然与我国目前各方面的制度改革滞后相关,即许多制度安排都仍然具有同节约资源与保护环境激励不相容的性质。这是当前在资源和环境问题上,市场机制和政府干预都不尽有效的重要原因之一。

总之,同一般工业产品相比,工业资源性产品的供求平衡与可能发生的短缺现象(往往被称为"××危机")具有更复杂的经济学性质。在现实经济中,有关工业资源,特别是普遍使用的基础性资源的供应约束问题,总成为社会十分关注,甚至具有高度的国家战略敏感性的问题。因此,对这些资源以及资源产业的政府干预总是比较强烈(许多国家在这些领域都实行国家所有或者国家控制的制度)。而政府的干预和深度介入,又必然产生更多复杂、敏感和引起争议的问题。

五、资源产业的垄断性及其对供求关系的影响

资源供求领域的一个显著特点是:资源产品的需求是普遍的、分散的和竞争的,而资源产品的生产和供应产业的组织结构特点则往往是倾向于垄断性的,包括地区性垄断、全国性行业垄断甚至世界性垄断。因为,如前所述,资源的实际供应取决于投资和技术,而大规模开发资源的投资规模和技术运用倾向于集中和垄断。而且,政府对资源的高度关注和管制要求,也往往倾向于促使或者支持资源生产和供应企业形成市场垄断地位。这也是导致资源价格具有极大的产业组织特殊性的重要原因之一。所以,尽管如前所述,资源供求中所产生的问题从本质上说是价格现象,但是,

资源产品在大多数情况下实际上并不具有完全竞争意义上的价格,而总是有一套非常特殊的价格体系,并受到资源产业特殊的产业组织结构影响。

资源产业组织的垄断性不仅表现为自然垄断,而且具有经济性垄断,甚至具有政府特许或其他形式的行政性垄断。复杂的垄断结构形成特殊的利益结构,而这种利益结构常常与政府权力结构密切相关。这使得垄断性资源生产和供应企业在社会权力结构中居于特殊地位和拥有特殊的影响力,甚至可以对国家的政策产生重要影响。例如,美国的石油财团对美国的国家政策以至外交战略和军事战略都有重大影响。实际上,资源产业也是政府直接参与(投资)的重要领域,国有企业常常就是资源产业,例如石油、煤炭等产业的重要进入者。所以,资源产业的竞争通常具有垄断竞争、寡头竞争的特点,而且具有国有企业高度参与和政府严格管制的特点。这些基本特征也决定了,价格机制在调节资源产品的过程中所受到的约束很大,也决定了政府在干预资源产品价格和供求的过程中也必然受到各方面利益集团的影响,往往很难权衡利益、理性决策。最终可能只不过是各方利益的妥协产物。

资源产业的垄断性可能产生多方面的影响。资源生产和供应企业负有明显的社会责任义务,它们往往并不能完全根据自身的成本—收益状况来决定资源产品的价格和供应行为,特别是不得任意终止供应。可以说,资源性垄断企业通常被要求必须承担最基本的"社会保障性"供应义务。所以,资源垄断性企业实际上承担着强制性的社会责任,这是它们的正社会效益。另外,垄断性资源生产和供应企业的自利性也可能导致社会福利损失,通常表现为以很高的垄断价格剥削消费者而获取高额垄断利润,这是它们的负社会效益,特别是如果它们依赖垄断地位来谋取更多不当利益或降低对消费者的服务质量,则更反映出资源垄断供应体制的负效益性。

由于资源供求体制的上述特点,资源生产和供应的产业组织结构(或市场结构)的优化就成为一个特别重要也常常引起争议的问题。一方面,资源产业也必须反对企业垄断行为;另一方面,产业的较高集中度又是资源产业发展的客观规律,也是实现资源合理开发利用和保护的技术要求。所以,反垄断和集中度的权衡是资源产业组织的重要课题。

资源领域的产业垄断特征不仅表现在空间可流动的资源产业(例如,油气、煤炭、矿物等)上,而且表现在空间不可流动的资源领域中,其中,土地开发利用就是最受关注的领域。土地资源的有限性决定了其特殊的垄断性，使其供求关系具有非常特殊的经济性质。特别是在工业化和城市化过程中，土地价格（绝对地租和级差地租）快速上涨。土地不仅成为经济活动的重要载体，而且成为越来越重要的财富实体。由于工业化导致的地区差距和城乡差距扩大，特别是大城市的发展，形成巨大的经济活动聚集区。在这些地区中，土地的级差地租必然大幅度上升，使土地成为巨大的"虚拟财富"。虚拟财富并不是虚幻而不存在的东西，只要经济正常运行，虚拟财富也是现实存在的财富，只不过它属于虚拟经济范畴，更加依赖于人们对它的主观价值评价。

当土地资源成为巨大的虚拟财富载体，其价格决定和变动遵循特殊的规律性。而因为土地在空间上的不可流动性，在财富配置和要素配置两方面的作用力之下，价格调节可能难以发挥有效作用。所以，对于土地供求需要有特殊的方式来弥补价格机制的不足，其中，最重要的是政府土地规划和实行国家垄断（土地国家所有制）。后者是由政府垄断来替代以私有产权为基础的市场价格调节，前者则是对所有土地产权，包括国有产权、集体产权和私人产权，进行直接限制，实质上就是对所有土地产权进行部分国家垄断，即国家拥有对所有土地产权的开发使用决策权。例如，按照我国现行的土地制度，国家即使不拥有对农村集体所有制土地的所有权，仍然有权力决定土地的使用开发规划。未经国家规划，农业用地不得挪作他用。在实行土地私有制的国家，政府只要拥有土地规划权，实质上就是拥有了部分的土地产权，而土地的私人产权实际上是不完全的。

在政府土地规划和国家垄断的土地制度下，土地供求和价格受到政府行为的控制。其有利性在于，可以体现社会利益和广大社会群体对土地资源配置的要求，而不是唯一地由土地的私人所有者或占有者来自由决定土地资源的使用方式。但有利必有弊。政府土地规划实行的是公共权力原则，在行使公权力时如何处理与被规划的土地所有者或者原占有者的私权利（物权）之间的关系是一个很复杂的问题。而国家垄断土地所有权，则意味着在土地开发过程中，政府作为一个特殊的具有行政垄断权的利益主体进入土地交易市场，政府部门的政绩行为和财政冲动很可能成为影响土地配置的强大力量而扭曲土地资源配置，甚至诱发政府官员腐败现象的发生。从理论上说，实行政府土地规划和土地国有，可以从社会理性目标出发最合理地配置土地资源，必要条件是有一个社会理性目标的有效选择机制，即一套进行科学规划和国有土地开发使用的有效决策系统和程序。但是，社会理性目标有效选择机制的形成和完善是十分困难的。所以，不仅完全以私权利为基础的土地资源配置体制具有严重的缺陷（市场竞争的缺陷），以公权力为基础的土地资源配置机制也有一定的缺陷（政府垄断的缺陷）。在现实经济中，土地制度和土地资源配置机制的具体安排，实际上就是要实现这两个方面的权衡。

六、结论

工业生产是人类对自然资源进行开发利用，将其加工制造为符合人类需要的产品的过程。工业化是工业生产方式成为人类主要的和居主导地位的生产方式的社会发展过程。工业化需要大规模地开发使用自然资源。工业化的技术路线总是倾向于选择地球上储量丰富和比较容易开发的物质。这些物质由于成为工业生产过程的投入物，才成为具有工业利用价值的"资源"。所以，地球物质是否成为"资源"取决于工业技术路线以及由其决定的资源路线。也就是说，是工业化的资源路线决定了地球物质可以区分为"资源"和"废物"。任何"废物"在一定的工业技术路线下都可以成为"资源"。任何"资源"在一定的工业技术路线下也可以成为"废物"。工业化的强大创造力量（同时也就是巨大的物质消耗量），使得即使是非常丰富的地球物质也可能成为稀缺甚至短缺的资源。所以，工业化过程中，只要一种既定资源路线不断强化，而价格机制又不足以刺激大规模的资源替代，则资源价格通常倾向于上升，直至资源替代在经济上具有可行性。由于作为工业过程的基础性资源（往往也是生活的基础性资源）具有普遍供应要求，所以，对于其价格上升，社会往往不能容忍，或者不能承受价格机制对资源配置特别是资源替代进行调节的长期过程，因而需要政府干预，包括价格调控、行为管制、标准强制、政府规划、国家垄断等多种方式。因此，工业化过程中成为短缺资源的物质，往往是具有特殊的价格表现的资源产品，而且，其中多数工业资源本身也是工业生产的产品，因而在工业生产体系中形成庞大的资源产品的生产和供应产业。这些产业往往具有相当程度的垄断性和特殊利益，其强大的市场势力往往使其拥有很大的社会经济影响力，而政府的介入又使得国家垄断或政府垄断因素深植其中。所以，各种资源的供求过程，以及资源供求对工业增长所产生的推动或约束作用具有高度的复杂性。研究工业化的资源路线与资源供求，特别是对传统能源、重要矿物、水资源、土地资源等近代和现代工业化技术路线上的重要资源的供求走势，以及工业化资源路线的转变（传统资源的节约与替代），具有越来越重大的意义，对于中国按照科学发展观的要求走新型工业化道路更具有极大的必要性和紧迫性。特别是，工业化过程在本质上是通过市场过程实现的，市场经济的巨大活力来源于有效的竞争，所以，工业化技术路线和资源路线的选择和转变，其决定性条件是工业竞争力源泉的现实状况和演化趋势。工业技术路线和工业化资源路线体现了获取竞争源泉的需要，工业技术路线和工业化资源路线的转变，实质上就是工业竞争力源泉的转变。所以，从这一意义上可以说，寻求竞争力的新源泉，是在新的发展阶段优化工业化资源路线的根本要求和核心内容。

参考文献

1. 朱迪·丽丝：《自然资源：分配、经济学与政策》，商务印书馆，2005年。
2. 国土资源部信息中心：《2005中国国土资源可持续发展研究报告》，地质出版社，2006年。
3. 中国科学院可持续发展战略研究组：《2006中国可持续发展战略报告》，科学出版社，2006年。
4. 中国现代化战略研究课题组、中国科学院现代化研究中心：《中国现代化报告（2005）——经济现代化研究》，北京大学出版社，2005年。
5. 中国现代化战略研究课题组、中国科学院现代化研究中心：《中国现代化报告（2007）——生态现代化研究》，北京大学出版社，2007年。
6. 奥古斯托·洛佩兹—克拉罗斯、迈克尔·E.波特、克劳斯·施瓦布：《全球竞争力报告（2005~2006）》，经济管理出版社，2006年。
7. 金碚：《资源与环境约束下的中国工业发展》，《中国工业经济》2005年第4期。
8. 中华人民共和国国务院新闻办公室：《中国的能源状况与政策》，2007年12月。
9. 中华人民共和国国务院新闻办公室：《中国的环境保护（1996~2005）》，2006年6月。

第一章 土地资源与工业增长

土地是人类社会赖以生存、繁衍和发展的最基本条件之一，土地不仅决定了人类活动的空间范围，而且提供了生活资料和生产资料最基本要素的承载实体，所以，适宜人类生产和生活的土地供应是任何国家经济和社会发展所必需的最基本的物质资源。没有土地资源，人类就无法生存，更谈不上社会发展。而且，在现实的科学技术和工业能力条件下，人类难以大规模地实现其他物质资源对土地资源的替代，除了填海造地等极少数特殊情况之外，人类难以大规模"制造"土地。尽管以增加建筑物高度和楼层的方式可以增加活动空间和实际可利用的"面积"，但是，土地的平面面积难以大规模扩大，而且也非增加建筑物高度和楼层就可以无限制地替代，所以，在可以预见的时期内，对于任何国家，土地资源都具有绝对的供应有限性。再加之在所有物质资源中，土地是最不具有空间可流动性的要素，所以，土地的稀缺性是经济学研究的一个永恒而特殊的问题。

从世界范围看，各国国土面积有大小，人口有多寡，所以，国家之间的土地稀缺性差距很大；从一国范围看，各地区的经济活动密集程度差距很大，所以，地区之间的土地稀缺性也十分明显。因而，反映土地稀缺性程度的土地价格，即绝对地租和级差地租，表现出极为复杂的结构状况。由于土地所具有的上述特殊性质，所以，它既是人类的生存要素和"财富之母"，又是经济发展的一个制约因素。任何国家和地区的土地资源都是有限的，随着经济不断发展和人口不断增长，对土地的需求将不断增加，土地资源也将变得日益稀缺，从而对经济的可持续增长造成一定的约束。

当然，在经济发展的不同阶段，主要的产业领域不同，土地资源对经济增长的约束程度也有很大的差别。一般来说，土地资源对某一产业的作用越为重要，对该产业发展可能产生的约束程度也就越大。例如，在传统农业技术条件下，土地资源是农业生产的核心生产要素之一，绝大多数农产品都是靠"土地生产力"生长起来的。迄今为止,农业是占用土地最多的产业,所以,土地对农业增长的约束程度就相对较大。当进入工业化时期,工业生产成为增长最快的产业,不再依赖"土地生产力",因而同农业相比,土地资源对工业增长的约束程度相对较小,但这绝不是说土地资源对于工业就不重要了,土地资源对工业增长的约束就可以忽略不计了。相反,土地资源对经济增长的约束性恰恰在工业化时期表现得(比传统农业社会)更突出。这一方面是因为工业生产所必需的厂房设备不能建立在空中楼阁之上,而是必须建立在实实在在的土地之上;从事工业生产与管理的员工生活所需食品的绝大部分源于土地;工业生产所需要的原材料有很大一部分也源于土地。而另一方面,工业高速增长,以及依靠低价格土地资源的投入来增进工业竞争力的巨大努力,使得工业的扩张大量挤占农业以至生活和生态用地,导致工业密集地区土地价格上升和土地资源的短缺。因此,研究工业增长,离不开对土地资源的研究,尤其是对于像我国这样人均土地资源较少、农业和工业技术水平相对落后的国家,土地资源具有更重要的价值。

《中华人民共和国国民经济和社会发展第十一个五年规划纲要》指出,土地资源相对不足已经成为我国发展的长期制约因素之一。而所谓"土地资源相对不足",是相对于农业、工业、城市建设、交通运输、居民居住、生态环境保护等均具有对土地的近乎刚性的需求而言的。特别是,我国目前正处于工业化中期阶段,工业是国民经济中产值比重最大、增长最快的产业,工业用地需求急速增长,因此,研究土地资源对于工业增长的约束具有极为重要的现实意义。

一、经济增长理论中的土地资源约束分析

在经济学意义上,土地可以被视为工业生产活动中最基本的投入要素之一。尽管在物质形态上,工业生产过程只是占用土地而没有消耗土地,因此土地并没有以"折旧"进入工业成本。但是,占用稀缺性的土地,同样要以"地租"的形式直接或间接计入工业成本。即使有些工业企业在非常特殊的情况下可能"零地租"获得工业用地,但也不可能以此方式不断

第一章 土地资源与工业增长

获得更多的土地,所以,土地对于工业生产过程也是一种类似于物质资本的投入。这样,我们可以将土地资源引入工业经济增长的理论模型和计量模型之中,进而分析土地资源对于工业增长的推动作用和约束程度。而工业经济增长模型的构建,则可以借鉴经济增长模型,即从纳入土地资源的经济增长模型出发,分析土地资源对于经济增长的约束,并对影响该约束的因素进行分析,再将这一分析过程运用于研究土地资源对于工业增长的约束,从而推算出土地资源的稀缺性对工业增长所产生的约束程度。

(一) 理论模型

索洛经济增长模型(简称索洛模型)由美国经济学家索洛(1956)和英国经济学家斯旺(1956)提出,并由米德、萨缪尔森和托宾等经济学家不断补充和发展而形成,得到广泛应用。经典的索洛模型主要关注四个变量,即产出(Y)、资本(K)、劳动(L),以及知识或者劳动的有效性(A)。任何一种生产活动,都必须拥有一定数量的资本、劳动与知识,并且以一定的方式结合起来进行生产。索洛模型中的生产函数采用了如下形式:

$$Y(t) = F[K(t), A(t)L(t)] \tag{1-1}$$

其中,t表示时间,A与L以乘积的形式引入,AL表示有效劳动,并假设资本与有效劳动是规模报酬不变的。该生产函数没有考虑土地与其他自然资源,以及污染和其他环境因素与经济增长的关系。然而,自从马尔萨斯提出了关于人口增长同资源有限性的关系可能导致严重后果的论断,许多人开始相信,土地与其他自然资源、污染及其他环境要素对于持续的经济增长将会产生至关重要的影响。20世纪中叶,罗马俱乐部甚至提出了这些因素会导致经济"零增长"的论断。因此,在经济增长的分析中将自然资源及环境因素考虑进去就显得十分必要。

大卫·罗默在分析经济增长时就考虑到了土地及其他自然资源的影响,即在经典的索洛模型中引入了土地与其他自然资源。为了便于分析,他使用了柯布—道格拉斯生产函数,于是,典型的柯布—道格拉斯生产函数就变为:

$$Y(t) = K(t)^\alpha T(t)^\beta R(t)^\gamma [A(t)L(t)]^{1-\alpha-\beta-\gamma}$$
$$\alpha > 0, \beta > 0, \gamma > 0, \alpha + \beta + \gamma < 1 \tag{1-2}$$

· 33 ·

其中，R 表示生产中可利用的资源，T 表示土地数量。

为不失研究的一般性意义，本章也采用柯布—道格拉斯生产函数的形式进行分析，由此，柯布—道格拉斯生产函数就变为：

$$Y(t) = K(t)^\alpha T(t)^\beta [A(t)L(t)]^{1-\alpha-\beta} \quad (1-3)$$

$$\alpha > 0, \beta > 0, \alpha + \beta < 1$$

资本、劳动与劳动有效性的动态性与经典的索洛模型一致，即

$$\dot{K}(t) = sY(t) - \delta K(t), \quad \dot{L}(t) = nL(t), \quad \dot{A}(t) = gA(t)$$

其中，s 为储蓄率，δ 为资本的折旧率，n 和 g 分别为劳动和技术进步的增长率。由于土地的数量是固定的，在长期内用于生产的土地的数量不会增长，因此，我们假设：

$$\dot{T}(t) = 0 \quad (1-4)$$

依据假定，A、L 与 T 均以不变的速率增加。因而，对于平衡增长路径所需要的 K 与 Y 也均以一个不变的速率增加。那么，$\dot{K}(t) = sY(t) - \delta K(t)$ 就意味着 K 的增长率为：

$$\frac{\dot{K}(t)}{K(t)} = s\frac{Y(t)}{K(t)} - \delta \quad (1-5)$$

因此，要使 K 的增长率保持不变，Y/K 就必然不变，则 Y 与 K 的增长率必然相等，即 $g_Y = g_K$。

在什么情况下才能出现上述结果呢？我们可以利用（1-3）式来讨论这一问题，即对（1-3）式两边取对数，可以得到：

$$\ln Y(t) = \alpha \ln K(t) + \beta \ln T(t) + (1-\alpha-\beta)[\ln A(t) + \ln L(t)]$$
$$(1-6)$$

然后，对表达式（1-6）两边对时间求导数，并利用一个变量的对数对时间的导数等于该变量的增长率的事实，我们可以得到：

$$g_Y(t) = \alpha g_K(t) + \beta g_T(t) + (1-\alpha-\beta)[g_A(t) + g_L(t)] \quad (1-7)$$

其中，$g_X(t)$ 表示 X 的增长率。T、A 与 L 的增长率分别为 0、g 和 n。因此，公式（1-7）可以简化为：

$$g_Y(t) = \alpha g_K(t) + (1-\alpha-\beta)(g+n) \quad (1-8)$$

如果经济处在平衡增长路径上，则 g_Y 与 g_K 一定相等。将 $g_Y = g_K$ 代入（1-8）式可得：

$$g_Y^{bgp} = \frac{(1-\alpha-\beta)(g+n)}{1-\alpha} \tag{1-9}$$

其中，g_Y^{bgp} 表示平衡增长路径上 Y 的增长率。

(1-9) 式意味着在平衡增长路径上，单位劳动力的平均产出增长率为：

$$\begin{aligned} g_{Y/L}^{bgp} &= g_Y^{bgp} - g_L^{bgp} \\ &= \frac{(1-\alpha-\beta)(g+n)}{1-\alpha} - n \\ &= \frac{(1-\alpha-\beta)g - \beta n}{1-\alpha} \end{aligned} \tag{1-10}$$

从 (1-10) 式可以看出，在平衡增长路径上，单位劳动力平均产出的增长率的值可以为正，也可以为负。$g_{Y/L}^{bgp}$ 为负的经济含义是：土地资源的限制会引起单位劳动力平均产出的下降。然而，经济增长的事实可能并非如此。虽然不断下降的单位劳动力平均利用的土地量会制约经济的增长，但是还有一种推动经济增长的动力，它就是技术进步。如果技术进步所带来的经济增长的动力大于土地资源限制所产生的阻力，那么，单位劳动力平均产出就可以持续增长。这正是我们所看到的经济增长的事实。

如果暂不考虑技术进步及资本投入等因素的作用，仅考虑土地资源的限制会引起单位劳动力平均土地利用量的下降，从而进一步阻碍经济增长。那么，土地资源的限制究竟会使经济增长受到多大程度的影响呢？本书采用诺德豪斯的一种计算方法，即首先计算出单位劳动力平均可利用土地量不变情况下处于平衡增长路径上的单位劳动力平均产出的增长率，然后再计算出存在土地资源限制的情况下处于平衡增长路径上的单位劳动力平均产出增长率，最后计算二者的差额。我们将这一差额称为土地资源对经济增长所产生的"阻力"。

我们首先计算经济增长在不受资源限制的情况下处于平衡路径上的单位劳动力的平均产出增长率。与前文稍有不同，此处将假设 $\dot{T}(t)=0$ 替换为 $\dot{T}(t) = nT(t)$。最终计算出的单位劳动力平均产出的增长率为：

$$\tilde{g}_{Y/L}^{bgp} = \frac{1}{1-\alpha}(1-\alpha-\beta)g \tag{1-11}$$

土地资源的限制所产生的"阻力"就等于假设不存在土地资源限制情况下的增长率与存在土地资源限制的情况下的增长率之间的差额：

$$\text{"阻力"} = g_{Y/L}^{\sim bgp} - g_{Y/L}^{bgp}$$

$$= \frac{1}{1-\alpha}(1-\alpha-\beta)g - \frac{(1-\alpha-\beta)g-\beta n}{1-\alpha}$$

$$= \frac{\beta n}{1-\alpha} \tag{1-12}$$

从上述公式中可以看出，经济增长中土地资源的"阻力"随土地资源的产出弹性（β）、劳动力增长率（n）以及资本的产出弹性（α）的增加而增加。这就意味着：一个国家的经济增长不能过度依赖于资本或土地，劳动人口的增长率也不能太高，否则，将会增大土地资源的"阻力"。经济增长中投入的主要生产要素为劳动、资本、土地以及技术，既然经济增长不可能过于依赖资本和土地，而劳动人口又不能增长过快，那么，降低"阻力"的办法只能是推动技术的进步，使技术进步在经济增长中的地位不断提高。这也从另一个侧面揭示了技术进步在经济增长中的重大作用。

需要指出的是，上述模型中的柯布—道格拉斯生产函数并不具有生产函数的普遍特征。在柯布—道格拉斯生产函数条件下，投入要素之间的替代弹性为1。事实上，投入要素之间的替代弹性未必等于1，可能小于1，也可能大于1。如果投入要素的替代弹性小于1，日益稀缺的投入要素所贡献的产出的份额就会日趋增加，日益稀缺的投入要素就变得越为重要。相反，如果投入要素的替代弹性大于1，日益稀缺的投入要素所贡献的产出的份额就会下降，数量丰富的投入要素就越为重要。但无论其他要素对土地的替代弹性是多少，都不可能是完全替代。只要不具有完全替代性，那么，在其他因素不变的情况下，土地资源就会对经济增长产生一定的约束作用，只是约束程度大小不同而已。

（二）影响土地资源约束程度的因素分析

在分析土地资源对于经济增长的约束时，我们得出的结论是：土地资源对于经济增长的约束与土地资源的产出弹性（β）、劳动力增长率（n）以及资本的产出弹性（α）有关，且约束程度与土地资源产出弹性、劳动力增长率以及资本产出弹性呈同方向变动。即，土地资源产出弹性、劳动力增长率以及资本产出弹性的值越大，土地资源对于经济增长的约束程度也就越大，土地资源产出弹性、劳动力增长率以及资本产出弹性的值越小，土地资源对于经济增长的约束程度也就越小。在这里，我们将对这三个因素作进一步分析。

在影响土地资源对经济增长约束程度的上述三个因素中，土地资源的产出弹性是直接因素，另外两个因素即劳动力增长率与资本产出弹性是间接因素。之所以说土地资源的产出弹性是直接因素，是就它所发生作用的机理而言的，也就是说，它无需任何中间环节，直接表现为经济活动中投入的土地资源与经济增长的关系。土地资源的产出弹性与在经济增长过程中投入的土地资源直接相关，我们将因这一直接因素而引起的对经济增长的约束称为土地资源的直接约束。

之所以说劳动力增长率与资本产出弹性是间接因素，是因为就它们本身而言，难以看出它们与土地资源对于经济增长的作用之间的关系，而是通过一系列中间环节与土地资源对经济增长的作用联系起来的。资本的产出弹性与经济增长过程中投入的资本要素直接相关，与土地资源无直接关系。但是，在经济增长的过程中，单一的资本要素是难以发挥作用的，它需要和其他要素结合起来。在诸多经济部门，资本都需要和与土地资源存在直接或间接相关的要素结合起来，特别是在农业、林业、牧业、建筑业，以及以农产品为原料的轻工业等经济部门表现得更为突出。资本要素与土地资源存在着直接或间接的密切关系，资本要素的投入在一定程度上直接或间接受制于土地资源。通常情况下，资本要素投入越大，资本的产出弹性也就越大，使资源优化配置所需的土地资源也就越多，囿于土地资源供给的有限性，土地资源对于经济增长的约束也就越大；相反，则反之。另外一个因素——劳动力增长率本身也与土地资源无直接关系，但是，劳动力的增长率受制于人口的增长率，而无论是劳动力的增长还是人口的增长都必须解决基本的生存问题，如衣、食、住、行，而维持劳动力生存的问题与土地资源密不可分。绝大部分食物来源于土地，住房也不可能脱离土地而成为空中楼阁，等等。因此，劳动力增长率和人口增长率越高，维持他们生存所需要的土地资源就越多，土地资源对于经济增长的约束也就越大；相反，则反之。我们将因这两个间接因素而引起的对经济增长的约束称为土地资源的间接约束。土地资源产出弹性、劳动力增长率以及资本产出弹性就是通过上述直接和间接约束的机理发生作用从而影响土地资源对于经济增长的约束程度的。

上述分析不仅适用于一个国家或地区的整个经济增长过程，同样也适用于一个国家或地区各个产业（包括工业）的增长过程。由于一个国家或地区的整个经济增长的状况是与各个产业的增长及其产业结构密切联系在一起的，在不同的产业增长速度和产业结构状况下，各个产业土地资源的产出弹性、劳动力增长率以及资本的产出弹性是不同的，土地资源对各个产业增长产生的约束程度也会有所差异，而这些差异必然会在一定程度上影响整个经济增长，进而影响到土地资源对于整个经济增长的约束程度。

此外，由于各个产业土地资源的产出弹性、资本的产出弹性以及劳动力增长率不尽相同，各个产业土地资源对经济增长约束的表现方式也会不同。对于一些产业，在土地资源对于该产业的约束关系中，土地资源的直接约束程度要大于间接约束程度；对于另一些产业，土地资源的间接约束程度要大于直接约束程度。也就是说，对于不同的产业，土地资源的约束表现为不同程度的直接约束与间接约束关系。这一原理对于同一产业内部的不同部门也同样适用。我们可以通过分析土地资源对于各个产业的约束程度，比较各个产业土地资源约束程度的大小，进而分析如何通过优化产业结构来降低土地资源对于经济增长的约束程度。

二、土地资源对我国工业增长的约束

在中国工业化过程中，土地资源是推进经济增长特别是工业增长的一个重要因素。以低价格的土地吸引资本和劳动的投入，并依此形成工业品的价格竞争力，是相当长一段时期内中国工业增长的重要特征之一。但是，正如前文中的理论分析所描述的，当工业增长接近成熟阶段，特别是在工业生产和经济活动高度密集的地区，土地供应的稀缺性对工业增长的约束作用将越来越显现出来。

（一）土地资源约束与产业特性

就目前我国各个产业的总产值而言，工业产值在国民经济中所占比重最大（参见表1-1）。就产业结构而言，直观上看，土地资源产出弹性较大的产业一般为土地资源密集型产业，资本产出弹性较大的产业一般为资本密集型产业。显然,农林牧业为土地密集型产业,土地资源产出弹性较大,尤其是大宗农产品的生产,在这些产业中,土地资源的直接约束程度较大;第二产业中的工业与建筑业则为资本密集型产业,因为相对于农林牧业来说,第二、三产业中同等产值所投入的土地要少得多,而所投入的资本要比农林牧业多得多,且从业人员的增长率也比第一产业高。因此,同第一产业相比,第二、三产业中土地资源的直接约束程度相对较小,间接约束相对较大。在同一产业内部的不同经济部门,土地资源的直接约束程度与间接约束程度也存在类似的差异。由于计算第一、二、三产业及其产业内部各经济部门的土地产出弹性与资本产出弹性需要相应的土地、资本存量、劳动力增长率等大量数据,其中,劳动力增长率这一数据最易获得,但资本存量数据、第二产业、第三产业各自的土地数据难以获得,从而无法计算土地的产出弹性值与资本产出弹性值,也就无法计算出土地资源对于各个产业及其经济部门的约束程度。此外,在土地资源的约束中,同间接约束相比,直接约束对于经济增长的影响更为显著,加之间接约束程度测算的难度较大,所以,我们在这里暂略去对间接约束的分析,侧重分析土地资源的直接约束。这样,我们就可以换一个视角,从三次产业的用地面积与其相应产值的比值来分析土地资源的直接约束现象。

一般来说,单位土地面积产值越大,说明土地资源的直接约束程度越小;相反,单位土地面积产值越小,说明土地资源的直接约束程度越大。那么,我们可以比较第一产业与第二、三产业的单位土地面积产值,从中粗略地看到土地资源对于各个产业的直接约束程度。在我国的国内生产总值核算中,第一产业包括农、林、牧、渔业,由于渔业水域面积数据的可获得性问题,本书直接用农、林、牧业的用地面积替代第一产业的用地面积。此外,由于第二、三产业绝大部分集中在城市,加之农村第二、三产业土地用地面积数据不易获得,本书粗略地用城市建成区面积或城市建设用地面积代替第二、三产业用地面积。虽然这样处理不够精确,但不会影响我们对于问题基本面的分析,也不会改变研究的基本结论。从土地资源对于相关产业直接约束的初步分析中,就可以看到发展第二、三产业、推进工业化、城市化与土地资源对于经济增长约束程度的关系(见表1-1)。

从表1-1中可以清楚地看到:

(1)第一产业的农、林、牧业用地总面积远远大于城市建成区面积和城市建设用地面积。

表 1-1　　　　　　　　1978~2005 年中国土地使用面积

年　份	农林牧地面积（万公顷）	城市建成区面积（万公顷）	城市建设用地面积（万公顷）	工业用地（万公顷）
1981	59080.73	74.38	67.20	
1982	59037.60	78.62	71.51	
1983	59012.93	81.56	73.66	
1984	58962.40	92.49	84.80	
1985	58861.60	93.86	85.79	
1986	58800.00	101.27	92.02	
1987	58765.87	108.17	97.88	
1988	58749.20	120.95	108.22	
1989	58742.60	124.62	111.71	
1990	58744.27	128.56	116.08	
1991	67641.33	140.11	129.08	
1992	67618.60	149.59	139.18	
1993	67132.13	165.88	154.30	
1994	67112.67	179.40	207.96	
1995	67119.09	192.64	220.64	
1996	70625.92	202.14	190.02	
1997	70625.92	207.91	195.05	45.14
1998	70625.92	213.80	205.08	
1999	70666.92	215.25	208.77	46.54
2000	70666.92	224.39	221.14	48.74
2001	70665.92	240.27	241.93	51.05
2002	70665.92	259.73	268.33	57.69
2003	70665.92	283.08	289.72	62.25
2004	72829.92	304.06	307.81	67.09
2005	72829.92	325.21		

资料来源：《中国统计年鉴》(1979~2006)、《中国城市建设统计年报》(1997、1999~2005)。

（2）城市建成区面积或城市建设用地面积处于不断增长的态势，农、林、牧业用地总面积虽然在 20 世纪 80 年代处于不断下降的趋势，但自 20 世纪 90 年代以来，处于稳定增长的趋势。

（3）虽然自 20 世纪 90 年代以来农、林、牧业用地总面积在增长，但增长速度比较缓慢，而城市建成区面积或城市建设用地面积增长速度很快。2005 年，城市建成区面积为 1981 年的 4 倍之多。这也从另一个侧面反映出我国城市化进程的加速和第二、三产业的快速发展。这一情况也完全可以从 1978~2005 年我国国内生产总值及其构成中得到印证（见表 1-2 和表 1-3）。

表 1-2   1978~2005 年国内生产总值

单位：亿元

年份	国内生产总值	第一产业	第二产业			第三产业
			总计	工业	建筑业	
1978	3645.2	1018.4	1745.2	1607.0	138.2	881.6
1979	4062.6	1258.9	1913.5	1769.7	143.8	890.2
1980	4545.6	1359.4	2192.0	1996.5	195.5	994.2
1981	4891.6	1545.6	2255.5	2048.4	207.1	1090.5
1982	5323.4	1761.6	2383.0	2162.3	220.7	1178.8
1983	5962.7	1960.8	2646.2	2375.6	270.6	1355.7
1984	7208.1	2295.5	3105.7	2789.0	316.7	1806.9
1985	9016.0	2541.6	3866.6	3448.7	417.9	2607.8
1986	10275.2	2763.9	4492.7	3967.0	525.7	3018.6
1987	12058.6	3204.3	5251.6	4585.8	665.8	3602.7
1988	15042.8	3831.0	6587.2	5777.2	810.0	4624.6
1989	16992.3	4228.0	7278.0	6484.0	794.0	5486.3
1990	18667.8	5017.0	7717.4	6858.0	859.4	5933.4
1991	21781.5	5288.6	9102.2	8087.1	1015.1	7390.7
1992	26923.5	5800.0	11699.5	10284.5	1415.0	9424.0
1993	35333.9	6887.3	16454.4	14188.0	2266.5	11992.2
1994	48197.9	9471.4	22445.4	19480.7	2964.7	16281.1
1995	60793.7	12020.0	28679.5	24950.6	3728.8	20094.3
1996	71176.6	13885.8	33835.0	29447.6	4387.4	23455.8
1997	78973.0	14264.6	37543.0	32921.4	4621.6	27165.4
1998	84402.3	14618.0	39004.2	34018.4	4985.8	30780.1
1999	89677.1	14548.1	41033.6	35861.9	5172.0	34095.3
2000	99214.6	14716.2	45555.9	40033.6	5522.3	38942.5
2001	109655.2	15516.2	49512.3	43580.6	5931.7	44626.7
2002	120332.7	16238.6	53896.8	47431.3	6465.5	50197.3
2003	135822.8	17068.3	62436.3	54945.5	7490.8	56318.1
2004	159878.3	20955.8	73904.3	65210.0	8694.3	65018.2
2005	183084.8	23070.4	87046.7	76912.9	10133.8	72967.7

注：①本表按当年价格计算。②2004 年及以前年份第一产业不包括农林牧渔服务业，交通运输仓储和邮政业包括电信业，但不包括城市公共交通业，批发与零售业包括餐饮业（下表同）。

资料来源：《中国统计年鉴》(2006)。

表1-3　　　　　　　　　　1978~2005年国内生产总值构成

单位：%

年份	国内生产总值	第一产业	第二产业			第三产业
			总计	工业	建筑业	
1978	100.0	27.9	47.9	44.1	3.8	24.2
1979	100.0	31.0	47.1	43.6	3.5	21.9
1980	100.0	29.9	48.2	43.9	4.3	21.9
1981	100.0	31.6	46.1	41.9	4.2	22.3
1982	100.0	33.1	44.8	40.6	4.2	22.1
1983	100.0	32.9	44.4	39.9	4.5	22.7
1984	100.0	31.8	43.1	38.7	4.4	25.1
1985	100.0	28.2	42.9	38.3	4.6	28.9
1986	100.0	26.9	43.7	38.6	5.1	29.4
1987	100.0	26.6	43.5	38.0	5.5	29.9
1988	100.0	25.5	43.8	38.4	5.4	30.7
1989	100.0	24.9	42.9	38.2	4.7	32.2
1990	100.0	26.9	41.3	36.7	4.6	31.8
1991	100.0	24.3	41.8	37.1	4.7	33.9
1992	100.0	21.5	43.5	38.2	5.3	35.0
1993	100.0	19.5	46.6	40.2	6.4	33.9
1994	100.0	19.6	46.6	40.4	6.2	33.8
1995	100.0	19.8	47.2	41.1	6.1	33.0
1996	100.0	19.5	47.5	41.4	6.1	33.0
1997	100.0	18.1	47.5	41.7	5.8	34.4
1998	100.0	17.3	46.2	40.3	5.9	36.5
1999	100.0	16.2	45.8	40.0	5.8	38.0
2000	100.0	14.8	45.9	40.3	5.6	39.3
2001	100.0	14.1	45.2	39.8	5.4	40.7
2002	100.0	13.5	44.8	39.4	5.4	41.7
2003	100.0	12.6	46.0	40.5	5.5	41.4
2004	100.0	13.1	46.2	40.8	5.4	40.7
2005	100.0	12.6	47.5	42.0	5.5	39.9

资料来源：《中国统计年鉴》（2006）。

从1978~2005年我国国内生产总值表中可以看出：①第一、二、三产业的国内生产总值基本上均处于不断增长的态势，且第二产业的国内生产总值始终大于第一、三产业。②虽然三个产业的国内生产总值均处于不断增长的态势，但增长速度却有很大的不同，第三产业增长速度最快，其次为第二产业，增长最为缓慢的为第一产业，这一点也可以从国内生产总值构成表及其图形中看出。

从表 1-3 可以看出：在国内生产总值构成中，所占比重最大的始终为第二产业，且其比重自 1978 年以来一直在 40% 之上，而在第二产业中占绝对重要地位的为工业；第一产业的比重在 20 世纪 80 年代初期经历短暂的上升期后就开始下降，并于 1985 年被第三产业超越；第三产业所占比重基本处于不断上升趋势，只是在个别年份稍有下降。结合表 1-1 和表 1-2，可得表 1-4。

表 1-4　　1981~2005 年每万公顷土地平均国内生产总值

单位：亿元/万公顷

年份	第一产业每万公顷土地均产值	第二、三产业每万公顷土地均产值	工业每万公顷土地均产值
1981	0.03	49.79	
1982	0.03	49.81	
1983	0.03	54.33	
1984	0.04	57.93	
1985	0.04	75.47	
1986	0.05	81.63	
1987	0.05	90.46	
1988	0.07	103.61	
1989	0.07	114.27	
1990	0.09	117.60	
1991	0.08	127.77	
1992	0.09	151.77	
1993	0.10	184.36	
1994	0.14	186.22	
1995	0.18	221.06	
1996	0.20	301.51	
1997	0.20	331.76	729.35
1998	0.21	340.28	
1999	0.21	359.86	770.57
2000	0.21	382.11	821.29
2001	0.22	389.12	853.73
2002	0.23	387.94	822.19

续表

年份	第一产业每万公顷土地均产值	第二、三产业每万公顷土地均产值	工业每万公顷土地均产值
2003	0.24	409.90	882.72
2004	0.29	451.32	972.04
2005	0.32		

注：①表中为当年价格。②表中第一产业每万公顷土地均产值，第二、三产业每万公顷土地均产值，工业每万公顷土地均产值分别为第一产业国内生产总值与农林牧地面积的比值，第二、三产业国内生产总值与城市建设用地面积的比值，工业国内生产总值与工业用地面积的比值。
资料来源：作者由表1-1、表1-2整理而得。

从表1-4中可以清楚地看到，第二、三产业每万公顷土地平均国内生产总值远远高于第一产业每万公顷土地平均国内生产总值，尤其是第二产业中的工业，每万公顷土地均产值还大于第二、三产业每万公顷土地均产值，约为后者的2倍。换句话说，第二产业中的工业以及第二、三产业亿元国内生产总值平均所使用的土地面积远远小于第一产业亿元国内生产总值平均所使用的土地面积。由此可见，土地资源对于第一产业的直接约束程度要远远大于对于第二产业中的工业以及第二、三产业的直接约束程度，或者说第一产业对于土地资源的依赖程度要远远大于第二产业中的工业以及第二、三产业对于土地资源的依赖程度。这也从另一个侧面说明，要降低土地资源对于经济增长的直接约束程度，就要不断优化产业结构，积极推进工业化进程，大力发展第二、三产业。但是，无论如何推进工业化，无论如何发展第二、三产业，都不可能完全摆脱土地资源的约束（包括直接约束与间接约束），因为第二、三产业本身也受到土地资源的约束，只是相对于第一产业的受约束程度较小而已，而且，在产业发展的不同阶段和不同行业中土地资源的约束程度也不尽相同。在此，我们主要就中国在工业化过程中土地资源对于工业增长的约束进行分析。土地资源对工业增长的约束同样可分为直接约束与间接约束，下文将分别对这两类约束关系进行分析。

（二） 土地资源对工业增长的直接约束与间接约束

在工业领域，土地资源的直接约束具体表现为工业用地对于工业增长的影响；间接约束则表现为"李嘉图陷阱"现象，即源于土地资源的食品供应对于工业增长的影响,以及源于土地资源的工业原材料供应对于工业增长的影响。就直接约束而言,在工业化初期,对工业用地的需求还不是很大,工业用地一般不会出现紧张局面。因此,土地资源对于工业的直接约束在工业化初期通常并不明显。但是,随着工业化进程的不断推进,对于工业用地的需求不断增加,工业用地会逐渐显现出供应紧张的态势来。此时,土地资源对于工业的直接约束表现得也将逐渐明显起来。就间接约束而言,通常在工业化初期表现得更为突出,这是因为无论是"李嘉图陷阱"还是以农产品为原料的原料成本问题,都与农业密切相关。在工业化初期,通常是以农产品为原料的轻工业迅速发展的时期,李嘉图陷阱则是诸多国家和地区工业化初期一个难以逃避的现象。这些都使得工业与植根于土地的农业的关系在工业化初期更为密切,土地资源对于工业的间接约束表现得较为明显。但是,随着工业的不断发展,工业结构不断调整与优化,以农产品为原料的轻工业在工业中的比重不断下降,农业生产效率不断提高,土地资源对于工业的间接约束表现得就相对不明显了。以下我们将首先分析土地资源对于工业的间接约束,然后侧重分析土地资源对于工业的直接约束。

1. 土地资源对工业增长的间接约束

(1)"李嘉图陷阱"——由食品价格上升所引发的劳动力工资成本问题。大卫·李嘉图(David Ricardo)较早就阐明了土地资源制约工业增长的机制。由于李嘉图所处的时代是西方工业革命时期,因此工业的发展被看得特别重要。在他的理论框架中,经济发展就等同于工业扩张。李嘉图采用马尔萨斯法则,假定长期劳动力供给具有充分弹性,即在生存工资上保持水平状态。工业部门的扩张过程表现为:在工业化的始点上,对应于工业企业家拥有的原始资本存量,有某一既定劳动需求曲线和劳动均衡就业量。此时,超过生存工资率的生产者剩余成为工业企业家资本积累的来源。它导致了资本存量的增长和劳动需求曲线的右移。随着劳动投入增加和生产规模扩大,工业利润进一步增长,利润量的增加又促使劳动雇佣量增加。在资本和劳动使用量的累积性增长中,工业化进程得以不断推进。

工业中劳动力的生存工资依赖于食品价格的稳定。当食品需求在使用最肥沃的优等土地进行生产而得以满足的条件下,食品的边际成本和价格保持不变。李嘉图认为,当人口增长对食品的需求增加时,如果食品需求

资源与增长

的增加超过了最优等土地的产出,就须将次优的土地用于劳动和资本以增加农产品的供给。由于农产品受到各等级土地面积固定的土地资源禀赋的限制,且农业生产无法摆脱报酬递减、土地肥力递减规律的约束,从而导致食品生产的边际成本上升,食品价格则会随着生产成本的提高而上升。在工业生产中,为保证工业生产工人的生计,就需要提高他们的名义工资。当工人的工资成本提高时,资本家的利润就不能继续随着资本的增加成比例地上升。随着食品需求对应于资本积累和就业增加而上升,食品价格最终将提高到某一水平,此时利润率极为低下,致使不能为进一步工业投资提供激励。李嘉图将资本积累看作经济增长的驱动力,当极低的利润率不能为进一步投资提供激励时,就不会再产生资本积累了,这样,经济增长也就在这一点上停滞了。

这种制约工业化初期经济增长的固定土地资源禀赋机制,通常被称为"李嘉图陷阱"。舒尔茨(Theodore W. Schultz, 1953)则称之为"食品问题"。李嘉图为这一陷阱所提供的解决办法是开放粮食进口。

"李嘉图陷阱"解释了低收入国家在农业停滞状态下发展工业必然受到土地资源制约的问题。如果工业化初期的人口迅速增长和食品供给的增长不相匹配,食品价格会大幅度上扬,以恩格尔系数较高为特征的低收入居民的生产费用就会飞涨。然后就会通过有组织的讨价还价以及食品价格上涨对工资上涨产生很大压力,也就是工资上升,使工资成本提高,从而会严重打击依赖于劳动密集技术的工业化初期的工业增长。虽然李嘉图为这一陷阱所提供的解决办法是开放粮食进口,但依靠粮食进口并不能解决根本问题,况且大量的粮食进口会涉及国家的粮食安全问题。李嘉图并没有否认改进农业技术的可能性,但认为它作用有限,不能克服长期的农业生产报酬递减规律。李嘉图的这种想法是在农业技术进步主要靠农民的经验和实验的情况下形成的。历史表明,只有依靠科技与制度创新促进农业生产率的提高,才能克服土地资源对粮食生产的制约,最终摆脱"李嘉图陷阱",实现工业的持续增长。

日本、韩国和中国台湾共同的特点是土地面积总量很小,人多地少,人均可利用土地面积很低。这些国家和地区在工业化的过程中,通过对农业技术的强化投资,提高了土地的质量,发展了集约用地技术,实现了土地资源的内含式扩大,大大提高了农业生产效率,从而弱化了土地资源对于工业增长的约束,摆脱了"李嘉图陷阱",顺利实现了工业化。事实表明,一个国家或地区的经济在达到新兴工业化经济发展阶段前的工业化过程中,通过提高农业生产率来克服土地资源对粮食生产的制约是十分必要的。这一点对于正在迈向工业化阶段的发展中国家尤为重要。刘易斯—纳尼斯—费景汉二元经济结构模型也表明,如果发展中国家不努力提高农业生产率,试图靠强行把资源从农业配置到工业而实现经济现代化,就有可能落入"李嘉图陷阱"。如果发展中国家不能在增加食品生产方面做出努力,以避免"李嘉图陷阱",也就难以实现工业的持续增长,工业化进程就难以顺利推进。只有摆脱"李嘉图陷阱",使经济实现了工业化,对于土地资源的依赖性才会逐渐下降。中国在工业化初期主要是通过农工业产品剪刀差压低农产品价格,为工业增长积累资本,在很大程度上经历了"李嘉图陷阱"困境,只是由于实行计划经济和严格的价格管制,才人为地使"李嘉图陷阱"以变态的形式曲折地表现出来。实行经济体制改革以后,在农村实行家庭联产承包责任制解放了农业生产力,大大提高了农业生产效率,才使中国经济发展真正摆脱了掉入"李嘉图陷阱"的困境。

从长期看,科技进步与制度创新是逃脱"李嘉图陷阱"的最佳途径,但是,在一定时期内,在既定的科技水平与制度环境下,跳出这一陷阱的最好办法还是确保食品的主要来源——土地的投入数量,尤其是耕地的数量。我国已明确耕地保护的战略目标,保持耕地总量动态平衡,确保18亿亩(约12000万公顷)耕地不减少。中国政府认为,这是现阶段确保中国粮食安全的底线,也可以说是避免掉入"李嘉图陷阱"的底线。

(2)源于农业的轻工业原料成本问题。根据一般的工业分类和解释,工业可划分为轻、重工业两大部门。其中,轻工业主要是提供生活消费品和制作手工工具的工业。按其所使用的原料不同,可分为两大类:①以农产品为原料的轻工业,是指直接或间接以农产品为基本原料的轻工业。②以非农产品为原料的轻工业,是指以工业品为原料的轻工业。

从上述轻工业所包括的经济部门可以看出,它涵盖了人们的衣、食、住、行、玩、乐等各个日常生活用品领域。轻工业是国民经济中的重要部门,其产值在整个工业产值中占有相当的比重,特别是在工业化的初期,轻工业是最主要的工业部门。土地资源对于轻工业的间接约束主要是通过轻工业的原料供应体现出来的。源于土地的农产品是轻工业的重要原料,尤其是那些以农业产品为原料的轻工业,如食品加工、饮料制造、烟草加工、纺织、缝纫、皮革和毛皮制作、造纸以及印刷等,更是直接依赖于农业所提供的原料。从我国工业发展的历史看，以农产品为原料的轻工业在整个轻工业中一直占有很高的比重，从1978~2002年，以非农产品为原料的轻工业品占全部轻工业品的比重仅提高了不足6个百分点，即从31.6%提高到37.4%，而以农产品为原料的轻工业品始终保持在60%以上（见表1-5）。

表1-5　　　　　　　　　中国工业总产值中轻工业内部比例

单位：%

年份	以农产品为原料	以非农产品为原料
1978	68.40	31.60
1980	68.50	31.50
1985	70.70	29.30
1990	70.10	29.90
1995	65.40	34.60
1997	66.19	33.81
1998	63.27	36.73
1999	60.53	39.47
2000	61.80	38.20
2001	62.72	37.28
2002	62.60	37.40

资料来源：《中国工业经济统计年鉴》(2003)。

在以农产品为原料的轻工业在整个轻工业中占有绝对重要地位的情况下，农产品成本和价格的高低直接影响相关轻工业的原料成本，而农产品的生产成本在一定程度上受制于农业土地资源禀赋的状况。也就是说，一个国家或地区土地资源的禀赋（包括数量与质量）在很大程度上决定着该国或地区农产品的生产成本，从而影响以这些农产品为原料的轻工业的生产成本以及区位分布。

由于土地资源对工业的间接约束在工业化初期表现得最为突出，且这些间接约束均与植根于土地的农业密不可分，而本章主要探讨中国目前工业化阶段即工业化中期土地资源对于工业增长的约束。因此，对土地资源对工业增长的间接约束关系从简讨论，而将重点放在对土地资源增长的直接约束关系的研究上。

2. 土地资源对工业增长的直接约束——工业用地成本

土地资源对于工业增长的直接约束主要体现在工业用地成本上，具体

第一章 土地资源与工业增长

则表现为工业用地的供应量以及工业用地价格的变动对于工业增长的影响。

工业用地成本是工业生产要素投入的主要成本之一，这一成本的高低在一定程度上影响着工业生产的总成本，从而影响工业产品的价格和竞争力，最终影响工业投资的积极性与工业增长。在规范的市场中，工业用地成本的高低主要反映在工业用地价格上，而工业用地价格在很大程度上由工业用地供求关系决定。鉴于此，本章侧重分析工业用地的供求对于工业用地价格的影响。由于我国工业用地的供给由国家工业用地指标决定，供给量变动并不由市场状况决定，而工业用地的需求则受市场状况的影响很大。本章侧重于对工业用地需求的分析。但是，由于工业用地的真实需求量不易统计，本章仅就中国经济发展的现状来分析工业用地需求的基本趋势，以便进一步分析它对于工业用地价格的影响。需要指出的是，在土地市场不规范的情况下，工业用地成交价格并不能完全真实地反映出工业用地的真实价格（均衡价格），也就不能完全真实地反映出工业用地实际成本的高低。这是因为受各种不规范因素的影响，甚至在存在"暗箱操作"等不正常现象的情况下，工业用地的成交价格可能远远低于或高于真实成本，所以土地的成交价格也不能准确地反映出供求状况。此外，土地又是受制度和政策因素影响最大的一种工业生产要素，例如，在不同的宏观经济形势下，政府可能采取比较宽松也可能采取更为紧缩的土地供应政策，对非工业用地转为工业用地须经严格行政审批程序，中央政府对工业用地的供应实行指标控制等。这些无疑都会在一定程度上对工业投资产生直接影响。当然，中央政府对土地供应的直接控制起因于在我国现行土地制度下地方政府和农村集体组织缺乏将土地投入工业的自我约束机制，而总是倾向于以更低的价格提供工业用地，并以此作为争取工业资本和工业项目流入本地区的手段。所以，我国工业用地的供求和价格受到非常大的行政干预和非理性影响，这给我们的研究和经济分析造成了相当的困难。

（1）中国工业化阶段工业用地供需的基本状况。在不同地区工业化的不同阶段，工业用地的供求存在着很大差异。通常情况下，在工业化初期和人均可利用土地面积较多的地区，工业用地供给相对较大，工业用地价格较低，工业用地成本较低，需求能够得到充分满足；在工业化中期和人均可利用土地面积较少的地区，供给相对较小，工业用地价格较高，工业用地成本较高，工业用地需求处于较紧缺状态。我国当前正处于工业化中期，对于工业用地的需求会不断增加，尽管国土面积很大，但人均可利用

资源与增长

土地低于世界平均水平。所以,不仅工业用地的总体供求状况将趋于紧缺,而且在一些经济活动密集地区,土地供应短缺对工业增长的制约作用也日趋明显。

2005年,我国人均国内生产总值为14040元;① 第一产业产值所占比重

表1–6 中国主要年份工业产值中轻、重工业构成

单位:%

年 份	轻工业	重工业
1980	47.2	52.8
1981	51.5	48.5
1982	50.2	49.8
1983	48.5	51.5
1984	47.4	52.6
1985	47.4	52.6
1986	47.6	52.4
1987	48.2	51.8
1988	49.3	50.7
1989	48.9	51.1
1990	49.4	50.6
1991	48.4	51.6
1992	46.6	53.4
1993	46.5	53.5
1994	46.3	53.7
1995	47.3	52.7
1996	48.1	51.9
1997	49.0	51.0
1998	49.3	50.7
1999	49.2	50.8
2000	39.8	60.2
2001	39.4	60.6
2002	39.1	60.9
2003	35.5	64.5
2004	31.6	68.4
2005	31.1	68.9

资料来源:《中国工业经济统计年鉴》(2006)。

①《中国统计年鉴》(2006)。

进一步下降，达到 12.6%；第一产业就业人员所占比重进一步下降，但仍高达 44.8%；城镇人口比重进一步提高，但只有 42.99%。无论是按照钱纳里的人均收入六阶段理论，还是按照库兹涅茨的产值结构和就业结构五阶段理论，上述数据都表明，我国虽已走出工业化初期阶段，但远未达到工业化后期阶段，目前正处于工业化中期阶段。在这一阶段，工业增长迅速，对于工业用地的需求量也较大。工业化中期发展阶段的一个典型特征是重化工业发展迅速。

如表 1-6 所示，1980~1999 年，除 1981 年与 1982 年外，重工业在工业中的比重均大于轻工业所占比重，但重工业所占比重最大也不超过 54%，重工业只是相对轻工业略占优势。但自 2000 年始，重工业增长势头迅猛，所占比重超过 60%，占据绝对主导地位，并有逐年提高的趋势。这些都充分表现出当前中国工业结构中的重化工业特征。中国社会科学院工业经济研究所完成的《十五时期中国工业化发展问题报告》对中国工业化进程所作的判断表明，"十五"期间，由中国工业结构变动所反映的工业化进程仍然处于重化工业快速发展的阶段。这一点与我们在此处的分析是一致的。

从发达国家的发展经验来看，工业发展一般都要经过初期的轻工业阶段、中期的重化工业阶段、后期的高科技工业阶段。重化工业泛指生产资料的生产，现代意义的重化工业是资金和知识含量都较高的基础原材料产业，包括能源、电力、电子、石化、冶炼、机械制造、汽车、修造船及建筑材料等。重化工业产品市场覆盖面广，为国民经济各产业部门提供生产手段和装备，是一个国家和地区国民经济实现现代化的强大物质基础。重化工业的快速发展，有利于促进产业结构和工业结构优化，从而推动经济发展。从我国的国情看，我们绕不过重化工业发展阶段。重化工业不仅是资本密集型产业，也是资源密集型产业。重化工业对于能源、土地、水等资源都有大量需求。同轻工业和服务业相比，重化工业资源消耗量更大。

南京农业大学中国土地问题研究中心的顾湘、王铁成、曲福田对江苏省工业企业所作的抽样调查[①]显示，除个别行业外，重工业所属行业企业的建筑容积率普遍低于轻工业（见表 1-7）。

---

① 顾湘、王铁成、曲福田：《工业行业土地集约利用与产业结构调整研究——以江苏省为例》，《中国土地科学》2006 年第 12 期。

表 1-7　　　　　　　江苏省各工业行业企业建筑容积率比较

所属行业	建筑容积率
化工	0.54
医药	0.41
冶金	0.56
建材	0.56
电子	0.71
纺织	0.57
机械	0.55
轻工	0.49
电力	0.47
食品	0.62

资料来源：顾湘、王铁成、曲福田：《工业行业土地集约利用与产业结构调整研究——以江苏省为例》，《中国土地科学》2006年第12期。

从表1-7中可以看出，重化工业所属行业医药、电力、化工、机械、冶金、建材的建筑容积率均低于轻工业所属的食品、纺织行业，重工业中的电子行业与轻工业中的轻工除外。这表明，重工业所属行业所占用的土地资源普遍要比轻工业多。以上调查数据大体上可以反映全国轻工业和重工业企业占用土地资源的基本状况。

目前，我国的工业化水平与城市化水平距实现发达阶段的工业化和城市化水平（发达国家城市化水平平均为75%）还有相当长的时间，随着我国工业化、城市化的持续推进，工业用地、城市建设用地呈现出不断增加的态势（见表1-1），而我国城市建设用地大部分来源于农业用地，尤其是耕地，很少一部分源自城市存量土地。在这种状况下，农地非农化就成为必然趋势。目前，工业化中期重化工业迅速发展阶段占用大量土地资源的特征使得现阶段对于工业用地的需求大大增加（见表1-1）。统计资料显示，自2001年以来，我国工业用地面积增长加快，即年平均以4万多公顷的速度增长。我国国土面积虽然位居世界第三，但可利用土地资源并不丰裕，人均可利用土地资源更为短缺。为了保证粮食和生态安全，又必须严格控制工业和城市建设用地。根据国土资源部最近公布的土地利用变更调查结果，截至2006年10月31日，全国耕地为12177.59万公顷

(18.27亿亩),[①] 已逼近我国耕地18亿亩的警戒线。现阶段对于工业用地的大量需求加剧了我国人均可利用土地面积较少、土地资源相对短缺的紧张局面。土地资源的稀缺已经成为当前许多地区,尤其是发达地区经济发展的主要"瓶颈"之一。据2004年《浙苏沪中小企业发展优势比较》报告,造成浙江省企业外迁的诸多因素中,主要是土地紧缺,占各种因素的52.3%,[②] 该报告称,目前,工业用地短缺已经成为制约浙江省中小企业发展的最大障碍。

就目前我国全国工业用地现状而言,工业用地处于不断增长的趋势,虽然全国工业用地还没有表现出普遍紧张的局面,但在一些工业发展较快的地区已经显现出工业新增用地越来越紧张的态势,特别是在一些人多地少、工业化和城市化进程很快的地区土地供求的矛盾表现得相当突出。那么,在未来若干年后,我国工业用地的供需状况又将如何呢?下面我们以全国和4个工业强省为例,估算2020年我国工业用地的供需状况变化的基本趋势,以便为我国工业用地政策提供参考(见表1-8)。

表1-8　　　　2020年我国工业用地供需状况预测

	项　目	全　国
y_0	2005年工业产值(增加值,1978年价格,亿元)	30126.40
g_y	1981~2005年工业产值年均增长速度(%)	11.46
$y_t = y_0 \times (1 + g_y)^t$	2020年工业产值(亿元)	153322.70
y_1	1997~2004年单位平方公里土地均工业产值	3.68
$D_l = y_t / y_1$	2020年工业用地需求量(平方公里)	41703.07
l_0	2004年城市建设用地面积(平方公里)	30781.30
g_l	1981~2004年城市建设面积年均增长速度(%)	6.55
$l_t = l_t \times (1 + g_l)^t$	2020年城市建设用地面积供给量(平方公里)	84898.25
p_1	1997~2004年工业用地占城市建设用地均比重(%)	22
p_2	工业用地占城市建设用地最大适宜比重(%)	15
$S_{l1} = l_t \times p_1$	2020年工业用地面积供给量(平方公里)	18599.51
$S_{l2} = l_t \times p_2$	2020年工业用地面积供给量(平方公里)	12734.74
$D_l - S_{l1}$	2020年工业用地供需缺口(平方公里)	23103.56
$D_l - S_{l2}$	2020年工业用地供需缺口(平方公里)	28968.33

资料来源:根据《中国统计年鉴》(2006)、《中国城市建设统计年报》(1997、1999~2005)整理。

[①] http://www.mlr.gov.cn/GuotuPortal/appmanager/guotu/index?_nfpb=true&_pageLabel=desktop_index_page_zygk.

[②] http://www.zjsme.gov.cn/newzjsme/list3.asp?id=8156.

从表1-8可知，1981~2004年，我国城市建设用地面积以平均每年6.55%的速度增长，如果继续保持这样的新增用地增长速度，到2020年，我国城市建设用地面积会增加到84898.25平方公里。在1997~2004年，我国工业用地面积平均占城市建设用地面积的22%，假设在2005~2020年这一比例仍保持不变，则可计算出2020年工业用地将会增加到18599.51平方公里；如果以工业用地占城市建设用地的最大适宜比重15%来计算，则2020年工业用地应增加到12734.74平方公里。此外，1981~2005年，我国工业产值（增加值）平均每年以11.46%的速度增长，假定这一速度保持不变，到2020年，我国工业产值会增加到153322.7亿元（1978年价格）。在1997~2004年，我国单位工业用地面积的工业产值平均为3.68亿元，即3.68亿元/平方公里。假设在2005~2020年这一数值仍保持不变，则到2020年我国对工业用地的需求将增加到41703.07平方公里。这样，在假设工业用地占城市建设用地的比重为15%和22%的两种情况下，到2020年，我国工业用地的需求都会远远大于供给，缺口分别为23103.56和28968.33平方公里。由此可见，如果保持工业用地当前的主要技术特征和变化趋势，那么，到2020年，我国工业用地将出现很大的供需缺口。这一点也可以从几个工业化程度较高的省份中看出（见表1-9）。

由表1-9可知，到2020年，广东、江苏、浙江和山东四省都将不同程度地出现工业用地供不应求的局面，供需缺口很大。按各省份工业用地实际占城市建设用地的比重计算，供需缺口按由大到小排序依次为山东、广东、江苏、浙江；按工业用地占城市建设用地的最大适宜比重计算，供需缺口按由大到小排序依次为广东、山东、江苏、浙江。山东省工业用地供需缺口较大的主要原因是：就需求而言，一方面，工业增长速度快，对于工业用地需求增长快。另一方面，工业用地利用效率较低，即在四个省中山东省单位工业用地面积的工业产值最低（见表1-9）；就供给而言，城市建设用地面积增长速度相对较低，即在上述四个省中，山东省农业用地转变为城市建设用地的速度最小，在工业用地占城市建设用地比重相同的情况下，工业用地的供给量就相对较小。供需两方面的原因造成山东省工业用地供需缺口较大。浙江省工业用地供需缺口相对较小的原因是：就需求而言，一方面，工业增长速度相对较低，对于工业用地需求增长相对较慢。另一方面，工业用地利用效率较高，即在四个省中，浙江省单位工业用地面积的工业产值最高；就供给而言，浙江省城市建设用地面积增长

第一章 土地资源与工业增长

表1-9　2020年我国广东、江苏、浙江、山东省工业用地供需状况预测

	项目	广东省	江苏省	浙江省	山东省
y_0	2005年工业产值（增加值，1978年价格，亿元）	5610.93	4300.37	3125.75	3893.70
g_y	1997~2005年工业产值年均增长速度（%）	13.21	12.33	11.61	13.13
$y_t = y_0 \times (1+g_y)^t$	2020年工业产值（亿元）	36093.87	24606.73	16243.91	24770.75
y_1	1997~2005年单位平方公里土地均工业产值	7.55	6.04	7.87	5.46
$D_1 = y_t / y_1$	2020年工业用地需求量（平方公里）	4781.56	4076.85	2064.11	4536.44
l_0	2005年城市建设用地面积（平方公里）	3080.17	2414.38	1729.89	2637.57
g_l	1997~2005年城市建设面积年均增长速度（%）	8.98	9.99	10.54	7.64
$l_t = l_0 \times (1+g_l)^t$	2020年城市建设用地面积供给量（平方公里）	11194.40	10074.52	7775.31	7962.91
p_1	1997~2005年工业用地占城市建设用地均最大适宜比重（%）	21	26	22	22
p_2	工业用地占城市建设用地均最大适宜比重（%）	15	15	15	15
$S_{l1} = l_t \times p_1$	2020年工业用地面积供给量（平方公里）	2325.23	2639.94	1744.74	1781.63
$S_{l2} = l_t \times p_2$	2020年工业用地面积供给量（平方公里）	1679.16	1511.18	1166.30	1194.44
$D_1 - S_{l1}$	2020年工业用地供需缺口（平方公里）	2456.33	1436.91	319.37	2754.81
$D_1 - S_{l2}$	2020年工业用地供需缺口（平方公里）	3102.40	2565.67	897.81	3342.00

资料来源：根据广东省、江苏省、浙江省、山东省《统计年鉴》（2006）、《中国城市建设统计年报》（1997、1999~2005）数据计算整理。

速度相对较大,在工业用地占城市建设用地比重相同的情况下,工业用地的供给量就相对较大。供需两方面的原因使得浙江省工业用地在四个省中供需缺口相对较小。

总的来说,按照当前的发展势头,到2020年,我国许多地区的工业用地都将出现供不应求的紧张局面,供需缺口明显扩大。解决这一供需缺口的途径有两条:一条是进行外延式扩张,不断增加工业用地供给。但在城市建设用地面积既定的情况下,这就意味着提高工业用地占城市建设用地的比重。就我国目前这一比值(我国历年均在21%[1]以上)而言,已经远远超过发达国家(美国为7.3%[2]),也超过许多发展中国家。参照国外城市规划工作的经验,工业用地占城市用地的比重,一般不宜超过15%,我国工业用地比率已然偏高,继续提高这一比值并不现实,也不可取。另一条途径就是节约用地,即集约化高效利用土地,盘活存量土地,提高单位土地面积的工业产值。目前,我国单位工业用地面积的平均工业产值远远低于国际平均水平,工业用地低效粗放利用现象十分严重。因此,通过盘活存量土地,提高单位土地面积工业产值可以在很大程度上减少工业增长对于新增工业用地的需求,从而有利于大大缩小工业用地的供需缺口。

(2)我国工业用地价格。从理论上讲,在工业用地供给受制约,工业用地需求不断增加的情况下,工业用地价格会上升,从而提高工业用地成本,影响工业投资的积极性,进而影响工业经济的增长。下面就我国工业用地价格的现实状况进行分析,以便进一步研究它对于工业增长的影响。

土地价格是土地地租资本化的表现,地租包含绝对地租和级差地租,绝对地租是国家土地所有权的实现形式。与农业地租来源不同,工业绝对地租来源于工业部门工人直接创造的剩余产品价值。绝对地租一般随着社会经济发展水平的提高而提高。在这一点上,马克思说过:"地租完全不是由地租的获得者决定,而是由他没有参与的和他无关的社会劳动的发展决定的。"[3] 工业绝对地租的增长来源于两个方面:一是随着工业的发展,社会劳动生产率相应提高,工业部门所获得的超额利润和平均利润提高,相应地土地要素所得的超额利润或平均利润也提高,因而地租量也会提

---

[1] 根据历年《中国城市建设统计年报》计算整理。
[2] 《美国城市规划手册》,1980年,第280页。
[3] 马克思:《资本论》(第三卷),人民出版社,1975年,第717页。

高；二是工业经济发展对有限土地的需求不断增加，土地价格增长，导致绝对地租量增加。

工业级差地租主要是由地理位置和追加投资产生的，土地自然肥力一般不起作用。工业级差地租同样存在着级差地租Ⅰ和级差地租Ⅱ两种表现形式。对于工业级差地租Ⅰ，影响因素主要是位置，这种影响主要表现在两个方面：①流通过程运输费用的差别，处于地段优越位置的企业由于比其他企业节省运输费用而取得超额利润。②资金流通速度的差别，位置好的地段客流量多，相应地单个资金的周转速度较快，相应会产生较高的利润率，因此取得超额利润。这种因位置差异而产生的超额利润，在一定的条件下就会转为级差地租归土地所有者所有。城市级差地租Ⅱ，是以等量资本连续投在同一块土地上而产生不同的生产率形成的，在现实经济中表现为两个方面：①在微观方面，主要通过高层建筑的容积率来体现，一般来说，房屋建筑单位的利润随着容积率的提高而提高，不仅获得一般利润，还获得相应提高的超额利润，这种超额利润在租约期间归土地投资者占有，租约期满，则转化为级差地租Ⅱ，归土地所有者占有。②在宏观方面，主要通过对原有的城市基础设施的二次开发，提高工业用地的客观环境，改变原地段的级差等级，从而产生新的级差。这种对城市设施的投资分摊在城市的每一块土地上，起初表现为土地资本的折旧与利息，当整个基础设施投资完成，产生新的级差后，这些改良的土地一旦归土地所有者占有，"一旦投入的资本分期偿还，这种化为利息的地租就会变为纯粹的级差地租"。①

工业部门的利润与工业用地的供求关系决定了工业用地的绝对地租，工业用地的位置及追加投资所得利润决定了工业用地的级差地租。这也决定了工业地租与商业地租、居住用地地租的差异，即工业地租要大大低于商业地租和居住用地地租。就工业地租本身而言，在不同的时间和不同的区域，工业地租也会不同，即工业用地价格也会存在着一定的差异。通常情况下，工业部门利润越高，对于工业用地的需求越大，工业用地位置越优越，工业用地所追加投资所得利润越高，则工业地租就越高，工业用地价格也就越高；相反，则反之。

从现实土地交易中所发生的费用来看，我国土地价格主要由三部分构

---

① 马克思：《资本论》（第三卷），人民出版社，1975年，第841页。

成：一是取得成本，包括给予被征地农民的征地补偿安置费，以及给予城镇居民的拆迁费用等；二是开发成本，即几通一平的费用；三是政府收益，包括新增建设用地土地有偿使用费、城镇土地使用税和耕地占用税等相关税费，以及政府以出让金形式获得的土地纯收益。我国工业用地价格一般仅为成本价格（取得成本+开发成本）。由于各地政府以低价供应工业用地方式进行竞争，所以，与商业用地和居住用地不同，工业用地价格中通常未包括政府收益。换句话说，地方政府以让渡政府收益的方式争取工业资本的投资，以促进地方经济的增长。目前，我国工业用地出让最低价是按基准地价（含土地开发成本、级差地租和市政配套费）的70%确定的，实际上，各地工业用地的出让价格还要更低。

在工业发展水平最高的地区，如上海、北京、天津、广东、浙江、江苏等地，物流较发达，地区基础设施较好，工业发展环境比较有利，工业用地地理位置相对优越，对于工业用地的需求量较大，取得成本相对较高，工业用地价格就相对较高。以下是近几年来我国各地区、重点区域，以及几个主要城市地价的变动情况。为便于将工业用地价格与其他用途的地价进行比较，进一步分析工业用地价格的特点及其对工业增长的影响，本章也将商业用途地价、居住用途地价列出。

我们可以从历年来全国主要城市地价平均值的状况以及全国不同区域城市地价存在的差异，来研究工业用地价格变化的基本趋势和主要特点。

表1-10（1） 全国主要城市历年地价平均值比较

单位：元/平方米

年份	综合	商业用途	居住用途	工业用途
2006	1576	2481	1643	485
2005	1212	2006	1184	481
2004	1182	1946	1131	495
2003	1090	1778	1032	463
2002	1044	1687	979	456
2001	1007	1628	934	447
2000	998	1615	923	444

表1-10（2）　　　　2006年各区域主要城市地价平均值

单位：元/平方米

区　域	综　合	商业用途	居住用途	工业用途
东南区	2584	3820	2651	527
中南区	1092	1905	1155	429
西南区	1445	2595	1346	452
西北区	803	1174	822	442
华北区	1905	2995	2097	622
东北区	1250	1886	1489	387
全国平均	1576	2481	1643	485

表1-10（3）　　　　2005年各区域主要城市地价平均值

单位：元/平方米

区　域	综　合	商业用途	居住用途	工业用途
东南区	1644	2792	1599	589
中南区	1171	1852	1166	462
西南区	1239	2188	1109	447
西北区	779	1172	739	453
华北区	1308	2167	1287	538
东北区	1066	1747	1173	373
全国平均	1212	2006	1184	481

表1-10（4）　　　　2004年各区域主要城市地价平均值

单位：元/平方米

区　域	综　合	商业用途	居住用途	工业用途
东南区	1528	2581	1466	544
中南区	1077	1712	1058	446
西南区	1013	1763	947	389
西北区	812	1209	775	475
华北区	972	1390	981	543
东北区	998	1598	1074	363
全国平均	1182	1946	1131	495

表1-10（5）　　　　　2003年各区域主要城市地价平均值

单位：元/平方米

区域	综合	商业用途	居住用途	工业用途
东南区	1451	2438	1372	527
中南区	1010	1600	974	425
西南区	1054	1883	897	427
西北区	735	1070	703	442
华北区	1192	1888	1142	526
东北区	960	1529	1017	357
全国平均	1090	1778	1032	463

表1-10（6）　　　　　2002年各区域主要城市地价平均值

单位：元/平方米

区域	综合	商业用途	居住用途	工业用途
东南区	1388	2316	1281	544
中南区	935	1508	899	379
西南区	1012	1769	854	423
西北区	709	1015	679	431
华北区	1155	1798	1106	517
东北区	929	1476	975	349
全国平均	1044	1687	979	456

表1-10（7）　　　　　2001年各区域主要城市地价平均值

单位：元/平方米

区域	综合	商业用途	居住用途	工业用途
东南区	1314	2173	1192	540
中南区	888	1434	853	356
西南区	986	1720	820	418
西北区	689	983	660	420
华北区	1141	1826	1077	508
东北区	896	1417	932	341
全国平均	1007	1628	934	447

表 1-10（8） 2000 年各区域主要城市地价平均值

单位：元/平方米

区 域	综 合	商业用途	居住用途	工业用途
东南区	1295	2136	1171	536
中南区	879	1416	844	353
西南区	981	1712	812	417
西北区	684	976	655	418
华北区	1139	1840	1069	506
东北区	888	1401	922	339
全国平均	998	1615	923	444

资料来源：中国城市地价动态监测系统网站，http://www.landvalue.com.cn/Web_Public/State_LandPrice_Average.aspx。

从表 1-10 所提供的统计数据中可以看到，我国工业用地价格变动具有以下特点。各不同地区工业用地价格的相对关系反映不同地区工业增长的不同表现。

第一，工业用地价格总体上升，区域间呈现出差异性。从 2000 年到 2006 年七年的数据可以看出，除个别年份外，历年来全国主要城市以及各区域主要城市的平均地价（包括商业用地、居住用地、工业用地）基本处于不断上升趋势。这反映了全国及各区域对于城市建设用地（包括工业用地）需求不断增长的态势。在不同的区域，地价呈现出一定的差异性（这里主要分析工业用地地价）。这反映出各区域对于工业用地需求所决定的绝对地租以及工业用地位置上的差异所决定的级差地租的差异。在各个区域具体表现为：工业发展水平较高、物流较发达的华北地区、东南地区工业用地最高，东北地区最低，其余各地区位置在不断变化中居中。2000~2005 年，东南地区工业用地价格一直位居首位，且处于不断上升的态势，直到 2006 年，工业用地价格突然下降到第二位，位于华北地区之后。华北地区则从 2000~2005 年一直屈居第二，2006 年跃为第一，且价格高出东南地区 95 元。

第二，经济发展和工业发展水平较高的区域地价较高。地价在区域上的差异基本上反映了各区域经济发展水平的差异。东南地区工业发展水平较高，工业发展环境较好的地区，其工业用地价格也相对较高。这一点也证实了我们在前文的判断，即经济发展水平或工业发展水平较高的地区，工业用地价格通常也较高。这一点还可从全国重点区域长江三角洲、珠江

资源与增长

三角洲、环渤海地区主要城市历年来平均地价的状况得到进一步的证明（见表1-11）。

表1-11（1）　　　2006年全国重点区域主要城市地价平均值

单位：元/平方米

区　域	综　合	商业用途	居住用途	工业用途
长江三角洲	3722	5949	3446	667
珠江三角洲	2010	2740	2746	543
环渤海地区	3105	5257	3422	637
全国平均	1576	2481	1643	485

表1-11（2）　　　2005年全国重点区域主要城市地价平均值

单位：元/平方米

区　域	综　合	商业用途	居住用途	工业用途
长江三角洲	2018	3459	1968	734
珠江三角洲	1424	2352	1375	529
环渤海地区	2019	3892	1757	522
全国平均	1212	2006	1184	481

表1-11（3）　　　2004年全国重点区域主要城市地价平均值

单位：元/平方米

区　域	综　合	商业用途	居住用途	工业用途
长江三角洲	1948	3277	1836	732
珠江三角洲	1383	2295	1333	513
环渤海地区	1065	1719	944	512
全国平均	1182	1946	1131	495

表1-11（4）　　　2003年全国重点区域主要城市地价平均值

单位：元/平方米

区　域	综　合	商业用途	居住用途	工业用途
长江三角洲	1818	3013	1693	700
珠江三角洲	1359	2261	1321	503
环渤海地区	1907	3259	1693	532
全国平均	1090	1778	1032	463

表1-11（5）　　　2002年全国重点区域主要城市地价平均值

单位：元/平方米

区域	综合	商业用途	居住用途	工业用途
长江三角洲	1695	2718	1533	746
珠江三角洲	1343	2305	1275	493
环渤海地区	1734	3147	1453	495
全国平均	1044	1687	979	456

表1-11（6）　　　2001年全国重点区域主要城市地价平均值

单位：元/平方米

区域	综合	商业用途	居住用途	工业用途
长江三角洲	1530	2400	1328	737
珠江三角洲	1343	2298	1286	493
环渤海地区	1726	3248	1419	482
全国平均	1007	1628	934	447

表1-11（7）　　　2000年全国重点区域主要城市地价平均值

单位：元/平方米

区域	综合	商业用途	居住用途	工业用途
长江三角洲	1485	2321	1275	728
珠江三角洲	1344	2289	1294	493
环渤海地区	1727	3292	1410	479
全国平均	998	1615	923	444

资料来源：中国城市地价动态监测系统网站，http://www.landvalue.com.cn/Web_Public/State_LandPrice_Average.aspx。

长江三角洲、珠江三角洲、环渤海地区是我国经济发展水平最高、工业发展水平最高的地区。从表1-11中可以清楚地看到，这三个地区的地价均高于全国平均水平。

第三，工业用地价格水平总体偏低。我国工业用地价格及其上涨的速度远远低于商业用地和居住用地。在全国平均工业用地价格稳步上升的大背景下，各个区域又表现出一定的差异性，较之工业发展水平较低的地区，工业发展水平较高的地区工业用地价格普遍较高。工业用地价格的这些特点究竟会对工业产生怎样的影响呢？从理论上讲，工业用地价格的上升，会提高工业成本，弱化工业投资的积极性。但是，中国的工业用地价格是否上升到对工业投资积极性产生影响的水平了呢？从全国主要城市地价平均值历年状况、全国各区域主要城市地价平均值历年状况、全国重点区域主要城市地价平均值历年状况看，虽然工业用地价格总体处于上升的趋势，但是，同商业用地、居住用地价格相比，历年来中国各区域工业用地价格及其上涨速度都远远低于商业用地与居住用地，尤其是在一些经济发展水平较高、工业发展水平较高的地区。

就全国主要城市地价平均值而言，2006年综合地价比2000年上涨了578元，上涨幅度为57.92%；商业用地价格上涨了866元，上涨幅度为53.62%；居住用地价格上涨了720元，上涨幅度为78.01%；工业用地价格上涨了41元，上涨幅度为9.23%。显而易见，虽然全国主要城市工业用地平均价格上涨了，但它上涨的幅度远远低于商业用地和居住用地。就全国重点区域主要城市地价平均值而言，长江三角洲2006年综合地价比2000年上涨了2237元，上涨幅度为150.63%；商业用地价格上涨了3628元，上涨幅度为156.31%；居住用地价格上涨了2171元，上涨幅度为170.27%；工业用地价格下降了61元，下降幅度为8.38%。珠江三角洲2006年综合地价比2000年上涨了666元，上涨幅度为49.55%；商业用地价格上涨了451元，上涨幅度为19.70%；居住用地价格上涨了1452元，上涨幅度为112.21%；工业用地价格上涨了50元，上涨幅度为10.14%。环渤海地区2006年综合地价比2000年上涨了1378元，上涨幅度为79.79%；商业用地价格上涨了1965元，上涨幅度为59.69%；居住用地价格上涨了2012元，上涨幅度为142.70%；工业用地价格上涨了158元，上涨幅度为32.99%。从2000年到2006年全国三个重点区域主要城市地价平均值的变动情况可以清楚地看到，无论是上涨的绝对值还是相对值，工业用地价格上涨幅度都要远远低于商业用地与居住用地，长江三角洲地区的工业用地价格甚至还出现了下降的情况。

第四，工业用地价格低于实际成本。根据对全国31个省（市、区）的实际案例测算结果显示，现行全国工业用地一般状态下最低平均实际成本约为120元/平方米，其中东、中、西部的成本价水平分别为160元/平方米、83元/平方米、105元/平方米，而全国工业用地平均成交价则为91元/平方米，其中东、中、西部的成交价水平分别为129元/平方米、72元/平方米、63元/平方米，实际成交价格远低于现实成本。而且，这种现象已持续多年。这反映了在相当一段时期内，各地区都是在以低价"倾销"工业用地的方式向工业资本（工业企业）转让土地使用权，以此提高本地区的投资吸引力和工业生产成本。

(3)工业用地价格、工业用地面积与工业产值的关系。我国工业用地价格总体偏低,且上涨幅度不大。下面以北京、上海、天津为例,分析工业用地价格的变动会对工业用地面积及工业产值(这里指增加值)产生什么影响。

表1-12(1)　　北京市地价平均值、工业用地面积及工业产值历年情况

年份	综合	商业用途 (元/平方米)	居住用途 (元/平方米)	工业用途 (元/平方米)	工业用地 (平方公里)	工业产值 (当年价亿元)
2005	3361	5541	3884	658		1707.0
2004	2383	4739	2127	479	196.8	1554.7
2003	2331	4591	2058	478	177.8	1224.5
2002	2271	4448	2011	467	162.8	1021.2
2001	2208	4255	1961	460	116.55	938.8
2000	2159	4111	1908	458	83.99	844.0

表1-12(2)　　上海市地价平均值、工业用地面积及工业产值历年情况

年份	综合	商业用途 (元/平方米)	居住用途 (元/平方米)	工业用途 (元/平方米)	工业用地 (平方公里)	工业产值 (当年价亿元)
2005	3645	6478	3973	483		4129.52
2004	2223	4253	2077	780	470.29	3593.25
2003	2164	3887	1850	774	470.29	2941.24
2002	2054	3672	1732	759	470.29	2368.02
2001	1907	3270	1556	759	446.32	2166.74
2000	1834	3085	1468	458	384.65	1998.96

表1-12(3)　　天津市地价平均值、工业用地面积及工业产值历年情况

年份	综合	商业用途 (元/平方米)	居住用途 (元/平方米)	工业用途 (元/平方米)	工业用地 (平方公里)	工业产值 (当年价亿元)
2005	1778	3372	1382	580	119.63	1885.04
2004	1603	2952	1297	562	114.90	1549.70
2003	1468	2696	1104	550	116.87	1217.88
2002	1274	2028	939	550	106.48	968.44
2001	1235	1978	930	520	95.86	869.15
2000	1295	2473	912	500	86.15	785.96

资料来源:http://www.landvalue.com.cn/Web_Public/State_LandPrice_Average.aspx,《北京统计年鉴》(2006)、《上海统计年鉴》(2007)、《天津统计年鉴》(2006)、《中国城市建设统计年报》(2000~2005)。

由表 1-12 可知，北京、上海和天津三个市的工业用地价格及其上涨幅度远远低于商业用地和居住用地。北京 2004 年工业用地价格比 2000 年上涨了 21 元，上涨幅度为 4.59%；工业用地面积比 2000 年增加了 112.81 平方公里，增长幅度为 134.31%；工业产值比 2000 年增加了 710.7 亿元，增长幅度为 84.21%。上海 2004 年工业用地价格比 2000 年上涨了 322 元，上涨幅度为 70.31%；工业用地面积比 2000 年增加了 85.64 平方公里，增长幅度为 22.26%；工业产值比 2000 年增加了 1594.29 亿元，增长幅度为 79.76%。天津 2004 年工业用地价格比 2000 年上涨了 62 元，上涨幅度为 12.4%；工业用地面积比 2000 年增加了 28.75 平方公里，增长幅度为 33.37%；工业产值比 2000 年增加了 763.74 亿元，增长幅度为 97.17%。

从京、津、沪三地区工业用地价格、工业用地面积、工业产值的变动情况看，上海工业用地价格上涨的幅度最大，工业用地面积增长的幅度最小（这与上海工业用地面积基数较大有一定关系），工业产值增长幅度最小；北京工业用地价格上涨的幅度最小，工业用地面积增长的幅度最大，工业产值增长幅度居中；天津工业用地价格上涨的幅度居京、沪之间，工业用地面积的增长幅度也居两地之间，但工业产值的增长幅度最大。从中我们初步看到这样一个规律：在工业用地价格与工业用地面积之间，工业用地价格上涨幅度越大，工业用地面积增长幅度就越小；工业用地价格上涨幅度越小，工业用地面积增长幅度就越大，且工业用地面积增长的幅度远远大于工业用地价格增长的幅度；在工业用地面积与工业产值之间，工业用地面积的绝对数值越大，工业产值的绝对数值就越大；在工业用地价格与工业产值之间，看不出显著的关系来。

由上述分析可见，工业用地价格的变动对于工业用地面积的变动是有较大影响的，但对于工业产值的变动则没有什么明显影响，也就是说，工业用地价格的变动对于工业增长没有什么明显影响。换句话说，工业用地价格的变动所带来的工业用地成本的变动对工业用地面积的变动影响较大，对于工业产值的变动则没有明显影响。之所以发生这种情况，根本原因在于工业用地的市场价格较其影子价格明显偏低，涨幅较小。从京、津、沪的情况可以管窥全国的状况。工业用地价格偏低，一方面，可以使工业用地成本较低，有利于工业经济的发展；另一方面，正是由于工业用地价格偏低，造成全国工业用地面积增长速度快，工业用地严重粗放低效利用。目前，我国正处于工业化发展中期阶段，对于工业用地仍有大量需求,由于土地供给受多种因素的限制呈现出相对稀缺性,工业用地的粗放低效利用必然会加剧已出现的或潜在的土地供求矛盾,从而对工业经济的长远发展造成不利影响。

(4)工业用地价格偏低的原因及其引发的问题。目前,我国工业用地价格最根本的问题是地价水平偏低,未能反映出实际成本。究其原因:一部分是因为目前工业用地相对于商业用地、居住用地而言,产业利润较后两者低、地理位置距离城市中心较远、建筑容积率较低、对于工业用地需求相对较小等合理因素造成的,但还有很大一部分是由如下一些不合理因素所造成的:

第一,征地成本过低——工业用地价格偏低的直接经济原因。当前我国正处于工业化快速发展时期,对工业用地新增需求很大。在许多地区,这种新增需求大多是通过政府征收城市周边的农地再转让给工业企业的方式来满足的。农地征收中的征地成本不可避免地要对工业用地出让价格产生影响。从农地到待出让工业用地,政府需要有土地平整、配套设施建设等投入,这形成土地的开发成本,连同征地成本和政府收益,共同构成待出让工业用地的市场价值。在这三项构成中,征地成本本应占绝对比重,因为它不但包括土地补偿费、安置补助费等,还应包括用途转变带来的大部分土地增值(用途转变带来的土地增值对整个工业用地的市场价值起着举足轻重的作用),这部分土地增值理应归其先前的所有者——农民所有。但在现实中,农民并没有拿到这些增值部分,实际到农民手中的征地补偿款寥寥无几。由于相对于土地用途转变带来的巨额增值,地方政府的实际投入很少,这就导致了在出让工业用地时,如果不考虑或较少考虑土地用途转变带来的增值,对地方政府而言,并不会产生明显的直接损失。所以,地方政府就能以大大低于市场价值的价格出让工业用地。地方政府所期望的是,工业项目的投产可以带来就业的增加和未来的税收。这就是地方政府倾向于低价出让工业用地的直接经济原因。而且,工业资本可以在各地区之间选择投资场所,哪里的条件优越、地价低,就到哪里投资设场。因此,各地区为了提高对工业资本的吸引力,就将土地作为竞争手段,即以竞相提供更低价格土地的方式"招商引资",这就必然导致工业用地价格的普遍偏低。

第二,财政体制和政绩考核机制——工业用地价格偏低的制度原因。我国目前实行的是"分灶吃饭"的财政体制,在这种财政体制下,地方政府担负着发展地方经济、提高当地人民生活水平的重任,而这些必须以巨额稳定的财政收入为支撑,这就迫使地方政府不得不竭力谋求财政收入的最大化。招商引资,借以带动本地经济发展是大多数地方政府的首选策略。于是各地政府各显其能,纷纷推出优惠政策招商引资,土地这一重要资源自然而然便成为吸引投资者的诱饵,于是一些地方政府竞相压低地价,甚至不惜以零地价或负地价出让土地。

另外,我国的政府政绩考核机制也对地方政府低价出让工业用地起了推波助澜的作用。当前我国许多地方政府都把 GDP 增长和招商引资成果作为衡量政府及官员政绩的重要指标,于是在一些地方就出现了把招商引资作为硬性指标分配给政府各个部门甚至落实到人的不合理现象,为了完成任务,一些政府官员也就不惜以低价出让土地为代价了。

上述因素造成了我国工业用地的出让价格普遍偏低,在一些工业发展水平较高的地区,甚至还出现了工业用地供应紧张与工业用地出让价格不断降低共存的奇怪现象。在规范的土地市场条件下,土地价格是调节土地在各个用途之间配置资源的最基本的工具。而在我国现行制度下,这一工具在很大程度上失去了有效配置土地资源的功能。

工业用地出让价格偏低,是当前土地管理与调控中存在的一个突出问题,其危害十分严重:①工业用地低成本过度扩张,往往会造成低水平的重复投资建设,使工业用地被长期圈占、撂荒闲置,粗放式使用短缺的土地资源,影响中央宏观调控政策的有效实施。②地区之间竞相压价搞恶性竞争,破坏了公开、公平、公正的市场环境,造成了新的区域不平衡,影响了区域协调发展。③容易导致以工业用地的名义申请用地,暗地里搞房地产开发项目。④由于土地出让的价格远低于实际成本,国有土地所有者权益没有得到应有体现,造成国有土地资产权益大量流失,滋生严重的腐败现象。⑤地方政府低价出让土地往往是以压低和拖欠征地补偿费、牺牲农民利益为代价的,其结果是直接侵犯了农民合法的土地财产权益。具体来讲:一是许多地区的投资具有较强烈的外源性,在获取投资的竞争中,各个地区会竞相降低土地出让价格,以获取更多的外资。这必然会使许多地区的土地出让价格在今后一段时间内处于下降趋势。二是工业用地中的恶性竞争现象若不加以控制,工业用地投机行为将会加剧,从而对土地持续利用、区域工业经济健康发展造成不良影响。三是由于土地出让价格低,刺激企业大量购地而长期闲置,以待土地增值,这导致了严重的土地资源浪费现象。

总之，我国工业用地的总体现状是：一方面，工业化、城市化处于迅速发展时期，对于工业用地的总需求在不断增加，而工业用地的供给则受到一定程度的制约，供求存在矛盾，这种矛盾在工业发展水平较高的地区表现得尤为突出；另一方面，工业用地价格低于实际成本，本应反映工业用地供求关系的工业用地价格却没有反映出供求的真实状况，导致工业用地利用的低效、浪费。工业用地的粗放低效利用将对工业的长期发展产生不利影响。我国偏低的工业用地价格是由诸多原因造成的，除了上述诸因素之外，另一个因素是它还在一定程度上与中国长期以来实施的一些工业用地政策有着很大关系。后文将对这一问题进行进一步的讨论。

三、工业增长中土地资源约束的实证分析

在本章第一部分中，我们已建立了土地资源对于经济增长约束的理论模型，并得出了土地资源对经济增长的约束公式，即土地资源对经济增长产生的"阻力"公式。这一推导过程同样适用于研究土地资源对于工业增长的约束。那么，中国工业增长中土地资源的"阻力"究竟有多大呢？下面就根据上述模型对这一问题作进一步分析。

以下我们在索洛模型与大卫·罗默假说的基础上，采用最新的统计数据，对1981~2005年中国工业增长中土地资源的"阻力"进行分析。

（一）数据与计量分析

从土地资源对经济增长产生的"阻力"公式 $\dfrac{\beta n}{1-\alpha}$ 可以看出，需得到 α、β 与 n 的值，才能够得到这一"阻力"的具体数值。劳动力 n 的增长率这一数值可以根据有关统计年鉴所提供的数据计算得到，而 α、β 的值，则需对公式（1-6）进行回归分析。从（1-6）式中可以看出，要对中国工业增长中土地资源的"阻力"进行计算，首先需要得到 Y、K、A、L、T 的相关数据。

1. 数据说明

为了对中国工业增长中土地资源的"阻力"进行定量分析,同时考虑到数据的可得性及政策的一致性,我们选取了1981~2005年的有关数据,见表1-13。

对于Y,本书所使用的数据是工业增加值,主要取自《中国统计年鉴》(2006),并按照相关指数换算为1978年的不变价格;对于L和A,主要根据《中国统计年鉴》(2006)和《新中国五十五年统计资料汇编》中相关数据整理计算得出,A这里简单取为高中毕业生占总人口比例;对于T,书中所使用的数据是《中国城市建设统计年报》1997、1999~2005年中工业用地数据,并根据城市建设用地面积、城市建成区面积整理计算;① 对于K,本书取自《中国工业经济统计年鉴》(2006)中工业企业固定资产净值,并按照相关指数换算为1978年的不变价格。

表1-13　　1981~2005年工业产值、资本存量、工业用地及从业人员数据

年 份	GDP Y (亿元)	固定资本 K (亿元)	土地 T (万公顷)	从业人员 L (万人)	劳动有效性 A (%)
1981	2000.7	2767.50	1478.40	4983	6.78
1982	2116.4	2945.00	1573.11	5115	7.08
1983	2322.1	3164.80	1620.43	5205	7.31
1984	2667.6	3343.80	1865.69	5343	7.49
1985	3152.9	3641.10	1887.29	5557	7.68
1986	3458.3	3988.80	2024.35	5781	7.90
1987	3914.7	4356.10	2153.34	5971	8.17
1988	4512.5	4296.60	2380.75	6158	8.44
1989	4740.7	4302.70	2457.55	6228	8.71
1990	4899.7	4881.50	2553.83	6378	8.98
1991	5605.2	5624.60	2839.74	6551	9.26
1992	6791.2	5729.90	3061.98	6621	9.54
1993	8155.5	5910.40	3394.56	6626	9.83
1994	9698.2	6862.90	4575.16	6582	10.10

① 其中,1997、1999~2005年工业用地数据取自《中国城市建设统计年报》(1997、1999~2005年各期),1981~1996、1998、2005年数据分别是通过对《中国城市建设统计年报》(2005)中城市建设用地数据乘以22%、22.5%,城市建成区面积乘以22%得出。

第一章 土地资源与工业增长

续表

年 份	GDP Y (亿元)	固定资本 K (亿元)	土地 T (万公顷)	从业人员 L (万人)	劳动有效性 A (%)
1995	11059.4	8856.20	4854.08	6610	10.39
1996	12443.0	9768.80	4180.35	6451	10.72
1997	13850.7	10839.40	4513.80	6216	11.07
1998	15083.3	11395.30	4614.21	6196	11.48
1999	16368.9	12884.10	4653.90	5805.05	11.90
2000	17971.1	13627.60	4874.45	5559.36	12.38
2001	19528.3	14559.40	5104.72	5441.42	12.90
2002	21475.9	15603.40	5768.90	5520.67	13.44
2003	24214.3	17129.60	6224.57	5748.56	14.08
2004	27000.8	19530.40	6708.60	6098.61	14.82
2005	30126.4	21724.20	7154.55	6895.95	15.72

资料来源:《中国统计年鉴》(2006);《新中国五十五年统计资料汇编》;《中国工业经济统计年鉴》(2006);《中国城市建设统计年报》(1997、1999~2005年各期)。

2. 数据的平稳性及协整检验

由于回归分析中所取数据均为时间序列数据,所以,首先就需要检验数据的平稳性,如果时间序列非平稳,则要通过差分变换来检验它们的单整阶数。如果单整阶数相同,则需要检验序列间是否存在协整关系。因为如果不存在协整关系,回归就没有意义。本书采用 ADF 平稳性检验和回归方程残差单位根协整检验方法。

表 1-14　ln Y、ln K、ln T、ln L 及差分后的单位根检验(ADF 方法)结果

序列	5%的临界值	ADF值	序列	5%的临界值	ADF值	序列	5%的临界值	ADF值
ln Y	-3.6450	-2.4897	Δln Y	-3.8085	-2.8732	Δ^2ln Y	-1.9614	-3.4286
ln K	-3.6450	-1.6052	Δln K	-3.0300	-1.7216	Δ^2ln K	-1.9602	-2.8125
ln T	-3.6122	-2.2079	Δln T	-3.0207	-2.6108	Δ^2ln T	-1.9591	-3.7555
ln L	-3.6220	-2.2041	Δln L	-3.0404	-2.6801	Δ^2ln L	-1.9572	-3.9076
ln A	-3.6220	2.8553	Δln A	-2.9981	0.5117	Δ^2ln A	-3.0049	-3.4158

从表 1-14 的检验结果可以看出,各变量取对数后数据是非平稳的,如果直接进行回归,将会造成伪回归,它们的一阶差分序列在 5%的显著性水平上拒绝了零假设,我们需进行二阶差分,它们的二阶差分序列在 5%的显著性水平上均拒绝了零假设,即不存在单位根,也就是四个变量

对数形式的二阶差分序列都是平稳的。进一步，如果 ln Y 和 ln K、ln T、ln L 之间存在协整关系，我们才可以对它们进行回归分析。

本书采用对回归方程残差序列进行单位根检验的方法来看它们是否存在协整关系。表 1-15 列出了相关检验结果。

表 1-15　　　回归方程残差序列的单位根检验（ADF 方法）结果

		t 统计量	概率
	ADF 值	-3.841832	0.0082
	1%的临界值	-3.752946	
	5%的临界值	-2.998064	

从上述检验结果可以看出，回归方程的残差序列在 1%的显著水平上拒绝原假设，接受不存在单位根的结论。因此，可以确定回归方程的残差序列是平稳序列。上述结果表明：ln Y 和 ln K、ln T、ln L、lnA 之间存在协整关系。

根据上述检验结果，可以得出结论：ln Y、ln K、ln T、ln L 和 lnA 都不是平稳序列，但经过二阶差分后在 95%的置信度下是平稳的，并且存在协整关系，即它们存在长期均衡关系。

3. 数据的计量分析

在对式 $\ln Y(t) = \alpha \ln K(t) + \beta \ln T(t) + (1 - \alpha - \beta)[\ln L(t) + \ln A(t)] + \mu(t)$ 进行回归的分析中，存在着残差序列自相关性问题。对此，我们采用科克伦—奥科特迭代法来消除自相关性。此外，由于 ln L、ln A 的系数由 ln K 与 ln T 的系数决定，因此，在回归分析中要对 ln L 的系数进行约束。得到的最终回归结果为：

$\ln \hat{Y} = 0.504 \ln K + 0.179 \ln T + 0.317 (\ln L + \ln A)$
　　　　(5.388)　　　(2.104)　　　(3.217)

$R^2 = 0.998$　D.W. = 1.978

从结果看，各系数的估计值都较显著，且通过了 D.W.一阶自相关性检验以及偏相关系数和 B-G 高阶自相关性检验。

4. 计算土地资源的"阻力"数值

从上述回归的结果可知，$\alpha = 0.504$，$\beta = 0.179$，下面只需计算出劳动力增长率 n 的值，可利用下面这一公式：

$L_1 \times (1+n)^t = L_t$

其中，L_1 是 1981 年的社会从业人员，即 4983 万人，L_t 是 2005 年的工业部门从业人员，即 6895.95 万人，t 是增长的年数，此处为 25。据此，可以得到劳动力平均增长率 n = 1.31%。这样，我们可以利用公式 $\frac{\beta n}{1-\alpha}$ 计算土地资源的"阻力"，得出的数值为 0.0047，即 1981~2005 年平均每年大约为 0.47 个百分点。也就是说，在 1981~2005 年期间，仅仅由于土地资源的不断消耗，我国的工业增长速度平均每年降低了 0.47%。

（二）计算结果分析

上述计量分析的结果表明，由于土地资源的不断消耗，我国的工业增长速度在 1981~2005 年期间平均每年降低 0.47%。按照这一数据进行推算，到 2020 年，我国的工业增长率就会仅仅因为土地资源的"阻力"而降低到 2005 年工业增长率的 93%；到 2030 年，我国的工业增长率将降低到 2005 年的 89%；到 2040 年，我国年工业增长率将降低到 2005 年的 85%；到 2050 年，我国的工业增长率将降低到 2005 年工业增长率的 81%。由此可见，土地资源对我国工业增长将产生一定的制约作用，并对我国工业的可持续增长造成一定的影响。从土地资源的"阻力"公式 $\frac{\beta n}{1-\alpha}$ 可以看出，土地资源的"阻力"与 α、β、n（α、β 与 n 分别代表资本的产出弹性、土地的产出弹性与劳动力的平均增长率）呈正相关关系，α、β、n 的值越大，土地资源的"阻力"就越大。降低这一"阻力"的途径只能是降低资本的产出弹性、土地的产出弹性与劳动力的平均增长率，它的内在经济含义就是降低资本、土地、劳动力（这里仅从劳动力数量的角度看，而不考虑劳动力的质量）在工业增长中的作用，即工业增长不可过分依赖资本、劳动力与土地。既然经济增长不能过分依赖资本与土地，又不能过分依赖高的劳动力增长率，那么，它就必须主要依靠知识、依靠技术进步与制度创新了。这也从另一个侧面解释了知识、技术与制度创新在经济增长中的重要作用。

（三）结论

本书在大卫·罗默假说的基础上，分析了1981~2005年期间中国工业增长中土地资源的"阻力"，得出的结果平均每年大约为0.47%。这一结果表明，仅仅由于土地资源的限制，中国的工业增长速度平均每年就要降低0.47个百分点。如果这种状况持续下去，将会在一定程度上影响中国工业的可持续增长。要降低这一"阻力"，就必须依靠技术进步，制定合理的土地制度等，节约、集约高效利用土地资源，惟有如此，才可能实现土地资源的可持续利用、工业的可持续增长。

从前文我国产业中土地资源使用面积的情况看，第一产业土地使用面积最大，工业用地面积远远低于第一产业用地面积，但工业的产值却远远高于第一产业。粗略地推算，土地资源对于工业增长的约束低于它对于整个经济增长的约束。根据相关计算，土地资源对于我国整个经济增长的阻力约为1.53%。由此可见，土地资源对于整个经济增长的阻力远远大于它对工业增长的阻力。这一结果也证实了我们的推测。这也足以说明工业化是降低土地资源对于整个经济增长约束程度的有效途径。但就工业本身而言，要降低土地资源对于工业增长的约束，在很大程度上则需推动技术进步和制度创新，提高劳动生产效率，降低工业增长对资本、土地、劳动力投入要素数量的依赖程度，同时改变目前我国工业用地粗放低效利用的状况，提高工业用地集约高效利用的水平。

四、我国工业用地政策评析

我国工业用地的状况是：就全国而言，工业用地需求不断增加，供给则受到耕地保护、粮食安全问题等因素的制约，工业用地供求存在矛盾；就地区而言，在工业化水平不同的地区供求状况不尽相同，目前来看，工业化水平较高的地区已经出现了程度不同的供求矛盾；虽然工业化水平较低的地区目前还未出现明显供求矛盾，但工业化水平的不断提高将会增大这一矛盾出现的可能性。与此同时，我国工业用地普遍存在着粗放低效利用的现象,这将加剧已存在的或潜在的供求矛盾,使得土地资源对工业增长的约束增大,从而对工业的发展造成不利影响。源于工业化水平提高对于工业用地量的增加是不可避免的,但由于工业用地的粗放低效使用而造成的工业用地的外延式扩张则是可以避免的。因此,改变我国工业用地粗放低效利用的现象,提高我国工业用地的集约高效利用水平,对于降低土地资源和对于工业增长的约束程度,就变得十分重要。

我国工业用地的粗放低效利用,在很大程度上源于偏低的工业用地价格,而这种偏低的工业用地价格在很大程度上受土地政策的影响。通过公共程序制订适当的土地政策,以弥补市场本身带来的问题,对于发挥市场机制的作用、合理配置土地资源是有益的。但是,如果简单地以政策替代市场,忽略市场规律,就会产生更多问题,土地资源就难以得到有效配置,也不利于解决土地资源对于经济增长的约束问题。下面以我国的工业用地政策为例,分析工业用地政策对于工业用地价格、土地资源配置效率、工业用地市场等的影响。

我国工业用地的使用方式有划拨、协议出让、招标拍卖挂牌等几种,不同的使用方式会对工业用地价格、工业用地成本、工业用地的使用效率等产生不同的影响。

(一) 工业用地行政划拨与协议出让

1. 行政划拨

在计划经济时代,我国工业用地的使用方式以行政划拨为主,国家将工业用地无偿、无限期地提供给国家基本建设计划项目下的工业企业使用,并与征地过程合为一体。在当时,由于计划要优先保证国家建设用地的需要,加之工业用地以无偿使用为主,从而在很大程度上造成了工业建设用地利用的粗放低效现象。由于在工业化初期,工业用地需求相对较小,供给相对充裕,未曾出现工业用地供不应求的矛盾。因此,这种以行政划拨为主的工业用地使用方式所造成的工业用地粗放低效利用在当时对于工业增长并没有产生出明显的阻碍作用,而是使得土地基本上成为工业增长中的"无限"供应资源。

2. 协议出让

协议出让是指国有土地的代表与有意受让人就某地块的出让方案、条件进行协商谈判，确定价格的一种出让方式。

为了提高土地的利用效率，国家积极尝试探索土地有偿利用，通过价格机制调节土地的利用结构。1987年，深圳市政府以定向议标的方式出让了中国第一块商品土地的使用权，以后又以公开招标、拍卖的方式出让土地使用权。1990年，国务院颁布了《城镇国有土地使用权出让和转让暂行条例》，对土地使用权的出让、转让、出租、抵押、终止等问题作了明确说明。1998年全国人大通过了修订后的《土地管理法》，规定建设单位使用国家土地应当以出让等有偿方式取得。具体地说，土地使用权有偿出让又分为协议出让、招标出让、拍卖出让、挂牌出让等形式。

此后到2006年的一段时间中，我国工业用地的出让方式以协议出让为主。虽说协议出让属于有偿出让，与行政划拨工业土地使用制度相比，协议出让在一定程度上促进了土地的集约利用，但在政府的具体实施过程中，协议出让实质上仍然是一种行政审批配置土地资源的方式，因而再加上其他各方面的原因，工业用地协议出让就在实际操作中产生了许多有违初衷的问题，存在诸多弊端。

（1）工业地价偏低，国有土地资产流失严重。正常的工业用地协议出让价格应当由土地补偿费、安置补助费、开发成本以及各种税费组成。然而，不少地方政府为了招商引资、发展地方经济，以及各自政府出于政绩的考虑，不惜降低工业项目准入门槛，普遍采取了吸引投资竞相压价的策略，自行制定工业用地协议出让价格，以较低的价格出让工业用地，出现了许多工业用地协议出让价格远远低于工业用地开发成本，甚至还出现零地价、负地价的现象。造成国有土地资产的流失。

据国土资源部土地利用管理司、中国土地勘测规划院发布的《2006年第二季度城市地价动态监测报告》，2006年第二季度全国主要城市地价总体水平为1590元/平方米，其中商业、居住、工业地价分别为2501元/平方米、1660元/平方米和487元/平方米。由于土地出让程序的不透明，工业地价与商业和住宅土地价格存在很大差距。根据全国31个省（市、区）的实际案例测算结果显示，现行全国工业用地一般状态下最低平均实际成本约为120元/平方米，而全国工业用地平均成交价则为91元/平方米，实际成交价格远低于现实成本。在2004年以前，浙江省工业用地出让价格除温州、义乌等个别城市以外，绝大部分地方低于土地征用和开发成本，只有市场交易价格的2/3不到，甚至更低。而且一些区域在招商引资的激烈竞争中降低工业用地出让价格，返还出让金，甚至以零地价、负地价出让工业用地。

（2）引发大量圈占土地行为，土地利用低效。协议出让土地，土地价格由政府与企业协商决定，排斥了市场作用，人为干预过强，使得工业用地的协议出让价格远远低于真实的市场价格。在要素市场中，工业用地成本是工业生产的主要生产要素成本之一，由于土地和资金等要素之间存在需求的可替代性，企业在生产时，为了实现利润最大化需要考虑生产要素之间的合理组合。然而，由于低地价，甚至零地价的存在，对于企业而言，就一定会选择最大的土地与最小的资金项目组合要素比例，导致企业大量圈占非农建设用地和粗放低效利用工业用地。目前，我国工业用地占用非农建设用地的比例还在不断增大，造成了非农建设用地的粗放低效利用，且不少工业用地布局分散、宽打窄用、优地劣用，单位面积产出小，低效问题突出。同时，部分企业通过协议拿到工业用地后，不是作为工业生产场所，而是将其作为一种融资的手段，向银行获得抵押贷款。还有些企业大肆地圈占、囤积土地，购地后只进行少量投入甚至根本不投入，等待时机转变其土地用途，通过二次招商获得高额的差价。这种投机行为直接导致了土地资源尤其是新增建设用地的大量闲置和低效利用。

（3）干扰正常的土地市场秩序。地方政府将工业用地通过协议出让给投资商，对其他众多投资商来说，这是一种不公平、不公开、不公正的竞争，违背了市场经济的原则和要求，其结果必然扰乱正常的土地市场秩序。特别是地方政府通过协议出让土地，很容易带来交易的隐蔽性和操作的偏袒性。同时，投资商为了获得更低廉、更大量的土地，也有可能会出现不正当的恶性竞争，为一些政府官员提供了寻租的空间，导致腐败的滋生。此外，一些投资商在以工业用地的名义获得土地后，擅自改变用途，这主要是源于土地使用者取得土地的初衷并不在于工业用途，而在于以工业用地名义规避"招拍挂"出让方式。这些土地使用者通过协议方式取得廉价土地后，伺机改变用途，如在工业用地上建造住宅、写字楼、别墅或商铺等，从而获得数倍于工业生产所带来的效益，这种违法行为严重破坏和扰乱了正常的土地市场秩序。

这些问题的出现，严重干扰了土地市场的供应秩序，不利于地价对土地资源的市场配置作用和对产业布局与产业结构的规划调整，降低了土地市场的灵活性，影响土地市场的规范化和良性发展。如果大部分工业用地实际协议成交价格最终低于工业成本价格，势必会带来延缓土地的市场化进程的严重后果。

在工业化中期，工业用地需求相对较大，供给的有限性逐渐显现出来，在工业水平较高的地区，出现了工业用地供不应求的矛盾，土地资源对于工业增长的约束也逐渐凸显出来。工业用地协议出让存在的上述问题与弊端使得一些地区工业用地的供求矛盾加剧，对工业的发展造成了不良影响。

（二）工业用地"招拍挂"

1. 工业用地"招拍挂"的必要性

由于受到工业用地使用的行政性分配和划拨制度以及协议出让政策的长期影响，我国工业用地的使用并没有真正地反映出其价值。与发达国家相比，我国大城市工业用地占城市建设用地比例严重偏高。在美国，工业用地占非农业用地的15%以下，而在我国却高达30%以上。据有关资料表明，我国工业用地占城市建设用地总量的比例一直高达21%以上，大大超过美国（7.3%）和香港特区（6%），也超过许多发展中国家。由于城市工业用地所占比重大，城市内工业建筑项目容积率水平和建筑密度水平较低，以及功能分区不尽合理，城市中心区或高地价区被低效、耗能大、污染大的工业企业占据，导致土地大量闲置，效益不能得到充分发挥，土地产出效率较低，造成工业用地严重的粗放低效利用。

一方面是土地的粗放低效利用，另一方面却是土地的稀缺性。而我国的一个基本国情是人多地少，尤其是人均耕地更少，大大低于世界人均占有耕地的数字。土地供给总量是有限的，虽然人类可以通过转换土地用途来改变某类土地的数量与供给，如工业用地的增加主要就是靠改变城市周围农地的用途来实现的，但这种改变要受到诸多因素的制约，比如耕地保护、失地农民就业、生态平衡、经济发展、粮食安全等。因此，从长期来看，工业用地的供给必将是非常稀缺的。另外，近两年来，政府不断加大整治清理开发区的力度，开发区的数量和面积已经明显减少，工业用地的供给已经被严格控制。在一些地方，工业用地已经从过去的买方市场变成了卖方市场。

目前，由于我国正处于工业化中期阶段和城市化迅速发展阶段（2005年城市化水平达到43%），按照这种粗放低效利用土地的态势发展下去，要实现工业化并达到发达国家平均的城市化水平75%，对于城市建设用地（包括工业用地）将有大量需求。与此同时，土地的供给却受到人均可利用土地面积较少的国情，以及耕地保护、粮食安全、生态保护等因素的限制，难以大量增加，这将对我国工业化、城市化造成较大的约束。在这一现实情况下，集约高效利用土地就成为必然的选择。要实现土地的集约高效利用，就必须从土地制度和政策入手。就工业用地而言，则须改革行政划拨与协议出让制度，实行工业用地"招拍挂"出让制度，即运用竞争机制、公开程序，把土地配置给最有能力进行有效利用的人。这就必须有规范的土地市场，促使其集约高效合理利用。这也是降低土地资源对于工业化、城市化约束的有效途径之一。

2. 工业用地"招拍挂"的相关内容

针对工业用地存在的现实情况，为加强对工业用地的调控和管理，促进土地节约、集约利用，国土资源部提出逐步将工业用地纳入"招拍挂"的范围。国土资源部根据土地等级、区域土地利用政策等，统一制订了《全国工业用地出让最低价标准》，并于2006年颁布、2007年1月1日开始实施。《标准》规定："工业用地必须采用招标、拍卖、挂牌方式出让，其出让底价和成交价格均不得低于所在地土地等别相对应的最低价标准。各地国土资源管理部门在办理土地出让手续时必须严格执行本《标准》，不得以土地取得来源不同、土地开发程度不同等各种理由对规定的最低价标准进行减价修正。"《标准》如表1-16所示。

表1-16　　　　　全国工业用地出让最低价标准

单位：元/平方米

土地等别	一等	二等	三等	四等	五等	六等	七等	八等
最低价标准	840	720	600	480	384	336	288	252
土地等别	九等	十等	十一等	十二等	十三等	十四等	十五等	
最低价标准	204	168	144	120	96	84	60	

为了发挥地价对土地利用的调控作用,《标准》将最低价标准与土地等别进行了挂钩。根据土地等别制订的最低价标准,随土地等别的降低呈现明显的下降趋势,最高等别(一等)相对应的最低价标准(840元/平方米)是最低等别(十五等,60元/平方米)的14倍,体现了区域差别土地利用政策。

为解决前文所述的工业土地出让中存在的问题,该《标准》在测算过程中体现了成本控制原则,即工业用地出让最低价不低于其基本成本,并适当考虑了征地补偿费用上涨等因素的影响。显然,与目前多数地区赔本卖地的现实相比,《标准》的出台必将显著提高工业用地出让价格,并成为执法监督、打击低价出让土地行为的重要判定标准。

3. 工业用地"招拍挂"的积极作用与不利影响

(1)积极作用。工业用地实行"招拍挂"及《标准》的发布实施,是工业用地管理制度和利用方式的重大变革,是严把土地调控闸门的关键措施。它的积极作用,可概括为四个方面:

第一,促进完善工业用地的市场配置机制。工业用地采用招标拍卖挂牌出让,有助于形成公开、公平、公正的市场配置方式。有利于企业通过平等竞争获取土地资源,有效制止圈地行为和非法交易,将宝贵资源配置给真正急需的企业;有利于规范土地出让秩序,遏制无序低价出让土地;有利于政府增加土地出让收入,扭转土地出让价远低于开发成本价和市场真实价的状况,增强开发建设工业园区(开发区)的能力;有利于防止和减少国有资产流失,从制度和源头上促进廉政建设。

第二,促进土地资源合理配置和集约利用。工业用地采用招标、拍卖、挂牌出让,有利于企业摆脱烦琐的审批手续和供地程序,特别是摆脱艰难的征地运作,尽快获得土地使用权和尽早开发利用熟地。企业因此增加的土地支出,可以通过提前实施建设项目和提高资金利用效率,实现一定程度的对冲。并且政府部门可以通过科学设定准入门槛和加强后续监督,引导土地资源合理布局和利用,减少供地跟着招商走、布局规划流于形式的现象。

第三,有利于提高招商引资质量。工业用地协议出让背后可能隐藏着土地使用者与政府官员的"非经济因素潜规则",这恰恰是一些愿意按市场规则操作的企业所不愿意从事的。因此,规则和制度的不明朗,容易使一些投资商退却。采用"招拍挂"出让方式,为投资商提供了一个公开、公正、公平的市场环境,加之政府又可利用工业用地出让所带来的收益加大基础设施和配套设施建设力度,在这些有利因素下,投资商应该会更加踊跃,因为真正的投资商看中的是综合投资环境,是一个规范的投资环境。另外,工业用地"招拍挂"后,可以有效抑制投机商们的圈地、炒地行为,并在一定程度上成为了投资商和投机商的分水岭和试金石。

第四,有利于通过工业地价这一杠杆协调区域经济发展。按照国务院2006年31号文件的有关要求,工业用地出让最低价标准在制订过程中充分考虑了土地等级、区域土地利用政策,体现了我国东、中、西部地区经济发展水平的差异,同时也考虑了区域产业政策和经济发展布局的宏观战略。对全国2864个县、市的最低价标准水平统计分析显示,全国最低价标准均值为179元/平方米,其中东、中、西各区域的区域均值分别为269元/平方米、143元/平方米、105元/平方米,东、中、西部地区差异显著,各区域所辖重点城市的最低标准均值显著高于所在区域的区域均值。《标准》在总体上呈现"东部高于西部、沿海高于内陆"的变化趋势,体现了在不同区域间形成合理的工业用地价格差异,有利于鼓励区域间产业结构的调整和产业的梯度转移,发挥土地政策对区域协调发展的宏观调控作用,推进区域间协调发展。

(2) 不利影响。工业用地实行招标、拍卖、挂牌出让,其积极影响是显而易见的。但是,在具体的实施过程中,不可避免地会存在一些问题,产生一些不利影响。主要表现在以下三个方面:

第一,"招拍挂"后会大幅提高工业用地成本。工业用地实行"招拍挂"出让,势必引致地价上涨,并突破当地出让最低价标准,造成工业用地成本大幅度增加。由此将带来两方面的问题:一方面,实力强的企业尚可承受,但大量中小企业将难以竞价而只能望地兴叹,这尤其会影响成长型企业的创业发展;另一方面,可能引发被征地农民新的不满。目前农民补偿政策处理沿用老办法,征地价与出让价差距较大,实施"招拍挂"后,两者的差距会更大、更透明,被征地农民恐怕更难接受原有的补偿标准。

第二,"招拍挂"过程中存在暗箱操作。竞卖代表方"量身定做"出让条件,设置门槛,限制公平竞争。依据某竞买人的条件,竞卖代表方政府领导或相关人员在"招拍挂"过程中,为了既能规避责任,又能达到让某竞买人不用竞争就能成功受让土地的目的，一些地方设定出让的苛刻条件，限制一些竞争人的入场，导致出让活动不能得到公平竞争，土地的市场价不能得到真正体现，政府的收益部分流失，损害了国家利益，妨碍了市场正常发育，为某些特定对象或所谓"重格式"企业谋了私利。这其实是过去"外资企业、外资项目和高新技术项目优于内资企业、内资项目"政策的翻版，是利用职权谋私利的又一表现形式。这样的结果，造成用地主体和投资领域的不平等、统一规范的土地市场难以形成。

竞买人私下串通，搞"陪标"、"圈标"，致使公开出让形同虚设。在个别地方，第一种情况是由某投标单位或个人采取找来几家陪标的，向陪标单位承诺"这次你陪我，下次我陪你"，或"陪我竞得标的后，付给你们几家各多少钱"的非法串通方式套取标的，结果往往造成投标人以最低保底价（或拍卖起价）就取得标的。第二种情况是以金钱贿赂主要评标人员获知标的后组织几家陪标的，以初始价获得标的。第三种情况是招标人与投标人内外勾结，获知标的，采取发布误导信息，故意抬高投标门槛和中标价格的方式，限制潜在投标人入场，为内定的中标人扫清障碍，并以土地初始价或略高一点的地价获得标的。这三种非法行为的直接后果是使土地的真实价格落空，政府收益部分漏失，也扰乱了土地市场秩序。

第三，工业用地出让信息披露不充分，信息公布与"招拍挂"终止时间间隔短。一些地方发布土地出让信息仅在地方小报上登载一次，有的地方甚至只将土地"招拍挂"出让公告张贴在办事大厅，即算发布了土地出让信息，结果造成信息披露不充分，一些有意参加竞买的企业、单位、公司，因没有看到公告信息而未能参加竞买，致使竞买不充分，成交地价不真实，政府收益减少，并影响了土地市场的正常发育。一些地方发布信息时间距离"招拍挂"终止时间短，或故意延缓发布公告时间，后果一是使一些公司、企业来不及研究准备，从而丧失参加竞买的机会；二是使一些公司、企业调查研究不够，导致盲目参加竞买，造成失利而影响后期开发建设投入。

（三）进一步完善工业用地"招拍挂"的建议

针对我国目前工业用地"招拍挂"中存在的问题，笔者建议如下：

规范工业用地"招拍挂"出让行为。各有关部门要各司其职，密切配合，共同做好工业用地"招拍挂"出让工作。

（1）精心做好工业用地"招拍挂"出让的前期工作。要深入调查工业用地供需状况，摸清可用于"招拍挂"的土地底数。科学编制工业用地出让的具体方案，明确建设用地规模、规划布局设计、产业准入条件、环境保护要求、投入产出标准、开工竣工期限、违约责任条款等规定，经同级政府批准后组织实施。工业用地公开出让起始价，须由具备土地评估资格的机构按规定规程进行评估。

（2）强化工业用地"招拍挂"出让的监督管理。完善工业用地"招拍挂"出让制度，制止违规干预"招拍挂"出让行为。健全工业用地供应信息公示制度，严禁各种形式的"暗箱操作"和公示规避。加强对土地出让方案和合同实施情况的监督检查，加大对土地利用违约责任的追究力度。各地经贸部门要积极参与工业用地"招拍挂"出让工作，按职责做好产业政策把关、工业投资项目备案核准、工业园区（包括乡镇工业功能区）"招拍挂"出让土地的引导工作。

设定成交保留价，限制串标、低价套购国有土地使用权：实行教育与惩治并重，双管齐下，确保"招拍挂"正常开展。县（市、区）以上国土管理部门要通过集体研究，对每宗拟予"招拍挂"的工业用地，均依据不同情况在高于或等于最低地价的前提下设定成交保留价，规定与会人员不得泄露，密告拍卖师掌握不予公告。在拍卖会上或挂牌的最高报价没有达到成交保留价时，宣告拍卖流拍或挂牌流标。而设定的拍卖起价和挂牌底价一定要低于成交保留价。这样便可有效遏制"串标"。对评（发）标相关人员要加强日常思想教育和职业道德教育，以防为主，惩防并举，对外部串标者报相关部门依法惩治，对内外勾结、串通套标的，一经发现，立即向相关部门报告给予其严厉打击，绝不姑息，以确保工业供地"招拍挂"工作顺利开展。

（3）严格规范土地出让信息的发布途径和公布内容。工业用地"招拍挂"出让信息发布，除了要在地、市以上级别的日报刊登一次出让公告外，还要在报上刊登公告当天或头一天在互联网上和省级、地市级及县（市、区）国土网上发布公告。没有设立国土网站的县（区）应尽快设立并开展工作，有条件的县（市、区）还应利用广播、电视进行公告。公告内容应有明确的标的（地块）的名称、位置、面积、土地用途、基础设施配套条件、出让底价、行业要求、投资强度、容积率、建筑系数、行政办公及生活服务设施用地所占比重、使用期限、公告起止日期、竞买者报名截止日期、竞买保证金数额以及竞买者的合法的资质条件等信息和控制指标，并且要根据出让情况及时更新。另外，还应通过媒体对标的的投资价值、前景、优势等内容进行全面的宣传。这样一方面可以使公告信息充分传达，社会各界人士均能知悉，克服以往工业用地供需市场信息不对称的缺陷，并产生社会监督作用；另一方面可以扩大竞争范围，创造更多的有效需求，从而有利于形成工业用地需求市场的竞争态势，为"招拍挂"出让提供良好的市场条件。

(4) 严格按规定保障土地"招拍挂"出让时间，确保竞买者公开、公正、公平竞买土地。做到"招拍挂"出让土地信息宽，有意竞买人研究、决策时间充分，既能排除有意者不知情而丧失竞买机会，又能避免一些竞买人盲目决策。

总的说来，土地资源市场化应成为工业用地制度改革的基本方向，政府要逐步退出土地征用和土地交易市场，而把主要精力放在土地制度与土地规划的制定及监管执行上来。

五、结论

从现阶段我国工业发展的基本情况看，土地资源对于我国工业增长的总体约束并不十分明显。研究表明，在1981~2005年期间，土地资源对于我国工业增长的约束平均每年为0.47%。全国范围内没有出现普遍的工业用地供不应求的局面，但在一些地区，土地供应紧张的态势已开始显现出来，在个别地区还相当严重。与此同时，我国工业用地普遍存在着价格偏低、背离市场价值的状况，造成工业用地粗放低效利用。从长远来看，依照当前的发展态势，我国工业用地将会出现较大的供需缺口，特别是在一些工业发展水平较高的地区工业用地的供求缺口将相当大，这将对我国工业增长造成较大的约束。要降低土地资源对工业增长的约束程度，一方面要降低工业增长对于资本、土地和劳动力投入要素数量的依赖程度，积极推动技术与制度创新，提高劳动生产效率；另一方面则需不断改革和完善工业用地制度，改变工业用地粗放低效利用的现状，立足内涵挖潜，盘活存量，提高工业用地节约、集约高效利用的水平。

参考文献

1. David Romer Advanced Macroeconomics，second edition ［M］，the Mc Graw-Hill Company，2001，pp.35~43.

2. Nordhaus W. D., Lethal Model 2：The Limits to Growth Revisited ［J］, Brookings Papers on Economic Activity，1992（2），pp.1~43.

3. 薛俊波、王铮、朱建武、吴兵：《中国经济增长的"尾效"分析》，《财经研究》2004年第9期，第5~14页。

4. 谢书玲、王铮、薛俊波：《中国经济发展中水土资源的"增长尾效"分析》，《管理世界》2005年第7期，第22~25页。

5.《李嘉图著作和通信集》（第一卷），商务印书馆，1962年。

6. 速水佑次郎：《发展经济学——从贫困到富裕》，社会科学文献出版社，2003年。

7. 顾湘、王铁成、曲福田：《工业行业土地集约利用与产业结构调整研究——以江苏省为例》，《中国土地科学》2006年第12期。

8. 于玲：《土地调控背景下的工业用地出让价格——以江苏省为例》，《中国土地》2006年第10期。

9. 古扎拉蒂：《计量经济学基础》（第四版），中国人民大学出版社，2005年。

10. 高铁梅：《计量经济分析方法与建模》，清华大学出版社，2006年。

11. 曹建海：《我国工业性土地利用与土地政策》，《中国发展观察》2006年第5期。

12. 周必健：《积极应对工业用地招拍挂出让新政》，《浙江经济》2007年第8期。

13. 王德钧、许强：《工业用地招拍挂当前出现的新问题及对策》，《资源与人居环境》2007年第12期。

14. 叶杰耀、赵红：《工业用地实行招拍挂出现的问题及对策》，《浙江国土资源》2006年第9期。

第二章 水资源与工业增长

水是人类的生命线，它不仅是重要的自然资源，而且也是重要的战略资源。树立和贯彻科学发展观一个很重要的方面，就是要坚持人与自然的和谐，正确处理经济发展与资源、环境的关系。我国是一个水资源相对缺乏的国家，人均水资源占有量为2200立方米，仅为世界平均水平的1/4。而在水资源相对缺乏的同时，我国水资源浪费却较为严重，并且水资源的污染还导致了水质性缺水。水资源对经济和社会发展具有广泛的影响，水资源短缺目前已成为制约我国经济社会发展的一个重要因素。因为本书的主题是研究资源环境对工业增长的影响，所以，在本章中我们主要研究水资源与工业增长的关系。

一、水资源对我国工业增长的影响

（一）有关概念的界定

（1）工业用水，是指工、矿企业各部门，在工业生产过程中或工业生产期间，制造、加工、冷却、空调、洗涤、锅炉等处使用的水及厂内职工生活用水的总称。国际标准化组织（ISO）水质技术委员会（ISO/TC147）规定的"工业用水"定义为：工业用水是指工业过程中（或生产期间）所使用的水。工业用水包括主要生产用水、辅助生产用水和附属生产用水三大部分。

（2）工业取水量，是指为工业生产的正常进行，保证生产过程对水的需要，实际从各种水源引取的水量。工业企业取水量是主要生产取水量、辅助生产取水量及附属生产取水量之和。在不同的统计范围内，对取水量有不同的定义和界定。国家标准《工业企业产品取水定额编制通则》（GB/T18820-2002）将其定义为：企业生产单位产品需要从各种水源提取的水量，它包括取自地表水（以净水场供水计量）、地下水、城镇供水工程以及企业从市场购得的其他水或水产品（如蒸汽、热水、地热水等），不包括企业自取的苦咸水、海水等以及企业外供给市场的水和水的产品而所取的水量。

（3）工业供水量，在不同的范围，有其特定的解释。企业内部供水量是指利用自建的水源、取水工程直接或经净水厂处理向厂区和生活区以及企业外供应的水量。

（4）工业用水量，是指工业企业完成全部生产过程所需要的各种水量的总和，也可以说是主要生产用水量、辅助生产用水量和附属（生活）生产用水量之和。工业用水量还可以说是取水量与重复利用水量之和。只有在没有重复利用水量时，用水量才等于取水量。

（5）工业耗水量，是指在生产过程中，由于蒸发、飞散、渗漏、风吹、污泥带走等途径直接消耗的各种水量和直接进入产品的水量及职工生活用水量的总和。这部分水量从狭义上讲是不能直接回收再利用的水量。一般情况下可用工业取水量减去废（污）水排放量求得。

（6）耗水量、取水量、用水量的概念是不同的。由于有重复用水，它们之间数量也可能会相差很大。因此，考核指标为万元产值用水量（取水量）和单位产品用水量（取水量），而不应叫做"万元产值耗水量"和"单耗"。同时，也不可以把"消耗新鲜水量"、"耗新水量"简化成"耗水量"。因为，水与其他不可再生能源（如油、电、煤）不同，水是可以再生利用或重复利用的，所以耗电、耗油、耗煤的意义与耗水是不同的。真正消耗的水只是取水量和用水量中的一小部分。

（7）重复利用水量，是指在工业企业内部生产用水中，循环利用的水量和直接或经处理后回收再利用的水量（含串联用水量和循环用水量），即工业企业中所有未经处理或经处理后重复使用的水量的总和。直接从河流或湖泊取水使用又返回到河流或湖泊，进行循环取用，不应视作重复用水，应属直流用水的范围。

（二）水资源在我国工业发展中的作用

水资源是人类可持续发展的重要环境资源，是国民经济的命脉。水作为工业生产不可缺少的要素，在制造、加工、冷却、净化、空调、洗涤等方面发挥着重要的作用。离开了水源，工业生产是无法进行的，所以，世界上绝大多数的工业生产密集地都位于水资源比较丰富的地区。水在工业中的用途可以分为冷却用水、动力用水、生产技术用水、空调用水、产品用水、其他用水，等等。在我国工业内部，各行业之间用水差别很大，火力发电是我国工业最大的用水户，其他一些大耗水工业主要有黑色金属冶炼及压延加工业、有色金属冶炼及压延加工业、非金属矿物制品业、石油加工及炼焦业、化学原料及制品制造业、纺织业、化学纤维制品业、食品加工制造业、饮料制造业、造纸及纸制品业等。

水资源的分布会影响到工业的规模和结构，缺水地区的纺织、化工、钢铁、机械等高用水产业的发展受到一定的约束。从世界范围来看，随着工业化的发展，工业用水以惊人的速度增长。工业结构对工业用水增长的长期趋势有明显的驱动作用。从工业发展对用水的需求量来看，它的总体趋势是不断上升的。1900年，全世界工业用水量为300亿立方米，占当时世界总用水量的7.5%；1975年，全世界工业用水量达到6330亿立方米，占总用水量的22.2%。美国的工业用水已超过农业用水，占总用水量的58%。从1900年到1975年，全世界工业用水量增长了20倍；到了2000年，全世界工业用水量已高达19000亿立方米，占总用水量的33.1%。我国的情况也大体相同，工业用水从1949年到2005年增长了53倍，工业用水占总用水量的比例从1949年的2.3%增加到23.04%，增长了10倍（见表2-1）。随着我国工业产值的增加，用水量一直呈上升趋势，反映了水在我国工业生产中的巨大作用。我国工业对水的需求量如此之大，如果不能科学安排和节约利用，将导致水供需之间的紧张和失衡。

表 2-1　　　　　　　1949~2005 年我国工业用水情况

	1949 年	1957 年	1965 年	1980 年	1993 年	1997 年	1998 年
工业用水（亿立方米）	24	96	181	457	908	1121	1125
工业用水所占比例（%）	2.3	4.7	6.6	10.3	17.7	20.1	20.7
	1999 年	2000 年	2001 年	2002 年	2003 年	2004 年	2005 年
工业用水（亿立方米）	1157	1139	1141.2	1142.4	1175.7	1231.7	1285.20
工业用水所占比例（%）	20.7	20.7	20.5	20.8	22.1	22.2	23.04

资料来源：主要根据历年水利部《中国水资源公报》、《节水型社会建设"十一五"规划》等资料整理。

（三）我国工业发展中水资源的利用现状

2005 年，我国工业用水虽然仅占全国总用水量的 23.04%，但是水资源对工业发展的约束却越来越明显，尤其是在部分缺水地区，情况更加严重。随着城市化和工业化进程的加快，工业用水将进一步增加，水资源供需矛盾将更加突出。据有关研究报告称，到 21 世纪中叶，我国人口达到 16 亿高峰时，全国总取水量有可能达到 7000 亿~8000 亿立方米，已接近可用水资源量的极限。为保证经济社会的可持续发展，21 世纪前半叶工业用水量应控制在 2000 亿立方米以内，年均增长率不能超过 1.1%。

在看到我国水资源供求十分严峻的状况的同时，也应科学地认识到，水资源也并不是我国工业发展的绝对障碍。也就是说，并不能因为水的供应紧张就不发展工业，就不走城市化和工业化的道路了。发展工业仍然是我国现阶段经济社会发展的必由之路，而且，水资源问题（水利工程、水务设备、节水技术、海水淡化等）的根本解决也必须依赖强大的现代工业基础。统计数据表明，在经济高速增长的情况下，工业用水量年均增长率大致维持在 1.1% 左右。工业用水量增长速度远低于工业经济发展速度的重要原因是工业节水成效显著和工业经济的结构调整。目前，我国万元国内生产总值用水量呈现下降趋势，从 1997 年的 726 立方米下降到 2005 年的 357 立方米，年均递减超过 6%。万元工业增加值用水量从 1999 年的 330 立方米，降至 2004 年的 196 立方米，年均递减超过 8%。2005 年又降至 168 立方米，比 2004 年下降了 13.8%。从表 2-1 和表 2-2 可以看出，虽然我国工业化进程不断加快，但用水总量增幅很小，说明我国工业用水效率有所提高。但是，与发达国家相比，我国工业的用水效率仍然很低，工业用水的重复利用率与发达国家相比差距很大,大部分城市工业用水的重复利用率仅为 30%~40%,而日本、美国等国工业用水的重复利用率达到 75% 以上。根据全国节约用水办公室编的《全国节水规划纲要及其研究》,万元(人民币)工业增加值用水量法国为 76.5 立方米、韩国为 60.1 立方米、意大利为 54.9 立方米、德国为 43.1 立方米、美国为 39.2 立方米、日本为 34.3 立方米。根据《节水型社会建设"十一五"规划》公布的数据,我国 2005 年万元工业增加值用水量为 168 立方米,约为发达国家的 2~5 倍。

表 2-2　1997~2005 年我国工业万元工业增加值及万元国内生产总值用水量

	1997 年	1998 年	1999 年	2000 年	2001 年	2002 年	2003 年	2004 年	2005 年
工业用水所占比例(%)	20.1	20.7	20.7	20.7	20.5	20.8	22.1	22.2	23.04
万元工业增加值用水量(立方米)	—	—	330	288	268	241	222	196	168
万元国内生产总值(当年价)用水量(立方米)	726	683	680	610	580	537	448	399	357

资料来源:根据 1997~2004 年《中国水资源公报》整理,2005 年数据来源于《节水型社会建设"十一五"规划》。

(四) 我国工业增长对水资源的需求分析

1. 总体情况

从图 2-1 来看,我国工业用水从 1997 年到 2005 年已基本稳定,所占比例基本维持在 20%~23% 之间,进入了一个相对稳定的工业用水高原期,万元工业增加值用水量也稳步下降。到 2030 年和 2050 年,将从 2000 年的 289 立方米分别下降到 80 立方米和 42 立方米;从 2000 年到 2050 年平均定额年均递减率为 3.8%,到 2050 年全国工业用水水平接近或达到目前先进国家的水平。[1] 虽然未来我国工业化进程会加快,总的来说工业用水量可能会不断增加,但是随着工业用水重复利用率的提高、节水政策力度的加大、产业结构的优化以及科学技术的进步,工业用水所占比例变化不会

---

[1] 沈福新等:《中国水资源长期需求展望》,《水科学进展》2005 年第 16 卷第 4 期。

太大，甚至还会进一步下降。例如，20世纪80年代海河流域综合规划预测，2000年流域总需水量为522亿立方米、2030年总需水量为734亿立方米，而实际情况是，2000年用水430亿立方米，高峰需水量450亿立方米。一方面，由于水资源规划尤其是供水工程规划要求新增加的供水量主要以解决城镇和工业用水为主，这导致了部分规划中工业需水量预测偏大；另一方面，也是由于水重复利用率提高、工业节水政策实施和产业结构优化不断发挥影响的结果。

图 2-1 1949~2005 年我国工业用水比例图

调整产业和产品结构、加强节水和科学用水，是我国工业经济发展的必然要求。王浩等（2004）采用趋势预测法，对工业综合用水定额（万元增加值用水量）进行了预测：2030年前后，我国工业用水定额为61.1立方米，总体上有望达到目前韩国的水平；2050年前后为36.8立方米，有望达到目前美国的水平，其中海河流域2050年为17.3立方米，有望超过目前日本的水平。工业经济的持续增长，将在相当长的时间内驱动着工业需水量的增长，我国工业需水总量达到高峰值时将比现状新增700亿立方米，并在2030年前后全国工业总用水量接近"零增长"。

2. 区域情况

我国是一个干旱缺水严重的国家。淡水资源总量为28000亿立方米，占全球水资源的6%，仅次于巴西、俄罗斯和加拿大，居世界第四位。而我国水资源人均占有量少且分布不均匀，人均淡水资源占有量为2200立方米，仅为世界人均占有量的1/4，在世界上名列121位，北方地区人均淡水资源占有量只有 990 立方米，不到世界人均占有量的 1/8，是全球 13 个人均水资源最贫乏的国家之一。全国 660 多座城市中有 400 多座城市缺水，其中近 110 座严重缺水，18 个主要沿海城市就有 14 个缺水，部分地区地下水超采严重。城市、工业年缺水近 60 亿立方米。尤其是京、津等大城市，在连续遭遇枯水年时就会出现严重水危机。世界银行曾测算过，中国每年干旱缺水造成的经济损失约为 350 亿美元。特别是近年来我国北方地区连续遭受严重干旱，水资源短缺一年甚于一年。

如表 2-3 所示，因为长江流域的水资源较北方地区丰沛，总供水量比较充足，为 1840.2 亿立方米，工业用水量也居于首位，为 653.8 亿立方米，这为工业的发展提供了良好的条件。由于流域内水资源时空分布不均，供水水质受到严重污染的威胁，使得长江流域部分地区出现水资源紧缺，影响社会经济可持续发展。据长江水利委员会的调查，长江流域已有 59 座城市存在水源型缺水、工程型缺水和水质型缺水，其中 26 座城市缺水较为严重。

在现在（2005 年）的水资源条件下，黄河流域国民经济需水量为 480 亿立方米，供需缺口为 47 亿立方米；西北诸河流域国民经济需水量为 606 亿立方米，供需缺口 37 亿立方米。根据国家产业政策、西部大开发战略部署及西北地区经济社会发展要求，在充分考虑节约用水的前提下，预计 2030 年，黄河流域国民经济需水量将达到 550 亿立方米，较现状增加 70 亿立方米；西北诸河流域国民经济需水量将达到 650 亿立方米，较现状增

表 2-3　　2005 年我国主要流域工业用水指标

	总供水量（亿立方米）	总用水量（亿立方米）	工业用水量（亿立方米）	工业用水占总用水量（%）	万元 GDP（当年价）用水量（立方米）	万元工业增加值用水量（立方米）
长江流域	1840.2	1840.2	653.8	35.5	301	259
海河流域	380.46	379.79	56.73	14.9	147	66
淮河流域	479.63	479.63	95.18	19.8	—	143.2
松江流域	569.46	569.46	—	—	297.7	140.0
太湖流域	354.5	354.5	202.7	—	167	—
珠江流域	631.62	631.62	172.17	—	—	167
黄河	—	465.01	65.43			

资料来源：根据 2005 年的长江流域水资源公报、黄河水资源公报、海河流域水资源公报、淮河片水资源公报、松江流域水资源公报、太湖流域水资源公报、珠江片水资源公报有关数据整理。黄河总用水量和工业用水量为地表水和地下水之和。

加45亿立方米;再加上必须考虑的生态环境恢复和改善用水需求导致的水资源量减少,水资源供需矛盾将更加尖锐。

从图2-2可以看出,由于区域水资源的丰缺差异,导致了各自区域内工业用水的不同。相比而言,2005年,长江流域、太湖流域、珠江流域是我国工业用水最多的三个地区,海河流域是工业用水最少的地区。一方面,是由于缺水限制了一些相关工业的发展;另一方面,也是由于海河流域对现有产业结构进行调整所产生的结果。

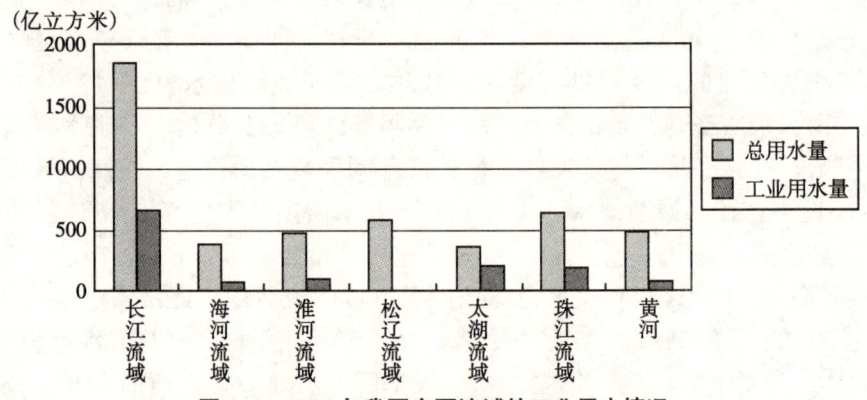

图2-2 2005年我国主要流域的工业用水情况

我国工业发展的总体态势为工业重心逐渐由南向北、由东向西转移。流域片发展格局为:东北地区(松辽流域)因国有企业改造及产业创新,预计2010年后将焕发出新的活力。华北地区(海河流域)因水资源制约,今后应转向非传统工业的发展。淮河流域地区工业在2030年前发展势头仍很强劲。随着黄河开发力度的加快和西部大开发战略的实施,黄河片的资源和区位优势将会日益发挥。长江流域的进一步开发和北方耗水工业的迁入,其占全国的比重将有所上升;珠江流域2020年后开始逐步进入后工业化发展阶段,传统工业发展会有所放慢;西南诸河流域和内陆河流域的资源优势将逐步转化为工业高速发展优势。

从区域看,水资源紧缺的北方地区工业需水将在2030年前后相继稳定,而南方丰水流域和西部地区工业需水则持续增长。从人均工业用水量指标分析,2000年全国人均工业用水量为90立方米,预计2010年达到100立方米,2020年接近110立方米,2030年为113立方米,2050年为115立方米。

二、西方工业发展中的水资源利用

对于经济迅速发展的中国而言，工业用水的变化趋势意义重大。因为，目前工业总产值的增长速度很快，年均增长率超过10%，预测未来5~10年的工业总产值仍将保持高速增长态势。如果按照工业总产值乘以单位产值耗水量的工业需水量预测模式，即使考虑单位产值耗水量的大幅度降低，预测的工业用水量仍将成倍增长。在目前很多地区的水资源规划中，工业需水的预测结果就是这样。工业对水的需求量的大幅度增长就意味着使在空间上非常集中的工业用水及城市生活用水更加困难，也意味着必须大幅度削减农业用水转而用于工业。但是根据经济规律，用水的需求量会受到水价和经济效益的制约，而且根据发达国家的经验，工业总产值不可能无终止地高速增长，工业用水总量也不会无终止地增长，而是在达到一定的总用水量水平后停止增长，以至出现下降的趋势。研究西方国家工业用水状况的历史，有助于我们更加客观科学地认识我国工业化过程与水资源供求趋势的关系。

（一）发达国家或地区工业用水历史变化

OECD中的17个国家[①]在20世纪90年代以前都经历了工业用水量（指淡水取用量）达到高峰并转而下降的过程，韩国、新加坡等新兴工业化国家和我国的台湾、香港地区在90年代后期也出现了工业用水减少的现象。工业用水在上升到一定阶段后可能停止增长甚至转而下降，在世界范围内是一种普遍的现象。

发达国家工业用水出现减少趋势最早的是瑞典。1964年，非常重视环保的瑞典通过水质法令，强制生产用水的再循环利用，使得工业淡水取水量从1966年开始迅速下降，1975年比1965年工业取水量减少了约50%。

---

① 这17个国家是澳大利亚、新西兰、美国、奥地利、丹麦、芬兰、法国、原联邦德国、意大利、卢森堡、荷兰、葡萄牙、西班牙、瑞典、瑞士、英国、日本。

荷兰的工业用水也较早地从20世纪60年代末进入减少期。大部分发达国家工业用水的减少出现在20世纪70年代和80年代。日本工业用水减少开始的年份是1974年，美国工业淡水取水量开始减少的年份是1981年。

综合发达国家工业用水减少的条件，主要包括以下五个方面的原因：

（1）市场经济体制是必要的体制保证。产品生产和资源配置必须跟随市场的价格信号。如果商品价格和资源的配置由计划而不是市场来决定，资源配置就会失去向导，产业结构升级的步伐就可能被打乱，低耗水的企业就可能在竞争中战胜不了高耗水的企业。发达国家的工业用水重复利用率普遍较高，我国的工业用水重复利用率则普遍较低，这与两种不同的水价制度有关。在工业领域，我国企业使用的水资源比发达国家企业多4~10倍，部分原因是由于技术水平不高，更主要的是由于减少用水的价格激励不够充分。①

（2）更严格的环境保护要求是工业用水减少的宏观社会背景。高标准的环境保护要求，既要求从自然水体中减少取水量，又要求减少废水向自然水体中的排放量。这就从两方面推进了工业用淡水取水量的减少。瑞典和荷兰远在石油危机之前的20世纪60年代工业用水就开始减少，主要推动因素就是环保对废水排放的限制。美国工业用淡水取水量在20世纪80年代初出现减少也与1977年实施更严格的污染控制法规有关。20世纪60年代后期开始，西方国家掀起了轰轰烈烈的环境保护运动。这种更为严格的环保要求是发达国家工业用水减少的深刻背景之一。严格的环境法规不仅直接要求减少淡水取用量和污水排放量，而且通过对高耗水、高污染行业的惩罚为产业结构升级提供了强大动力。

（3）第二产业所占的GDP比重和就业比重的降低是工业用水减少的前奏。发达国家粗钢、水泥、石油冶炼等重化工产品产量达到历史最高峰的时间大都是在20世纪七八十年代，与工业用水减少的时机很接近。冶金、石化、造纸和食品加工等少数几个高用水行业的用水占2/3以上。随着这些高用水的行业在七八十年代向发展中国家大规模转移，尽管个别国家如荷兰的粗钢等重化工产品产量在20世纪90年代中期恢复到历史最高水平，但大多数发达国家的重化工业已永远失去了在经济中的主导地位。产业升级、第二产业比重的明显降低是工业用水停止增长的重要原因，工

---

① 联合国：《2006年人类发展报告》。

业用水利用率的提高是技术上的保证，用水成本上升和水资源短缺是工业用水减少的强化因素。历史统计数据显示，与发达国家工业用水减少时机高度对应的是第二产业的 GDP 比重和就业比重明显减少的时间。根据 7 个较大的发达国家①的资料统计，工业用水开始出现持续减少趋势时，第二产业的 GDP 比重范围为 30%~45%，第二产业的就业比重范围为 28%~38%。

（4）石油价格上涨的诱发作用。石油价格的上涨虽不是工业用水减少的本质原因，但却是发达国家工业用水普遍减少的诱发因素。石油价格上涨引起的能源危机和经济危机，不但使工业产品产量下降，直接诱发工业用水减少，而且经济危机时期也就是产业结构的调整期，石油价格上涨引起的经济危机使发达国家的产业结构进入了迅速的调整期。虽然发达国家产业结构的调整是必然的过程，即使没有石油价格上涨也会发生，但石油价格上涨大大加快了这一进程。

（5）水资源短缺产生的压力。多数发达国家认为此问题不很严重，因为大多数发达国家水资源开发利用率仍然较低，仍有较大回旋余地。但也有一些国家水资源严重缺乏，开发利用率已经很高，必须减少工业用水量，如比利时的水资源开发利用率按总的水资源量算达到 72%，按当地自产水资源量算达到 108%，水资源比较短缺。一些严重缺水的国家，往往是节水技术特别发达。例如，以色列就是一个突出的例子。

（二）发达国家工业用水与经济发展的关系

20 世纪 90 年代，经济学家们通常认为在收入变化与环境质量之间存在环境库兹涅茨曲线（EKC）现象。Crossman 和 Krueger（1991）首次提出了 EKC 的存在，他们发现收入进一步增长将带来空气质量提高的拐点。Panayotou（1995）提供了迄今为止可能是最早和最为详细的关于环境退化与经济发展水平之间存在一种可能的库兹涅茨"倒 U 曲线"关系的阐述。EKC 不仅可以从经验数据得以证实，而且可以在经济理论上得到解释。Lopez（1994）推导出了一个理论模型来研究自由贸易的影响，研究表明，在一定条件下污染和收入之间所表现的关系也呈"倒 U 曲线"。Munasinghe

---

① 这 7 个国家是美国、日本、德国、法国、英国、意大利、澳大利亚。

(1999) 研究了有关经验案例并从中推出了一个理论模型,他认为在发展的早期阶段,环境保护可察觉的边际收益太小了,以至于决策者不可能特别关注环境保护而放弃经济增长所带来的收益。在那时,环境质量可以被视作一种奢侈品,现代对环境关注可以解释为,由于物质产品相对丰富的供应,与环境的舒适感相比,物质产品与服务的边际效用日益减少(Martinez-Alier, 1995),而环境质量的相对重要性不断增加。所以,只有当社会收入提高到一定水平后,这种变化才在产业经济中显示出日益增长的重要性。

一般认为,发达国家的工业用水总量将在经过几个增长时期达到一个顶点后开始下降,几乎所有的 OECD 国家都经历了这一过程。美国工业用水总量 1950~1981 年增长了 3 倍,于 1981 年达到了顶点后开始逐步下降。也就是说,一国的工业用水量最初随着人均 GDP 的增加而增加,当越过某一个临界点后,就开始随着人均 GDP 的增长而降低。与美国缓慢下降的工业用水量相比,日本工业化进程中,工业用水量从增加转而下降的过程要快得多。除了美国和日本,绝大部分 OECD 国家也经历了类似的工业用水量变化过程。2003 年,30 个 OECD 国家中除了希腊、冰岛、爱尔兰、墨西哥和新西兰,其他 25 个发达国家都随着时间和经济的发展出现了工业用水量的转折点。总之,这些国家的历史都表明了当经济发展到一个较高的阶段时,确实存在工业用水量达到一个峰值后停止增长并开始下降这一与库兹涅茨曲线相一致的一般特征。

西方发达国家工业用水量下降究竟是在哪个时间段发生的?产生的条件是什么?根据库兹涅茨曲线的分析方法,当工业用水下降时,找出人均 GDP(PCGDP)的变化范围是关键。贾绍凤等(2004)在研究了 OECD 中的 25 个国家工业用水减少的同时 PCGDP 的变化情况后认为:

(1) 以 1985 年为基数的购买力评价(PPP)计算,工业用水量下降的人均 GDP 阈值(临界值)在 3700~17000 美元。相应的,第二产业占 GDP 总量的比重在 30%~50%之间。工业用水量的下降与第二产业占 GDP 总量的比重的迅速下降和重工业部门的缩减在时间上相一致。

(2) 第二产业占 GDP 总量的比重出现峰值的时间与工业用水的峰值时间并不对应。前者一般比后者早出现 10 年以上,换言之,工业用水峰值时间滞后 10 年或更多(除了日本)。对于日本,第二产业占 GDP 总量的比重的峰值时间(1970 年)仅比工业用水峰值时间(1973 年)提前了 3

年。第二产业占GDP总量比重下降时间可以看作工业用水下降的一个必要前提条件。比较日本与英国、美国和其他国家的滞后时间可以发现，一个国家达到发达水平越早，滞后的时间就越长。对于新兴工业化国家，可以预期其滞后时间将更短些。

（3）第二产业占GDP总量的比重快速下降的时间与工业用水的峰值时间非常接近。以日本为例，第二产业占GDP总量的比重达到峰值是在1970年并自此开始下降。1973年后工业用水的增长也开始减少。在这一阶段，第二产业占GDP总量的比重演变的趋势明显比以前快。由于这两个时间点的一致，使预测工业用水下降的时间可以通过第二产业占GDP比重开始快速下降的时间来进行估计。

进一步的研究显示，工业用水下降与发达国家第二产业占GDP总量的比重下降一般都伴随着重工业比重的缩小，如重金属冶炼、建筑材料、炼油和造船业的萎缩。几乎每一个发达国家都曾拥有过强有力的重工业，自20世纪70年代以来也都曾经历过粗钢、水泥、炼油等生产量的下降以及船舶吨位的削减。对于那些未能将重工业作为支柱产业来发展的发达国家，如加拿大、爱尔兰、冰岛、挪威和新西兰，其工业用水量通常保持在一个相对较低的水平，下降较晚或者根本不下降。因此，对于重工业较为强大的国家，重工业的缩减可以看作是工业用水减少的一个转折标志。

三、水资源与产业结构

（一）工业用水与产业结构升级

发达国家工业用水的减少与重化工产品产量的减少也几乎是同步的。发达国家粗钢、水泥、石油冶炼等重化工产品产量达到历史最高峰的时间大都是在20世纪七八十年代，与工业用水减少的时机很接近。在加工业总用水量中，冶金、石油化工、造纸和食品加工等少数几个高用水行业的用水量占2/3以上。随着这些高用水产业在七八十年代向发展中国家大规模转移，大多数发达国家的重化工业已永远失去了在经济中的主导地位。

因此，发达国家的工业用水也出现了显著减少的趋势。

发达国家重化工产品产量下降的表面原因是石油涨价引起的经济危机，其本质原因则是发达国家的产业结构在这一时期由劳动—资本密集型向技术—知识密集型转变。所以重化工产品产量与工业用水的关系实质上是产业结构升级与工业用水的关系。发达国家工业用水的减少实际上是与产业结构的升级密切联系在一起的。一般趋势是，随着发达国家工业类型由劳动—资本密集型向技术—知识密集型转变，工业用水量停止增长进而下降。

20世纪60年代，发达国家的以纺织、服装业为代表的劳动密集型产业向韩国、中国台湾、拉美等国家和地区转移，到七八十年代，冶金、造船、普通化工等资本密集型产业也大量地向发展中国家或地区转移，发达国家很多公司在其母国只保留公司总部，而其生产部门都逐步转移到生产成本低廉的发展中国家或地区。

20世纪七八十年代，发达国家产业结构的升级突出表现在三个方面：一是在国内生产总值（GDP）的一、二、三产业构成中第一产业的比重降到10%以下的很低的水平，第二产业的比重达到40%~50%的高峰后转而下降，第三产业的比重普遍上升并达到60%以上；二是在第二产业内部，劳动—资本密集型的纺织、冶金、石油化工、造船等行业逐步让位给技术—知识密集型的电子、新材料等新兴行业；三是在传统行业内部，也出现了高级化趋势，尤其是高耗能、高污染的加工环节转移到发展中国家，在发达国家只保留研发、营销等资源消耗量较低的部门。

发达国家普通化工、冶金等高耗水行业的萎缩直接造成了其工业用水量的减少。表2-4给出了几个发达国家的工业用水减少时的第二产业GDP比重和就业比重。工业用水减少时第二产业占GDP比重，最高的是日本，为45%，最低的是法国，为30%；第二产业就业占全部就业的比重，最高的是德国，为38%，最低的是澳大利亚，为28.3%。

从表2-4还可看出，除日本以外，其他国家的第二产业GDP比重和就业比重达到峰值的时间都先于工业用水达到峰值的时间。大部分发达国家第二产业的GDP比重和就业比重在石油危机之前就已开始降低，而工业用水的减少都出现在石油危机之后。其中的原因是，虽然在20世纪五六十年代发达国家第二产业的发展速度开始落后于第三产业，第二产业的GDP比重和就业比重开始降低，但第二产业尤其是作为当时的支柱产业的

表 2-4　发达国家工业用水从升到降与产业升级的时间对应关系

		美国	日本	德国	法国	英国	意大利	澳大利亚
工业用水开始减少的时间（年）		1981	1974	1989	1989	1985	1981	1980
用水减少时二产 GDP 比重（%）		34	45	36	30	34	41	35
用水减少时二产就业比重（%）		28.9	36.3	38	30	31	37	28.3
二产 GDP 比重顶峰	发生时间（年）	1951	1974	1962	1965	1950	1974	1957
	对应比重（%）	40	45	55	49	49	44	42
二产 GDP 比重明显减少	发生时间（年）	1982	1974	1985	1981	1985	1983	1982
	对应比重（%）	33	45	35	34	34	40	34
二产就业比重减少	发生时间（年）	1957	1973	1970	1964	1957	1971	1957
	对应比重（%）	32.7	36.6	50	39.9	50	44	49
钢产量达到顶峰的时间（年）		1973	1974	1979	1974	1970	1980	1981
水泥产量达到顶峰的时间（年）		1973	1980	1972	1972	1973	1981	1979
炼油产量达到顶峰的时间（年）		1978	1979	1979	1976	1975	1979	1980
造船量达到顶峰的时间（年）		1976	1975	1975	1974	1955	1974	1976

资料来源：美国的用水资料来自 United States Geological Survey Agency. Trendsin Water Use: http: water. usgs. gov.；日本的用水资料来自水道产业新闻社编：《水道年鉴》(1988~1996)；其他国家用水资料来自 World Resources Institute, World Resources 1986, 1987, 1988, 1989, 1990, 1991, 1994, 1995, 1996, 1997, 1998, 1999. New York: Basic Books, Inc. 1982 年以后粗钢产量资料来自日本铁钢新闻社主编：《铁钢年鉴》(1997)；水泥产量资料来自日本水泥新闻社编辑部编：《水泥年鉴》(1998)；炼油能力等资料来自日本能源报导社编：《石油年鉴》(1997)；造船、铁路货运量等资料来自朝日新闻社编：《朝日年鉴》(1985~1997)。经济数据来自世界经济与政治研究所《世界经济》编辑部编：《当代世界经济实用大全》，中国经济出版社，1990 年；United Nations, Statistical Yearbook 1989~1998。

重化工行业的绝对规模仍在扩张，所以，工业用水仍继续增长。只有到石油危机引起高耗水的石化、冶金等重化工行业的产量绝对下降时，工业用水才开始减少。

　　比较表 2-4 中工业用水的减少时间和第二产业比重明显减少的时间，可以看出，发达国家工业用水减少的时间与第二产业比重明显减少的时间是很接近的。第二产业比重在达到顶峰转为下降后，开始阶段的下降是比较缓慢和波动的，但到某个时间后，第二产业比重的下降开始加快并很少反复。我们所说的第二产业比重明显减少的时间就是指这一下降趋势明显加快的时间。它的物理意义是重化工行业增长速度放慢、比重降低一段时间后，其规模开始绝对萎缩。虽然重化工行业的绝对萎缩并不与工业用水的减少完全一一对应，如 20 世纪 60 年代，瑞典工业用水的减少与重化工行业没有显著关系，相反，加拿大在 20 世纪 70 年代末 80 年代初经历了重化工行业的萎缩但工业用水并未同步减少,但是,大多数发达国家工业用水的减少与重化工业的萎缩都有明显的对应关系。

总之,工业用水量下降最本质的原因是产业结构升级。由于结构升级,一方面,第二产业中耗水量大的部门逐步被耗水量小的部门所替代;另一方面,第三产业比重不断上升,其用水量明显少于第二产业。而发达国家产业结构升级换代在很大程度上是通过制造业从发达国家向发展中国家转移来实现的,所以,在一定意义上可以说,发达国家工业用水的减少实际上是工业用水量从发达国家向发展中国家的转移。

(二)我国高用水工业对水资源的依赖

我国高用水工业包括火力发电、钢铁、石油化工、纺织、造纸等,目前,这些行业的取水量约占全国工业取水量的60%左右。需要说明的是,如前所定义的基本概念,"用水"、"耗水"、"取水"具有不同的含义,由于技术进步与价格机制的作用,高用水未必高取水和高耗水。1999年,上述五个行业用水量为1964亿立方米,占全国工业用水量的79.1%。其中,取水量为772亿立方米,占全国工业取水量的66.6%;重复利用量为1192亿立方米,占全国工业用水重复利用量的90%。近年来,高用水工业快速发展,但取水量呈慢速递减的趋势(不含火力发电直流用水),2000年、2002年取水量分别为230.51亿立方米(含火力发电直流用水时为687.45亿立方米)、236.05亿立方米(含火力发电直流用水时为684.51亿立方米)。重复利用率逐年提高,2000年、2002年分别为85.84%、87.83%(含火力发电直流用水时则分别为68.3%、71.4%)。工业万元产值取水量逐年减少,2000年、2002年分别为104.59立方米、83.46立方米(含火力发电直流用水时分别为294.37立方米、256.23立方米)。高用水工业取水量占全国工业取水量的比例2000年、2002年分别为20.23%、19.52%(含火力发电直流用水时为56.96%、59.92%)。"十五"期间,火电、钢铁、石油石化、造纸、纺织等高用水行业主要产品单位取水量平均下降了20%~40%左右,工业用水重复利用率除了造纸工业外,其他主要高用水工业都有不同程度的提高(见表2-5和表2-6)。

表 2-5　　　　　　1999 年主要高用水工业单位产品取水量情况

	火电	钢铁	石油石化	纺织	造纸
单位产品（增加值）取水量	41.3 立方米/万千瓦时（不计直流冷却用水）	28.8 立方米/吨钢	2 立方米/加工吨原油	—	198 立方米/吨纸
水重复利用率（%）	55	85	88	29	50

资料来源：《工业节水"十五"规划》。

表 2-6　　　　　　2005 年主要高用水工业单位产品取水量情况

	火电	钢铁	石油石化	纺织	造纸
单位产品（增加值）取水量	31.0 立方米/万千瓦时（不计直流冷却用水）	8.6 立方米/吨钢（重点企业）	1.11 立方米/加工吨原油	191 立方米/万元	103 立方米/吨纸
水重复利用率（%）	92	93	91.5	35	45

资料来源：国家发展和改革委员会、水利部、建设部：《节水型社会建设"十一五"规划》。

1. 火力发电工业

电力工业是国民经济建设的支柱产业之一，也是用水量最大的行业之一。2002 年底，全国水电装机 8607 万千瓦，火电装机 26555 万千瓦，核电装机 447 万千瓦，火力机组发电量占总发电量的 80%。其中，火力发电是我国取水量最大的行业。火力发电厂生产用水主要有水汽循环系统（即热力系统用水）、冷却系统用水、供热系统用水、水力除灰排渣系统用水、脱硫系统用水等。2002 年，全国火电总用水量 1662.8 亿立方米，取水量 47.8 亿立方米（含直流冷却用水 509.4 亿立方米），工业用水重复利用率为 69.4%，单位发电取水量为 3.54 立方米/万千瓦时，万元工业产值取水量 110 立方米。与 2000 年相比，重复利用率提高了 1.9 个百分点，节约取水量 8.92 亿立方米。2005 年火力发电单位产品（增加值）取水（不计直流冷却用水）量为 31.5 立方米/万千瓦时，工业用水重复利用率（不计直流冷却用水）为 92%。

2. 钢铁工业

钢铁工业用水特点是用水量大，部分冷却水与产品直接接触，致使水质污染。用水系统主要由净循环用水系统、浊循环用水系统、串接水系

资源与增长

统、少量直流水系统、污泥处理系统、污水处理系统以及少量回用水系统、密闭循环用水系统等构成。2002年，全国钢产量约18224.89万吨，总用水量2887983.76万立方米，重复利用水量2604024.81万立方米，工业用水的重复利用率为90.16%，取水量为283958.95万立方米，合吨钢用水量158.46立方米，吨钢取水量15.58立方米；工业万元产值取水量58.38立方米；工业万元增加值取水量157.8立方米。吨钢用水量、吨钢取水量、吨钢排水量、工业万元产值取水量分别比2000年减少了26.61立方米、8.22立方米、5.7立方米、29.83立方米。水的重复利用率比2000年提高了3.02个百分点。按2000年工业万元产值取水量计，则2002年节约水量14.51亿立方米。钢铁行业取水量占全国工业取水量的比例由2000年的2.44%下降到了2002年的2.10%。2005年，单位产品取水量进一步下降到11立方米/吨钢，工业用水重复利用率提高到93%。总之，近年来，作为工业用水大户的钢铁工业在节水方面取得了明显的进步。

3. 石油化工工业

石油石化工业主要包括油气生产、原油加工及石化生产（含炼油化工）等领域。中国的石油年加工能力已从1949年的仅12万吨跃至2005年的3.04亿吨。炼油工业的发展，促进了石油化学工业的发展，2005年，我国乙烯年产量已达787.5万吨；石油化工的下游产业，诸如合成树脂、合成橡胶、合成纤维也得到相应发展。炼油和化工工业也是用水量很大的行业。其中，取水量的约40%是用于循环冷却水的补充水；约40%制成软化水和脱盐水，作为工艺用水或锅炉的给水，锅炉发生蒸汽后供生产装置使用；10%~20%用于辅助生产用水和其他用水。据中石油、中石化两大集团统计：2002年，取水量为24.87亿立方米，在高用水行业中列第四位。由于大力推行清洁生产工艺，采取多种节水措施，2002年的取水量比2000年下降了5.02亿立方米，递减率为16.8%；重复利用率2002年与2000年相比提高了4.61个百分点，达到89.44%。2002年利用海水3.45亿立方米，西北地区企业利用苦咸水、污水处理后回用等，使2002年替代水资源开发利用量合计达5.71亿立方米，占总取水量的18.67%。2002年加工吨原油取水量达到了1.58立方米，比2000年的平均1.97立方米下降了约19.8%，石油石化万元工业增加值取水量下降了45.1%。2005年，单位产品取水量为1.25立方米/吨原油，水重复利用率为91.5%。

4. 纺织工业

纺织工业是我国传统的支柱产业之一，纺织工业又可分为纺织业、印染业、化学纤维业、服装业、纺织机械业等。纺织行业是我国工业取水量的大户之一，在高用水工业中列第二位。其中，用水量较大的是纺织业、印染业、化学纤维业。据统计，2002年末，全国纺织工业企业共23600家，工业总产值（现价）10644.41亿元，工业增加值2649.39亿元，利税总额651.31亿元。2002年，行业总用水量为101.85亿立方米，取水量为75.01亿立方米，外排水量为60.01亿立方米，重复用水量为26.84亿立方米，万元工业产值取水量为70.65立方米（1990年不变价），万元工业增加值取水量为283.93立方米。2002年比2000年节约取水量9.30亿立方米，重复利用率比2000年提高了2.38个百分点，工业万元产值取水量减少8.76立方米。2005年，单位产品取水量为191立方米/吨万元，工业用水重复利用率为35.0%。

5. 造纸工业

造纸工业也是我国的传统产业之一。造纸工业用水主要分制浆和生产纸及纸板生产过程的用水，包括蒸煮、漂白、脱色、洗涤等过程。其取水量和用水量与原料和工艺密切相关。2002年，全国造纸工业纸及纸板产量为3780万吨，纸及纸板消费总量为4332万吨，人均消费量达33.0公斤，产量及消费量均居世界第二位。2002年全国造纸行业取水量为49.7亿立方米，在高用水行业中列第三位，水的重复利用率为39%，工业万元产值取水量为345.5立方米（1990年不变价），万元工业增加值取水量为1153.2立方米，排水量为47.2亿立方米。2002年比2000年万元产值取水量下降了27.9立方米，水的重复利用率提高了4个百分点。2002年比2000年节约取水量3.91亿立方米，排水量减少了37.1亿立方米，递减率17.7%。2005年，单位产品取水量为115立方米/吨纸，水重复利用率为45.0%。

6. 化学工业

化学工业是生产基础原材料的工业部门，有12个大行业，4万多个品种，2002年工业增加值为1947亿元。化学工业是用水量大的工业部门之

资源与增长

一。据对合成氨、氮肥、硫酸、氯碱、纯碱、农药、涂料染料、黄磷、电石等14种产品统计，2002年取水总量为49.9亿立方米，平均工业万元增加值取水量为256立方米。部分产品的单位产品取水量分别为：合成氨47.5立方米/吨、尿素14.8立方米/吨、硫酸20立方米/吨、烧碱50立方米/吨、纯碱25立方米/吨、甲醇60立方米/吨、农药100立方米/吨、涂料10立方米/吨、染料80立方米/吨、黄磷80立方米/吨、电石20立方米/吨。2005年单位产品取水量为159立方米/万元，工业用水重复利用率为87.5%。目前，我国化工行业用水状况与国际先进水平相比还存在着很大差距，有很大节水潜力。美国、加拿大和墨西哥三国化工单位产值耗水量为316.9立方米/万美元，而我国为1106.7立方米/万美元。从我国化工行业自身特点来看，间接冷却水在总用水量中所占比重最大，特别是氮肥、基本化工原料等行业。间接冷却水使用后，除温度稍高外，一般水质清洁，无污染，只要进行水质稳定后即可循环利用。因此，循环利用是化工节水的根本途径。全国大中型化工企业间接冷却水循环利用率已达80%以上，化肥企业采用"两水闭路循环"节水技术已取得年节水10亿立方米的显著成效。

四、技术创新与工业节水

我国是一个人均水资源占有量远远低于世界平均水平的国家，而在相当长的一个发展阶段，工业增长包括许多高用水工业的增长是国民经济发展的最重要动力之一。这就决定了我国工业发展必须走节水型的道路。从理论上讲，技术创新可以替代水资源消耗和解决工业用水短缺的问题。问题是，目前有无这种能够实现大量节水的工业生产技术？如果有的话，在使用中企业需要付出多少成本？这样的成本能否为企业所承受？或者，用这种技术来替代水资源使用和消耗，是否经济？从我国目前的现实来看，通过实施工业节水技术，不仅可以缓解水资源短缺现象，而且可以减少工业废水排放和解决因过量开采地下水造成的城市地面下沉问题。通过近些年的努力，我国的工业节水工作取得了明显成效，表现为：在经济高速增长的情况下，工业用水量增幅很小，年均增长率仅在1.1%左右。工业用水量增长速度远低于工业经济发展速度的重要原因之一是工业节水成效显著。因此，在我国工业化过程中，水资源稀缺并不是一个无法克服的障碍，只要坚持"开源节流并举，节约优先"的原则，加强全社会的节水工作，完全可以实现以水资源的可持续利用支持我国工业的可持续发展。

（一）我国工业节水的现状与问题

统计数据表明，从1997年到2005年，我国工业高速增长，而工业用水仅以很低的速度增长（见表2-1），万元国内生产总值用水量呈现下降趋势，从1997年的726立方米下降到2005年的357立方米，年均递减超过6%。万元工业增加值用水量从1999年的330立方米，降至2004年的196立方米，年均递减超过8%。2005年又降至168立方米，比2004年下降了13.8%。"十五"规划期间，我国万元工业增加值（当年价）用水量从291立方米降低到169立方米，火电、钢铁、石油石化、造纸等高用水行业主要产品单位取水量平均下降20%~40%；建成污水处理厂281座，形成日处理能力4912万立方米，污水再生利用量达17亿立方米；沿海地区年海水直接利用量达330亿立方米，替代淡水17亿立方米，日海水淡化能力达到12万吨。水价形成机制不断完善，大部分地区改革了水价定价模式和计收方式，有15个大中城市实行了生活用水阶梯式计量水价，517个城市开征了污水处理费；改革了水利工程供水水价计收方式，实行"容量水价"和"计量水价"相结合的两部制水价、丰枯不同水价，等等。除了工业经济结构性调整是工业用水量增长速度远低于工业经济发展速度的重要原因之外，工业节水也是一个非常重要的原因。国家发展和改革委员会、水利部、建设部发布的《节水型社会建设"十一五"规划》提出的我国工业节水的主要目标是：到2010年，单位工业增加值取水量降低到115立方米/万元以下，比2005年降低30%以上；"十一五"期间工业用水增长率控制在1.3%以内。

与发达国家相比，由于我国水资源有偿使用制度尚不健全，尚未建立水资源价值核算体系，市场机制在水资源配置中的基础作用未得到充分发挥，无偿或低价使用水资源、浪费水资源的现象十分严重；一些地区合理的水价形成机制尚未形成，供水水价和再生水的价格严重背离价值，难以调节用水行为；水资源开发利用主体缺乏节约保护资源的内在动力和激励机制，造成在缺水的同时用水浪费严重，缺乏推广应用节水技术和产品的激励政策。总之，虽然我国工业节水成效非常显著，但仍然存在下面这些突出问题：

（1）利用方式粗放、用水效率较低、用水浪费等问题突出。与国际先进水平相比，2005年，我国每万美元GDP用水量为2500立方米，约为世界平均水平的3倍，是国际先进水平的5~10倍；2005年全国万元工业增加值用水量168立方米，约为发达国家的5~10倍。

（2）相当多的区域水污染严重，水生态与环境形势严峻。由于城市污水处理设施建设滞后，工业废水排放达标率低，大量废、污水未经处理直接排入江河湖库，许多河段远远超过水体的纳污能力，造成了严重的水污染。辽河、淮河、黄河、海河、松花江等江河水质较差，部分河段污染严重，太湖、滇池和巢湖大多数水体水质为劣Ⅴ类。全国有25%的城市供水水源地水质未达标，其中还有一部分有机污染物含量超标。

（3）促进节约用水的法律法规体系不健全。全国性节约用水管理条例尚未出台，现行节水法规的配套措施不健全，只有少数省（区、市）出台了地方性节水管理办法，难以有效规范和监督管理企业用水活动；节水执法监督检查薄弱；取水、用水和排水计量和监测设施不健全；废、污水排放管理制度不完善，监督管理薄弱。

（4）节水设施建设和技术研发及推广力度不够。我国大部分水资源开发利用的基础设施，因建设标准较低、配套不完善、维修更新不及时，造成设施老化失修、利用效益低下，难以适应水资源高效利用的要求。由于缺乏扶持政策，水价偏低，开发难度大，投入不足，使节水设备和新技术研发与推广的内在动力不足；节水技术创新能力薄弱，缺乏经济实用和自主知识产权的节水关键技术。

（5）海水及苦咸水利用量低。我国在海水利用技术方面已具备海水产业化的需求，但海水利用产业尚未形成，主要表现在工程规模小、海水利用技术支持后劲不足。反渗透海水淡化工程国内最大达5000立方米/天，发达国家已达13.5万立方米/天；蒸馏法国内引进和在建项目仅有千吨级规模，而国际上已达27万立方米/天。国内每天海水淡化总产量不到3万吨，仅为全球总产水量的1‰左右。此外，我国每年海水冷却水用量不超过150亿立方米，日本为3000亿立方米，美国约为1000亿立方米。我国工业用水中冷却水及其他低质用水占70%以上，这部分水是可以用海水、苦咸水和再生水等非传统水资源替代的。

(二) 工业节水的国际经验

随着科技进步和社会的不断发展，工业节水的方法和技术在不断改进、提高。对此，各国都积累了较多的经验和做法。

(1) 清洁生产技术的推广和应用。清洁生产主要是在工业生产过程中采用节约能源与原材料的工艺和技术，以达到提高各类水资源利用效率的目的。20世纪80年代以来，为了实现可持续发展，许多国家都相继开展了清洁生产活动，对水资源的节约也产生了积极效果。西班牙在工业领域逐步推广清洁生产政策，包括减少用水量、降低污染负荷以及循环利用工业废水等。实施清洁生产并不等于采用昂贵的生产技术、设备和工艺。对中、小型企业来说，可以只采取一些经济可行的简便措施，所需要的基础投资很低甚至是零投入。泰国清洁生产的主要内容是鼓励在生产工艺中或工商业经营中使用清洁或无污染技术，鼓励废物再循环于生产用途，促进再循环水的利用。印度也开展了小型工业企业清洁生产示范项目，该项目的重点是在小型工业企业中寻找减少废水、废物的机会。示范项目表明，最明显的、普遍适用的废物最小化方法是生产合理化和生产程序标准化。

(2) 加大污水处理回收利用力度。经济发展造成的大量污水，是加剧水资源严重短缺的重要原因。为了提高水的利用效率，许多国家在开展清洁生产的同时，广泛地采用了污水处理回收利用的办法，并取得了较好的经济和生态效果。污水处理主要是对工业污水和城市生活污水进行处理，将处理过的水回用于生产与生活中对水质要求不高的一些地方，以达到节约水、提高水的综合使用效率的目的。日本建立了"中水道"系统，大力发展城市废水的处理和回用。日本共有污水处理厂1293个，每年处理城市废水约124亿立方米。美国有许多废水处理厂，将处理后的生活或者工业用水用于农业灌溉或改善环境。有些地区废水的处理再利用量占30%，并且价格只有正常地表供水价格的1/3。新加坡鼓励工业在制冷、冲洗等方面使用处理过的工业废水，目前已有超过55家的企业开始对工业废水进行回用，仅此一项大约每天节省3180万升的饮用水。

(3) 海水淡化。随着科学技术的进步，淡化海水正在为全球淡水供应开辟广阔的前景。人类缺水情况日益严重并非是因为地球缺水，而是缺少可利用的淡水。因此,越来越多的缺水国家把极为丰富的海水变为淡水作为解决淡水缺乏的出路。海水利用主要有三个方面:一是海水代替淡水直接作为工业用水和生活杂用水,用量最大的是作为工业冷却用水,另外还可用于洗涤、除尘、冲灰、冲渣、化盐制碱、印染等;二是海水经淡化后,提供高质淡水,供高压锅炉用,淡化水经矿化作饮用水;三是海水综合利用,即提取化工原料。目前,全球120个国家正在进行海水淡化,全世界已有1.36万座海水淡化厂,每天生产的淡化海水超过2600万立方米,其中中东一些国家的淡化海水量已占其淡水总供应量的80%~90%。国际上的一些行业协会组织也在积极致力于发展海水淡化技术和促进使用淡化海水。

目前,海水淡化在一些极为缺水的国家应用较好。以色列已建立了两个海水淡化工厂,年产淡水近1亿吨。到2020年,还将建立一座海水淡化工厂,年产淡水达到4亿吨,远期再建20个淡化工厂,年产淡水可达10亿吨。目前,以色列正在试验将纳米技术用于海水淡化,可使成本大大降低。新加坡为解决水资源短缺问题,近年来也开展了海水淡化工作,2005年投产的海水淡化厂,每天生产的淡水将可满足新加坡10%的饮用水需求。1992年,日本通过修改"水道法施行令"将海水淡化设施建设追加为国库补助对象,第二年,日本的海水淡化能力即达94214立方米/天。

(三) 科技进步对工业用水构成的影响

1. 科技进步与工业用水构成

由于工业用水的价格体系不合理,目前,我国工业用水主要使用地表水和地下水。一些缺水地区的企业开始使用海水或经过淡化的海水或者苦咸水,但在技术上特别是在经济成本和环境影响上还存在一系列需要解决的问题,所以,使用范围和规模都相当有限。可以预期,只要在体制和政策上进行改革和调整,科技的发展将会使工业用水的构成发生质的变化,并可以促进水市场的健康发展,实现更有效的节水和环境保护。例如,从对现有水资源的节约利用,到污水资源化、中水回用、海水/苦咸水淡化、雨洪资源利用等,科技进步都可以在工业用水构成的变化中起决定性作用。

2. 海水淡化技术

20世纪50年代以前的海水淡化技术主要是蒸馏法、电渗析法等，能耗大、成本高、应用范围小。20世纪70年代以后，蒸馏法中多效蒸发和多级闪蒸技术不断提高，与热电和石化企业联营使成本下降，应用范围迅速推广。20世纪80年代，反渗透膜技术的成熟和大量应用，使海水淡化技术领域发生了突破性的变化，形成了相当规模的海水淡化设备生产能力和日益扩大的海水淡化市场。我国海水淡化技术研究起步较早，是世界上少数几个掌握膜法和蒸馏法淡化技术的国家之一。在我国，膜法海水淡化技术已经建成万吨级示范装置，具备自我设计、制造反渗透淡化装置能力；蒸馏淡化3000吨示范装置2004年已建成投产，海水淡化装置的设备造价可比国外降低50%，吨水成本已接近国际先进水平；海水循环冷却关键技术也取得重大突破，形成全套技术和产品；2004年，2500吨/小时示范工程也已建成应用。

3. 市场前景

非常规水资源的开发，尤其是海水淡化技术是一个前途十分广阔的新兴产业。近年来，这一产业在国家发改委、科技部等部门的大力支持下迅速发展起来，为解决我国水资源短缺尤其是沿海地区的工业用水问题，找到了新的途径。由于技术进步和市场竞争，海水淡化的成本在迅速降低。以采用反渗透法为例，海水淡化价格在4~5元/吨，苦咸水淡化价格在2~3元/吨，而我国沿海地区和一些水资源非常匮乏的内陆地区对水价的经济承受能力却在逐步提高，所以，非常规水资源的开发利用的空间不断扩大，发展前景良好。

五、水价与工业用水

尽管水供应是工业生产的基本要求，特别是对于高用水产业，水的供应和消耗是生产过程得以正常进行不可缺少的重要物质资料条件，但是，由于长期以来工业用水的价格较低，甚至根本没有水资源的价格体系，企业可以任意抽取地表或地下水源，这使得许多工业用水户节水观念淡薄，使用中浪费较大。所以，实现节水的一个重要手段就是使水有合理的价格，让工业生产者从环境意识和成本压力两方面做出节水行为。

（一）我国工业水价历史与现状

新中国成立以来，我国的供水行业经历了1965年以前的无偿供水阶段、1965~1979年的低标准收费阶段、1980~1997年的成本补偿收费阶段和1997年以后的定价供应阶段。20世纪90年代后期，水价改革遍及全国，大部分省（自治区、直辖市）将按"水费标准"供水改为按"水价"供水，逐渐形成了水务市场。在此过程中，全国的水价逐步提高，35个大中城市居民生活用水价格（不含污水处理费），由1988年的0.14元/立方米到2003年的1.26元/立方米，年均上涨16.4%。2003年7月，国家发改委与水利部联合发布《水利工程供水价格管理办法》，将供水价格完全纳入市场经济的商品价格范畴，水价形成机制日趋完善。目前，大部分城市供水价格已经基本达到保本水平。深圳、厦门、银川等部分城市对居民生活用水实行了阶梯式水价，累进加价收费。许多城市供水在计收供水成本的基础上，已经普遍开征水资源费和污水处理费。与居民用水价格相比，工业用水价格增幅更大，目前，全国工业平均水价已经超过1.5元/立方米，北方地区已超过2元/立方米。各省基本上都是按供水的不同用途制定差别水价，一般原则是居民生活水价最低，工业水价次之，商业服务水价最高。

从区域范围来看，我国北方各省区多属于干旱缺水地区，水价提高较快，南方各省区大多水资源丰沛，但是由于水质型缺水的原因，水价（含排污费）提高也比较快。当然，基本的情况仍然是北方水价总体上高于南方。根据各直辖市、省会城市和部分地区性大城市的统计资料分析，北方地区的平均生活水价和工业水价分别超过南方地区的32.7%和57.7%。按具体分区而言，全国不同区域现状水价差别也较大，整体趋势是水资源量短缺、工业污染严重、经济相对发达的东北、华北地区水价最高，综合水价均高于2元/立方米；水资源相对丰富、水污染严重、经济发达的西南、中南和华东水价居中，综合水价位于1.5~2元/立方米之间；干旱缺水但经济相对落后的西北地区水价最低，综合水价低于1元/立方米。按东、中、西三大区来划分，经济发达、水污染严重的东部地区各省水价最高，经济欠发达的中西部地区水价较低。水价的差异，非常明显地反映了各地区水资源的紧缺程度、污染状况以及地区经济发展水平的差异。

供水是一种具有公益性和基础性的特殊行业，水价的确定除了要体现稀缺性资源配置，也必须考虑社会包括居民和企业的承受能力，所以，水价总是受到政府的政策管制，不能完全随行就市、自由定价。根据对全国城市水资源规划材料的计算分析，全国约有2/3的城市供水综合水价已达到供水工程成本水价，其中，生活用水水价一般略低于成本水价，为福利水价，工业和商业服务用水水价稍高。还有一部分省市，其供水综合水价尚低于工程成本。据统计，目前我国工业用水水费只占工业产值的0.1%~2%，远低于3.5%的世界平均水平。另有资料表明，全国工业供水的水费占工业用水户产值的5‰以下，占用水户成本的1%以下。根据世界银行以及我国国家经贸委、建设部的研究报告和《中国统计年鉴2000》的数据分析，我国工业用水成本控制在工业产值的1.5%之内是比较现实的。根据南水北调工程沿线各省（直辖市）工业用水量和工业产值，按工业水费支出能力指数为1.5%测算，工业可承受水价约在5~7元/立方米。① 目前，我国工业用水原水（指水利工程供水）约为0.16元，同国外水价相比明显偏低，欧美工业水价一般相当于人民币8元。世界各国（或地区）的水价的大体状况是（换算成人民币计）：挪威、加拿大2.1元，爱尔兰3.3元，纽约3.7元，瑞典和英国4.8元，荷兰5.1元，芬兰5.4元，比利时5.7元，法国6元，意大利6.9元，德国8.1元，澳大利亚9.3元，香港地区20元，东京22.8元。由此可见，在工业用水户可承受能力的限度内，我国未来工业供水的价格还有较大的上升空间。

（二）我国工业水价存在的问题

近年来，国家尽管对水利和水务行业进行了多方面的改革，但水价体制改革还远未到位。水价难以有效发挥调节水资源市场供求的作用。统计资料表明：全国各地水价标准只达到测算成本的62%。低水价导致人们对

---

① 中国社会科学院专家组：《中国南水北调工程（东线）可持续水资源综合管理研究》，中国意大利合作项目，2006年。

水资源的稀缺性缺乏足够认识，以致在浪费水资源的同时，还不断向水中大量排放污染物，破坏了水源供应条件。一般认为，我国目前的工业水价体系还存在以下问题：

（1）缺乏科学的定价依据。我国水资源的分布存在着时空上的差别，加上水资源的稀缺性，因此应根据不同地域和不同季节实行不同的水价。我国北方地区水资源相对贫乏，相应的水价应当较高；南方水资源丰沛，水价可适当降低，但并不意味着可以任意获取而无需支付任何代价；经济发达地区的水价在同一程度上应当高于经济欠发达地区的水价。2004年1月1日实行的《水利工程供水价格管理办法》仅区分了农业用水和非农业用水，而对于工业用水的价格，没有依据水源状况、供水时间、污染程度以及提高水量和改善水质而采取的工程措施等差别而分别采用不同的收费标准。目前，工业用水的水价结构十分粗糙，并且，在理论上也还没有真正说清楚水的定价依据是什么。

（2）水价总体偏低。有偿使用水资源制度是在我国向市场经济过渡的过程中逐步确立的。从低水费到能够反映资源供求的水价，需要经历一个不断改革的过程，一般认为，迄今为止，我国大多数地区的水价仍然处于偏低水平，没有反映水资源的价值。低廉的水价使得工业企业失去了节水的压力和动力。我国工业用水的重复利用率、工业万元产值取水量与国外相比均有较大的差距，这不仅仅是由于技术方面的原因，而更在于缺乏水价的激励与约束。水价过低带来的直接后果是国有水资源的严重流失，供水企业也会因此而入不敷出、水利工程老化，导致缺乏水工程的维护资金，制约水资源的可持续开发和利用。更严重的是，低价必然导致工业用水户用水浪费、排污量加大，不利于节水政策的落实和具体措施的实施，进而又给工业节水、环境保护和工业供水带来了更大的压力与困难。

（3）符合社会主义市场经济客观规律的水价的发现机制和形成机制尚未形成。这是我国水价的根本性问题。水的供求很难实现完全的市场竞争性定价，仅仅通过生产企业的成本所测算出的供水成本其实永远不可能是准确的数据，甚至由于利益关系的干扰和激励机制的缺陷，使得所测算出的价格可能远不具有客观性。例如，供水企业总是会提供水价偏低甚至不足以抵消成本的测算数据，就像垄断的铁路和地铁公司永远会说票价过低，旅游景点永远会说门票偏低一样。如果没有一个竞争性的价格发现机制，究竟是低还是高永远是一个说不清楚的问题，结果是，价格所反映的并不是客观的市场供求,而是影响定价的各关系人之间的利益博弈过程。因此,建立一个适应国情的水价的发现机制和形成机制是水资源科学定价的关键。

(三) 工业用水的价格改革方向

有研究报告表明,提高水价对于工业用水的节约可以产生非常显著的作用,由于水价改革已经使我国工业用水量降低 7%。[1] 因此,如果有条件继续提高工业用水价格,则工业用水量还可以每年下降。换句话说,学者们相信,工业用水是具有很高的价格弹性的。在美国,当供水价格为 1 美分/1000 加仑时,美国火力发电耗水指标为 50 加仑/度;当价格上涨到 5 美分/1000 加仑时,发电厂安装了冷却塔来循环用水,耗水指标下降为 0.8 加仑/度,仅为原来的 1/6.5;当供水价格进一步上升为 8 美分/1000 加仑时,火力发电耗水指标就可能降低为零,因为发电厂将因用水成本太高而改变生产工艺,由原来的淡水冷却改为空气冷却或海水冷却,根本不再使用淡水。[2] 按市场机制配置水资源的原则,价格能够起到比较好的配置效果。所以,如果把目前普遍偏低的供水价格提高到供水企业收回成本且有微利的水平,可以预见,我国的用水上升势头会受到明显抑制,甚至还会下降。有分析表明,如果适当提高水价,华北平原的需水量将可能比先前的预测量减少 20% 以上(130 亿立方米以上)。也就是说,华北平原的用水量不会增长到很多人预测的 560 亿立方米以上,而是可以保持在目前的 430 亿立方米左右的水平,甚至还会有所下降。

水资源的需求包括基本的生活需求和非基本的需求。基本的生活需求是为了维持正常生命、保障基本生活的日常生活用水,这部分用水的需求价格弹性很小。而非基本需求的多样化用水,需求价格弹性较大。水价定价机制的关键是根据供水需求,实行不同的水价定价形式。对于社会公益型供水,水价可由政府定价或政府指导定价。对于有偿服务型、生产经营型供水,可以实行政府管制下的市场定价机制。

---

[1] 仇保兴:《中国的水价改革要充分考虑百姓承受能力》,www.xinhuanet.com 2006 年 8 月 22 日。
[2] Rogers P. Freshwater. Background paper prepared for the conference: The global possible resources, development and the new century [J]. World Resources Institute, 1984.12.

从长远来说，工业用水的价格必须反映水资源的稀缺状况和环境保护的要求，工业用水要实行全成本内部化的定价机制，即体现"谁使用、谁受益、谁负担"的原则，将水资源的成本和价值完全体现在水价中，而且，还要将水资源开发利用中产生的外部性成本也体现在水价中，由生产者进而由最终消费者承担。从美国、加拿大、英国及法国的水价构成要素中我们可以看出，水价构成必须反映供水的全部机会成本，在反映供水工程成本的基础上，应该包含水资源费用、排污收费，符合国家规定的排污收取排污费，超过国家规定的排污收取污水处理费，超过污水处理能力的污水禁止排放，排污费和污水处理费均按排污总量计收。水价还应该包括供水企业合理的利润，这样使供水企业不仅能够补偿成本，而且还能保证供水企业的良性运营。当然，要达到这样的目标需要具备一定的条件，水的问题不可能是价格一涨就万事大吉，决不能不顾条件地"一涨了之"。对于水资源这种特殊物质的供求调节，价格机制是非常重要的，但也不是万能的和唯一的。其实水资源问题的复杂性正在于此。

由于成本信息的不对称，工业用水的供求各方难以在定价过程中形成均衡机制。现行由企业定价、物价部门核准的方式，难以对供水企业的成本进行有效的核算和约束。因此，必须改革现行的工业用水的定价机制，特别是必须科学确立水务行政管理部门在确定水价过程中的监管地位和作用，监管者和生产者必须完全分开，决不能有利益关系；同时，要建立供、排水企业的成本审计制度。在目前的供水经济体制下，水价的确定或调整，必须按照法定程序接受政府管制部门的监管和相关利益方的参与。

对于长期缺水区域来说，价格政策应以长期促进该区域水资源的合理开发、高效利用以及水质与环境的保护为目标。在水资源价格调整中，应对原水供应部门的运营以及水资源费的使用进行严格的监督审计，防止垄断造成的低效率产生。丰水区水资源价格与水价政策的基本目标应是逐步形成有经济效率的水资源价格水平与价格体系，在不同用途的用水需求及现在到未来的较长时间尺度内有效配置水资源，促进水资源的合理利用及保护，并防止由于污染可能导致的丰水区向缺水区的逆转。丰水区水资源危机的解决在工程措施上依赖于区域内的引水，而缺水区的长期用水则涉及跨流域调水，关系到不同地区之间的利益平衡。因此，对丰水区来说不存在更高层次上调节利益冲突的必要，而缺水区因水资源开发利用要跨流域，因此，要在地区之间协调的基础上，从全局利益、共同利益和长远利益出发，建立流域水资源管理委员会，以流域为单元来确定水资源利用的机会成本和价格体系。

六、结论和建议

水资源问题关系经济社会生活的几乎一切重要领域，没有人可以离开水而生存。水对工业增长的影响也是广泛的和长远的。如前所述，尽管中国工业化过程一定能够通过努力渡过用水高峰期阶段，而实现水资源供求的长期平衡和工业的可持续发展。但是，无论是从工业结构、技术水平，还是水供求体制和节水意识上，我国当前都仍处于水资源的"问题"时期，而且各方面的问题还具有相当的严重性和紧迫性。有外国学者认为，如果说 20 世纪最大的世界性危机是石油，那么，21 世纪最大的世界性危机可能就是水。对此，我们应有充分的认识。就工业用水而言，可以有以下对策建议：

（1）调整产业结构，优化水资源配置。研究表明，产业结构调整对节水的作用非常大。调整产业结构，推广高效用水和清洁生产技术，改造工业用水的工艺，彻底关、停、并、转一些高耗水、高污染企业，大力推行清洁生产，减少水污染，降低水消耗，相对增加可用水容量。在调整工业产业结构和布局时，要根据水资源条件，淘汰单位产量耗水量大并且效益低的产品，优先发展单位产量耗水量小的精细加工产品和高附加值产品，使有限的水资源创造出较高的经济效益，努力建立起高产值低耗水量的节水型工业产业结构。与此同时，要合理优化配置水资源，制订出用水优先序列，满足不同用水的需求和不同时期用水量的调配，使有限的水资源发挥出高效益。

（2）鼓励工业节水技术的创新和推广，提高水的重复利用率。提高水的重复利用率是工业节水的重要环节，我国工业节水具有巨大的潜力和空间。工业节水技术是指可以提高工业用水效率和效益、减少水损失、可替代常规水资源等的技术。技术是相互关联的，大多数节水技术也是节能技术、清洁生产技术、环保技术、循环经济技术。发展节水技术对促进节能、清洁生产、减少污水排放、保护水源、发展循环经济有着重大的作用。实施清洁生产并不等于采用昂贵的生产技术、设备和工艺。对中、小型企业来说，可以采取一些经济可行的简便措施和具有较高经济可行性的节水技术。政府要建立一种制度，根据"取之于水，用之于水"的原则，从水资源费、超计划加价水费中安排适度比例基金，用于工业节水技术示范推广、技术改造贴息等；按照"谁投资、谁所有、谁受益"的原则，多层次、多渠道筹集资金，形成多元化投资体制，增加节水资金的投入；加快节水器具、设备及污水处理设施关键技术的开发，推广应用节水新技术、新工艺和新设备；加快节水科技支撑体系建设，将重大节水科技创新项目列入国家科技发展计划和地方科技发展计划，重点围绕工业节水和非常规水资源开发利用等方面，组织开展共性、关键和前沿节水技术的科研攻关，提高自主创新能力；建立和完善节水技术推广和服务体系，提高节水技术和服务水平。

（3）推进工业用水定价的市场化改革。有调查发现，如果提高水价，87%的企业会选择节水，改革生产流程、改换节水龙头；另一些企业会转而生产用水少的产品；用水多的企业会选择转移到水资源多、水价较低的地方；只有10%的企业不采取任何措施，因为它们的用水量不多。水价是调节水资源消费的杠杆，合理的水价，可提高节水意识，减少浪费，提高水的利用率与经济效益。不同等级的水，实行不同的水价，促使那些可利用低级水、再生水便能满足生产需求的企业不使用优质水。用水价政策来调节工业企业生产，鼓励它们进行污水处理、污水再生，应积极推广并鼓励使用污水资源化高新技术，使污水重新资源化，制定针对企业的减污增水的法规并加强监管，提高其工业用水的利用率。同时，对那些必须使用优质水的产业（如保健、饮食、医药、卫生等）进行监督，避免为降低成本而使用低价的劣质水，避免其产品或服务危及人民生命健康与安全。

（4）加快非常规水源（如海水淡化）的产业化步伐。在非常规水源中扩大再生水利用，一方面，可有效地节约淡水资源，实现水资源的再生和循环使用；另一方面，可以有效控制污染物排放，改善自然生态环境，改善区域和城市的水环境质量。海水淡化技术在世界上业已成熟，海水淡化系统的技术经济指标已为水资源短缺国家所普遍接受，我国海水淡化技术已经成熟，我国是一个海洋大国，海水资源极其丰富，同时，我国西部有相当丰富的苦咸水资源，这就为我国发展海水淡化产业提供了前提和基础。海水的直接利用和淡化可以减少沿海地区因过度开采地下水而造成的地下漏斗扩大、地面沉降严重等问题，从而有利于沿海地区保护和改善生态环境。在我国矿区比较集中的北方地区积极利用矿井水，不仅可以节约宝贵的水资源，也可以减轻直接外排对周围水环境和生态产生的污染。

（5）实施统一的流域污染控制。这是一项庞大的系统工程，从流域区域和局部的水质水量综合控制、综合协调和整治才能取得较为满意的效果。英、德、美等国的流域管理体系不尽相同，但其共同的特点是建立全流域统一管理模式来防止污染事故的发生。在流域范围内实施供水、排水、污水处理的统一规划、统一管理确定合理功能区和水质目标，实施污染物总量控制和颁布排污许可证，协调供水与排水、水资源和水环境、上游和下游之间的矛盾和冲突，同时通过现代化的信息系统进行水质变化过程的监测和预测，防止污染事故的发生。这种流域管理体制促进了水资源的利用和开发，在保护了水资源环境的同时取得了巨大的经济效益，这方面的经验值得我国借鉴。

参考文献

1. 刘昌明、陈志恺：《中国水资源现状评价和供需发展趋势分析》，中国水利水电出版社，2001年。

2. 国家统计局：《中国统计年鉴》（2001~2005）。

3. 水利电力部水电规划设计院：《中国水资源利用》，水利电力出版社，1989年。

4. 水利部南京水文水资源研究所、中国水利水电科学研究院水资源研究所：《中国21世纪水供求》，中国水利水电出版社，1999年。

5. 水利部：《1997~2004年中国水资源公报》。

6. 刘静铃：《淡水危机与节水技术》，化学工业出版社，2003年。

7. 张天勇：《关于城市水价改革政策的几点建议》，《水利经济》2003年第21卷第4期。

8. 金凤君：《华北平原城市用水问题研究》，《地理科学进展》2000年第19卷第1期。

9. 李建新：《德国引用水源保护区的建立和保护》，《地理科学进展》1998年第17卷第4期。

10. 贾绍凤、康德勇：《提高水价对水资源需求的影响分析——以华北平原为例》，《水科学进展》2000年第38卷第3期。

11. 贾绍凤、张士锋：《中国用水何时达到顶峰》，《水科学进展》2000年第38卷第4期。

12. 贾绍凤：《工业用水零增长的条件分析——发达国家的经验》，《地理科学进展》

2001 年第 3 期。

13. 贾绍凤等:《工业用水与经济发展的关系》,《自然资源学报》2004 年第 5 期。

14. 王浩等:《中国工业发展对水资源的需求》,《水利学报》2004年第 4 期。

15. Grossman Gene M, Alan B Krueger. Environmental Impact of a North American Free Trade Agreement [Z]. Cambridge, UK: Working Paper 3914. National Bureau of Economic Research, MA. 1991.

16. Panayotou Theodore. Environmental degradation at different stages of economic development [A]. In: 1 Ahmed, J A Doeleman. Beyond Rio: The Environmental Crisis and Sustainable Livelihoods in the Third World [C]. New York: ILO Studies Series. St. Martin's Press, 1995.

17. Lopez Ramon. The environment as a factor of production: The effects of economic growth and trade liberalization [J]. Journal of Environmental Economics and Management, 1994, 27 (2): pp.185~204.

18. Munasinghe Mohan. Is environmental degradation an inevitable consequence of economic growth: Tunneling through the environmental kuznets curve [J]. Ecological Economics, 1999, 29 (1): pp.89~109.

19. Martinez-Alier J. The environment as a luxury good or "too poor to be green" [J]. Economics Appliquee, 1995, 48: pp.215~230.

第三章 化石燃料能源与工业增长

能源是现代工业最重要的资源条件,对于工业增长,能源是最重要的物质推动力。由于我国目前的主要工业能源是石油、天然气与煤炭,工业增长主要由其推动,同时也因其短缺而受到制约。因此,在研究能源与工业增长的关系时,我们主要分析石油、天然气与煤炭的供求状况及其同中国工业增长的密切关系。

一、石油和天然气与工业增长

作为优质能源和原料,石油和天然气及其产品是工业发展的重要驱动力量和现代生活质量的关键因素。现代社会最有战略意义的工业生产、交通运输和国防能力都高度依赖石油和天然气。我国石油和天然气资源相对不足,人均石油、天然气资源量仅为世界平均水平的7.7%和7.1%。我国工业规模经过连年快速扩张,特别是高能耗、高物耗产业集中发展,致使石油和天然气消费总量持续增长。同时,国内石油勘探一直没有取得重大突破,石油可采储量和产量增长缓慢,但是石油消费量却增长强劲,石油需求与供给之间的矛盾越来越突出。尽管万元工业增加值的石油和天然气消费量逐年递减,石油终端消费中工业消费所占比重逐年下降,但工业石油和天然气消费弹性系数震荡上扬,石油和天然气等优质能源和原料短缺,始终是我国工业发展的一个制约因素。今后一个时期,我国工业规模及其对石油和天然气的需求仍将快速扩张,石油对外依存度也将继续提高,石油价格上涨和供给可靠性、稳定性将给我国工业发展带来新的制约。科学分析和把握石油、天然气消费和工业增长之间的关系,优化石油

资源与增长

和天然气消费结构及消费方式，减轻工业增长对石油和天然气的依赖，是当前和今后一个时期促进我国工业又好又快发展所不可回避的重大问题。

（一）石油对工业增长的作用

石油，又称原油，是由碳氢化合物混合组成的一种黏稠、深褐色的液体。石油是古代海洋或湖泊中的生物经过漫长的地质演化过程而形成的混合物，与煤一样属于化石燃料。其主要组成成分是烷烃，通常含有硫、氧、氮、磷、钒等元素。不同油田的石油，其成分和外观可能差别较大。

天然气（Natural Gas）是一种主要由甲烷（CH_4）组成的气态化石燃料。甲烷是最短和最轻的烃分子。除甲烷外，它也可能会含有一些较重的烃分子，例如乙烷（C_2H_6）、丙烷（C_3H_8）和丁烷（C_4H_{10}），还有一些不定量的含有气体的硫磺。天然气主要存在于油田和天然气田，也有少量出自煤层。

作为现代社会具有战略性的优质能源与基础原料，石油和天然气对促进社会进步、经济发展和生活质量提高具有重要作用，其对工业增长的作用主要体现在以下几个方面：

1. 石油和天然气勘探开采加工业处于产业链的重要环节，构成现代工业的重要组成部分

石油和天然气是现代工业发展不可或缺的要素，石油天然气勘探、开采、加工是现代工业的重要组成部分。与其他行业相比，石油和天然气开采矿处于产业链的起点，在国民经济产业链中处于上游地位，为其他部门的生产、运营提供必需的能源和原料。石油和天然气开采加工业具有产业关联度高、产品链条长、辐射带动力强，以及对环境影响大、规模经济和范围经济显著、资本技术密集等特点。2005年，我国石油天然气开采行业实现增加值4814亿元，占全部国有及规模以上非国有企业实现增加值的6.7%；实现主营业务收入6151亿元，占全部国有及规模以上非国有企业主营业务收入的2.5%；拥有资产总计6752亿元，占全部国有及规模以上非国有企业资产总计的2.8%。[①]

---

① 作者根据《中国统计年鉴》（2006）计算。

2. 石油和天然气及其产品被广泛地用作工业原料，是促进或制约工业发展的重要因素

石油和天然气经过催化、裂解等化学加工过程可以形成许多化工产品，这些化工产品被广泛地作为工业原料，成为相关行业持续发展的基础。以石油、天然气为原料的石油化工行业是20世纪初发展起来的新兴工业，具有资源、能源、技术、资金密集的特点。石油化工行业不仅对环保和安全性要求较高，而且特别要求资源稳定供应。我国石油资源长期以来主要作为能源利用，重点保障交通用油，致使炼油工业的发展立足于优先保证成品油的生产，化工用油所占比重较小。随着工业发展，石油和天然气作为工业原料的价值逐渐被认识。

以石油为原料，经过石油炼制可以生产各种石油产品，包括燃料油（汽油、煤油、柴油等）和润滑油以及液化石油气、石油焦炭、石蜡、沥青等。以石油炼制过程提供的原料油为原料，对原料油和气（如丙烷、汽油、柴油等）进行裂解，可以生成乙烯、丙烯、丁二烯、苯、甲苯、二甲苯等基本化工原料。以基本化工原料为原料，可以生产多种有机化工原料（约200种）及合成材料（塑料、合成纤维、合成橡胶）。建材工业是石化产品的新领域，如塑料管材、门窗、铺地材料、涂料被称为化学建材。轻工、纺织工业是石化产品的传统用户，新材料、新工艺、新产品的开发与推广，无不有石化产品的身影。当前，高速发展的电子工业以及诸多的高新技术产业，对石化产品，尤其是以石化产品为原料生产的精细化工产品提出了新要求，这对发展石化工业是个巨大的促进。

天然气是高热值的清洁能源，也是生产化工产品的基本原料。20世纪90年代以前，中国天然气主要为天然气产区和油田企业自用，除用于采油技术所需的"油注气"外，还用于燃气锅炉给厂房供暖、小型发电等。90年代以后，逐步扩大到化工利用和大城市居民生活用气和车用、锅炉等商业用气。目前，中国天然气消费主要集中在工业和生活消费两个领域。作为工业原料，天然气可生产合成氨、甲醇、乙炔、甲烷氯化物、氢氰酸、液态烃、二硫化碳等化工产品，可以用于制造纤维、化肥、玻璃、钢铁、塑料、油漆以及其他产品，也是制取乙烯的优质原料。表3-9表明，2005年，全国天然气消费量为468亿立方米，其中，工业消费354亿立方米，占总消费量的75.64%；制造业消费239亿立方米，占总消费量

资源与增长

的51.07%;化学原料及化学品制造业消费154亿立方米,占总消费量的32.91%。

3. 石油产品和天然气被广泛地用作工业燃料,是现代工业的重要驱动力量

燃料利用包括直接作燃料和间接作燃料。石油和天然气可以直接作燃料,即不改变其化学成分而直接作燃料利用,包括发电、加热和取暖。我国20世纪七八十年代,很多油田的电站锅炉和工业锅炉都使用原油作燃料。石油及其产品之所以成为世界上最重要的优质燃料,原因在于其运输方便、可燃性好、单位热值高。90年代中期以来,由于原油价格提高,油田燃料用油相继改为以煤为燃料,原油作为燃料直接使用的比例大幅度下降。此外,石油产品以各种成品油的方式间接作燃料来驱动交通工具。汽油、柴油主要用作内燃机燃油,与汽车运行关系最大;煤油主要用作喷气式飞机的燃油;石脑油又称粗汽油,是各种乙烯产品如人造纤维、塑料的基础原料;润滑油用于机械设备,其产量、用量远少于汽油、柴油。

天然气作燃料具有热值高、大气污染排放物少、可以改变其物理形态作压缩或液化以方便贮存和运输等优势,占世界天然气消费总量的90%以上,是天然气的主要消费方向。世界天然气资源利用的趋势是以发电为主,天然气在世界能源结构与电源结构中正在扮演越来越重要的角色。美国能源信息局预测,2001~2025年间世界新增电力的53%来自天然气电力。天然气利用不仅有很好的环境效果,建立在天然气基础上的能源技术,也是当前和今后较长时期内能源效率最高的技术。直到20世纪90年代,我国仍采取重视石油忽略天然气的做法,天然气与原油产量比保持在0.16:1的水平,远低于主要石油生产国1:1的水平。① 目前,我国天然气消费在一次能源中的比重仅为2.9%,远低于25%的世界平均水平和13%的亚洲平均水平。

天然气发电具有效率高、节约用水、占地节省、造价低、建设周期短和环境代价低等多方面的优势。与燃煤发电相比,使用天然气发电不产生灰渣,几乎不排放二氧化硫和悬浮颗粒物质,二氧化碳排放量减少58%,

---

① 刘戒骄:《中国天然气工业发展与市场化改革》,载史丹等著:《能源工业市场化改革报告》,经济管理出版社,2006年,第217~243页。

氮氧化物排放量减少80%以上。中国天然气产业处于成长初期，亟待培育稳定的大用户。天然气发电厂恰是下游市场的大用户，一旦投产运行后具有用气量稳定和用气量大等特点。建设天然气电站，有助于为天然气产业创造一个供给与需求同步快速成长的市场环境，拉动天然气的开发，使我国天然气产业呈现持续高速增长态势。西气东输的终端——江苏、浙江、上海和利用陕西天然气的北京市以及引进LNG的沿海地区，是我国发展天然气电站的重点地区。同时，可以在国产天然气和进口天然气管道经过的大、中城市建立调峰电站，在油气田开发过程中用小型燃气机组利用零散放空的天然气。

2005年，我国天然气用于电力、热力生产和供应业的消费量仅为27亿立方米，占总消费量的5.77%。经过20多年的发展，我国已经具备了大规模消费天然气的经济条件和市场需求。随着我国能源消费的迅速增长和环保的迫切需要，天然气将在我国能源结构优质化进程中扮演重要的角色。

4. 石油产品广泛地用作润滑剂、清洗剂、溶剂，是许多工业生产过程不可缺少的辅助产品

许多工业生产过程和各类机械设备无例外地需要石油产品做润滑剂和清洗剂，香精、油脂、试剂、橡胶加工、涂料工业需要石油产品做溶剂。润滑油除润滑性能外，还具有冷却、密封、防腐、绝缘、清洗、传递能量的作用。这部分石油产品消费占工业石油消费的比重很低，但对工业生产的顺利进行不可缺少。

（二）我国石油和天然气勘探开发状况与趋势

1. 我国石油天然气资源蕴藏和勘探状况

资源是石油和天然气产业发展的基础。新中国成立以来，我国于1987、1994和2005年进行了三次油气资源评价。第三次油气资源评价于2004~2005年进行，由国土资源部牵头，以中石油、中石化和中海油三大石油公司的探区为重点，对129个盆地的油气资源开展评价研究。这次油气资源评价成果表明（表3-1），石油资源量1072.7亿吨，天然气资源量54.54

万亿立方米,油气总资源量分别比 1994 年提高了 14.1%和 43.3%,石油可采资源量比 1994 年有所减少,天然气可采资源量比 1994 年有较大提高。

表 3-1　　　　　　　　我国历次油气资源评价结果

年份	石油		天然气	
	资源量(亿吨)	可采资源量(亿吨)	资源量(万亿立方米)	可采资源量(万亿立方米)
1987	787.46		33.6	
1994	940.3	130~150	38.04	7~10
2005	1072.7	127.5	54.54	17.4

资料来源:作者根据普查资料整理。

与煤炭相比,我国石油和天然气资源相对不足,油气资源后备可采储量少,特别是优质石油可采储量不足,缺乏战略接替区,西部和海相碳酸盐岩等区域的勘查一直未能取得战略性突破,后备可采储量不足成为制约国内油气产量增长的主要矛盾。我国陆地石油资源为 826.7 亿吨,占陆海石油资源的 77.1%。海洋石油资源 246.0 亿吨,占陆海石油资源的 22.9%。(表 3-2)我国天然气资源量为 54.5 万亿立方米,其中陆地为 38.7 万亿立方米,海洋为 15.8 万亿立方米。

表 3-2　　　　　　　第三次全国油气资源评价石油资源情况

	总资源量(亿吨)	可转化资源		已探明资源		可采资源		最终可采储量(亿吨)
		资源量(亿吨)	转化率(%)	储量(亿吨)	探明率(%)	可采储量(亿吨)	采收率(%)	
全国	1072.7	528.4	49.3	205.7	38.9	59.3	28.8	127.5
陆地	826.7	430.0	52.0	193.6	45.0	56.4	29.2	105.8
海洋	246.0	246.0	40.0	12.1	12.3	20.8	22.8	21.7

资料来源:作者根据普查资料整理。

从历史上看,我国石油和天然气探明储量总体呈上升趋势。从探明石油储量看,1949~1959 年呈低值增长阶段;而 1959~1988 年,在 1977 年和 1987 年分别出现两个增长高峰;80 年代末以来,探明低值储量保持高基值稳定增长,1985~2004 年,平均每年新增石油探明地质储量 7.67 亿吨。从新增可采储量的趋势看,1991~1995 年,年均新增石油探明可采储量 1.23 亿吨;1996~2000 年,年均新增 1.58 亿吨;2001~2005 年,年均新增

1.86亿吨；预计2006~2010年年均新增1.8亿吨左右。从探明天然气储量看，1949~1976年我国天然气田发现主要来自四川盆地；1977~1988年，六大气区初见成效，除四川盆地外，还有塔里木、鄂尔多斯等；1989年以来，发现了一批储量上千亿立方米的气田。

近年来，我国石油剩余可采储量增长缓慢，石油剩余可采储量一直在24亿~25亿吨徘徊。天然气剩余可采储量虽然有较大幅度增长，但没有突破3万亿立方米关口。截至2005年底，全国累计探明天然气可采储量为3.5万亿立方米，剩余可采储量2.81万亿立方米（表3-3）。

表3-3　　　　　2000~2005年我国石油、天然气剩余可采储量变动情况

	2000年	2001年	2002年	2003年	2004年	2005年
石油剩余可采储量（万吨）	246000		242492.6	243193.6	249097.9	248972.1
天然气剩余可采储量（亿立方米）		17000	20169.0	22288.7	25292.6	28185.4

资料来源：2002~2005年数据来自《中国统计年鉴》相关年份。

从地理分布看，我国陆上石油资源主要分布在东北、华北、西北（表3-4），2005年剩余可采储量超过1亿吨的省区有：黑龙江（5.3亿吨）、新疆（4.1亿吨）、山东（3.0亿吨）、辽宁（1.7亿吨）、陕西（1.7亿吨）、吉林（1.6亿吨）、河北（1.3亿吨）。此外，甘肃、河南、内蒙古、天津、青海剩余可采储量也较多。陆地天然气资源主要分布在塔里木、四川、陕甘宁、东海、渤海湾、琼东南、珠江口、准噶尔、柴达木盆地。储量超过1万亿立方米的盆地仅有塔里木、四川、陕甘宁、东海、渤海湾、莺歌海、琼东南、珠江口、准噶尔和柴达木10个。2005年剩余可采储量超过1000亿立方米的省市区有：新疆（6024亿立方米）、陕西（5450亿立方米）、四川（4295亿立方米）、内蒙古（3971亿立方米）、青海（1525亿立方米）、重庆（1220亿立方米）。海上天然气主要集中在南海和东海。

此外，我国煤层气、油页岩资源丰富，但开发利用滞后。埋深2000米以内的煤层气资源量为30万亿~35万亿立方米，接近于目前常规天然气资源的总量。煤层气资源主要分布在鄂尔多斯、沁水、准噶尔等9个含气盆地群。油页岩主要分布在吉林、黑龙江、陕西等省区，油砂资源主要分布在新疆、青海、内蒙古等省区。煤层气、油页岩主要成分与天然气、石油的成分、用途基本相同，下游市场也基本一致。煤层气、油页岩、油

砂是我国常规石油资源的重要补充，对提高我国油气资源的保障能力将起到重要作用。

根据石油和天然气勘探的一般规律，可采资源量探明率小于30%的属于勘探早期阶段，30%~60%属于勘探中期，大于60%进入勘探晚期。从总体上看，我国油气资源仍有较大潜力可挖。我国石油勘探已经进入中期阶段，探明储量仍处于高基值稳定增长时期，海洋石油勘探程度还不高。天然气可采储量探明率约为23%，海洋为10.9%，尚处于勘探早期阶段，具有较大的发展潜力。问题在于，我国油气勘探对象呈多元化趋势，复杂类油气藏成为勘探目标，待探明资源主要分布在沙漠、山地、近海和深海海域，地面和地质条件更加复杂，勘探投入和工作难度越来越大。

表3-4　　　　2005年各地区石油、天然气剩余可采储量和产量

地区	石油（万吨）		天然气（亿立方米）	
	剩余可采储量	产量	剩余可采储量	产量
全国	248972.1	18315.0	28185.4	493.2
北京	9.0			
天津	4327.3	1793.0	367.4	8.8
河北	12951.8		179.5	6.9
山西		562.5		3.2
内蒙古	5670.9		3970.5	
辽宁	17015.3	1261.0	500.4	11.7
吉林	15757.8	550.6	199.9	5.4
黑龙江	53418.3	4516.0	903.8	24.4
上海		25.3		6.0
江苏	2402.5	164.7	24.5	0.6
浙江				
安徽	136.4			
福建				
江西				
山东	29849.2	2694.5	277.1	9.3
河南	5876.8	507.2	161.3	17.6
湖北	1033.4	78.1	39.2	1.1
湖南				
广东	9.0	1470.0	0.3	44.8
广西	122.5	3.43	8.5	

续表

地 区	石油（万吨）		天然气（亿立方米）	
	剩余可采储量	产量	剩余可采储量	产量
海 南	45.1	10.1	11.0	1.7
重 庆			1219.5	3.3
四 川	289.0	13.9	4295.1	142.3
贵 州			9.9	0.5
云 南	10.5	0.1	14.5	0.2
西 藏				
陕 西	16972.9	1778.2	5450.0	75.5
甘 肃	9465.2	78.9	97.5	0.8
青 海	3824.9	221.5	1525.3	22.3
宁 夏	95.5		0.5	
新 疆	41378.0	2406.4	6023.6	106.7
海 域	28310.7		2906.4	

资料来源：《中国统计年鉴》（2006）。

2. 我国石油天然气开发状况

我国石油天然气开发具有明显的阶段性。新中国成立初期，我国石油主要依靠进口。1949年，全国石油年产量只有12万吨。1955年，新疆克拉玛依油田第一口井喷油，实现了新中国成立后石油勘探上的第一个突破。1957年第一个五年计划结束时，全国石油产量176万吨，其中90多万吨为人造石油。随着石油工业战略重点东移，1959年发现大庆油田，我国石油开发步入一个崭新阶段。此后，胜利、大港、辽河、华北、吉林、长庆等油田先后被发现，石油产量快速增长，1978年全国石油产量突破1亿吨关口，我国成为世界主要产油大国之一。

从1965年开始，中国宣布石油自给，到1978年的14年间，我国原油产量平均每年递增800万~1000万吨。当时石油年出口量最多达4400万吨，占全国出口创汇收入的1/4以上，为国家做出了重大贡献。

全国石油产量达到1亿吨之后，我国石油工业的主要任务是稳定1亿吨原油产量。1978~1983年，全国石油产量在1亿吨上下徘徊，1983年产量恢复到1.03亿吨，此后我国石油产量实现了连年增长但增长幅度很低。全国石油产量1985年达到1.2亿吨，1990年接近1.4亿吨，石油稳产和增产的难度再次加大。

20世纪90年代以来，我国石油工业提出了稳定东部、发展西部、开发海洋、开拓国际的战略方针，西北和海域两个新区的产量上升弥补了东部主力油区的产量下降，全国石油产量增长幅度虽然不大但保持稳定。1995年达到1.5亿吨，1999年达到1.6亿吨，2004年达到1.7亿吨，2005年达到1.8亿吨，始终没有越过2亿吨台阶（图3-1）。

1985~2005年，全国石油产量年均递增1.88%，而同期全国石油消费量年均递增6.54%。石油在我国能源生产总量中的比重一直较低，近年来由于原煤产量大幅度增长，石油比重呈现逐年下降趋势。1980年石油在能源生产总量中占23.8%，1985年占20.9%，1990年占19.0%，1995年占16.6%，2000年占18.1%。2001年起石油占能源生产总量的比重连年下降，2001年为17.0%，2002年为16.6%，2003年为14.8%，2004年为13.4%，2005年仅为12.6%（表3-5）。

我国原油生产主要集中在东北地区、东部沿海地区和西部地区（表3-4），东北和东部沿海地区多数主要油田已经渡过产量高峰期进入递减阶段。2005年全国生产石油18315万吨，产量超过1000万吨的省（市、区）有：黑龙江（4516万吨）、山东（2695万吨）、新疆（2406万吨）、天津（1793万吨）、陕西（1778万吨）、广东（1470万吨）、辽宁（1261万吨）。特别是大庆油田原油产量连续27年超过5000万吨，2002年在5013.1万吨的产量水平上画了句号，此后产量逐年递减。西部和海上原油产量这几年呈快速增长态势，但西部原油产量只占全国的1/5，海上原油产量只占全国的1/8。从近期看，这两个区域的产量增长难以弥补东部地区的递减。

在已发现的500多个油田中，除大庆、胜利、辽河等主要油田外，其他油气田储量普遍较小，且埋藏较深、品质较差、工艺技术要求高。在剩余可采储量中，优质资源不足，低渗或特低渗油、稠油和埋深大于3500米的超过50%。随着勘探开发的不断深入，剩余石油资源中开采难度越来越大。我国东部主力油田均处于开发中后期，综合含水率偏高，总体已进入产量递减阶段，稳产难度大，但开发上仍有潜力可挖。西部新区大多处于沙漠、戈壁等环境恶劣地区，距离消费市场远、运输距离长，增产幅度未达到预期目标。海上开发成本高，采油技术复杂及气候条件恶劣，产量逐年上升，正在形成西部和海上有效接替东部的格局。

1980~1995年，我国天然气产量增长缓慢。1980年全国天然气产量为

142.7亿立方米，1995年为179.5亿立方米。90年代中期以来，四川、鄂尔多斯、塔里木、柴达木、莺歌海—琼东南和东海盆地天然气勘探取得重大突破，一批天然气传输管网相继建成，天然气产量持续快速增长。1996年产量突破200亿立方米达到201.1亿立方米，2001年突破300亿立方米达到303.3亿立方米，2004年突破400亿立方米达到414.6亿立方米，2005年接近500亿立方米达到493.2亿立方米（表3-4）。

2005年，全国天然气产量为493.2亿立方米。天然气年产量较高的省市区有：四川（142.3亿立方米）、新疆（106.7亿立方米）、陕西（75.5亿立方米）、广东（44.8亿立方米）、黑龙江（24.4亿立方米）、青海（22.3亿立方米）。从2005年产量分布看，我国天然气生产集中于西部的四川、新疆和陕西。在各气区中，四川和新疆气区天然气产量最大，均超过100亿立方米（表3-4）。

1980年，天然气占中国一次能源生产总量的3.0%，1990年占2.0%，2000年占2.8%，2005年占3.3%（表3-5）。天然气占中国一次能源生产总量的比重基本在2%~3%之间徘徊，远低于24%的世界平均水平和13%的亚洲平均水平。随着中国石油消费的日益扩大和环保的迫切需要，长期发展缓慢的中国天然气产业正在进入迅速增长的新阶段，天然气在中国能源结构优质化进程中扮演重要的角色。根据多方预测，中国天然气生产将从2005年的近500亿立方米提高到2010~2015年的1000亿立方米，2020年将达到1500亿立方米。天然气在中国能源消费结构中所占比重将从2005年的2.9%提高到2015~2020年的9%~10%。天然气开发不仅需要比石油开采更复杂的技术，更密集的资本投资，而且需要统筹考虑产业链各环节之间的衔接，营造有效需求的市场环境。

（三）石油、天然气消费变动与工业增长的关系

自人类进入近代工业社会以来，主要工业国家的能源结构经历了两次调整。第一次是18世纪下半叶英国产业革命以后，由传统的柴薪能源转为以煤为主的能源结构，直到20世纪初，煤炭在工业国家能源构成中的比例高达95%，推动了资本主义工业的发展。第二次是煤炭在能源结构中的主导地位被石油和天然气所替代。19世纪末、20世纪初，由于电力、钢铁、铁路、汽车和内燃机的出现，煤炭作为主要能源已越来越不适应经

表 3-5　　　　　　　　　　中国能源生产总量及构成

年份	能源生产总量 (万吨标准煤)	占能源生产总量的比重（%）			
		原煤	原油	天然气	水电、核电、风电
1978	62770	70.3	23.7	2.9	3.1
1980	63735	69.4	23.8	3.0	3.8
1985	85546	72.8	20.9	2.0	4.3
1989	101639	74.1	19.3	2.0	4.6
1990	103922	74.2	19.0	2.0	4.8
1991	104844	74.1	19.2	2.0	4.7
1992	107256	74.3	18.9	2.0	4.8
1993	111059	74.0	18.7	2.0	5.3
1994	118729	74.6	17.6	1.9	5.9
1995	129034	75.3	16.6	1.9	6.2
1996	132616	75.2	17.0	2.0	5.8
1997	132410	74.1	17.3	2.1	6.5
1998	124250	71.9	18.5	2.5	7.1
1999	125935	72.6	18.2	2.7	6.6
2000	128978	72.0	18.1	2.8	7.2
2001	137445	71.8	17.0	2.9	8.2
2002	143810	72.3	16.6	3.0	8.1
2003	163842	75.1	14.8	2.8	7.3
2004	187341	76.0	13.4	2.9	7.7
2005	206068	76.4	12.6	3.3	7.7

注：电力折算标准煤的系数根据当年平均发电煤耗计算。
资料来源：《中国统计年鉴》(2006)。

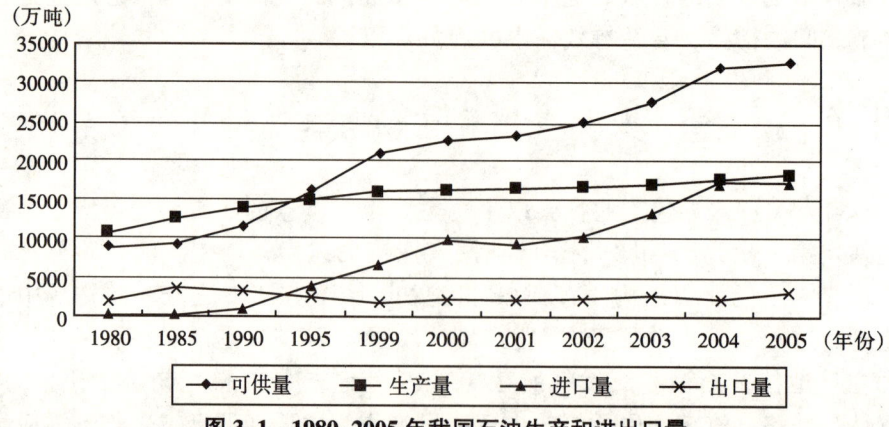

图 3-1　1980~2005 年我国石油生产和进出口量

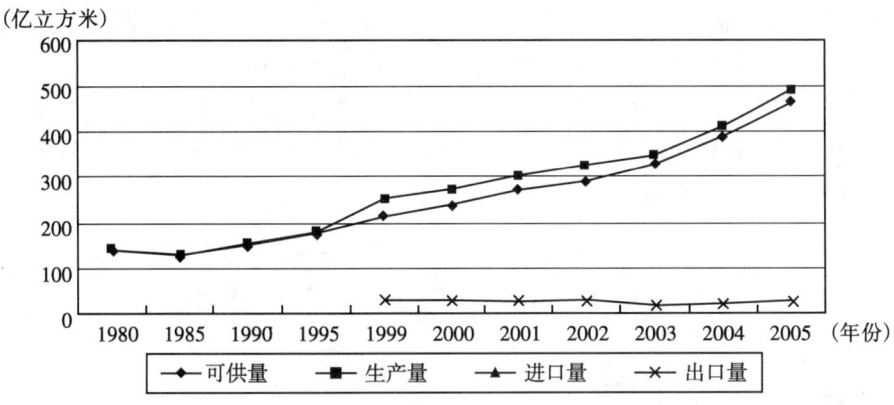

图3-2 1980~2005年我国天然气生产量和进出口量

济发展的需要，石油迅速登上能源舞台，至20世纪70年代初，石油占能源构成的50%以上。

进入21世纪以来，世界上一些国家重视利用太阳能、风能等可再生能源，积极谋求从化石能源向可再生能源过渡的第三次能源结构调整。这次调整是因为煤、石油、天然气等储量有限，难以满足人类不断增长的能源需求，以及这些常规能源引起的环境污染对人类生存的极大威胁，迫使人们遏制常规能源的消耗，转向建立以可再生能源等新型能源为主的持久能源体系。这次世界范围的能源结构大调整，仍然处于起步和探索阶段。当前和今后几十年内，石油和天然气仍将是世界范围的主要能源。2004年，世界能源生产结构中，石油和天然气分别占34.5%和20.70%，石油和天然气等化石能源依然具有重要的结构地位。

从能源资源禀赋看，中国是以煤为主的国家，石油储量仅占世界储量的2%，大大低于国土面积比重的7%和人口比重的20%。我国石油消费量1980年为8757万吨，1990年消费量突破1亿吨，1999年突破2亿吨，2004年突破3亿吨。1980~1990年我国石油消费处于中速增长期，石油消费量从8757.4万吨增加到11486万吨，年均增长率为2.75%。1990年以来，石油消费进入加速增长期。1990~2000年，石油消费量从11486万吨增长到22439万吨，年均增长率为6.93%；2000~2005年，石油消费量从22439万吨增加到32525万吨，年均增长率为7.71%（表3-7）。

长期以来，中国能源政策以保障经济增长对能源的需求为基本目标。在历经多年经济高速增长后，与其他工业化国家曾经经历的过程一样，中国能源结构开始呈现煤炭比重下降和天然气、水电比重不断提高的态势。与其他工业国家不同，石油在中国一次能源消费中的比重变化较为缓慢，1980年为20.7%，1985年为17.1%，1997年为20.4%，1997~2005年基本保持在21%~23%，其中2000年和2002年达到1980年以来的最高值23.2%和23.4%，2005年为21%（表3-6）。

表3-6　　　　　中国1978~2005年能源消费总量及构成

年 份	能源消费总量（万吨标准煤）	占能源消费总量的比重（%）			
		煤炭	石油	天然气	水电、核电、风电
1978	57144	70.7	22.7	3.2	3.4
1980	60275	72.2	20.7	3.1	4.0
1985	76682	75.8	17.1	2.2	4.9
1989	96934	76.1	17.1	2.1	4.7
1990	98703	76.2	16.6	2.1	5.1
1991	103783	76.1	17.1	2.0	4.8
1992	109170	75.7	17.5	1.9	4.9
1993	115993	74.7	18.2	1.9	5.2
1994	122737	75.0	17.4	1.9	5.7
1995	131176	74.6	17.5	1.8	6.1
1996	138948	74.7	18.0	1.8	5.5
1997	137798	71.7	20.4	1.7	6.2
1998	132214	69.6	21.5	2.2	6.7
1999	133831	69.1	22.6	2.1	6.2
2000	138553	67.8	23.2	2.4	6.7
2001	143199	66.7	22.9	2.6	7.9
2002	151797	66.3	23.4	2.6	7.7
2003	174990	68.4	22.2	2.6	6.8
2004	203227	68.0	22.3	2.6	7.1
2005	223319	68.9	21.0	2.9	7.2

注：电力折算标准煤的系数根据当年平均发电煤耗计算。
资料来源：《中国统计年鉴》（2006）。

1985~2005年，石油在全国能源生产总量中的比重从20.9%下降到12.6%，而石油消费在能源消费总量中的比重从17.1%上升到21.0%，前者下降了8.3个百分点，后者提高了3.9个百分点。这说明，我国石油生产增长速度越来越低于石油消费增长速度，石油供需矛盾突出。

第三章 化石燃料能源与工业增长

1. 工业增长与石油、天然气消费变动呈现正相关关系，工业石油、天然气消费弹性系数震荡上扬，但工业增长对石油和天然气的依赖处于可承受范围内

能源消费弹性系数是反映能源消费增长率与国民经济增长率之间比例关系的综合指标。工业增长和能源消耗之间存在着相互依存和制约的数量关系，工业能源消费弹性系数是分析经济增长和能源消费之间关系的综合指标。工业能源消费弹性系数是某个年度工业能源消费增长率与工业增加值增长率之比。弹性可简单地理解为反应性或敏感性，它是衡量某一变量的变化引起另一相关变量的相对变化的指标，一般以某一变量变化的百分比与另一变量变化的百分比的比值来表示弹性。能源消费弹性系数反映工业增长一个百分点，相应能源消耗需要增长多少个百分点。

能源消费弹性系数取值有两个重要临界点，即取值为正值还是负值，取值大于1还是小于1。如果能源消费弹性系数为正值，说明工业增长和能源的变动方向一致，工业正增长要求能源消费正增长。如果能源消费弹性系数为负值，说明工业增长和能源的变动方向相反，工业正增长可以在能源消费负增长的情况下实现，或工业负增长的同时能源消费正增长。如能源消费弹性系数小于1，说明工业增加值增长率高于能源消费增长率，本年单位不变价工业增加值能耗比上年下降；如能源消费弹性系数大于1，说明工业增加值增长率低于能耗消费增长率，本年单位不变价工业增加值能耗比上年上升；如弹性系数等于1，说明工业增加值增长率等于能耗消费增长率，本年单位不变价工业增加值能耗与上年持平。

一个国家或地区某一年度一次能源消费量增长率与经济增长率之比。经济增长通常采用国内生产总值增长率，它反映能源与经济增长的相互关系。由于工业增加值和能源消耗都是综合性指标，能源消费弹性系数变动与资源禀赋、经济结构、管理体制、技术水平、国际分工等许多因素有关，一个国家的不同年度、不同产业之间存在很大差异。总体来讲，能源消费弹性系数越大，工业增长对能源消耗的依赖越高。

1990~1996年，石油、原油和天然气消费弹性系数基本保持平稳，多数年份在0.3~0.5的区间波动。1997年起，工业能源弹性系数波动幅度开始加大（图3-3）。2000~2005年，石油波动区间为-0.23~1.33，原油波动区间为0.06~1.35，天然气波动区间为0.45~1.77。1990~2005年，石油消费弹性系数有4年（1998年、1999年、2001年、2005年）为负值，有9年（1991~1996年、2000年、2002年、2003年）为正值但小于1，有2年（1997年、2004年）大于1。原油消费弹性系数始终为正值，有12年（1991~1998年、2001年、2002年、2003年、2005年）小于1，有3年（1999年、2000年、2004年）大于1。天然气消费弹性系数有1年（1992年）为负值，有11年（1991年、1993~1999年、2001年、2002年、2004年）为正值但小于1，有3年（2000年、2003年、2005年）大于1。

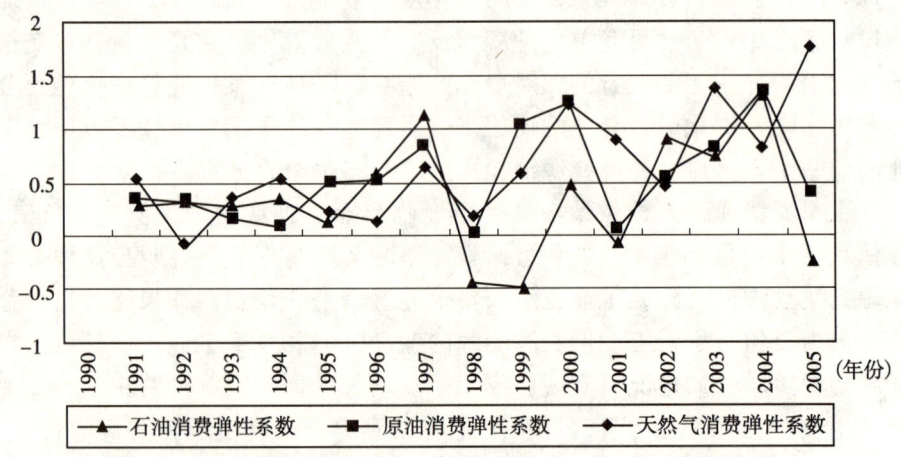

图3-3 1990~2005年我国工业石油、原油、天然气消费弹性系数
注：表中石油、原油和天然气消费弹性系数=工业石油、原油或天然气消费量年增长率/工业增加值年增长率。其中，工业增加值按1990年不变价格计算。
资料来源：作者根据《中国统计年鉴》、《中国能源统计年鉴》相关年份计算。

工业能源消费弹性系数的变化表明，20世纪90年代以来，我国工业能源石油、原油和天然气消费弹性系数序列数据存在较大幅度、较多突变性的变化，2000年以来，依赖程度在明显加大。我国经济体制和能源价格发生了较大变化，能源来源和品种趋于多样化，石油和天然气利用更加合理，节能取得很大进展，各种能源之间的相互替代逐渐加强，石油终端消费中工业所占比重逐渐下降（图3-4）。这些因素导致能源消费弹性系数在某些年份发生突变，工业增长与能源消费之间的相互关系变化较大。尽管能源消费弹性系数取值存在的一些突变掩盖了工业增长和石油、天然气消费之间的长期关系，但是，从上述分析可以推断，我国石油和天然气消费增长与工业增长变动方向基本相同，两者之间的正相关关系明显，工业增长对石油和天然气的依赖处于可承受范围内，工业石油和天然气消费弹性系数变动的总趋势是震荡上扬。

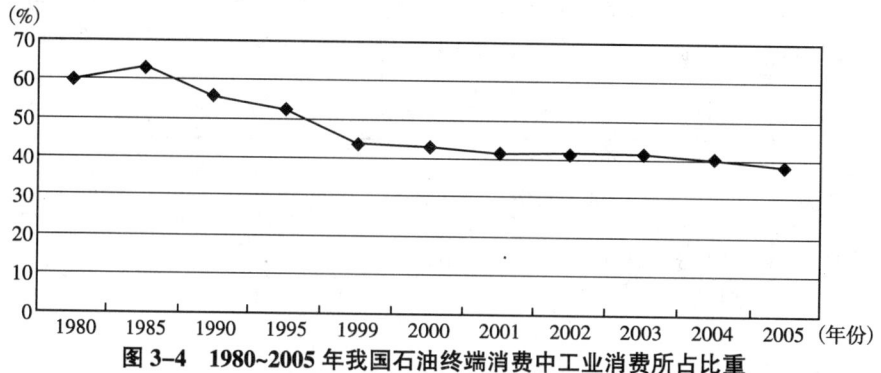

图 3-4　1980~2005 年我国石油终端消费中工业消费所占比重

2. 工业石油、天然气消费总量增长，单位工业增加值石油、天然气消费量递减，石油、天然气对工业增长的总体约束有所减轻

我国工业石油、原油消费量 1998 年之前处于低水平平稳增长状态，1999 年之后增长幅度加快。工业石油消费量从 1995 年的 9349 万吨增加到 2000 年的 10919 万吨和 2005 年的 14463 万吨，原油消费量从 1995 年的 14176 万吨增加到 2000 年的 21052 万吨和 2005 年的 29959 万吨。工业石油消费量年均增长率，1995~2000 年为 3.15%，2000~2005 年为 5.78%。工业原油消费量年均增长率，1995~2000 年为 8.23%，2000~2005 年为 7.31%（表 3-7）。

天然气消费量 1995 年之前处于低水平波动之中，1995 年呈现逐年加速增长态势。工业天然气消费量 1995 年为 154.4 亿立方米，2000 年达到 245 亿立方米，2005 年为 467.6 亿立方米。1995~2000 年，天然气消费量年均增长率为 9.95%。2000~2005 年，天然气消费量年均增长率为 13.80%（表 3-7）。

石油和天然气消费量快速增长的主要原因是：人民生活水平的提高以及工业化和城市化的推进，交通运输和生活用能的快速增长，对热值高、污染少的石油、天然气消费需求迅速上升，对气体和液体燃料的需求不断扩大。石油及其产品作为优质能源，可替代性较低，工业发展对石油及其产品的需求具有较强的刚性。由于煤炭消费量的增长，石油和天然气在能源消费结构中所占比重变化不大，一直低于世界平均水平。石油所占比重，1985~1996年基本保持在17%~18%，1997~2005年基本保持在22%左右。天然气所占比重基本保持在2%~3%。石油和天然气所占比重较低，使我国能源结构优质化的压力越来越大。

表3-7　　　　　我国单位GDP和单位工业增加值石油、天然气消费量

年份 项目	1995	2000	2001	2002	2003	2004	2005
国民经济石油消费总量（万吨）	16065	22439	22838	24787	27126	31700	32535
国民经济原油消费总量（万吨）	14886	21232	21343	22541	24922	28749	30086
工业石油消费总量（万吨）	9349	10919	10827	11803	12887	14857	14463
工业原油消费总量（万吨）	14176	21052	21168	22358	24768	28625	29959
天然气消费总量（亿立方米）	177	245	274	292	339	397	467.6
工业天然气消费总量（亿立方米）	154.4	202	218	228	268	294	353.8
GDP（亿元）	60794	99215	109655	120333	135823	159878	183085
工业增加值（亿元）	24951	40034	43581	47431	54946	65210	76913
单位GDP石油消费量（吨/万元）	0.26	0.23	0.21	0.21	0.20	0.20	0.18
单位GDP原油消费量（吨/万元）	0.24	0.21	0.19	0.19	0.18	0.18	0.16
单位工业增加值石油消费量（吨/万元）	0.37	0.27	0.25	0.25	0.23	0.23	0.19
单位工业增加值原油消费量（吨/万元）	0.57	0.53	0.49	0.47	0.45	0.44	0.39
单位GDP天然气消费量（立方米/万元）	2.91	2.47	2.50	2.43	2.50	2.48	2.56
单位工业增加值天然气消费量（立方米/万元）	61.72	50.46	50.02	48.07	48.78	45.09	46.03

工业是石油和天然气的最大消费者，消费量增长较快，但其在石油消费总量和终端石油消费中的比重呈下降态势。工业消费的石油数量连年增长，但工业石油消费占国民经济石油总消费量的比重逐年下降，从1985年的67.3%下降到2000年的48.7%和2005年的44.5%。终端石油消费中，工业石油消费量从1985年的4462万吨增加到2000年的8530万吨和2005年的11245万吨，工业占终端石油消费比重从1985年的63.2%下降到2000年的42.9%和2005年的38.5%。天然气的变化大体与石油相同。工业消费的天然气，1985年为109.6亿立方米，1990年为120.2亿立方米，2000年为202亿立方米，2005年为353.8亿立方米。工业天然气消费占国

民经济天然气总消费量的比重逐年下降，从 1985 年的 84.8% 下降到 2000 年的 82.4% 和 2005 年的 75.7%。与此同时，生活天然气消费量，从 1985 年的 4.3 亿立方米增加到 2000 年的 32.3 亿立方米和 2005 年的 79.4 亿立方米。

从单位增加值石油、原油和天然气消费量看，工业能源消费高于国民经济能源消费，但单位工业增加值石油、天然气消费量呈现递减态势（表 3-7）。万元工业增加值石油消费量从 1995 年的 0.37 吨降低到 2000 年的 0.27 吨和 2005 年的 0.19 吨，万元工业增加值原油消费量从 1995 年的 0.57 吨降低到 2000 年的 0.53 吨和 2005 年的 0.39 吨，万元工业增加值天然气消费量从 1995 年的 61.72 立方米降低到 2000 年的 50.46 立方米和 2005 年的 46.03 立方米。上述分析表明，工业对石油和天然气的依赖高于整个国民经济，但单位工业增加值对石油、原油和天然气的依赖逐渐减轻，工业领域能源节约取得了一定的效果。

3. 交通运输、化工原料生产和难以替代用油气领域消费量增长较快，工业领域石油和天然气消费的产业分布趋于集中，石油和天然气对工业增长的约束主要体现在石油加工业、化学原料及化学品制造业

工业一直是石油、原油和天然气的最主要消费部门。随着石油和天然气消费量的大幅度增长，我国石油和天然气消费结构相应地发生了较大变化。工业占原油和天然气消费的比重一直较高，但工业占石油消费量比重呈下降趋势，各行业原油、石油和天然气消费量差异很大。从原油和天然气平衡表看（表 3-8 和表 3-9），工业原油消费占全国原油消费总量的比重从 1995 年的 95.23% 提高到 2005 年的 99.58%，工业天然气消费占全国天然气消费总量的比重从 1995 年的 87.01% 下降到 2005 年的 75.64%。工业原油消费主要集中在石油加工业、化学原料及化学品制造业和石油天然气开采业，除了加工损耗，基本用于加工转换。2005 年上述三个行业的原油消费量占国民经济原油总消费量的比重依次为 86.5%、8.4% 和 4.61%。工业原油消费比重提高，反映原油未加工消费量（譬如直接燃烧取暖）的减少，原油的消费结构更加合理。工业石油消费量占全国石油消费总量的比重从 1995 年的 58.19% 下降到 2005 年的 44.45%，反映一些行业以其他能源替代了石油，节约用油效果比较明显，工业对石油的依赖程度有所减轻。

工业石油消费所占比重下降的同时，交通运输业对石油产品的需求快速增长，带动了炼油工业快速发展。交通运输业的能源消费以石油为主导。我国石油消费中，交通运输、仓储和邮电通信业消费量从1985年的1176万吨增加到2000年的5509万吨和2005年的9709万吨，所占比重从1985年的12.8%增加到2000年的24.6%和2005年的29.8%（图3-5）。我国石油消费增量主要用于交通运输，包括公路、铁路和水运使用的汽油、柴油、航空用煤油和家用车辆耗油。交通运输使用的成品油主要由石油加工业炼制，交通运输业发展必然带动石油加工业发展。石油加工业消费的原油，从1995年的11338万吨增加到2005年的26021万吨，年均增长率为8.7%（表3-8）。

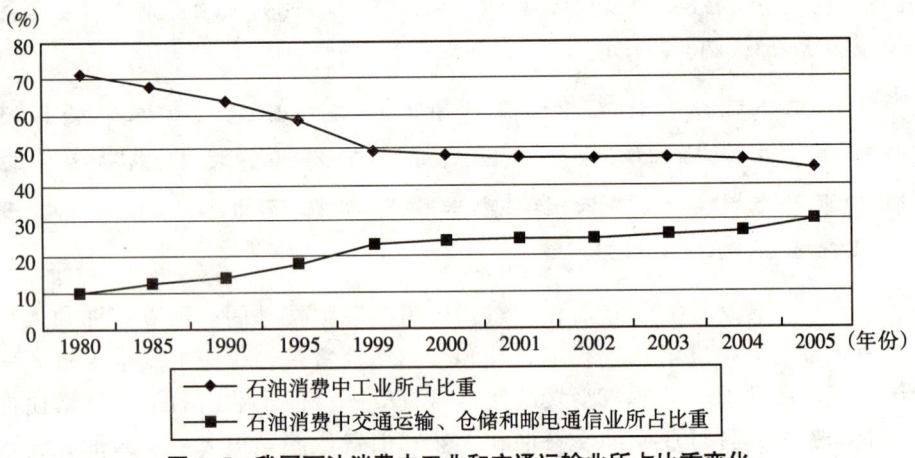

图3-5 我国石油消费中工业和交通运输业所占比重变化

工业天然气消费占国民经济天然气总消费量的比重呈缓慢下降态势（图3-6），主要原因是居民生活消费增长较快。工业天然气消费主要集中在化学原料及化学制品制造业、石油天然气开采业、电力热力生产和供应业、石油加工业，2005年上述四个行业的天然气消费量占国民经济天然气总消费量的比重依次为32.9%、17.7%、5.9%和4.3%（表3-9）。我国石油化工和天然气化工业仍然具有较大的发展空间。化学原料及化学品制造业的规模一定程度上反映石油和天然气深加工程度。化学原料及化学品制造业原油消费量从1995年的1095万吨增加到2005年的2513万吨，年平均增长率为8.8%，增长率较快，但该行业原油消费的绝对量不高，占国民经济原油消费量的比重基本在 7%~8% 之间。化学原料及化学品制造业天然气消费量从 1995 年的 63 亿立方米增加到 2005 年的 154 亿立方米，年平均增长率为 9.3%。增长率较快，占国民经济天然消费量的比重基本在 34% 左右，但该行业天然气消费的绝对量不高。这说明，目前我国石油和天然气加工仍然以燃料和大宗原料为主，深加工程度有待于进一步提高。

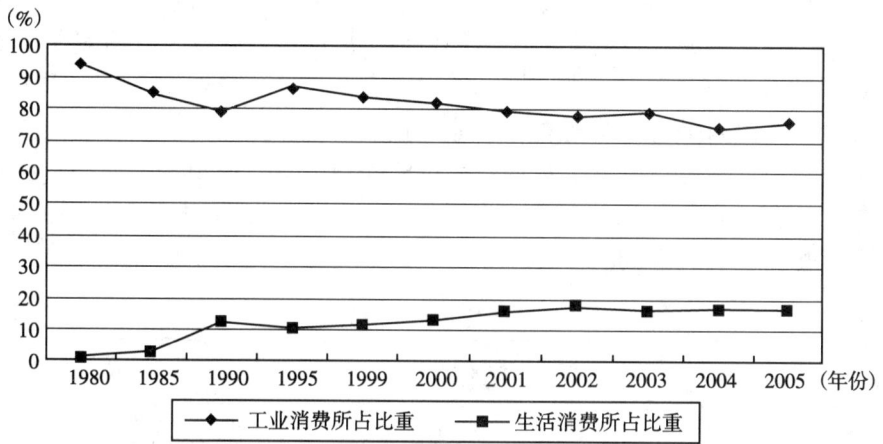

图 3-6 我国天然气消费中工业消费和生活消费所占比重变化

天然气发电处于起步期，发展潜力较大。电力热力生产和供应业天然气消费量从 1995 年的 2 亿立方米增加到 2005 年的 27 亿立方米，年均增长率为 29.7%。虽然该行业天然气消费量增长速度很快，占国民经济天然气消费的比重从 1995 年的 1.1% 增加到 2005 年的 5.8%，但该行业天然气消费的绝对量仍然很小（表 3-9）。

4. 石油和天然气价格上涨的风险持续存在，总体影响在经济承受能力之内，但不同行业之间差异较大

由于储量有限和消费需求持续增长，距离资源枯竭的时间越来越近，国际原油价格、天然气价格一直在高位运行。进口石油的一个重要问题是国内经济的承受力及国际石油市场的反应。2005 年我国原油进口量为 12681.7 万吨，净进口量为 11875 万吨。在 2005 年的进口水平上，按每桶 70 美元计算，我国进口原油需要花费 610.97 亿美元，按当时汇率 1 美元兑 7.8 元人民币计算，进口原油支出占当年国内生产总值的 2.61%。国际原油价格每上涨 1 美元/桶（1 吨=7.35 桶），我国每年将多支付 8.73 亿美元。应该说，只要我国经济保持较快增长，无论是总支出还是增量支出，完全在国民经济的承受能力之内。随着石油采出程度越来越高，勘探开发逐步向复杂和困难地区延伸，国际石油价格震荡上扬是必然趋势，我国原油进口将继续保持较快增长速度，用于原油进口的外汇支出也将进一步增加。

另外，要注意原油价格上涨的波及效应，以及不同行业、不同群体承受能力的差异。原油价格上涨，不仅增加了原油进口成本，而且增加了石油加工和石油化工成本，进而增加工业、交通运输、农业成本，加重人民生活负担。以石油为原料的石化企业、化工企业，原料价格上涨使生产成本相应提高，尽管下游化工产品价格可能相应上升，但由于下游环节的竞争更加激烈，成本上涨难以通过价格传导给买方，而且传导有一个时滞，会降低企业的利润空间。

表 3-8　　　　　　　　我国分行业原油消费量

年份 项目	1995	2000	2001	2002	2003	2004	2005
消费总量（万吨）	14886	21232	21343	22541	24922	28749	30086
工业（万吨）	14176	21052	21168	22358	24768	28625	29959
采掘业（万吨）	1686	3196	3206	3379	3910	1314	1387
石油天然气开采业（万吨）	1686	3194	3203	3378	3908	1314	1387
制造业（万吨）	12964	17779	17886	18909	20794	27302	28564
石油加工业（万吨）	11338	15306	15384	16318	18008	25480	26021
化学原料及化学制品制造业（万吨）	1079	1810	1823	1877	2003	1798	2513
电力、热力生产和供应业（万吨）	66	77	76	69	65	9	9
消费总量（%）	100	100	100	100	100	100	100
工业（%）	95.23	99.15	99.18	99.19	99.38	99.57	99.58
采掘业（%）	11.33	15.05	15.02	14.99	15.69	4.57	4.61
石油天然气开采业（%）	11.33	15.04	15.01	14.99	15.68	4.57	4.61
制造业（%）	87.09	83.74	83.80	83.89	83.44	94.97	94.94
石油加工业（%）	76.17	72.09	72.08	72.39	72.26	88.63	86.49
化学原料及化学制品制造业（%）	7.25	8.52	8.54	8.33	8.04	6.25	8.35
电力、热力生产和供应业（%）	0.44	0.36	0.36	0.31	0.26	0.03	0.03

资料来源：《中国能源统计年鉴》(2006)。

表 3-9　　我国分行业天然气消费量

项目 \ 年份	1995	2000	2001	2002	2003	2004	2005
消费总量（亿立方米）	177	245	274	292	339	397	468
工业（亿立方米）	154	202	218	228	268	294	354
采掘业（亿立方米）	52	73	79	80	81	77	88
石油天然气开采业（亿立方米）	51	73	79	80	81	76	83
制造业（亿立方米）	101	121	129	139	175	199	239
石油加工业（亿立方米）	15	13	15	15	20	19	20
化学原料及化学制品制造业（亿立方米）	63	90	96	102	132	131	154
电力、热力生产和供应业（亿立方米）	2	8	9	9	12	18	27
消费总量（%）	100	100	100	100	100	100	100
工业（%）	87.01	82.45	79.56	78.08	79.06	74.06	75.64
采掘业（%）	29.38	29.80	28.83	27.40	23.89	19.40	18.80
石油天然气开采业（%）	28.81	29.80	28.83	27.40	23.89	19.14	17.74
制造业（%）	57.06	49.39	47.08	47.60	51.62	50.13	51.07
石油加工业（%）	8.47	5.31	5.47	5.14	5.90	4.79	4.27
化学原料及化学制品制造业（%）	35.59	36.73	35.04	34.93	38.94	33.00	32.91
电力、热力生产和供应业（%）	1.13	3.27	3.28	3.08	3.54	4.53	5.77

资料来源：《中国能源统计年鉴》(2006)。

5. 石油对外依存度不断提高，国家石油供给安全不可轻视

20 世纪五六十年代，中国曾经是石油净进口国，国内石油需求高度依赖进口，政府依靠加快国内石油勘探开发成功解决了当时面临的石油短缺问题，70 年代到 90 年代初，中国曾经一度成为石油净出口国。从 1993 年我国已成为石油净进口国，此后国内石油生产增长缓慢，石油消费量增长势头强劲，进口量逐年增加。1995 年净进口 1219 万吨，2000 年净进口突破 5000 万吨达到 7576 万吨，2003 年净进口突破 1 亿吨达到 10649 万吨，2004 年净进口 15051 万吨，2005 年净进口 14275 万吨（图 3-1）。石油生产在能源生产总量中的比重从 1995 年的 16.6%下降到 2005 年的 12.6%，同期石油消费在能源消费总量中的比重从 17.5%上升到 21.0%，前者下降

了 4 个百分点，后者上升了 3.5 个百分点，供需矛盾比较突出（表 3-5 和表 3-6）。2000 年以来，我国石油消费连年快速增长时期，石油供需缺口加大，进口依存度进一步提高。2002 年，我国超过日本，成为继美国之后的世界第二大石油消费国。

我国石油消费增长速度明显高于原油产量增长速度，供需缺口越来越大。2000~2005 年，石油消费量年均增长率 7.71%，石油生产年均增长率 2.16%，消费年均增长率比产量年均增长率高 5.55 个百分点。由于国内石油生产滞后于石油消费增长，我国石油消费对外依存度逐年增加。2005 年，全国的石油消费量突破 3 亿吨达到 3.2 亿吨，其中国内产油 1.8 亿吨，进口石油 1.4 亿吨，石油对外依存度 43.7%。目前，世界年产原油 38 亿吨，除了本国使用外，真正进入国际石油贸易的只有 22 亿多吨，其中美国年进口石油 7 亿多吨，占世界石油贸易总量的 1/3。日本年进口石油 2.6 亿吨，韩国、德国、法国等年进口石油都在 1 亿吨以上。[①]

中国是仅次于美国的世界第二大能源消费国，一次能源消费总量为 OECD 国家的 1/5。目前石油在中国一次能源消费中仅占 1/4，但其对中国能源安全的重要性不应被低估。原因在于：第一，我国交通运输业呈现快速增长的态势，石油是满足迅速增长的交通运输和其他一些产业唯一可用的能源；第二，由于金融、生态、技术方面的限制，水电、核电和新能源的份额有限。潜在的石油生产和需求之间的缺口是中国石油安全必须面对的基本问题。

目前，亚洲构成世界石油需求的 1/4，但供给只占世界的 1/10。日本、韩国和我国台湾地区的石油、天然气都高度依赖石油进口。印度尼西亚和马来西亚将在 2005~2010 年成为石油净进口国，2010 年之后越南、巴布亚新几内亚、文莱可能成为石油净进口国。东亚包括中国和印度，从中东进口的石油将迅速增长，2000~2020 年石油消费年均增长达 4%，同时石油生产将下降，对进口石油的依赖将上升。亚洲石油主要依赖中东，确保可靠的和稳定的石油运输将成为亚洲面临的重要挑战。

从 2000~2020 年，世界石油消费将增长 60%。现有储量的减少和长距离运输的增加，将使东亚国家之间为争夺石油、天然气资源而展开进一步的竞争，石油供给和需求的平衡将更加脆弱，我国原油进口确实面临油源

---

① 详见国际能源机构（IEA）网站有关资料和世界能源报告。

风险。我国从中东进口的石油占进口总量的70%左右。自1951年以来，中东石油供给多次中断。近年来中东局势动荡不稳，"美伊战争"结束后，美国加强了对中东的控制，实际上间接控制了我国进口石油的资源地。我国运输石油的路线缺少选择性，85%以上要经过印度洋—马六甲海峡—南中国海航线，中东局势和拥挤的马六甲海峡都可能对中国取得中东石油带来不利影响。能否从战略视角采取综合措施，加强石油供求各方的多边合作，加大石油生产、传输、储备设施的投资，开辟多元化的进口来源和运输通道，提高石油供给的安全程度，是中国经济社会发展必须面对的一个战略问题。

（四）缓解石油和天然气制约工业增长的思路和措施

中共十六大以来，中央提出树立和落实科学发展观，加强资源节约和环境保护，加快转变增长方式，建设资源节约型、环境友好型社会，坚定不移地走生产发展、生活富裕、生态良好的文明发展道路，实现国民经济又好又快发展。这标志着我们对资源、环境与发展之间关系的认识深化到以科学发展观为统领的新阶段。缓解我国工业发展对石油和天然气的依赖，必须以科学发展观为统领，按着社会主义市场经济体制和新型工业化道路的要求从需求和供给两个方面采取措施，既要节约和有效利用石油和天然气资源，又要提高石油和天然气供给的可靠性。

1. 转变工业发展方式，推进石油和天然气资源节约及有效利用

发展方式粗放、资源约束和环境压力加大，石油消费量较大的石油化工行业，比较重视规模和生产能力扩张，对技术和节能降耗重视不够，石油和天然气终端消费部门节能意识不强，是我国经济社会发展中的突出矛盾和问题。我国主要用能产品能耗比发达国家高25%~70%，平均高40%左右。中国国内企业主要耗能产品的单耗落后的与先进的相差数倍，节能潜力很大。

节约和有效利用石油和天然气资源的紧迫性和难点集中表现在，今后10~20年，我国经济总量和工业规模仍将处于持续较快扩张阶段。尽管我国人均GDP与高、中收入国家和世界平均水平相比仍有较大差距，但经济总量排名继续前移，几乎毋庸置疑。工业发展一定程度上依赖石油和天然气等资源消耗大量投入,在过去经济总量较小的时候还可以承受。随着经济总量飙涨,在今后经济发展过程中,如果不能摆脱传统发展方式和资源与环境消耗趋势,继续走资源消耗高、利用效率低的发展道路,我国经济社会发展受到的资源制约将越来越突出,甚至可能因为超越资源的承载能力而难以为继。

缓解石油和天然气对工业发展的制约,必须加快转变工业发展方式,加强节能降耗工作,努力降低石油天然气消费弹性和单位工业增加值石油和天然气消费量,推进石油和天然气资源的节约和有效利用。市场体制下,无论企业、个人还是政府,其行为不能不受利益驱动的影响和制约。在节能减排问题上,离不开行政措施,但不能只依靠行政力量。实际上,自上而下的政府行政行为,只能解决节能减排的外部压力问题,而无法激发企业节能减排的内在动力。能否把转变发展方式,节约和有效利用资源落到实处,使其从"水中月"变为"池中鱼",除了建立相应的目标责任制和问责制以外,关键在于改变低效率配置资源和环境的利益链条,建立起有效的利益机制,使经济主体和市场参与各方在节约和有效利用资源获得足够利益,在浪费能源中付出足够代价、遭受足够损失和惩罚。

2. 加强多边合作,促进石油供求双方的相互依赖

石油安全概念首次提出是 20 世纪 70 年代石油危机以后。90 年代以后,世界上许多国家,特别是发展中国家,没有给予石油安全以足够的重视。进入 21 世纪以来,一系列国际事件特别是"9·11"事件以后,很多国家开始重新评估石油供给安全,采取包括提高能源效率、寻求石油替代品、促进公共运输、建立短期紧急储备和制订应急反应计划在内的措施来减少供给中断和价格波动的影响。作为世界最强大的国家,美国对世界任何一个石油进口国的影响是毋庸置疑的。美国是世界最主要的能源消费国和第三大石油生产国,是吸收中东石油的最主要国家,其对国际石油市场具有重要影响。美国石油公司以及被美国资本控制的国际石油公司,主导中东石油的开发和炼制。

与 20 世纪 70 年代、80 年代相比,石油作为国家间政治斗争武器的作用已有所削弱,它的运作更加明显地受到经济规律的支配,但是控制和争夺石油资源仍然是许多国际冲突的焦点。尽管在世界能源结构中石油的份额在下降,但是石油、天然气的重要性并没有下降。由于经济增长和能源

第三章　化石燃料能源与工业增长

消费之间的基本联系仍然存在，世界经济对能源的依赖比 70 年代进一步增加了，石油仍然对国家战略和国际政治具有重要影响。由于需求增长和全球需求重心的转移，能源供给中断和价格波动的风险日益加大，短期措施难以控制。为了防范紧急国际事件对国家石油供应的影响，进入 21 世纪以来，几乎每个石油进口国都在加强和完善其石油安全战略。

在能源自给自足的条件下，能源安全在国家政策中处于边缘位置。在经济全球化和世界经济日趋一体化背景下，国际能源贸易的数量和多样性不断增长，石油安全战略必须考虑石油供求双方的相互依赖。二三十年前，石油和石油产品统治国际能源贸易。今天，天然气贸易已经构成国际能源贸易的重要组成部分，天然气、煤、跨边界的电力交易仍在继续增长。这个趋势反映了能源供给者和能源需求者之间的相互依赖以及双方对能源安全的关切。尽管国际能源贸易迅速增长，但国际能源市场仍然具有以下两个特点：首先，在国际能源贸易中，石油仍然居于主导地位，许多国家相当程度上依赖中东石油，这加剧了石油价格波动。其次，石油价格波动可能给经济带来长期损害。石油价格影响消费成本和生产成本，石油价格波动给消费者需求、企业供给决策和投资决策带来不确定性，从而阻碍和扭曲经济领域的投资，导致能源不安全。

能源出口国看待能源安全与能源进口国不同。从石油进口国角度看，石油安全是指以合理价格获得可靠的石油供给，可靠是尽可能降低能源供给中断的风险，合理价格是指减轻能源价格突然上涨对国民经济的负面影响。以安全、有效、可靠的方式满足经济增长对能源的需求，是中国面临的一大挑战。中国的石油安全战略，不仅要防范潜在的石油禁运导致的石油进口中断，而且要最大限度地缓解突发事件引起的国际油价波动对国民经济的损害。从石油出口国角度看，石油安全的关键是市场需求安全，包括需求数量和支付能力。供给中断和无法预测的价格波动像损害进口国一样，也会损害出口国利益。俄罗斯、中亚、西非石油出口的增长对中东石油输出国构成竞争。现在，石油出口国对需求安全的关切不亚于石油进口国对供给安全的关切。

石油供求双方的相互依赖，为相关国家之间在提高石油安全方面的多边合作提供了有利条件。在对进口石油依赖不断增长的同时，中国对国际能源市场的影响也在增加。我国参与能源多边合作的目的是消除能源生产和运输领域投资的障碍，建立解决能源供给危机的特定机制。中东国家对政治和经济的依赖将从西方转向亚洲。俄罗斯在世界一次能源生产中的作用和出口能力不断提高，而东北亚所有国家都是能源进口国，且进口量在增长。中国、日本、韩国都依赖经过印度洋—马六甲海峡—南中国海的运输路线。能源领域的合作可以提高能源供给的安全，减少单位能源的成本，改进环境，促进经济发展。

3. 采取综合措施，提高石油和天然气供给的稳定性和可靠性

对进口国或出口国的政治操纵可能导致石油、天然气供给中断，但其对进口国的有害影响有限。原因在于，引起供给中断的一方利益也受到该中断的影响，进口国往往可以找到替代方法和替代贸易与运输途径。只有重要的全球或区域战争可能导致持续几个月的影响，本地因素往往对进口国能源供给具有更大影响。针对特定国家的禁运可能奏效，但对于像中国这样拥有较长海岸线的国家影响可能十分有限，且这种情况主要出现在区域或全球战争时。在依赖管线而不是船运的情况下，出口国或转运国的禁运可能导致供给中断。船舶可以移动，而管线不能移动。为了取得政治或经济利益，出口国、转运国和进口国都可能凭借管线采取一些措施。这种中断虽然可能经常出现，但一般是短期的，因为它对各方利益均有损害。防止这种中断的方式，是建造来源地不同、经由国也不同的管线。

在生产、传输、加工环节投资不协调所导致的能源供给短缺，是今日世界能源安全面临的主要挑战。由于相关设施建设需要耗费时间，这样的事件对经济的影响可能持续多年。自从2000年以来，一些国家包括发达国家多次出现了因为投资不足和不协调导致的能源供给中断，即本地市场供给中断。造成这种中断的原因较多，如压力集团、政府管理失当和垄断行为。在西欧，一些示威者要求减少燃料税，引起了连续多日的成品油供给中断。对零售电价的控制以及对建造新电站标准的过严、过高管制，导致了加利福尼亚电力危机。这些事件表明，能源产业的垄断容易导致故意或意外的供给中断，能源供给的国内风险已经变得十分重要。在一些发展中国家和转轨国家，国内原因对能源供给的影响可能比国际因素更重要。

无论导致石油供给中断的原因来自国外还是国内，其对经济的影响主要取决于供给中断的持续时间和频率。石油、天然气的供给中断一般是短期和偶然的，天然气中断的风险和影响比石油大。石油市场是全球性的，而天然气市场是区域性的。大规模、长距离的天然气运输受到管线和价格

昂贵的液化天然气船舶的限制。天然气供给中断一般是区域性而不是全球性的。石油进口国可以采取战略性和经济性的措施来减少供给中断的可能性，最小化能源供给中断和价格上升的影响。当前，推进能源产业市场化改革，减少能源投资的障碍，可以减少我国石油供给中断的风险。

4. 重视天然气的开发与利用，提高石油的可替代性

国际上，天然气的发展方兴未艾，天然气在世界能源结构与电源结构中正在扮演越来越重要的角色。天然气在发电领域可以替代煤，运输领域可以替代石油，是环境最友好的矿石燃料。日本、韩国都在大幅度增加液化天然气消费。天然气的利用不仅有很好的环境效果，建立在天然气基础上的能源技术，也是当前和今后较长时期内能源效率最高的技术。直到20世纪90年代，中国仍采取重视石油忽略天然气的做法，天然气与原油产量比保持在0.16∶1的水平，远低于主要石油生产国1∶1的水平。目前，天然气在中国一次能源消费中的比重仅为4%，远低于24%的世界平均水平和13%的亚洲平均水平。

随着中国石油消费的日益扩大和环保的迫切需要，天然气在中国能源结构优质化进程中扮演着重要的角色。加快天然气的发展成为优化能源结构、保障优质能源供给和能源安全的突破口。天然气开发不仅需要比石油开采更复杂的技术，更密集的资本投资，而且需要营造有效需求的市场环境。经过20多年的发展，中国已经具备了大规模消费天然气的经济条件和市场需求。今后几年中国的天然气在一次能源消费中的比重完全可以增加到10%左右，接近目前亚洲的平均水平。政府应当采取措施解决我国的天然气产业基础网络设施薄弱的问题，通过国家投入和政策支持，为天然气产业创造一个供给与需求同步快速成长的市场环境，促进天然气气田开发、液化天然气终端设施建设和天然气传输和分销网络铺设。

世界天然气资源利用的趋势是以发电为主。天然气发电具有效率高、节约用水、占地节省、造价低、建设周期短和环境代价低等多方面的优势。建设天然气电站，有助于为天然气产业创造一个供给与需求同步快速成长的市场环境，拉动天然气的开发，使中国天然气产业呈现持续高速增长态势。国家应该考虑在电力紧缺、天然气来源有保障的地区建立天然气电站，把天然气发电作为我国能源优质化的重要举措。西气东输的终端——江苏、浙江、上海和利用陕西天然气的北京市以及引进液化天然气的广东、福建等地区,可以率先建造天然气电站。同时,可以在国产天然气和进口天然气管道经过的大、中城市建立调峰电站,在油气田开发过程中用小型燃气机组利用零散放空的天然气。

考虑到石油进口迅速增长以及国际石油价格居高不下,我国应将天然气进口放到一个战略高度来考虑。亚洲包括印度尼西亚、澳大利亚、孟加拉、马来西亚都有可观的天然气来源,其中印度尼西亚是世界最大的液化天然气出口国,可以成为中国液化天然气进口的主要来源。但是,从地理位置看,俄罗斯和中亚的天然气更具有长期价值。俄罗斯和中亚的天然气能否与液化天然气竞争,主要取决于区域性运输设施建设。

5. 把新疆与中亚和俄罗斯的油气资源一并考虑,统一规划我国的油气东运战略

今后几十年,能够稳定地向中国提供石油的地区主要有中东、中亚和俄罗斯、南亚,中国的石油进口战略也应该以这三个地区为主。其中,俄罗斯和中亚石油资源丰富,拥有可开采石油 90 亿吨、天然气 50 万亿立方米。俄罗斯作为一个非欧佩克产油大国,近年来对全球油价的稳定作用日益增强。俄罗斯石油储藏量居世界第 6 位,约为 72 亿吨,占世界总储量的 5.4%,近年来俄罗斯石油产量居世界第二位,仅次于沙特阿拉伯。中亚和俄罗斯不仅具有丰富的油气资源,而且具有特殊的地理优势,是目前我国唯一不经海运就可以确保石油供应来源的地区,对于我国规避进口石油风险、提高能源安全水平颇具潜在意义。把新疆与中亚和俄罗斯的油气资源一并考虑,我国的西部油气东运战略才有经济合理性和实现的基础。从这个视角看,加强与中亚国家和俄罗斯的能源合作,稳定地获得中亚和俄罗斯的石油、天然气,是我国能源战略和能源结构调整中必须重点考虑的一个战略问题。

二、煤炭资源约束与开采利用

近年来,我国经济增长与工业发展导致的对能源和资源的"庞大"消费能力日益受到关注。2006 年,我国继续保持 10% 以上的高速增长,GDP

总量达到了 20.94 万亿元，按现行汇率测算，占世界 GDP 总量的比重为 5.5%。然而，为了这 5.5%的份额，我国消耗的能源高达 24.6 亿吨标准煤、3.88 亿吨钢铁、12.4 亿吨水泥，分别占世界当年消费量的 15%、30%、54%（马凯，2007）。① 由于我国正处于工业化、城镇化加速的历史时期，加上中国"高投入、高消耗、高排放、低效率"为特征的粗放型增长方式难以在短期内有较大改善，经济增长与工业发展对资源的需求量和消耗强度必然在较长时期维持较高水平。因此，舆论关注的焦点开始从中国经济高速增长话题转向了高速增长面临的"资源约束"问题。

从经济学对"约束"问题处理的经典方法看，我们可以把"资源或能源"作为生产要素引入生产函数，求解受其影响的均衡增长路径的变化特点。比如，赵丽霞与魏巍贤（1998）将能源作为新的变量引入柯布—道格拉斯生产函数，建立向量自回归模型，实证研究中国经济增长与能源使用之间的关系，得出能源在中国经济发展过程中具有纳入生产函数,得到了模型的平衡增长解。②

不过，近年来中国和世界舆论所关注的中国经济增长的"资源约束"问题的重点并不在于资源或能源这种"要素"对经济增长过程的影响，而在于资源或能源的"短缺问题"。由于经济增长所依赖的矿产资源和主要能源都是非再生的，在我国经济增长中的主要资源和能源消费连创新高的背景下，对因"存量"有限而可能导致的资源短缺问题当然就更加值得关注了。根据有关学者的推算（王建，2005），即使按照日本 2002 年的人均消费水平计算，2005~2030 年的中国石油消费量累计将达 432 亿吨，即需要进口近 280 亿吨，占世界全部储量的 20%。从长远看，中国国内石油产能只能保持在年均 2 亿吨，如此每年平均要进口近 10 亿吨，而到 2030 年的进口量则接近 20 亿吨，而目前世界每年的全部石油贸易量也只有 22 亿吨。按照 2002 年世界人均消费水平计算，中国 2005~2030 年钢铁消费累计需要增加 232 亿吨，自身只能满足 40 亿吨，其他 190 多亿吨都需要进口。铜消费量到 2030 年要累计增加 2.42 亿吨，其中国内自产铜矿石只能满足需要量的 12%，如果靠进口，到 2030 年的累计进口量则相当于世界

---

① 国家发改委主任马凯：《中国为经济增长付出的资源环境代价过大》，2007 年 3 月 20 日，在中国发展高层论坛 2007 年会上的发言。
② 赵丽霞、魏巍贤：《能源与经济增长模型研究》，《预测》1998 年 6 月，第 32~34 页。

铜矿资源储量的 51.5%。① 其他学者的预测尽管具体数值不同，但主要观点和基本结论是相同的：中国是一个人均资源禀赋高度稀缺的国家，如果不尽快转变以能源与资源高消耗为基础的工业化发展模式，中国、甚至世界也难以支撑如此庞大的资源与能源需求。本部分重点讨论中国经济增长与工业化过程中的"煤炭资源约束"问题。

（一）资源约束的含义与观念之争

1. 资源的储量约束与产品供给约束

经济增长的资源约束，往轻处说意味着主要资源对经济继续发展的限制，往重处说则意味着经济增长所依赖的主要矿产资源彻底耗竭，其实质是在需求和资源初始存量既定条件下，不可再生资源在有限时期内的最优利用问题。从资源经济学的研究看，这一问题的解决与产品的价格机制和市场结构，以及资源的产权制度安排密切相关。

资源产品与工业产品不同，资源埋藏在地下，只有通过勘探、开发和开采三个阶段，才能成为初级资源产品。勘探阶段的任务是确定资源储存量，探明资源的地质特性；开发阶段的任务是为资源开采准备场所和设备；而开采阶段的任务是从地下把资源取出来。由于勘探误差和资源开采中损耗的存在，地下的资源总量与开采的资源产品累计总量并不相等。因此，资源约束实际上包括两个层面的含义：资源储量约束与资源产品供给约束。

资源储量约束的产生，是因为经济增长所依赖的矿产和能源等不可再生资源的存量是有限的，存在着随着经济增长而最终彻底耗竭的可能。比如，以 2006 年的储量和消费量计算，世界石油和天然气开采寿命分别是 40 年和 63 年。②

但是，经济增长所面临的资源储量约束问题不是一个静态的资源寿命指标能完整说明的。由于影响资源探明储量的因素很多，而且是高度动态的，因此，不可再生资源的探明储量不是一个确定不变的量。探明储量是

---

① 王建：《资源陷阱》，《资本市场》2005 年 12 月，第 34 页。
② 数据来源：BP Statistical Review of World Energy. June 2007.

第三章 化石燃料能源与工业增长

指已经查明并已知在当前需求、价格和技术条件下具有经济开采价值的矿产资源储量。[①] 任一时期的探明储量水平取决于相互联系的五大因素：①技术、知识与工艺的可得性。②需求水平。需求水平又进一步取决于若干变量，包括人口规模、收入水平、消费习惯、政府政策以及竞争产品或附属产品的相对价格。③生产加工成本。这部分取决于矿藏的自然性质和区位，但更取决于所有生产要素（土地、劳动、资本要求和投资基金）成本和政府的税收水平，还包括政治动乱或没收对固定资产的风险。④资源产品的价格。价格必然反映需求水平和供给成本，但也受生产者价格政策和政府干预的影响。⑤替代品的可得性与价格。

更重要的是，只有在相当资金用于勘探和钻井试验后，资源的储量才能探明。实践证明，无论是私有还是政府所有的采矿企业，往往都不愿意在勘探上大量投资，尤其是当它们已经掌握的储量足够满足 20~30 年的预计需求时。因此，就大多数矿产来说，探明储量只反映当前的消费水平和企业的勘探政策，并不能说明资源储量的潜在规模。

资源被开采加工后就成为资源产品。资源产品供给约束是属于短期约束问题，本质上是价格问题。[②] 如果资源产品的价格能够自由调节，短期内不会出现资源产品的供给短缺。但是，当资源产品价格受到政府政策的干预，或者资源产品关联市场的垄断势力妨碍其价格自由调节时，资源产品的短期供给短缺是不可避免的。

资源长期储量约束与资源产品短期供给约束是相互影响和强化的。

2. 资源约束的两种对立观点

人类对资源短缺的恐惧早已有之。1798 年，经济学家马尔萨斯就在其《人口论》一书中表达了对资源短缺的忧虑。他认为，土地所能提供的农产品最终无法满足人口增长的需求，只有饥荒和疾病才能恢复人口与农产品之间的平衡。虽然历史证明了马尔萨斯法则的失效，但人们对经济发展所需要的一些重要资源的未来可得性担心从未消失。20 世纪 70 年代以来，关于资源短缺问题的讨论，出现了悲观和乐观两种观点。[③]

---

① 王庆一主编：《能源词典》，中国石化出版社，2005 年，第 16 页。
② 长期看，任何不可再生资源的供给都会停止，这实际上是储量有限的必然结果。因此，长期供给停止本质上是长期约束，即储量约束。
③ ［英］朱迪·丽丝：《自然资源：分配、经济学与政策》，商务印书馆，2005 年，第 46~50 页。

如果以资源的当前探明储量作为资源可得性的极限，用现在每年的消耗量除以当前储量来粗略地计算每种矿藏的寿命，就会得到关于不可再生资源寿命的最为悲观的结论，即多数资源无法满足世界经济发展的需要。

资源约束的乐观派认为市场体系会对防止严重耗竭问题自动作出响应。在运作完善的市场经济中，任何已变得稀缺的资源产品价格不可避免地会上涨。随着报酬递减的出现，生产成本增加，这就意味着在现有价格水平下生产者会对市场减少供给，因而价格上涨，直到恢复供求均衡。这种价格上涨会立即引发一系列需求、技术和供给响应。首先，由于用户转向较便宜的替代品，或采取节约、经济的措施，需求会减少。其次，价格上涨和对稀缺的担忧都会为革新发明提供一种刺激。所导致的技术变化很可能增加资源的可得性，降低替代品的成本，从而减少资源产品的稀缺压力。再次，价格上涨将使原来开采不合算的矿藏变成经济的，将鼓励探寻新的供给源泉，并将促进开采、提炼技术的发展，从而提高已知矿藏的有效产量。当然，对于任何单独存在的非再生资源来说，这一过程不可能无限制地继续下去。最后，价格上涨所导致的技术革新将促进新替代品的开发。

资源悲观派与马尔萨斯的思路一脉相承，强调封闭的、固定的自然系统所固有的极限。它的问题在于忽视了人类的响应机制，也忽视了资源是社会选择、技术和经济系统共同作用的产物这个事实。如果一个模型包含这样的条件：某种物质对经济发展至关重要，它又不可替代，它必须满足呈指数增长的消费；那么结论必然是同样的，而无论它所赖以为基础的固定资源极限有多大。换句话说，任何对动态资源概念设定静态物理量纲的模型，无论多么复杂，都会"按马尔萨斯的推理演绎成灾难"。[①]

无论资源探明储量如何确定，当我们用它来预测资源寿命时，实际上隐含着如下假定：对勘探将不再追加投资，技术、政治或经济的变化也不会将条件储量转化为经济上可采的资源。对多数矿产资源来说，新发现和技术、经济变动使探明储量增加速度一直超过（或至少持平）消费量的增加速度。比如，世界石油储采比值表明，20世纪40年代，世界石油开采寿命还有15年，20世纪90年代虽然世界石油消费量比40年代高出7倍，但开采寿命提高到了30年，2006年世界石油开采寿命则进一步提高到

---

① O'Riordan, T. (1976) Enviromentalism, London, Pion. p.60. 转引自：[英] 朱迪·丽丝，《自然资源：分配、经济学与政策》，商务印书馆，2005年，第54页。

40年。

尽管从长期看，资源短缺问题的解决主要依靠市场机制，但资源乐观派认为市场过程可以自行解决一切稀缺问题的观点在很多地方仍然受到挑战：一是市场体系不完备会加速已知储量的过快耗竭和抑制勘探投资。二是市场尽管不完备，但仍将起作用以避免世界范围内的资源短缺问题。但由于市场运作的结果很可能与社会的文化、经济、政治目标不相符合，政治文化因素对市场运行的干扰作用日益增强。三是市场体系没有能力防止某些特殊矿藏的耗竭。事实上，市场力量很可能加速耗竭的发生，因为在自然耗竭发生之前资源在经济上的耗竭早就发生了。

（二）我国煤炭资源的储量约束与供应保障能力

煤是重要的化石燃料，长期以来煤在人类能源结构中起着重要作用。煤作为能源资源在经济发展中起着无法替代的作用，它是支持经济发展和保障人民生活的基础。从世界能源工业发展史来看，即使在以石油为主的第三代能源时期，煤仍占有26%的比例。在已知不可再生能源中，煤的储量最大，约占51%。在相当长的时期内，人类能源构成中尚不能没有煤。煤在现今人类社会中主要用于电力工业、钢铁工业和供暖等。它不仅是工农业和人民生活不可缺少的主要燃料，而且还是冶金、化工、医药等部门的重要原料。

与其他化石能源一样，煤炭属于不可再生资源，并且属于使用后就消耗掉、不能循环使用的不可再生资源，"用一吨，少一吨"，其当前的使用量对未来可得性有重要影响。因此，煤炭资源约束问题首先表现为储量约束。煤炭储量约束是指因煤炭储量有限而产生的煤炭资源短缺问题，储量约束是资源的终极约束：一旦煤炭储量耗尽，则无任何煤炭产品可以供给。

1. 世界煤炭资源储量约束现状

工业革命以来，煤炭、石油和天然气等化石燃料就成为经济和社会发展所依赖的能源。18世纪60年代，蒸汽机的发明，英国产业革命的兴起，利用煤炭炼焦以及提供蒸汽机动力燃料量的急剧增加，促进了能源利用的结构从薪炭向以煤炭为主的转变，使煤炭业成为19世纪资本主义工业化的动力基础。到19世纪下半叶，出现了人类历史上第一次能源转换。

资源与增长

1860年，煤炭在世界一次能源消费结构中占24%，1920年上升为62%，从此，世界进入了"煤炭时代"。20世纪70年代，电力代替了蒸汽机，电器工业迅速发展，煤炭在世界能源消费结构中的比重逐渐下降。1965年，石油首次取代煤炭占居首位，世界进入了"石油时代"。1979年，世界能源消费结构的比重是：石油占54%，天然气和煤炭各占18%，油、气之和高达72%。石油取代煤炭完成了能源的第二次转换。

然而，在可以预见的未来（比如30~50年），煤炭作为基础能源的地位仍然是不可动摇的。与石油、天然气相比，煤炭可能是更为长期可以依赖的化石能源，因为它仍然是地球上储量最丰富的化石燃料。

20世纪80年代初期，估计全世界煤炭资源探明储量为136093亿吨，其中已探明的可采储量超过8000亿吨。在80年代初以前的200年间，全世界累计采煤约1500多亿吨，这和庞大的可采储量相比，不过是只开采了极小的一部分。此后，随着知识与技术的进步，煤炭勘探投资的增长，煤炭探明储量也有相当快速的增长。2006年，世界煤炭探明储量高达909064亿吨，按照目前的消费水平，煤炭资源还可以用164年。相比之下，石油和天然气的储量相对要有限。以2006年的消费水平看，全球石油储量还可供开采40.5年，天然气可供开采63.3年（表3-10）。有限的石油和天然气资源将使煤炭在未来全球能源供给中再次成为最重要的能源资源，煤炭在能源战略中的地位将呈现上升趋势。

表3-10　　　　　　　　　2006年世界化石能源探明储量现状

	煤炭	石油	天然气
储　量	909064亿吨	1645亿吨	181.47万亿立方米
储采比	164年	40.5年	63.3年

资料来源：BP Statistical Review of World Eneroy. June 2007.

能源资源的上述使用寿命是在假定未来需求不增加的情况下得到的。但更符合现实的假定是：经济增长对包括煤炭在内的能源的需求有快速增长的趋势。假定从2005~2030年间世界经济年均增长率为1.6%，那么，与2004年相比，到2030年，世界石油需求总量将由39.4亿标准吨增长到55.75亿标准吨，增幅为4.1%；煤炭需求总量将由27.73亿标准吨增加到44.41亿标准吨，增幅为60%；天然气需求总量将从23.02亿标准吨增加到 38.69 亿标准吨，增幅为 68%。①

与此同时，随着勘探范围的扩大和深入，探明储量的增长速度也会从递增到递减转变。因此，石油、天然气和煤炭资源的储量约束可能会进一步强化。不过，与石油和天然气相比，煤炭的勘探和开采相对容易一些，所以，其储量约束的影响可能也要相对弱一些。

从世界各大洲的煤炭储量、产量和消费量数据比较看，煤炭资源区域储量约束强度有所不同。从表 3-11 可以看出，亚太地区的煤炭资源静态寿命仅为 83 年，而北美、欧洲与欧亚大陆分别达到了 276 年和 237 年。原因在于，亚太地区的煤炭资源生产和消费量最大，其 2006 年的煤炭产量和消费量在世界煤炭总量的比重均高达 58%，而其储量比重仅为 32%。相比之下，北美、欧洲和欧亚大陆的产量份额和消费量份额都远低于其储量份额，因而其煤炭资源保障程度比亚太地区高很多。

表 3-11　　2006 年世界主要区域煤炭储量、产量和消费量份额比较

	储量份额	产量份额	消费量份额	储采比
北美	28%	20.5%	19.8%	276 年
欧洲和欧亚大陆	31.6%	14.5%	17.9%	237 年
亚太	32%	58.5%	58%	83 年

资料来源：BP Statistical Review of World Eneroy. June 2007.

2. 我国煤炭资源储量约束现状

讨论煤炭储量约束问题必须明确我国煤炭资源统计的几个概念之间的关系：煤炭资源量、预测煤炭资源量和煤炭储量。煤炭资源量是指埋藏在地下具有开发利用或潜在利用价值的煤炭数量；煤炭储量是经过一定的地质勘探工作，确定符合国家规定的储量计算标准，并具有一定工业开发利用价值的煤炭资源量。煤炭储量是已发现的煤炭资源量，而未发现的煤炭资源量，一般称作预测煤炭资源量，二者之和，称作煤炭资源总量。② 而国际上通常分为预测储量、探明储量和可采储量。预测储量是根据地质理论和已经获得的地址资料计算得出的储量；探明储量是经过详细勘探，可用

---

① 国际能源署（IEA）数据，引自国际能源网（http://www.in-en.com）消息《IEA：未来 25 年能源需求大增》。
②《能源词典》，中国石化出版社，2005 年，第 176 页。

现有技术开采的储量，大致相当于我国的精查储量；可采储量是从探明储量中可开采出来的煤炭量。

煤炭资源储量数据是一个动态变化过程。新中国成立以来，煤炭工业主管部门先后在1959年、1981年和1992~1997年完成了三次全国煤田预测工作，每次的预测结果都有变化，同时也更加符合实际。第二次煤炭资源预测的结果是：煤炭资源总量50592亿吨，预测煤炭资源总量44927亿吨，煤炭储量5665亿吨。第三次煤炭资源预测中，上述指标都有不同程度的增加，分别为55697亿吨、45521亿吨和10176亿吨。因此，煤炭储量约束也是一个动态变化过程。

2003年，国土资源部公布了按照与国际惯例接轨的国家标准对我国《煤炭储量表》进行套改的结果。套改后将煤炭保有储量分为三类：一是将当前技术经济条件下可以经济利用的地下煤炭埋藏量套改为基础储量；二是将经济利用性差或经济意义未确定的地下煤炭埋藏量套改为煤炭资源量；三是将基础储量中扣除各种损失后可以经济采出的基础储量套改为储量。套改后，全国共有煤炭资源的矿区6019个，查明煤炭资源储量为10201.50亿吨，其中煤炭基础储量3340.88亿吨，煤炭储量为1891.22亿吨，煤炭资源量为6860.62亿吨。①

如果按照基础储量3340亿吨和2006年煤炭产量计算，我国煤炭资源寿命大约为145年。但如果使用扣除各种开采损失后的剩余基础储量1891.22亿吨计算的话，则煤炭资源寿命为82年左右，这一数据与BP的统计数据相差较大。根据BP的最新统计数据，2006年，我国煤炭的探明储量为1145亿吨，可开采年限为48年，石油和天然气的探明储量分别为22亿吨和2.45万亿立方米，可开采年限分别为12.1年和41年。②

3. 我国煤炭产品供给保障能力分析

如果按照国土资源部最新的套改数据，我国煤炭资源在不考虑开采损失的情况下可以用145年，考虑到开采损失也可以用82年，即使按照BP的数据，煤炭资源寿命也有近50年，是石油、天然气和煤炭三大基础能

---

① 中国煤炭工业协会课题组：《煤炭工业健康发展保障措施研究》，2003年12月。
② 不过，套改后的石油与天然气储量数据与BP基本一致。根据国土资源部公布的石油和天然气资源套改后数据，2006年年底，全国石油剩余经济可采储量20.43亿吨，天然气剩余经济可采储量24490亿立方米。

第三章 化石燃料能源与工业增长

源中资源寿命最长,从而储量约束程度最低的。然而,煤炭储量大小不等于煤炭产品供给保障能力。煤炭供给保障能力是指煤炭工业持续供应,满足经济和社会发展要求的能力。资源保障能力绝不仅仅是储采比能够充分反映的,它还受我国煤炭资源的勘探程度、地理分布、煤质与品种等方面的影响。综合起来看,我国煤炭资源现有保障能力不容乐观。

(1) 影响我国煤炭产品供给保障能力的资源条件和开发现状。影响我国煤炭产品供给保障能力的资源条件与开发现状具有如下特点:

第一,煤炭资源的地理分布极不平衡。我国煤炭资源分布与消费区分布极不协调,呈北多南少、西多东少、北富南贫特点,主要集中分布在目前经济还不发达地区。山西、内蒙古、陕西、新疆、贵州、宁夏6省(自治区)的煤炭资源总量占全国煤炭资源总量的82.8%,占全国煤炭保有储量的82.1%,而且煤类齐全,煤质普遍较好。而我国经济最发达、工业产值最高、对外贸易最活跃、需要能源最多的地区,煤炭资源则十分贫乏。耗用煤量最大的京、津、冀、辽、鲁、苏、沪、浙、闽、台、粤、琼、港、桂14个东南沿海省(市、区)的煤炭资源量仅为全国的5.3%,煤炭保有储量仅为全国的5.5%。煤炭资源中心远离了煤炭消费中心,从而加剧了远距离输送煤炭的压力。随着今后经济高速发展,用煤量日益增大,加之煤炭生产重心西移,运距还要加长,压力还会增大。这将严重制约煤炭资源产品的供给保障能力。

第二,各地区煤炭品种和质量变化较大,分布也不理想。我国煤炭品种多样,褐煤、炼焦用煤和一般烟煤都有储存,但焦煤、肥煤、瘦煤等主要炼焦配煤稀缺,炼焦用煤仅占27.65%。据统计,全国肥煤资源量373亿吨,焦煤资源量695亿吨,瘦煤资源量445亿吨,三者仅占探明煤炭资源量的14%,优质炼焦用煤则更少。①

炼焦煤在地区上分布不平衡,四种主要炼焦煤种中,瘦煤、焦煤、肥煤有一半左右集中在山西,而拥有大型钢铁企业的华东、中南、东北地区,炼焦煤很少。在东北地区,钢铁工业在辽宁,炼焦煤大多在黑龙江;西南地区,钢铁工业在四川,而炼焦煤主要集中在贵州。

我国煤炭保有储量中有一半为暴露、半暴露煤田,但由于煤层以薄和中厚煤层为主,适于露天开采的储量少,仅占总储量的7%左右,其中

---

① 张世奎:《我国煤炭资源保障程度与合理开发利用》,《中国国土资源报》2004年2月25日。

70%是褐煤，主要分布在内蒙古、新疆和云南。

第三，我国煤炭资源虽丰富，但人均占有量少，勘探程度较低，经济可采储量较少。根据BP的数据，2005年，中国的煤炭人均探明储量为87.8吨，低于世界人均141.2吨的水平。而美国人均探明储量为831.8吨，俄罗斯为1098吨。

所谓经济开采储量是指经过勘探可供建井，并且扣除了回采损失及经济上无利和难以开采出来的储量后，实际上能开采并加以利用的储量。在目前经勘探证实的储量中，精查储量仅占30%，而且大部分已经开发利用，煤炭后备储量相当紧张。目前的煤炭可供建井的储量已不能满足煤炭新建矿井的需要。我国第三次煤炭资源预测结果全部体现在《中国煤炭资源预测与评价》一书中，该书对尚未占用的810亿吨精查储量和1707亿吨的详查储量进行了分析。按煤田地质条件（储量、煤种、煤的灰分、硫分、发热量）、煤田开采条件（埋藏特征、水文工程地质、矿井灾害）和外部条件（外部运输、气候、供水）进行分类，近期可作为规划建设对象的仅有67个单元，精查储量365亿吨（其中褐煤64亿吨），详查储量为48亿吨。经1997年以后多年的建设和小煤矿的开采，2000年可供建井的经济可采储量仅为203亿吨。

(2) 我国煤炭产品供给保障能力分析。根据我国煤炭资源分布、储量条件与开发现状，我国煤炭产品未来供给保障能力不容乐观。根据中国工程院《中国可持续发展煤炭资源战略研究》报告的预测，2010年与2020年煤炭需求将分别达到22亿~23亿吨和25亿~26亿吨，[①]为实现煤炭供需平衡，根据对全国各主要煤炭产区煤炭资源开发条件和煤炭生产规模布局与储量分布综合分析，至2010年，全国将有16个省（市、区）煤炭储采比低于50年，有12个省（市、区）储采比低于30年；至2020年，有21个省（市、区）煤炭储采比低于50年，有17个省（市、区）储采比低于30年。煤炭资源保障能力不足，资源储量缺口较大。

在对我国2010年、2020年煤炭需求和开发布局分析的基础上，按全国煤矿平均可采年限为30年，煤矿可采储量备用系数为1.4，全国平均煤炭资源综合回收率分别为30%和45%计算，2010年、2020年全国煤炭资源储量缺口如表3-12所示。

---

① 中国煤炭工业发展中心的预测2010年和2020年煤炭需求分别为25亿吨和29亿吨。

第三章 化石燃料能源与工业增长

表 3-12　　　　2010 年与 2020 年我国煤炭资源储量缺口预测

年度	煤炭需求量（亿吨）	煤炭回收率（%）	动用储量（亿吨）	2005 年后累计动用储量（亿吨）	生产矿井占用储量（亿吨）	可供建井储量缺口（亿吨）
2010	22.2	30	72.43	412.9	3042.06	-1969.11
		45	48.29	275.27	2028.18	-955.23
2020	25.8	30	84.17	1195.9	3535	-2462.05
		45	56.11	797.27	2356.67	-1283.72

资料来源：张宏、史志斌：《我国煤炭资源可持续保障能力研究》，《煤炭经济研究》2006 年 2 月。

从表 3-12 可以看出，到 2010 年，如果煤炭资源回收率仍保持目前 30%的情景，可供新煤矿建设的储量缺口高达 1969.11 亿吨；若采取有效措施，提高煤炭资源回收率达到 45%，储量缺口为 955.23 亿吨。2020 年，按资源回收率 30%和 45%两种情景计算，可供新煤矿建设的储量缺口分别为 2462.05 亿吨和 1283.72 亿吨。①

（三）我国经济发展对煤炭依赖性的表现

我国"富煤"、"贫油"、"少气"的能源储备特点决定了煤炭在我国能源生产和消费中的地位。目前，我国是世界上最大的煤炭生产国和消费国。我国经济发展阶段特征，以及煤炭与石油和天然气相比明显的成本优势，决定了我国经济发展对煤炭的高度依赖在相当一段时间还难以发生根本改变。

1. 煤炭依赖性的一般分析

（1）煤炭在能源生产与消费结构占绝对优势地位。能源是国民经济正常运行的动力基础。人类进入近代工业社会后，能源结构经过了两次大的调整。第一次是 18 世纪下半叶的英国产业革命后，能源结构从传统的柴薪能源转向以煤为主；第二次调整是 19 世纪末 20 世纪初，石油的地位开始上升，并逐渐取代了煤炭在能源结构中的主体地位。到目前为止，石油和天然气仍是大多数国家的主体能源。

与世界大多数国家不同，我国能源生产和消费结构至今仍高度依赖煤

---

① 张宏、史志斌：《我国煤炭资源可持续保障能力研究》，《煤炭经济研究》2006 年 2 月。

炭资源。换句话说，从能源利用与工业发展关系看，我国工业增长对煤炭的依赖要比其他国家大得多。①

在我国一次能源生产和消费结构中，煤炭一直保持着相当高的比重。煤炭在能源生产结构中的比重，1955年高达95.92%，经过多年上下波动后，2005年比重仍高达76.4%，而煤炭在能源消费结构中的比重从1955年的92.94%下降到2005年的68.9%。

1955~2005年50年间，能源生产结构中煤炭比重变化趋势，大致分为四个阶段。①1955~1977年煤炭比重呈快速下降趋势：煤炭比重从95.52%快速下降到69.63%，年均下降1.13个百分点。②1977~1995年煤炭在能源生产结构的比重稳步回升阶段：经过几年微小波动后稳步提高到75.3%，年均上升约0.3个百分点。③1995~2001年煤炭比重再次缓慢下降到71.8%，年均下降0.64个百分点。④2002年以来，煤炭在能源生产结构中的比重再次快速上升，从2002年的72.3%猛增到2003年的75.1%，2005年进一步提高到76.4%，达到1973年以来的最高水平，高于同期煤炭在能源消费结构的比重7.5个百分点（图3-7）。

能源消费结构中煤炭比重变化趋势基本相同，除了阶段划分时间差一两年外。变化特点有三点需要强调：一是在第一阶段下降时期，煤炭在能源生产和消费结构中的比重基本吻合，相差不大；二是在第二阶段稳步上升时期，煤炭在能源消费中的比重略高于在生产结构的比重；三是1996年以来，煤炭在能源消费的比重下降较快，2003年以来有所回升，但幅度不大。而能源生产结构中煤炭比重下降不多，并且2003年以来呈快速上升特点，两者比重差距有扩大趋势。

（2）"十五"以来煤炭消费弹性系数有上升趋势。煤炭消费弹性系数是指煤炭消费增长速度与国内生产总值增长速度的比值，它表示经济发展对煤炭需求的依赖程度。与经济增长速度相比，我国煤炭消费增长速度并不快。1978~2004年，我国经济年均增长速度为9.5%，同期煤炭消费增长仅为4.7%，煤炭消费弹性系数仅为0.49。但近几年来经济增长对煤炭需求的依赖程度有上升的趋势。

"六五"、"七五"和"八五"期间，我国煤炭消费平均增长率一直很稳

---

① 从2004年数据看，印度的能源消费结构中，煤炭占54.5%，除此之外，其他能源消费大国的煤炭比重都没有超过世界平均水平（27.17%），数据来源BP（2005）。

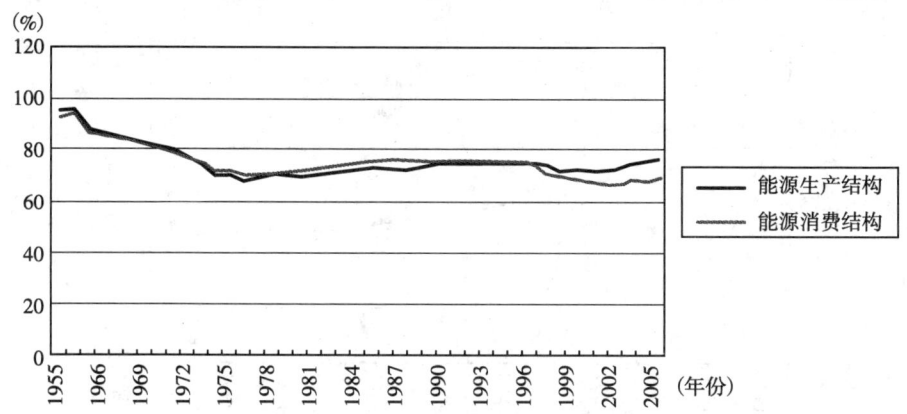

图 3-7　1955~2005 年煤炭在我国能源生产结构和消费结构中的比重变化
资料来源：《中国统计年鉴》各年。

定，分别为 4.94%、4.4%、4.38%，同期煤炭消费弹性系数分别为 0.46、0.56 和 0.37，但到"十五"时期，煤炭消费增长率猛增到 10.93%，煤炭消费弹性系数也比"八五"时期增加了 2 倍多，高达 1.24。近两年稍有下降：2005 年和 2006 年分别为 1.14 和 0.88，但仍然远远超过"十五"时期以前的水平。这反映出，"十五"以后，我国经济对煤炭需求的依赖程度上升较快。

表 3-13　　　　我国经济增长、煤炭消费增长与煤炭消费弹性系数变化

	六五	七五	八五	九五	十五	1978~2004 年
经济增长率（%）	10.8	7.9	12.0	8.3	8.8	9.5
煤炭消费增长率（%）	4.94	4.4	4.38	-0.04	10.93	4.7
煤炭消费弹性系数	0.46	0.56	0.37	0	1.24	0.49

资料来源：胡鞍钢：《对"十五"时期（2001~2004 年）的基本评价》，清华大学公共管理学院工作论文，2005 年 10 月 10 日。

（3）单位 GDP 煤耗快速下降。1978 年以前，煤炭在我国能源消费结构中一直占 70% 以上，基数小，煤炭平均消费增长速度较快，平均煤炭消费增长率为 10.57%。改革开放以后，由于技术进步和经济结构调整等因素，煤炭生产消费总量稳步增长。"十五"时期和近两年来，我国煤炭消费增长较快。2005 年，煤炭消费量达到 21.2 亿吨，比上年增长 8.26%，但单位 GDP 煤耗呈现快速下降趋势。1994 年，我国万元 GDP 煤耗高达 2.67 吨，到 2005 年，减少到 1.16 吨，减少了 1.3 倍。

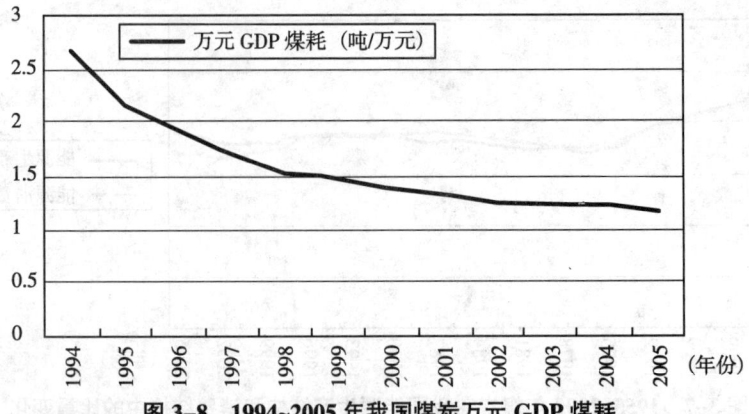

图 3-8　1994~2005 年我国煤炭万元 GDP 煤耗

资料来源：根据《中国能源统计年鉴》数据计算。

2. 煤炭依赖性的行业分析

我国工业对煤炭的依赖性很强。从电力、冶金、建材和化工四大煤炭消耗主力工业部门的消费需求变化看，工业部门对煤炭的依赖性呈现日益加强的趋势。1990~2005 年，四大工业部门的煤炭消费需求从 5.3 亿吨增加到 17.5 亿吨，年均增长 14.4%，远远高于同期全国煤炭消费需求的年均增长速度（6.2%）。四大工业部门煤炭消费需求占全国煤炭需求的比重也从 1990 年近 50% 提高到 2005 年的 82.2%。其中，电力行业占 52.26%，钢铁行业占 12%，建材行业占 13.42%，化工行业占 4.52%（图 3-9）。

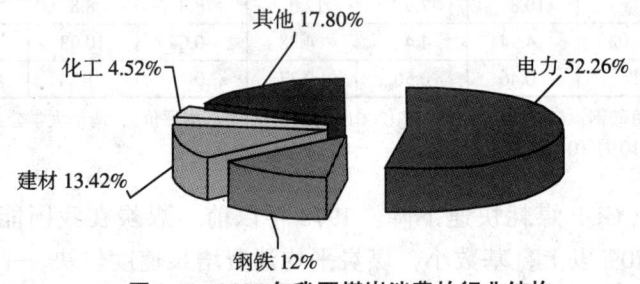

图 3-9　2005 年我国煤炭消费的行业结构

（1）电力行业对煤炭的依赖。2005 年，电力行业煤炭消费达到 111000 万吨，占全国煤炭消费量的 52.26%。其中 90% 用于发电，10% 用于供热。从发电来看，近年来我国火电装机容量增长迅速，且增速高于全国电力总装机容量增速，发电为以火电为主的格局得到进一步强化。2004 年，我国全年发电量中,火电比例达到了82.7%,2006年火电比例增加到83.17%。在火电发电量中,近99%来自燃煤,其余1%左右来自燃油和燃气(包括天然气、煤气、液化石油气等)。

1995~2005年10年间,火电发电量增长迅速,由8073亿千瓦时增长到了9857亿千瓦时,年均增长率为12.4%。作为火电主要原料的电煤的消耗量也迅速增加,1995年,电煤消耗量为4.5亿吨,而到了2005年,达到了10.5亿吨,年均增长率为11.9%,电煤占煤炭产量比重的50%左右,电力行业是最大的煤炭消费行业。2006年,全国火电消耗原煤近12亿吨,占当年全国原煤总消耗量的50.6%。

2006年,全国电力基建新投产机组容量为10117万千瓦,同比增长60%,其中火电新增装机容量占89.4%,达9048万千瓦。到2006年底,全国火电装机容量48406万千瓦,占当年电力装机容量的77.8%。

表3-14　　　　　1995~2005年电煤消费量表

年份	煤炭产量(亿吨)	发电用煤量(亿吨)	发电用煤占煤炭产量的比重(%)	火电发电量(亿千瓦时)	发电标煤耗(公斤/千瓦时)	供电标煤耗(公斤/千瓦时)
1995	13.61	4.51	32.76	8073	379	412
1996	13.97	4.86	33.58	8781	377	410
1997	13.73	5.34	38.35	9249	375	408
1998	12.50	5.27	40.70	9388	373	404
1999	10.45	5.24	41.47	10047	369	399
2000	9.98	5.92	47.54	11079	363	392
2001	9.64	6.46	52.18	11768	357	385
2002	11.5	7.33	53.51	13200	356	383
2003	16.67	8.5	51.0	15400	355	380
2004	19.89	9.86	50.4	18073	354	379
2005	21.12	10.5	49.7	19857	—	374

资料来源:《中国能源统计年鉴》,电力信息网——电力统计。

根据国家发改委电力工业最新发展规划,到2010年,中国电力装机总容量将达到8.4亿千瓦,其中煤电装机5.93亿千瓦。照此规划,未来几年火电装机容量年均增速将在6%左右,所占比重将下降到74.64%,但绝对额仍然较大。

(2)钢铁行业对煤炭的依赖。钢铁行业需要的煤炭主要是炼焦煤和燃料煤,炼焦煤和燃料煤的消费结构大致是70%对30%。炼焦煤主要供炼焦炭；燃料煤中除自备电站和高炉烧结等用煤外，还包括高炉吹用煤。

钢铁行业用煤集中在生铁和钢的冶炼上，生铁和钢产量以及吨煤耗变化直接影响煤炭消费量。2005年，我国粗钢和生铁产量分别达到34936万吨和33040万吨，成为世界唯一的粗钢和生铁产量同超3亿吨的国家。生产铁合金1067万吨，成为世界唯一的铁合金产量超过千万吨的国家。中国粗钢和生铁产量已分别占全球粗钢和生铁总产量的30.92%和41.88%。铁合金产量已占全球铁合金总产量的1/3以上。钢铁行业的快速发展极大地拉动了对煤炭的需求。钢铁行业煤炭消费量从1995年的10147万吨增加到2005年的25500万吨，增加了15353万吨，10年间增长了1.51倍。

表3-15　　　　　　　　1995~2005年钢铁行业煤炭消费量（万吨）

年份	煤炭消费	生铁产量	钢产量
1995	10147	10529	8980
1996	10780	10723	10124
1997	10432	11511	10891
1998	10755	11852	11458
1999	10400	12533	12395
2000	10481	13101	12850
2001	11977	15554	15163
2002	12805	17079	18225
2003	18000	21367	22234
2004	21000	25185	27200
2005	25500	33040	34936

资料来源：根据国家统计局、煤炭工业协会有关资料和《钢铁工业年鉴》整理。

尽管钢铁行业的煤炭消费持续上升，但由于全国重点大中型钢铁企业历来重视节能降耗工作，钢铁行业综合能耗稳定下降，吨钢煤耗从2000年的1.325吨下降到1.134吨，因而行业煤炭需求的增幅总体呈下降趋势。

钢铁行业近几年发展很快，产能急剧扩张，出现了较大的过剩，已经成为国家发改委控制发展的产业。"十一五"期间，发改委有意将我国钢材年生产能力控制在4亿吨左右，并淘汰1亿吨落后的炼铁生产能力、5500万吨落后炼钢能力。这将对钢铁行业的煤炭需求起到有效抑制作用。不考虑其他运输因素所要消耗的煤炭，单考虑在钢铁的生产过程中所需要消耗的焦炭和电力，每减少1吨钢材的生产，就要减少2吨原煤的需求。按照这种水平，钢铁生产对煤炭的需求每年将减少 6000 万吨以上。

（3）建材行业对煤炭的依赖。2005 年，建材行业的煤炭消费量为 28500 万吨，占全国煤炭消费量的 13.42%。其中水泥占 51%，墙体材料占 26.4%，石灰占 6.86%，玻璃、陶瓷等占 15.72%，化工行业中化肥占 62%，基本化学原料占 20%，其他子行业占 18%。

建材行业的煤炭消耗在 1995~2001 年一直稳定在 1.5 亿~1.6 亿吨。1997 年以后，由于我国经济结构调整，建材行业的煤炭消费量出现了下降。到 2000 年，随着水泥和平板玻璃等建材产品的快速增长，煤炭消费量开始上升，特别是 2003 年以后，建材行业的煤炭消费量从 2003 年的 19558 万吨猛增加到 28000 万吨。

不过，未来几年，建材行业煤炭需求增长速度将趋于缓和。这主要是由于占建材行业煤炭消费 70%以上的水泥和平板玻璃因结构调整和工艺提高，单位能耗下降，产量也从快速增长转向平稳增长。

水泥生产主要以煤为燃料，是建材行业的耗煤大户，占建材行业耗煤的一半。2006 年 4 月，发改委发布的《关于加快水泥工业结构调整的若干意见》明确指出，水泥产业结构的发展目标是，到 2010 年新型干法水泥比重从目前的 46%逐步提高到 70%。新型干法工艺在能耗方面比传统的立窑和干法中空窑、湿法窑等落后工艺有很大的改善。2006 年，我国新型干法工艺每吨熟料综合能耗为 131 千克标准煤，仅为干法中空窑综合能耗的 80%。新型干法水泥生产能力占全部水泥的比重已由 2000 年不足 12%提高到 2006 年的 46%。随着新型干法工艺所占比重的逐步提高，水

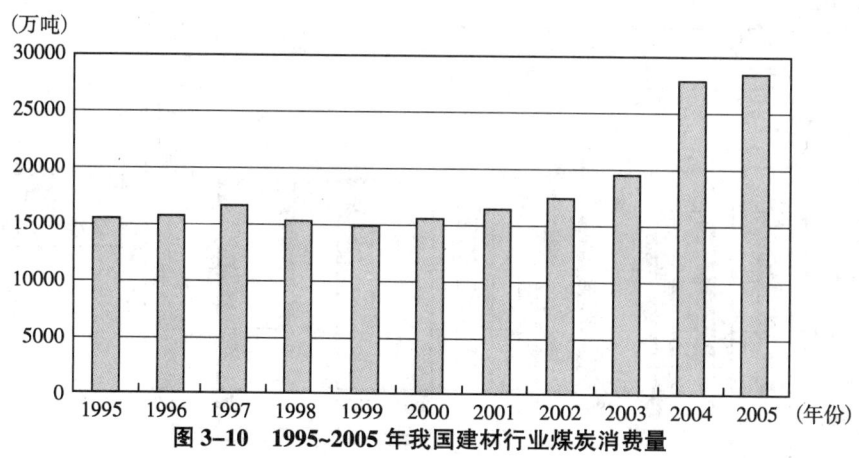

图 3-10　1995~2005 年我国建材行业煤炭消费量

泥的单位能耗将进一步下降。

平板玻璃主要采用的工艺有浮法工艺和普通工艺，其中浮法工艺能耗较低。2006年，每重量箱浮法平板玻璃综合能耗为17.76千克标准煤，同比下降5.58%；普通平板玻璃综合能耗为25.09千克标准煤，同比下降2.37%；每重量箱平板玻璃综合能耗18.35千克，比2005年减少1.02千克，降低幅度5.27%。2006年，全国平板浮法玻璃比例82.4%，比2005年提高1.3个百分点。在国家提倡节能降耗的情况下，未来几年浮法玻璃的比重还将逐步增加。

中国建材数量经济监理学会预计2007年全年平板玻璃产量增速在7%左右，而根据1~4月的产量增速来看，2007年全年增速有望达到7%~10%，浮法平板玻璃所占比重将进一步提高到84%以上，预计全年平板玻璃综合能耗将下降到17.4~17.7千克标准煤。预测2007年平板玻璃行业煤炭（主要为无烟煤）需求增速为2%~3.5%。

（4）化工行业对煤炭的依赖。化工行业对煤炭的需求主要来自于化肥生产。我国尿素生产有62%源自煤炭，"煤头"化工企业合成氨产量约占64%。化工行业的能源消费目前仍然是以煤炭为主，煤和焦炭消费量所占比重超过50%，天然气和石油的比重不足20%。2005年，化工行业对煤炭的直接消费为9600万吨，占全国煤炭总消费量的6.23%。

1995~2005年，我国化工行业的主要耗煤产品产量呈上升态势。其中合成氨从1995年的2766万吨增加到2005年的4545万吨，年均增长

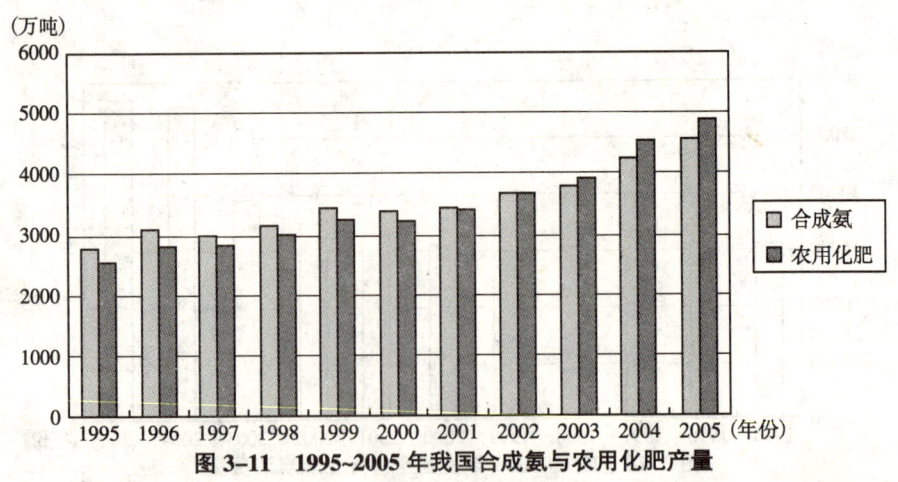

图3-11 1995~2005年我国合成氨与农用化肥产量

5.85%。农用化肥从 2548 万吨增加到 4888 万吨，年均增长 8.35%。煤化工目前还处于起步阶段，煤炭需求不大。

1995~2004 年，尽管化工行业的主要耗煤产品产量增长很快，但化工行业的煤炭消费量增长不明显，仅由 1995 年的 8168 万吨增加到 2004 年的 1.02 亿吨，年均增长 2.8%，这主要是由于能源结构的调整和能效提高较快所致。按照国家节能规划，2010 年、2020 年我国大型合成氨综合能耗分别由 2000 年的 1372 千克标准煤/吨降到 1140、1000 千克标准煤/吨，预计该行业 2010 年煤炭需求量为 1.2 亿吨。

3. 煤炭消费品种供求分析

（1）我国煤炭的品种分类与消费特点。按使用目的分，我国煤炭消费品种主要分为动力煤、炼焦煤和无烟煤三大类。从我国煤炭资源储量看，由于不同煤炭资源种类的赋存差异，优质炼焦煤和无烟煤资源储量相对有限。尽管煤炭行业总体资源供求基本均衡，但不同种类和品质的煤炭资源供求仍然存在差异，一些优质煤炭和稀缺煤种将仍然处于供不应求状态。

动力煤的消费主要包括五个方面：一是发电用煤，即利用煤的热值，把热能转化为电能；二是蒸汽机车用煤，目前蒸汽机车已基本淘汰；三是建材用煤，以水泥用煤量最大，其次为玻璃、砖、瓦等；四是一般工业锅炉，除热电厂及大型供热锅炉，一般企业及取暖用工业锅炉型号繁多，数量大且分散；五是居民生活用煤。

从世界范围来看，动力煤产量占煤炭总产量的 80% 以上。世界 10 大煤炭公司主要生产动力煤，其比重约占该 10 大公司煤炭总产量的 82%；美国动力煤产量占其总产量的 90% 以上；我国动力煤产量也占到煤炭总产量的 80% 以上。在国外，动力煤绝大部分用来发电，工业锅炉也有一些用量。全世界约有 55% 的煤炭用于发电，煤炭需求的增量部分基本上都在电力部门。我国以电力为主的动力用煤需求占据煤炭需求的很大比例。

炼焦煤主要用途是生产焦炭。焦炭由焦煤或混合煤高温冶炼而成，一般 1.3 吨左右焦煤才能炼 1 吨焦炭。焦炭多用于炼钢，是目前钢铁等行业的主要生产原料。在我国炼焦煤资源中，炼焦煤主要包括焦煤、肥煤等煤种。而焦煤、肥煤在我国和全球均属于稀缺煤种，是重要的战略资源。在世界煤炭资源中，褐煤占 1/3 以上。在硬煤（烟煤和无烟煤）资源中，炼焦煤量不到资源总量的 1/10，且主要集中在澳大利亚和加拿大。在总量大

资源与增长

约 1.14 万亿吨炼焦煤中，肥煤、焦煤和瘦煤占 1/3。世界炼焦煤有 1/2 分布在亚洲地区，1/4 分布在北美洲。

我国炼焦煤资源总量占世界炼焦煤总量的 13%，可采储量占 16.3%。山西炼焦煤在全国炼焦煤供应中占有非常重要的位置，其产量位居全国第一，2004 年该省炼焦煤原煤产量 2.36 亿吨，炼焦精煤产量约 1.25 亿吨，分别占全国的 26.7% 和 48.0%。河北、黑龙江、山东、河南、贵州、四川、宁夏等省也位于全国炼焦煤精煤产量前列。

无烟煤与其他煤种相比，自有其特点。别的煤种只面对一两个行业，比如焦煤只面对冶金行业，动力煤只面对冶金行业和建材行业，但主要是电力行业。而无烟煤涉及电力、冶金、化肥、水泥等多个行业。

1998 年，全国无烟煤保有储量 115563 亿吨，2001 年可采储量 160 亿吨。我国无烟煤地区保有储量分布极不均衡，主要集中于中西部地区，包括山西、河南、湖南、四川、贵州等省，其中晋陕蒙西保有储量为 418.56 亿吨，是全国储量的近一半，山西省占近 1/3 之多。① 无烟煤根据其挥发分可分为年老无烟煤、典型无烟煤和年轻无烟煤。我国以年轻无烟煤的储量最多，年老无烟煤的储量最少，而年轻无烟煤作为高炉喷吹煤最好。可见，我国无烟煤资源状况有利于高炉喷吹煤技术的发展。

（2）炼焦煤产量与消费增长趋缓。近年来，国内冶金行业的持续扩张

表 3-16　　　　　　　　2000~2005 年我国炼焦原煤产量

	2000 年	2001 年	2002 年	2003 年	2004 年	2005 年
炼焦煤（万吨）	47425	55090	67970	84156	88428	91246
增长率（%）		16.2	23.4	23.8	5.1	3.18
其中：焦煤（万吨）	8204	9678	12420	16356	18196	21560
1/3 焦煤（万吨）	9190	11725	11838	13771	14015	14743
肥煤（万吨）	5941	5537	6488	8695	9181	10176
气肥煤（万吨）	4911	5183	6801	7817	8789	9678
气煤（万吨）	11148	14247	18275	20423	23116	21086
贫瘦煤（万吨）	2607	2449	3750	5902	5824	6205
瘦煤（万吨）	3486	3408	4893	5058	6402	6058
无牌号煤（万吨）	2038	1863	3505	6135	2904	1741

资料来源：国家安全生产监督管理局调度统计司。

---

① 吴宽鸿、陈亚飞、于海兵：《我国炼焦煤与无烟煤的资源和生产能力》，《中国冶金》2005 年 7 月。

直接拉动国内炼焦煤产量快速增长。炼焦原煤产量从 2000 年的 47425 万吨增加到 2005 年的 91246 万吨，6 年增加了 92.4%，产量年均增长 15.4%。不过，2004 年以来，炼焦煤产量增长速度开始回落，增幅由 2003 年的 23.8% 回落到 2004 年的 5.1%、2005 年的 3.18%。

当前，我国钢铁产业新建和扩建高炉容积趋向大型化发展，对稀缺的强黏焦、肥精煤需求更大，依赖性更强。这进一步加剧了我国炼焦原煤严重过剩与强黏煤供给紧张的矛盾。我国炼焦原煤总量约占煤炭总量的 50%，但真正用于炼焦的原煤总量仅占煤炭总量的 20% 左右。炼焦原煤总量过剩主要表现为炼焦配煤过剩，而炼焦配煤过剩的基本原因是产需比例严重失衡。据煤炭工业协会内部研究资料显示，近年我国炼焦原煤用于炼焦的比例，全部炼焦煤为 50% 左右，焦煤和肥煤在 90% 以上，1/3 焦煤和瘦煤在 60% 以上，其他煤种利用率很低。这是因为，从煤种结构看，我国炼焦原煤资源中强黏煤仅占 36%，同时现有焦化工艺对洗精煤需求以强黏煤为主，占 54%。资源短缺与需求高涨是炼焦原煤中强黏煤紧张的主要原因。[1]

尽管对炼焦煤的需求仍将稳步上升，但我国炼焦煤产量增速将减缓，这是因为：①需求增速将减缓。随着国家《产业结构调整目录》、《钢铁产业发展政策》等宏观调控措施的实施，钢铁产量、焦炭产量增速都会下降。这一点自 2006 年开始已经有所体现。2006 年一季度，我国粗钢产量同比增长 17.6%，增速比上年同期下降 6.2 个百分点；焦炭产量同比增长 8.2%，增速比上年同期下降 25.4 个百分点。预计 2006 年焦炭产量同比增加 2000 万吨左右，增长约 8%，增速比上年下降约 9 个百分点。②国家发展和改革委员会继 2005 年颁布《焦化行业准入条件》后，2006 年又发出了《关于加快焦化行业结构调整的指导意见的通知》，2006 年取缔土焦，淘汰改良焦的力度将加大，单位焦炭产量的炼焦煤消耗量下降。③炼焦煤新增产生能力有限，预计 2006 年新增 2500 万吨左右。

（3）无烟煤需求进一步提升。无烟煤是高价优质煤，主要用于冶金喷吹煤。但近几年来，电力行业和新型煤化工对无烟煤的需求稳步提升，将进一步加剧无烟煤供应的紧张局面。

---

[1] 《2005 年我国焦煤产业发展态势及市场展望》，http://www.86ne.com/Energy/200706/Energy_58306.html。

新建无烟煤电厂陆续投入生产将增加电力行业对无烟煤的需求。长期以来，无烟煤作为民用煤，很少在电力行业使用，全国仅有极个别电厂使用无烟煤。20世纪90年代随着无烟煤在民用行业的快速退出，以及国家政策的引导和无烟煤企业的推动，以无烟煤、贫瘦煤为设计煤种的电厂大幅增加。自2005年以来，火电新装机机组中采用无烟煤和贫瘦煤为原料的容量增长明显。2005年，新装机容量中有20%采用无烟煤和贫瘦煤，而此前这一比例不到5%。新建无烟煤电厂陆续投入生产将增加电力行业对无烟煤的需求。

据不完全统计，2004年全国新投机组5056万千瓦、2005年上半年新增2600万千瓦中，设计煤种为无烟煤、贫瘦煤的新增电厂约占20%，与过去不足5%的比例相比，有了大幅提高。

2005年以来新投的无烟煤、贫瘦煤机组有：中电投河津电厂新投一台30万千瓦机组；华能榆社电厂两台30万千瓦机组；河北建投恒兴发电有限公司两台30万千瓦机组；中石化胜利电厂两台30万千瓦机组；华能淮阴电厂两台30万千瓦机组；华能沁北电厂一期两台60万千瓦机组；香港华润登封电厂两台30万千瓦机组；河南永城电厂两台30万千瓦机组；贵州纳雍电厂30万千瓦机组；黔北电厂30万千瓦机组；广西北海电厂两台30万千瓦机组等。

从2005下半年至2006、2007年仍然会有一些设计煤种为无烟煤、贫瘦煤的电厂陆续投产。如，中电投河津电厂一台30万千瓦机组投产；华电青岛电厂二期两台30万千瓦机组，2005年9月份投产一台，2006年年初投产一台；华电潍坊二期两台60万千瓦机组，2007年全面投产；鲁能聊城两台30万千瓦机组2008年投产；国电龙山电厂四台60万千瓦机组，一期两台60万千瓦2006、2007年陆续投产；河北兴泰电厂2005年投产一台30万千瓦机组，2008年再投一台30万千瓦机组；河北邯郸电厂2008年将投产一台20万千瓦机组；另外，华能德州电厂2#、3#、4#机组由30万千瓦扩容改造为33万千瓦，5#、6#机组由66万千瓦扩容至70万千瓦的项目目前已完工；华能上安电厂两台60万千瓦机组2005年开工建设；而大唐微水电厂两台60万千瓦机组、华能邯峰二期两台60万千瓦机组、国电聊城二期两台60万千瓦机组也都在筹建中。这些电厂2005年下半年至2007年陆续投产，将新增电煤需求2000万吨左右。

新型煤化工行业的快速发展将拉动化工行业对无烟煤需求不断增长。

第三章 化石燃料能源与工业增长

化工用煤主要来自合成氨、尿素和甲醇、二甲醚等产品对无烟煤块煤的需求。在高油价的刺激下，甲醇汽油和二甲醚燃料需求刺激国内企业在甲醇和二甲醚生产上大量投资。

近10年来，我国甲醇工业发展迅速，2005年我国有近200家甲醇生产企业，总产能为867万吨/年，产量535.64万吨，表观消费量666.2万吨。其中10万吨/年以下的小型装置占绝大多数。以天然气为原料的甲醇装置约占国内总产能的22%，以煤为原料的约占78%，其中联醇装置占总能力的50%以上。预计到2006年年底我国甲醇产能将达到1097万吨/年。

据中国石油和化学工业协会统计，到目前为止，我国规划中的甲醇项目88项，总能力4850万吨/年，如果目前在建和规划中的项目均能按计划实施，到2010年全国甲醇产能将达到6000万吨/年。考虑到国家发改委紧急叫停煤化工项目，抵制投资过热政策的实施，一批规划中的煤化工项目将被搁置。另外随着大型甲醇装置陆续建成投产，将有200万~300万吨/年缺乏竞争能力的小型装置被迫关停。到2010年，我国将新增甲醇能力1000万~1500万吨/年，总产能达到2000万~2500万吨/年。中国石油和化工规划院预测，2010年和2015年我国甲醇消费量分别为1250万吨和2000万吨。①

（四）我国煤炭资源有效利用存在的问题与原因分析

作为不可再生资源，煤炭资源约束的经济实质是煤炭资源在有限时期内的最优开发利用，以及在资源枯竭之前实现向替代资源的过渡问题。在分析我国煤炭资源有效利用存在的问题之前，首先讨论不可再生资源有效利用的经济含义与基本实现条件。这有利于我们准确把握和概括我国煤炭资源有效利用存在的问题。

1. 煤炭资源有效利用的含义与基本条件

（1）煤炭资源有效利用的含义。不可再生资源的开发利用是一种跨阶段性生产活动，其成本和收益涉及较长的时间。因此，不可再生资源的核

---

① 《2007年我国不同煤炭种类供求市场态势分析》，国家能源领导小组办公室网站，2007年6月20日，http://www.chinaenergy.gov.cn/news.php?id=18169。

心经济问题是：在消费者需求和资源的初始存量既定的条件下，每一期应该开采多少资源才能实现总利润最大化？

与所有的矿产资源一样，煤炭资源的供给包括勘探、开发和开采三个阶段。供给过程的这三个阶段的投入相互关联，每一个阶段都是为了满足下一阶段的引致需求。每一个阶段的成本不但影响本阶段的决策，而且影响其他阶段的决策。可见，煤炭资源的有效利用至少包括以下三个方面的含义：

首先，煤炭资源的勘探活动是有效的。有效的煤炭勘探是指勘探活动及其结果能够满足煤炭开发、开采的需要。煤炭勘探活动风险很大，因为勘探结果不仅取决于资金的投入，更重要的是与地质条件有关。

其次，煤炭资源的开发与开采是有效的。从经济学角度看，煤炭资源的开发和开采可以被看成是一个环节。煤炭资源的开发和开采有效的含义是：煤炭资源的开发和开采的产量轨迹是社会最优的，不存在开采不足或过度开采的情况。而且，开采过程是环境友好的，即现有的制度安排能够有效地使明天开采过程对环境的不利影响减少到最小。

煤炭资源有效利用的最后一个环节与煤炭供给过程无关，但与煤炭消费有关，这就是煤炭产品的有效利用。煤炭产品的有效利用不仅意味着经济对煤炭的消费是有效率的，而且意味着煤炭消费的社会成本是最低的（环境负外部性最小）。

煤炭资源在上述三个环节有效利用的实现，取决于很多因素，但最为关键的因素是有效的市场与产权制度。

（2）煤炭资源有效开发开采的基本条件。煤炭资源的最佳开采问题，就相当于一个初始量给定只出不进的水池，怎样放水才能使总利润最大化。具体地说，资源开采者在如下四个条件的约束下：①资源存量随开采而减少。②资源初始存量给定。③开采成本随资源存量的减少而上升。④资源价格不能超过由替代品价格决定的一个价格上限，实现各个时期资源"稀缺租"的最大化。资源稀缺租是资源的市场价格与边际开采成本的差额，其随着资源稀缺程度增加而上升。在特定市场条件下，资源稀缺租可理解为资源开采者每增加一个单位的资源开采时必须支付给资源所有者的"绝对地租"或使用费。

在上述条件约束下，实现资源的最优开采的基本条件是：资源产品的价格应该等于资源开采的环境损坏成本、边际开采成本和稀缺租等三项之和。① 并且，只有在资源产品价格以贴现率上升时，资源开采产量轨迹才能实现最优：产量轨迹将单调下降，直到资源完全耗竭。

假定资源开采的环境成本和开采成本为零，则产品价格仅包含稀缺租（此为净价格），从而可以得出简单霍特林法则：资源产品净价格即稀缺租的增长率等于贴现率。霍特林法则出自 20 世纪 30 年代，由经济学家哈罗德·霍特林（Harold Hotelling）在一篇经典著作《可耗尽资源的经济学》中提出。霍特林法则的基本思想是，把埋藏在地下的资源看作是特定形式的资本财产，把全部资本财产分为资源和其他财产。如果资源资本收益的增长率等于其他财产的利率（贴现率），所有者就会对把资源保存在地下和开采出来这两种选择没有偏好。此时，资源就会以最优路线来消耗。因此，合理的最优价格（从而合理的资源资本收益）给所有者提供了合理保存（从而合理开采）资源的激励。

如果人们预期未来资源价格将快速上涨，即当前的稀缺租上涨，或者预期未来技术进步将大大降低开采成本，资源所有者将降低开采速度。而且，当前投资的利率上升也会导致现存矿山当前开采率上升。这说明当前利润比未来利润更有价值。利率变化还会影响采矿公司勘探、发展新矿井的努力，同时也影响公司对设备的投资。利率上升，会减少勘查努力，减少对新矿的投资，这将抵销旧矿开采的上升。②

（3）煤炭勘探和煤炭利用的最优条件：资源勘探最优条件。勘探活动会影响资源存量水平从而影响资源产品的价格。勘探与资源产品价格之间存在如下关联：勘探—新存量的发现—资源产品的未来预期价格下跌—刺激现在的开采量—目前价格的下跌。因此，资源产品价格的变化轨迹是曲折的，即当有新发现时，价格就下跌到一定水平，然后继续逐步上升，如此反复。

资源最优勘探形成的基本条件是：边际勘探成本等于资源使用费或资源稀缺租，即资源使用费等于新增加一单位储量的边际成本。

资源利用的最优条件。资源有效利用是指下游产业中资源利用在经济和社会角度是有效的，经济有效性指资源耗费最小化，社会有效性一般指资源使用中对环境的污染程度最小，即社会成本最低。一般来说，只要资

---

① 曲福田主编：《资源经济学》，中国农业出版社，2001 年。
② 张帆、李东著：《环境与自然资源经济学》，上海人民出版社，2007 年。

源勘探和开采中的价格机制和相关产权制度有效,资源勘探使用费能够补偿资源勘探成本,资源产品价格能够补偿资源开采成本、开采的环境成本并反映资源的稀缺程度,下游产业,如电力、冶金、建材等,对煤炭产品的利用就能够实现经济上有效。但这不能确保煤炭资源利用中的社会有效性,即使电力、冶金和建材等行业使用煤炭过程中产生的环境污染程度减少到最低。煤炭资源利用中的社会有效性需要通过相关的制度安排,比如环境税等方式来加以解决。因此,煤炭资源利用的最优条件是:煤炭利用的私人成本与社会成本相等。

总之,市场机制只能解决煤炭等资源产品开采利用的经济有效性,难以解决其社会有效性。在完全竞争的市场环境中,企业决策所使用的贴现率高于社会决策的贴现率,而且也没有激励在决策中考虑资源开采或利用的环境成本。其利润最大化行为将导致资源开发利用偏离社会最优利用路线。企业的微观决策倾向于过度开发资源。从短期看,企业最优的资源产品产出水平高于社会最优的产出水平,而且价格和租金较低;长期看,企业最优的资源存量水平一直低于社会最优的存量水平,稀缺租一直高于社会最优的稀缺租。

垄断企业虽然在一定程度上比完全竞争情况下能够节约和保护资源,但跟社会最优利用相比仍然存在过快开发利用的倾向。与其他企业相比,它的决策目标中也可能忽略了资源的环境价值,也使用高于社会贴现率的贴现率。但与一般企业不同的是,由于有市场垄断力量控制或影响资源产品价格,垄断者倾向于减少现在开采而增加未来开采,在短期内有助于资源的保护。但长远看,却使稀缺租的上升速度比社会最优和竞争性企业的最优情况更快。

2. 我国煤炭资源勘探、开采和利用中存在的问题

(1)煤炭勘探体制严重影响煤炭勘探活动。煤炭地质勘探是煤炭工业发展的基础。我国煤炭地质体制改革正处在由计划经济向市场经济的转型阶段,市场与政府的关系尚未理顺,严重影响煤炭勘探的开展和效果。

当前,我国煤炭勘探活动存在的主要问题是:①煤炭地质勘查投入不足,煤炭地质勘探资金短缺。国家对煤炭地质勘探的资金投入是引导性的,非常有限,国家财政每年安排用于煤炭资源勘探的资金仅6000万元。而商业性煤炭地质工作融资渠道不畅,社会风险投资因退出机制没有建立,不愿投入,致使煤炭资源调查、煤矿区水资源调查、生态环境评价和科技创新等公益性地质工作无法正常开展,商业性投资风险加大,对商业性地质勘查的引擎力不足。煤炭地质勘查设备更新速度迟缓,不能满足煤炭资源勘查和煤矿生产、安全要求。①②煤炭地质勘探程度不足,成果质量呈现下滑趋势。近年来,一些业主放松了对勘探程度和地质报告的要求,违背法规、脱离规范的现象时有发生,致使可供建井的精查地质报告勘探程度严重不足,成果质量和水平明显下降,影响了煤矿建设和安全生产。

(2)煤炭开采回采率低,浪费严重。现阶段我国的煤炭资源开发浪费严重,煤炭企业开采追求高产量而"吃肥丢瘦"、采厚丢薄现象非常普遍。我国已利用煤炭资源量3469亿吨,大型矿井占用资源量约680亿吨,中型矿井利用资源量300多亿吨,而小型矿井利用资源量达2500多亿吨,其中,乡镇小煤矿占用资源达2200多亿吨,而且很多是优质资源。但占用优质煤炭资源的小型煤矿资源利用率极低,小型煤矿回采率仅10%~15%,乡镇煤矿资源回采率仅10%,大中型矿井资源回采率也不高。国有大型煤矿企业一般采用机械化综采或普采,回采率最高不到50%,一般在30%左右。例如,神府矿区大柳塔煤矿可采储量消耗了6亿吨,却只产出煤炭5800万吨。资料显示,我国在1949~2003年,累计产煤约350亿吨。根据有关煤炭资源专家的初步估计,煤炭资源消耗量已经超过1000亿吨。②而美国、澳大利亚、德国、加拿大等发达国家,资源回收率能达到80%左右,每挖1吨煤只消耗1.2~1.3吨资源。

近年来,西部煤炭开采中,大量矿井存在"吃菜心"的开采方式,综采支架一般是4.8米高。而包括陕北、内蒙古、新疆的煤矿煤层都很厚,在新疆的一些煤层平均厚度达50~60米,许多开采企业不论煤层是十多米还是几米,都只是吃肥丢瘦地从中间开采那么一趟,大量资源就这样被浪费了。这一过程白白扔掉了650亿吨的煤炭资源,接近我国目前全部尚未占用的煤炭精查储量,相当于使我国煤炭资源寿命又缩短了35年。

(3)煤矿安全生产形势不容乐观。我国煤矿安全生产形势一直不大乐观。煤炭行业是工业生产各行业中安全事故多、伤亡严重的行业。我国煤

---

① 黄清:《我国煤炭资源地质勘探存在的问题与对策》,《煤炭经济研究》2005年1月。
② 才庆祥、徐志远、常华敏、尚涛:《我国煤炭资源开发存在的若干问题及对策》,《露天采矿技术》2005年第5期。

资源与增长

矿企业事故总量居高不下,百万吨死亡率大大高于世界主要产煤国家平均水平。多年来,煤矿事故发生起数占到全国工矿商贸企业事故总量的 1/4 左右,死亡人数占到全国工矿商贸企业死亡人数的 1/3~1/2,占到全国矿山行业死亡人数的 85% 以上。据统计,仅 2000~2006 年煤炭行业共发生死亡事故 23786 起,死亡 41070 人,平均每天发生死亡事故 9.3 起,死亡 16 人。

不仅事故频率是其他行业所无法比拟的,煤炭行业事故的严重性也是其他行业所无法比拟的。据统计,1949~2005 年共发生一次死亡人数超过 100 人的煤矿特别重大事故 22 起,死亡 3565 人。需要引起注意的是,死亡百人以上特别重大事故在 2004 年和 2005 年呈现上升的态势,成为又一次死亡高峰。煤炭行业生产事故在造成大量人员伤亡的同时,财产损失也是极其巨大的。最保守的估计数据是,每年煤矿生产事故造成的经济损失都在 90 亿元以上,占整个煤炭行业工业总产值的 2.2%、增加值的 4.5%、利润总额的 25%、应付工资总额的 14%(根据 2004 年第一次全国经济普查数据计算)。

(4)煤炭开采和利用中的负外部性问题突出。煤炭开采和利用中的负外部性问题主要表现在对环境的影响方面。煤炭开采对环境的影响包括直接影响主要有三个方面:

第一,过度的煤炭开采造成地表植被与土地塌陷。以山西为例,山西省多年来挖煤造成的采空区占国土面积的 1/7。大同矿区受损失的居民有 5 万多户,受损房屋 316 万平方米,学校、医院、公路、铁路线、供水供热管路、供电和通信线路等都遭到大面积破坏。据调查,1978~2003 年,山西省共产煤 65 亿吨,环境污染、生态破坏造成的损失近 4000 亿元。专家分析,如果要恢复原来的生态环境,需投资 1000 多亿元,但山西省在这些方面投入的资金仅 13.85 亿元。①

第二,煤炭开采造成水资源的污染与短缺。在煤炭开采过程中,为了保证采矿安全,需要进行人为的疏干排水,这种人为疏干排水会使地下水资源受到破坏和污染,不少矿区井泉干涸,在半干旱的西部矿区还有可能诱发荒漠化,进一步加剧水资源的短缺,影响区域的社会经济发展。按目前全国煤炭生产排水量 118~210 立方米/吨煤计算,年生产排水约 22 亿立

---

① 鲁海涛:《煤炭资源开采利用的负外部性及其对策研究》,《煤炭企业管理》1999 年 6 月。

方米。这些矿井水资源得到回收利用的不足40%,大部分排放污染了地表水体。

第三,产生大量固体废弃物污染。一般煤矿的固体废弃物主要有煤矸石、露天矿剥离物、煤泥、粉煤灰和生活垃圾等。这些固体废弃物占用大量土地,影响生态,破坏景观。煤矸石自燃会污染大气,据统计,矸石山周围地区呼吸道疾病发病率明显高于其他地区。矸石山淋溶水有时呈现较强酸性或含有有害有毒元素,污染周围的土壤和水体,使土壤中的微生物死亡,成为无腐解能力的死土。同时,有害物质的过量积累,还会造成土壤盐碱化、毒化。目前,全国每年排放煤矸石115亿吨,新增占地200公顷,现已累计堆放30多亿吨,占地超过1万公顷。矿区地面塌陷、煤田自燃火灾、部分煤矸石自燃、煤矿瓦斯排放和粉尘等对生态环境构成严重影响。

煤炭资源利用过程中的负外部性,主要表现为煤炭燃烧产生大量废气所导致的环境污染和影响下游产品质量。由于我国煤炭洗选能力、洁净煤燃烧技术及其普及程度有限,煤炭产品中原煤比例较大。原煤燃烧产生了大量二氧化硫、氮氧化物、粉尘等,严重污染大气,也是形成酸雨及温室效应的主要原因。

含硫多的煤除了在燃烧时生成硫化物气体与空气中的水反应形成酸雨,污染环境,危害植物生产外,把含有硫和磷的煤用作冶金炼焦时,煤中的硫和磷大部分转入焦炭中,冶炼时又转入钢铁中,严重影响焦炭和钢铁质量,不利于钢铁的铸造和机械加工。用含有氟和氯的煤燃烧或炼焦时,各种管道和炉壁会遭到强烈腐蚀。将含有砷的煤用于酿造和食品工业作燃料,砷含量过高,会增加产品毒性,危及人民身体健康。

3. 原因分析

我国煤炭资源勘探、开采和利用中存在的种种问题,表现为煤炭企业在勘探、开采、安全生产和环境等方面的种种短期行为。比如,现有煤炭企业对煤炭资源勘探投入不足;对其掌握的现有资源过度开发;资源开采回采率低,浪费严重,环境破坏严重等,无不表明企业的行为与其长期利益和社会利益相冲突。并且,作为资源型企业,我国煤炭企业没有表现出一丁点"充分有效利用资源"的行为特征。

导致我国煤炭资源企业"浪费资源"的行为特征的原因,既有管理体制的问题，也有价格机制和市场结构的问题，更重要的，还有产权制度的问题。

(1) 煤炭勘探投入不足问题分析。我国煤炭资源勘探投入不足导致勘探程度低的原因，似乎可以分为两类问题讨论。一类是我国煤炭勘探领域中现有的勘探主体为什么投入不足；另一类是为什么没有新的勘探资本进入。前一类问题我们通常能够理解的原因有原来的勘探主体之一的各类国有勘探机构正处于转型过程中，从而资金不足，而最应该担当勘探主体的现有多数国有煤炭企业对勘探投入的积极性也不高。这是一个非常奇怪的问题：为什么作为资源型企业，反而不愿意投入足够的资金去寻找资源呢，难道掌握足够多的资源储备不是其保持竞争优势的最有力保障吗？从这个思路出发，我们认为，两类问题的原因从根本上讲其实是一致的，那就是我国目前不存在一个完善的"勘探权"市场。

大型煤矿基本都是国有的（大型煤矿应该最具有勘探实力），而且其对煤炭的开采权并不是基于其勘探的结果，而是国家探明后直接赋予其开采权（当然需要缴纳很少的开采费），因而勘探权事实上是不存在的，当然更不可能流转，从而也没有价值。① 在这种情况下，企业最理性的选择就是"坐吃山空"——等资源开采完了，再找国家想办法。何况对很多大型煤矿来说，目前的资源已经够开采50年以上了。有人认为，目前勘探不足的原因是因为煤炭价格中没有包括"勘探费用"似乎是本末倒置了。照此说法，是否可以说如果不在产品价格中单列"技术开发费用"，企业就不会进行技术开发活动了呢？

再者，煤炭勘探权也没有对非国有资本公开开放（不排除个别特殊情况），缺乏合理定价机制，勘探权收益没有合理界定和保障，自然没有市场资金进入作为"先行者"。因为勘探投资结果不确定性很大，风险很高，如果投资的未来预期收益权利都没有明确保障，社会资本是不会轻易进入的，特别是在现实中非常容易受到歧视的国内民间资本。

(2) 煤炭开采资源浪费问题分析。煤炭企业开采的短期行为原因要更加复杂一些。一般来说，小煤矿比大型煤矿的短期行为要严重，一方面，

---

① 在这种封闭的体制中，作为探矿权的获得成本的探矿使用费是很低的，根据财政部的规定，"探矿权使用费以勘查年度计算，按区块面积逐年缴纳，第一个勘查年度至第三个勘查年度，每平方公里每年缴纳100元，从第四个勘查年度起每平方公里每年增加100元，最高不超过每平方公里每年500元"。

这是因为开采技术水平差距导致开采回采率差异;另一方面,小型煤矿因为缺乏勘探能力,很少考虑资源的可持续性问题,通常会以比大型煤矿更快的速度开采。但是,我国大型国有煤矿企业却与小型企业一样表现出过度开采的短期行为倾向。

首先,为了使企业在资源开采中能够充分有效地利用资源,一般要对企业的这一环节征收两种税费:一是开采权使用费,相当于资源使用的绝对地租,所有的煤炭企业不分储量和品质都要缴纳;二是针对不同品质和储藏条件的煤矿征收的级差地租,相当于我国的资源税。然而,在拍卖没有成为采矿权获得法定方式的情况下,我国煤矿采矿权价值被严重低估,从而对煤炭企业行为产生严重的扭曲作用。根据财政部1999年发布的《探矿权采矿权使用费和价款管理办法》的规定,我国"采矿权使用费按矿区范围面积逐年缴纳,每平方公里每年1000元"。而相当于级差地租的煤炭资源税征收基本上是以省为单位确立标准,而且是按照产量制定的。从而使本来是用来抑制企业短期开采行为的手段起到了强化短期行为的作用。

其次,我国煤矿资源产权保护力度不够。一方面,国有大型企业无偿或以很低的成本获得全国优质大型煤矿;但另一方面,这些煤矿资源的使用权并没有得到充分和足够的保护。我国大型煤矿被盗采偷采现象非常严重,这种行为不仅极大地破坏了煤炭资源的有效开采,而且国有企业发现这些行为难以被有效制止时,就会采取与盗采者"拼速度"的方式来应对,这进一步加速了大型国有煤矿企业加速煤炭资源的耗竭速度。

再次,我国煤炭产业的市场结构特征对煤炭企业开采的短期行为也有重要影响。我国煤炭产业市场集中度低,竞争激烈。近2/3的煤炭资源为小型煤矿企业占有。前面提到,小型企业比大型企业的开采的短期行为倾向要强。而在激烈的市场竞争下,加上产权保护不够、资源获取成本低等因素的影响,我国大型煤炭企业"复制"小型煤炭企业开采行为的激励是相当强的。

最后,从煤炭价格构成看,对煤炭开采行为有约束作用的成本要素——资源获得和使用的成本——虽然包括在内,但其形成或征收方式有问题,并且额度太低,对企业的资源开采行为没有起到应有的制约作用。

(3)煤炭资源开采和利用中的外部性问题分析。外部性是企业行为对环境或他人造成损害但依靠市场机制本身又难以对其进行"追偿"。外部性是市场自身难以解决的，必须依靠政府的力量。一般来说，使外部性内在化的基本方法有两种：①通过政府部门行政命令及法规条例的形式，要求企业行为必须符合相关环境标准要求。这样企业通过提高环境设备投资来降低对环境的影响。②通过征收环境税（费）方式，弥补私人成本与社会成本之差，从而实现外部性的内在化。从世界各国实践看，采用第一种方法居多，而且实施效果也比较好。我国虽然有环境保护相关法规与技术标准，但在地方政府仍以推动"GDP增长"为第一任务的背景下，实施效果并不理想。外部性问题与地方政府的发展目标相冲突是我国煤炭开采和利用中外部性问题日益严重的根本原因。

（4）煤炭安全生产问题的分析。煤炭安全问题比较复杂。煤炭生产安全与否可能与煤炭管理体制、生产条件、煤矿地质条件等有关。但这里我们关注的不是有无煤矿安全问题，而是为什么近两年来，在中央对安全生产问题日益重视的背景下，煤矿安全生产问题仍日益严重。尽管不可否认，煤矿安全问题有历史原因：由于煤矿企业多年亏损，对安全投入历史欠账太多。但一个不能否认的事实是：近几年是煤炭产业盈利的历史最好时期，而安全事故也达到历史最高水平。这说明"钱"少不是安全问题的"因"。实际上，导致煤矿安全问题日益严重的根本原因主要有两个：一是煤炭生产企业的短期行为——过度开采、超生产能力开采。导致短期行为的原因如前所述。从这个意义上讲，"钱"多反而是导致安全问题频发的原因之一。二是地方政府对煤炭企业过度开采或超采问题和安全投入不足问题有意无意的忽视。

（五）结 论

根据前面的分析，对煤炭资源约束与我国经济和工业增长的关系可以得出如下基本结论：

第一，长期看，煤炭资源储量对我国工业增长的约束程度很低。我国煤炭资源储量丰富，品种多样，基本能满足工业增长的长期需求。以2006年数据计算的我国煤炭资源静态寿命大约为145年，即使用扣除各种开采损失后的剩余基础储量计算，煤炭资源静态寿命也有82年左右，远高于石油和天然气的静态寿命。因此，煤炭是我国工业增长长期可以依靠的能源和资源。

第二,中期看,我国煤炭资源约束主要表现为资源探明率低,可供建井储量少。我国查明的煤炭资源储量为 10201.50 亿吨,但探明储量仅为 1891.22 亿吨(即套改后的煤炭储量),探明率仅为 18.53%。煤炭后备储量相当紧张,目前的煤炭可供建井的储量已不能满足煤炭新建矿井的需要。2000 年可供建井的经济可采储量仅为 203 亿吨,可供开采年限不足 10 年。煤炭勘探投资风险比较大,资源探明率低的主要原因在于勘探投资意愿低,勘探投入不足。尽管实践证明,无论是私有还是政府所有的采矿企业,往往都不愿意在勘探上大量投资,尤其是当它们已经掌握的储量足够满足 20~30 年内的预计需求时。但我国煤炭勘探方面的根本问题在于勘探体制和政策的制约。

第三,短期看,煤炭供给约束的主要问题是产能不足。近几年来,尽管我国煤炭供求基本平稳,但煤矿企业在旺盛市场需求下超能力开采现象比较普遍,由此也导致煤矿安全生产形势日益严峻。超能力开采现象表面看是煤炭企业生产能力投入不足问题,实质上是各种因素导致的我国煤炭资源企业短期行为的集中反映,最终将对我国煤炭资源长期供给能力产生不利影响。

第四,尽管我国单位 GDP 煤耗一直呈快速下降趋势,但"十五"以来,我国经济增长对煤炭的依赖性有所增加。一方面,煤炭在我国一次能源生产和消费结构中一直占主导地位,其份额总体上呈稳步下降趋势,但 2003 年以来能源生产和消费结构的份额呈现明显上升;另一方面,我国煤炭消费弹性系数在"十五"期间也有快速反弹,达到 1.24,而"八五"期间仅为 0.37。从行业结构看,四大煤炭消费行业中,电力行业由于近年来火电装机容量的快速增长,对煤炭依赖性最大,而钢铁、化工和建材工业的煤炭消费总量平稳上升,但由于内部结构调整和产品综合煤耗下降较快,行业整体对煤炭的依赖程度有所减轻。

第五,无论是从中长期看,还是从短期看,无论是资源储量约束,还是产品供给约束,煤炭资源约束问题的核心是煤炭资源的有效利用,包括煤炭的有效勘探、有效开采和有效使用。换句话说,煤炭资源约束需要解决资源保障(勘探)、适度开采(效率与安全并重)、环境友好三个方面的问题。有效勘探和有效开采、利用的关键是构建有效运行的勘探权和开采权市场,核心是价格机制与产权保护问题。当前,我国煤炭价格不完全、煤炭资源产权保护力度不够是导致煤炭勘探不足和资源开采过度的重要原因。煤炭开采和利用过程中的环境问题也与煤炭价格不完全，价格中没有反映因煤炭开采和利用而导致环境成本有关。此外，标准和执法也是影响煤炭环境问题的重要因素。

参考文献

1. 才庆祥、徐志远、常华敏、尚涛：《我国煤炭资源开发存在的若干问题及对策》，《露天采矿技术》2005年第5期。
2. 黄清：《我国煤炭资源地质勘探存在的问题及对策》，《环境经济研究》2005年1月。
3. 李稻葵：《矿产资源税亟需改革》，《新财富》2006年7月21日。
4. 刘志逊、陈河替、黄文辉：《我国煤炭资源现状及勘查战略》，《煤炭技术》2005年10月。
5. 鲁海涛：《煤炭资源开采利用的负外部性及其对策研究》，《煤炭企业管理》1999年6月。
6. 胡鞍钢：《对"十五"时期（2001~2004年）的基本评价》，清华大学公共管理学院工作论文，2005年10月10日。
7. 曲福田主编：《资源经济学》，中国农业出版社，2001年。
8. 宋冬林：《不可再生资源生产外部性的内部化问题研究——兼论资源税改革的经济学分析》，《财经问题研究》2006年1月。
9. 张宏、史志斌：《我国煤炭资源可持续保障能力研究》，《煤炭经济研究》2006年2月。
10. 张米尔、邸国永：《从我国煤炭产业看产业组织低效率问题》，《经济理论与经济管理》2002年第1期。
11. 张帆、李东著：《环境与自然资源经济学》，上海人民出版社，2007年。
12. 朱迪·丽丝：《自然资源：分配、经济学与政策》，商务印书馆，2005年。
13. 中国煤炭工业协会课题组：《煤炭工业健康发展保障措施研究》2003年12月。

第四章 矿产资源与工业增长

矿产资源对于很多国家特别是对于中国现阶段的经济增长作出了很重要的贡献,矿业部门提供了就业机会,直接或者间接地促进了政府的收入,作为基础产业为制造业等下游产业提供了原材料。然而,近20年中国经济飞速发展,使得目前关系到国计民生的一些重要矿产资源发生了严重短缺的现象,伴随而来的是中国对矿产品的进口在快速增长,这也在一定程度上使得世界矿产品的价格在波动中有上扬的趋势。

目前,学界对资源约束下的经济增长有不少的研究,本章研究的是中国的矿产及矿产部门的产品和生产等基本情况及其与工业增长的关系。本章第一部分分析了我国目前的矿产资源储量;第二部分讨论了我国对矿产资源的需求情况;第三部分分析了我国矿产资源的生产情况;第四部分分析了我国矿产资源的供求平衡及国际贸易状况。

一、中国矿产资源基本情况的分析

(一) 矿产资源的可供性

我国从总量上来看是世界矿产资源大国,截至2004年,已发现171种矿产资源,探明资源储量的有158种,其中石油、天然气、煤等能源矿产10种;铁、锰、铝、铜、铅、锌等金属矿产54种;石墨、磷、硫、钾盐等非金属矿产91种。发现矿产地近18000处,其中大型矿产地7000余处。归纳而言,我国的矿产资源具有以下特点:

资源与增长

1. 资源总量大,但是人均占有量低

据统计,世界前十位国家 45 种主要矿产储量潜在价值比较,按矿产总值计,中国排第 3 位,占世界矿产总值的 14.64%。

表 4-1　　　　　　　　　主要矿产基础储量

项　目	2004 年
石油（万吨）	249097.9
天然气（亿立方米）	25292.6
煤炭（亿吨）	3373.4
铁矿（矿石,亿吨）	217.6
锰矿（矿石,万吨）	29658.5
铜矿（铜,万吨）	2929.0
铅矿（铅,万吨）	1314.7
锌矿（锌,万吨）	4151.5
铝土矿（矿石,万吨）	72069.0
金矿（金,吨）	2075.1
硫铁矿（矿石,万吨）	194987.9
磷矿（矿石,万吨）	389393.3

注：基础储量是查明矿产资源的一部分,能满足现行采矿和生产所需的指标要求,是控制的、并通过可行性和预可行性研究认为属于经济的、边界经济的部分,用未扣除设计、采矿损失的数量表示。

资料来源：《中国统计年鉴》(2005)。

从主要矿产的保有储量看,1978 年以来,基本都发生了大幅度的增长。煤、铝土、锌、金、硫铁矿等增幅较大,这体现了我国地质勘探投入的增长。同时可以看到,煤、铁、锌、锰、金等已呈现出下降的趋势,一是因为这些矿产基本属于开发利用程度比较高或者我国储量不占优势的矿种；二是因为我国经济的发展对这些矿种的利用程度和利用水平都有明显提高。

与资源禀赋其他很多指标一样,由于我国人口众多,矿产资源人均占有量不占优势,仅为世界平均水平的 58%,居世界第 53 位。

第四章 矿产资源与工业增长

表 4-2　　　　　　　　　我国主要矿产保有储量

年份 矿产	1978	1980	1985	1990	1995	1998	2001
煤（亿吨）	5960	6425	7692	9544	10076	10070	10033
铁矿石（亿吨）	420.6	437.6	496.41	501.17	462.32	458.89	457
锰矿石（亿吨）	3.91	3.97	4.79	5.82	5.53	5.37	
铝土矿石（亿吨）	11.6	11.75	14.96	20.14	22.76	22.66	
铜（万吨）	5040	5369	5874	6154	6273	6307	
铅（万吨）	2208	2273	2807	3337	3530	3510	
锌（万吨）	5296	5699	6920	8396	9256	9244	
金（吨）	1325.1	1629	1998.6	3136.6	4265	4157	
硫铁矿石（亿吨）	27.7	32.7	40	42.84	44.08	44.13	
磷矿石（亿吨）	104.5	102.4	133.4	157.2	133.26	132.72	132

注：保有储量指一定时间内（截至报告日期）矿山所拥有的资源实际储量。计算时要考虑经地质勘探和其他调查后，矿山（矿床、矿区）的累计探明储量因受新探明储量和已采量等影响而出现的增减等因素。其计算公式为：报告期保有储量＝期初累计保有储量±本期因地质勘探、重新计算所造成的储量增减数－已采量－地下损失量－其他损耗量。

资料来源：1978~1998 年数据来自《中国资源地理》，2001 年数据为中经网数据。

2. 矿产差异较大，重要矿产不具优势

我国稀土、钨、钛、锡、钼、铌、菱镁矿、重晶石、石墨、滑石、芒硝、石膏等，不仅探明储量可观，人均占有量居世界前列，而且资源质量高，开发利用条件好。但是关系到国计民生的、用量比较大的重要矿产，如铁、锰、铝、铜、锌、硫、磷等，或为贫矿多，或为难选矿多，开发利用条件比较差。

从图 4-1 中我们可以看出，中国超过世界人均拥有量的矿产资源只有资源储量占传统优势的矿产，如钨、锡、锑、稀土、石墨、煤、菱镁矿等；而一些战略性矿产如铁、金、铜、石油、天然气、铝土等都低于世界平均水平。

3. 多中小矿或贫矿，共生伴生现象普遍，可采程度差

我国矿产资源中，一方面，发现的矿产中中小型矿、贫矿、难选矿和综合矿多；另一方面，长期以来矿产勘查强调工程控制和地质可靠程度，忽视资源储量的经济评价，使得我国查明资源的经济可采性不高。

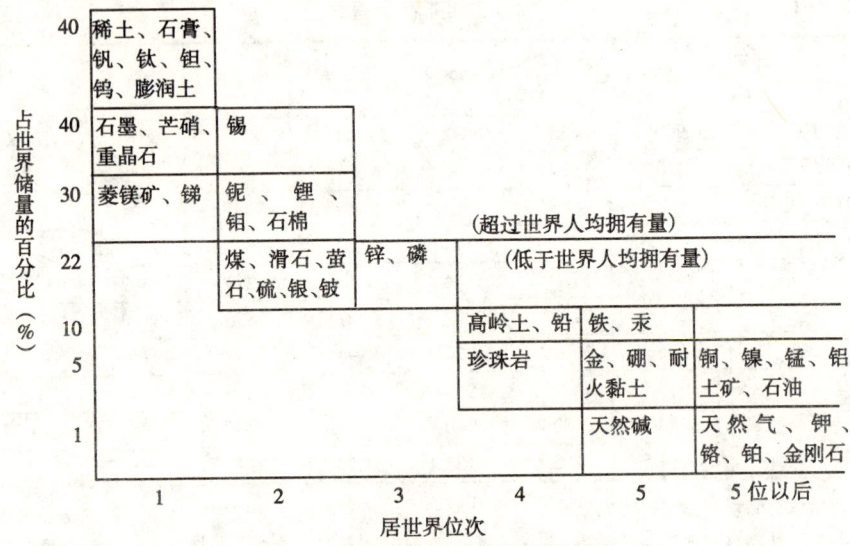

图 4-1 中国主要矿产储量世界地位

资料来源：《中国资源地理》。

根据相关研究，我国除铀以外的 42 种主要固体矿产可采储量占查明资源总量（包括已利用和未利用的）的比例平均仅为 20.6%。难以保证供应的铁、铬、铜、铝、银等矿产的经济可采储量都在 20%~30% 之间，而锰、铂、钾盐、钴等更在 20% 以下。

表 4-3　　　　　　　　　我国 5 种主要矿产的贫矿比重

矿产	单位	探明资源储量	富矿探明资源储量	贫矿所占比重（%）
铁矿	矿石，亿吨	576.62	10.85	98.1
锰矿	矿石，万吨	71167.6	3723.8	94.7
铜矿	金属，万吨	6708.73	2045.11	69.5
金矿	金属，吨	4414.24	1252.3	71.6
磷矿	矿石，亿吨	163.64	13.83	91.5
铝土矿	矿石，万吨	254540	3091.4	98.8

注：富铁矿品位 48% 及以上；富锰矿品位 28% 以上；富铜矿品位 1% 以上；富磷矿（P2O5）30% 以上；富金矿每吨 6 克以上。
资料来源：中国矿产联合会、国土资源部信息中心（2005）。

4. 矿产资源总体利用程度仍然不高

我国矿产资源总体利用程度近 10 年不断上升，但是总体利用程度仍然不高,近一半没有被利用。国土资源部的研究表明,随着经济发展,对矿产资源开发强度的加大,我国资源利用程度有所上升,如铁矿从36%上升到45%。但是总体利用程度仍然偏低,在45种主要矿产中,探明资源储量利用程度①在70%以上的只有19种,50%~70%的有9种,低于50%的有17种。45种主要矿产的探明资源储量利用程度平均仅为57.86%。

特别地,在低于50%的矿产中,很多都为我国供应缺口比较大的矿产,如铁、铝土矿、煤、钛(24%)、金刚石(29%)等。而那些利用程度高于70%的矿产中,很多都是我国资源相对丰富的优势矿产,如钨、锡、锑、萤石等,这体现了我国在矿产资源规划中总体思路的欠缺和争取利益最大化时的非理性。过度和无序的开发导致我国优势资源的地位岌岌可危,在世界市场上没有充分利用自己的优势地位获得更多的收益。

表4-4　　　　　　2003年我国主要矿产探明资源储量利用情况

矿产	单位	已利用探明储量	探明资源储量总量	利用程度
煤	亿吨	4619	10212	45.23
石油	亿吨	22.36(剩余可采储量)	23.87(剩余可采储量)	93.67
天然气	亿立方米	13909(剩余可采储量)	20861(剩余可采储量)	66.67
铁矿	矿石,亿吨	260	577	45.08
锰矿	矿石,万吨	52563	71167	73.85
铜矿	铜,万吨	3939	6709	58.71
铝土矿	矿石,亿吨	5.18	25.45	20.34
铅矿	铅,万吨	2538	3757	67.55
锌矿	锌,万吨	6935	9267	74.84
镍矿	镍,万吨	604	813	74.29
钨矿	WO_3,万吨	451	569	79.26
锡矿	锡,万吨	337	481	70.25
硫铁矿	硫,万吨	368306	519416	70.91
磷矿	矿石,亿吨	106	164	64.88
钾盐	KCl,万吨	62331	86971	71.67

资料来源:国土资源部信息中心。

---

① 探明资源储量利用程度为已利用矿区探明资源储量与探明资源储量(总量)之比,它的高低取决于资源储量的内外部条件、资源规划布局和技术经济指标等方面的因素。

5. 区域分布不均,但部分矿产前景广阔

由于我国的地质条件差异很大,使得矿产分布明显具有地区差异,如煤炭储量90%集中于长江以北,而山西、陕西、内蒙古三省更达到全国的68%;铁矿集中分布在辽宁、河北、四川、山西四省;磷矿高度集中在云南、贵州、四川、湖北等省,占全国保有储量的70%。

另外,地质专家们经研究认为我国很多矿产还存在相当大的潜力,特别是中西部的储量新增余地很大。其中,中部以能源、有色金属、贵金属为主,体现在铜、铝、金、银等矿产的优势上;西部则是铬、钒、钛、镍、铅、锌、磷、芒硝等矿产资源非常丰富,特别是考虑到西部地质勘探程度低,未来西部在能源、贵金属、非金属矿等方面还拥有非常美好的前景。

(二) 矿产需求

1. 矿产及其与产业的关联

虽然矿产禀赋是不是"诅咒"目前还未见定论,但它无疑是人类的财富。并且随着人类知识的积累和技术的进步、消费者偏好的逐渐演变,矿产转化为财富的途径和形式也越发显得丰富多彩。

表 4–5　　　　　　　　　　重要矿产品的主要用途

矿产品	当前一般用途
铝	飞机零件、汽车零件(发动机、汽缸、散热器、传输装置等)、火车、海船、包装物、建筑安装(门窗、排水、喷管、防侵蚀、引水槽、五金器具、遮篷等)、电器、医药(防酸、止汗剂等)、水处理
锑	合金、耐火材料、电池、塑胶、制陶、玻璃、红外线探测器、二极管、电缆防护、涂料、药品
硼矿	肥料、消毒剂、清洁剂、防冻剂、焊接、制陶、涂料、瓷釉、耐热玻璃、医药品、防腐剂
铬	电镀、合金、颜料、防腐蚀、玻璃和陶器、催化剂、氧化剂、制革、耐火材料
煤	发电、炼钢、化工制造、液体燃料、塑料及化合物
铜	建筑安装(电线、电缆、燃气管道等)、飞机制造(起落架、引擎、直升机)、汽车制造(启动器、轴承、传动装置等)、机械及设备(工具、齿轮、涡轮等)、家具、工艺品、服装、珠宝、艺术、乐器类、厨具等
金	饰品、电子产品、医疗、珠宝、制笔、制表、卫浴用品、保值用途等

第四章 矿产资源与工业增长

续表

矿产品	当前一般用途
铁	钢铁、合金
铅	电池、电缆保护、焊接、辐射保护、石油抗爆物、铅管、军火
锰	制钢、合金、电池、染料、焊接、农业、水处理、冶金、石油添加、氧化剂、催化剂、密封剂、电路等
磷矿	肥料、清洁剂、食品饮料、饲料、水处理、造纸业、陶瓷、玻璃、纺织和合成纤维、橡胶、医药、化妆品、石油生产和制品、建筑、杀虫、牙膏、采矿、皮革、染料等
铀	核燃料、核武器、X射线等
锌	电镀、合金、电池、水净化、氧化锌（橡胶制品、医药、塑胶、纺织、电器等）、硫化锌（电视屏幕、染料、荧光灯等）
钾盐	肥料、清洁剂、玻璃、陶器、化学染料、麻醉剂、食品
汞	温度计、气压计、电子设备、电极、电池、氢氧化钠制造、照明、杀虫剂等
镍	不锈钢、防侵蚀合金、涡轮、火箭发动机、电镀、催化剂、电池等
钛	合金制造、飞机零件、汽车零件、染料、手表、船舶设备、造纸业等
锡	马口铁、合金、焊接、化学制品、照明、挡风玻璃等
硫	硫酸、军火、杀菌剂、橡胶

资料来源：作者整理。带下划线的为国土资源部研究（2001）认为的15种支柱性矿产，未列在上表中的为石油、天然气、硫铁矿、钠盐、石灰岩。

由于矿产品的经济属性，矿产部门在国民经济中往往被认为是基础性产业。为具体分析中国当今矿产部门的地位，了解其产业关联情况，我们利用2002年投入产出表简单计算了各个产业的影响力系数和感应度系数。其中，影响力反映国民经济某一部门增加一个单位使用时，对国民经济各部门所产生的需求波及程度。感应度系数是反映国民经济各个部门均增加一个单位最终使用时，某一部门由此而受到的需求感应程度。

截取矿产及相关产业的计算结果，可以发现，矿产及相关产业部门的影响力系数普遍不高，特别是矿产采掘部门，而下游的非金属矿物制品业和金属冶炼及冶炼加工业也仅仅略高于1；但是从感应度系数看，则刚好相反，各个采掘部门的指标值都相当的高，石油和天然气开采业、金属矿采选业更高居所有42个产业的前两位，这更进一步说明这些产业受到社会需求影响的压力更大，如果不加以统筹规划，往往会使得所谓"瓶颈"效应更加明显，成为"资源约束"短期效应的明证。

表 4-6　　　　　　　　　2002 年矿产及相关产业影响力及感应度

产　业	影响力系数	排　名	感应度系数	排　名
煤炭开采和洗选业	0.835837	34	1.347067	7
石油和天然气开采业	0.691827	40	2.153738	1
金属矿采选业	0.975729	23	2.140346	2
非金属矿采选业	0.944697	26	1.194769	9
非金属矿物制品业	1.073471	17	0.984372	22
金属冶炼及压延加工业	1.174833	11	1.467899	4

资料来源：中国投入产出学会，共 42 个产业。

2. 矿产消费

从近年的情况看，由于经济的快速发展，我国已经成为世界上最主要的矿产和金属的消费国之一。以 2005 年的数据看，中国在许多重要矿产的消费方面已经处于世界前两位。特别是被认为到 2020 年也难以保证供应的铁矿石的消费已经占到世界的 35.71%，而消费比例超过 20% 的矿产由高到低有煤、铁矿石、锡、锌、铅、氧化铝、铝、铜等。与主要发达国家相比，除了铀以外，中国在所有战略性矿产消费方面都超过了代表性国家。①

表 4-7　　　　　　　　　　　　2005 年主要国家矿产消费

国家 矿产	澳大利亚	加拿大	中国	日本	韩国	俄罗斯	美国	全世界	中国消费占世界比例
铝（千吨）	380	803	7119	2276	1201	1020	6114	31691.83	22.46%
氧化铝（千吨）	3711	5644	15222	12	20	7112	4837	62260.73	24.45%
煤（百万吨）	139	58	2179	178	84	238	1019	5898.99	36.94%
铜（千吨）	158	290	3639	1229	853	792	2270	16706.41	21.78%
金（吨）	10	27	257	167	80	67	220	3283.747	7.83%
铁矿石（百万吨）	11	10	473	132	44	87	56	1324.493	35.71%
铅（千吨）	28	42	1916	291	383	80	1552	7725.191	24.80%
镍（千吨）	2	7	189	173	100	26	135	1242.634	15.21%
锡（千吨）	1	3	116	33	18	7	42	349.4475	33.20%
铀（吨）	0	2118	1594	9651	3551	4020	24765	78772.58	2.02%
锌（千吨）	239	175	3037	602	503	171	1077	10624.41	28.59%

资料来源：根据澳大利亚农业和资源经济局（2007）有关数据整理计算而得。

---

① 当然我们还应注意到中国在进口资源的同时还在大量出口包含有资源的制成品。因而最终的居民消费资源量可能会远低于表 4-7 中所列的资源消费量。这一问题有待将来进行专门研究。

虽然中国的矿产消费总量及其增长已经令人吃惊,但是中国的人均矿产(特别是金属)消费仍然是比较低的,中国还存在着可观的消费增长潜力,因而我们有较大把握推测未来 20 年内中国的矿产消费量仍然会居高不下。

正如诸多有关中国增长方式的研究论证的那样,我国资源利用的节约水平还不高。从消费弹性系数①看,近年来,我国资源消费弹性系数大幅度上升,已经接近历史最高时期"一五"时期的水平。特别是从"七五"时期以来,几乎所有主要矿产的消费弹性都呈上升趋势,"九五"时期以来的上升甚至可以用"异乎寻常"来概括。目前,我国产业结构的变化趋向重化工业,消费者对住宅、汽车、电器、通信设备等需求日益增长,而此类产业往往影响力系数位居前列,这些都推动了中国矿产资源的消费增长。

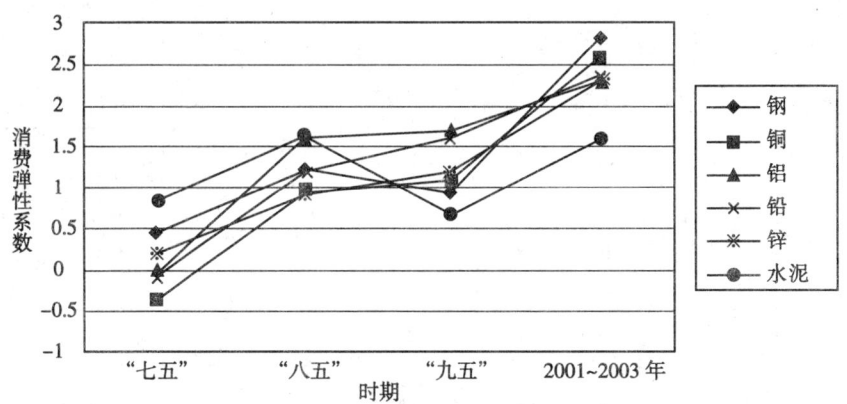

图 4-2 "七五"时期以来六种矿产消费弹性的变化

统计资料显示,近年来消费弹性系数以及每单位 GDP 矿产消耗量有所上升,这一方面是由于我国矿产资源的消费利用还比较粗放,而更重要的原因是我国的产业结构趋向重化工业及经济社会发展阶段所决定(具体见表 4-8)。因而当我们进行国际比较时,不应简单地将中国的单位 GDP 能耗及资源消耗量同发达国家对比。就像我们不能简单地根据单位体重所摄入的碳水化合物(能耗)及蛋白质(资源消耗量)就认为一个正处于发

---

① 消费弹性系数为资源消费量增长速度与 GDP 增长速度的比值,是反映资源节约、集约利用水平的重要指标。

育期的少年应该节食一样。中国较高的单位 GDP 能耗及资源消耗量在相当程度上反映了中国现阶段工业化的阶段性特征以及现阶段国际产业分工的特点。作为一个发展中国家，中国必须权衡发展与资源消耗及环境保护之间的关系。客观地说，中国目前正在从更强调发展目标向发展和资源节约及环境保护两者并重的工业化阶段过渡。经过一定时期，当我们的实力更强、发展水平更高时，将进入资源节约和环境保护目标更重的发展阶段。目前，中国正在以极大的努力争取为这一时期的尽快到来而奠定更雄厚的经济技术基础。

表 4-8　　新中国成立以来我国主要矿产品、相关能源和原材料消费弹性系数

时期	能源	钢	铜	铝	铅	锌	硫酸	水泥
"一五"	1.66	2.28	2.89	—	3.52	4.21	2.85	0.69
"二五"	-18.39	-20.52	-32.06	—	-27.63	-17.47	-21.27	-10.45
1963~1965 年	0.30	1.70	1.80	—	1.33	1.53	2.10	3.01
"三五"	1.24	1.44	2.12	—	1.46	1.80	1.53	2.24
"四五"	1.55	1.44	0.93	—	0.04	0.01	1.88	2.01
"五五"	0.88	1.19	1.10	—	1.25	1.94	1.51	1.67
"六五"	0.45	1.17	1.12	—	0.38	1.25	-0.17	1.23
"七五"	0.65	0.45	-0.37	-0.03	-0.06	0.19	1.53	0.84
"八五"	0.49	1.21	0.94	1.58	1.20	0.92	0.70	1.62
"九五"	-0.05	0.94	1.09	1.69	1.60	1.20	0.73	0.67
2001~2003 年	1.05	2.83	2.60	2.31	2.36	2.31	1.57	1.58

资料来源：国土资源部信息中心。

（三）矿产品生产及矿产部门

1. 矿产的勘查

随着经济的发展，我国许多矿产已发现和可以被利用的储量急剧减少。如铁矿，我国多数铁矿山已由山坡露天转为深凹露天开采，部分大型铁矿山已经进入中老年期，资源面临枯竭。据有关研究，全国面临资源枯竭的矿山有 400 余座，有色金属 66% 的主力矿山进入中晚期，已关闭和即将关闭的矿山有 83 座，到 2010 年预计还要关闭 355 座，占矿山总数的 46%，产能丧失近 5000 万吨，占总产量的 35%；冶金矿山有 46 座面临资源枯竭，将丧失生产能力 3600 万吨；即使资源条件较好的煤矿，2010 年

前弥补报废矿井产能的精查储量缺口也高达 300 亿吨。

然而，我国的资源勘查工作还存在种种不足。近年来，全国地勘费用在国家财政支出中的比例逐年下降。商业勘查虽然已经起步，但是，与世界范围内的商业性地质勘查相比，我们的差距还很大。在世界矿产勘查风险筹资市场，中国所占的份额不足 1%；在中国引进的外资中，矿产勘查所占比重不足 0.1%；在中国商业性矿产勘查总投资中，引进的外资不足 2%。中国被国际矿业界认为是矿业投资环境最差的国家之一，主要原因是风险勘查市场未开放、地质资料难共享、探矿者不能有保障地取得法定优先的采矿权、对外国投资者诸多限制，等等。

2. 矿产品的生产情况

矿产需求的强劲增长带动了我国矿产品的生产，我国在许多矿产品上

表 4-9　　　　　　　2003 年中国主要矿产品生产在全世界的地位

矿产品	百分比（%）	世界排名
一、能源		
煤	45	1
石油	4.7	6
二、工业矿产品		
水泥	42	1
萤石	55	1
稀土	85	1
三、金属		
铝	18	1
锑	89	1
铜	12	2
金	8	4
铅	18	2
镁	45	1
钼	24	3
银	12	3
原钢	23	1
锡	32	1
钨	83	1
锌	22	1

资料来源：USGS。

的生产已经名列世界前茅。就 2003 年的数据看，主要矿产品中，我国煤、水泥、萤石、稀土、铝、锑、镁、原钢、锡、钨、锌 11 种金属和非金属产品的生产量位居世界第一，然而与此同时，铝、铁矿石等一些重要矿产却无法保证供应。

从国别比较的角度观察，以 APEC 国家 2005 年的数据看，澳大利亚在氧化铝、金、铜、铁矿石、镍、铀等诸多中国紧缺的矿产品的生产上都领先中国，这些矿产都是中国极为需要的战略性矿产品；智利在铜的生产方面领先诸国；俄罗斯和美国两个大国则在各项矿产的生产中比较均衡。当然，这其中并没有包含石油和天然气的生产，否则俄罗斯的重要性将更加明显。

3. 矿产企业

截至 2004 年底，我国拥有各类矿山企业近 12.5 万个，比 2003 年减少了 2 万个。平均来看，大中型企业只占企业总数的 7.03%，说明小型矿山产量还占有很大比例，全国矿业产业集中度低。虽然近几年进行了整顿治理，关井压产，但小型矿山的数量仍然很多，这在世界上较为独特。

从产量集中度上来看，我国只有铜矿的大型矿山的产量在全国占据其矿产产量的主导地位。而根据国土资源部的研究，全国也只有铜、钨、钼、镍 4 个矿种的大中型矿山的产量在全国占据其矿产产量的主导地位。

我国大多数矿产企业规模都比较小。例如煤、铁、铅、锌 4 种矿产的 CR10 都只有 20% 左右，只有铜在 60% 左右。在非常重要的铁矿石、煤、铜、镍、铝、金等矿石和金属生产方面，中国没有一家企业进入世界前五。这些大的矿石和金属生产商集中分布在澳大利亚、美国、巴西、加拿大、英国和法国，智利和南非则在铜和金的生产上占据世界的制高点。

我们认为，中国矿业产业组织结构所具有的特点，一方面，是由中国社会经济状况所决定的；另一方面，也是由中国矿产资源多为中小储量矿区的地质条件所决定的。因而不能简单地进行国际比较后就认为应采取关闭所有中小矿山的方式来提高产业集中度。中国地质储量条件的特点决定了中小矿山将长期存在。政府的政策应着眼于规范矿业的竞争秩序，在充分尊重客观经济规律的基础上，有效实施政府干预和管制，特别是将企业外部成本尽可能地内部化，从而使大中小型企业均可以在合理的范围内生存发展和公平竞争。同时，以积极的态度促进和帮助中小型矿区能够达到符合较高标准的资源节约和环境保护水平。

第四章 矿产资源与工业增长

表 4-10 2005 年中国以及 APEC 国家的矿业生产

矿产 地区	氧化铝(千吨)	铝(千吨)	矾土(千吨)	煤(百万吨)	铜(千吨)	金(吨)	铁矿石(百万吨)	铅(千吨)	镍(千吨)	锡(千吨)	铀(吨)	锌(千吨)
澳大利亚	17684	1903	65416	371	930	263	262	715	187	3	11222	1329
加拿大	998	2894	0	65	595	119	28	79	198	0	13713	667
智利	0	0	0	0	5321	40	8	1	0	0	0	29
中国	7519	7806	20000	2226	651	224	198	1023	60	120	826	2525
印度尼西亚	0	252	2342	140	1064	167	0	0	150	120	0	0
墨西哥	0	0	0	10	429	31	12	134	0	0	0	476
秘鲁	0	0	0	0	1010	208	8	319	0	42	0	1202
菲律宾	0	0	0	3	16	32	0	0	22	0	0	2
俄罗斯	2795	3647	6409	297	805	176	97	36	280	5	3921	186
美国	4947	2480	221	1027	1140	262	55	434	0	0	1218	747
APEC 总计	33957	19338	94390	4197	12157	1619	672	2744	898	298	30900	7295
世界总计	60746	32017	188780	5878	15083	2518	1313	3298	1384	331	49282	10118
中国产量占世界比例(%)	12.38	24.38	10.59	37.87	4.32	8.90	15.09	31.02	4.34	36.20	1.68	24.96

注：煤包括褐煤和黑煤；煤为 IEA 估计数据；金为 GFMS 黄金普查 2006 数据；铅和锌为国际铅锌研究小组数据；镍为国际镍研究小组世界镍统计数据。

资料来源：根据澳大利亚农业和资源经济局报告 (2007) 有关数据整理。

表 4-11　　　　　　　　　　　2004 年主要矿产企业规模情况

矿种	矿山企业数	大型	中型	小型	小矿	大中型企业占总数（%）
总计	124982	4147	4636	45357	70842	7.03
煤炭	26397	247	431	8863	16856	2.57
铁矿	3763	49	107	1249	2358	4.15
锰矿	569	27	32	419	91	10.37
铬矿	24		3	14	7	12.50
钛矿	135	23	6	84	22	21.48
钒矿	31	2	5	20	4	22.58
铜矿	691	11	32	198	450	6.22
铅矿	914		4	140	770	0.44
锌矿	908	3	17	279	609	2.20
铝土矿	281	1	4	105	171	1.78
镍矿	42	2	2	19	19	9.52
钨矿	154		14	58	82	9.09
锡矿	182	2	7	54	119	4.95
汞矿	15			5	10	0.00
铂矿	1			1		0.00
金矿	1671	7	56	504	1104	3.77
银矿	62	4	3	30	25	11.29
轻稀土矿	107		15	39	53	14.02
菱镁矿	161	6	11	127	17	10.56
普通萤石	888	4	31	543	310	3.94
钾盐	15	6	4	5		66.67
硼矿	76	4	9	25	38	17.11
磷矿	420	9	26	291	94	8.33
金刚石	2	2				100.00
石墨	158	58	67	31	2	79.11
石棉	64	13		48	3	20.31

资料来源：《中国矿业年鉴》(2005)。

表 4-12　　　　　　　　2003 年我国 9 种矿产产量分布

矿产	大中型产量比重（%）	大型产量（%）	中型产量（%）	小型产量（%）
煤炭	53.3	31.0	22.3	46.7
铁矿	62.4	48.2	14.2	37.6
铜矿	87.2	66.2	21.0	12.8
铝矿	42.6	39.2	3.4	57.4
铅矿	51.5	17.5	34.0	48.5
锌矿	44.1	4.6	39.5	55.9
钨矿	45.4	4.3	41.1	54.6
锡矿	61.6	26.3	35.3	38.4
磷矿	51.1	38.6	12.5	48.9

资料来源：《国土资源部矿山统计年报》（2003）。

表 4-13　　　　重要矿物 2001 年世界排名前五的矿石和金属生产商

铁矿石	市场份额	煤	市场份额	铜	市场份额
1. CVRD（巴西）	15.5%	1. CIL（印度）	17.6%	1. Codelco（智利）	12.3%
2. Rio Tinto（英国）	8.8%	2. Peabody（美国）	5.0%	2. Phelps Dodge（美国）	7.8%
3. BHP Billiton（澳大利亚）	6.2%	3. Rio Tinto（英国）	4.7%	3. BHP Billiton（澳大利亚）	7.0%
4. Caemi（巴西）	2.5%	4. BHP Billiton（澳大利亚）	4.1%	4. Rio Tinto（英国）	6.2%
5. Kumba（南非）	2.5%	5. RAG（德国）	3.2%	5. Grupo（墨西哥）	5.5%
镍	市场份额	铝	市场份额	金	市场份额
1. Norilsk（俄罗斯）	19.1%	1. Alcoa（美国）	14.4%	1. Anglo Gold（南非）	8.3%
2. Inco（加拿大）	12.2%	2. Alcan（加拿大）	8.4%	2. Barrick（加拿大）	7.6%
3. Falconbridge（加拿大）	7.8%	3. Russian Aluminium（俄罗斯）	7.3%	3. Newmont（美国）	6.7%
4. BHP Billiton（澳大利亚）	5.9%	4. BHP Billiton（澳大利亚）	4.0%	4. Gold Fields（南非）	4.7%
5. Eramet（法国）	5.3%	5. Pechiney（法国）	3.6%	5. Placer Dome（加拿大）	3.4%

资料来源：IIED 报告。

4. 矿产资源开发利用状况

根据国土资源部 2003 年《中国矿产资源年报》公布的资料，我国 40 多种主要矿产资源总体利用率不高，石油采收率仅 29%，煤炭 30%，其他固体矿产采、选、冶总回收率平均只有 42%。

从采矿回采率[①] 看，近十几年来，煤炭和铁矿实际回采率低于行业标准和一般设计规范，并且有下滑趋势。主要有色金属实际回采率则符合矿山设计要求，并逐步提高，但优势钨矿和锡矿回采率近 5 年下降幅度很大；非金属矿产的情况则稍好。这也表明我国矿山资源二次利用的潜力很大。

表 4-14　　我国主要矿产的采收率、采选回收率指标状况

矿 种	采矿回采率（%）	选矿回收率/选冶综合回收率（%）	采、选、冶综合回收率（%）
铁矿	55	100	57
锰矿	62	74	46
铬铁矿	41	85	35
铜矿	59	88	52
铅矿	64	86	55
锌矿	67	86	58
铝土矿	77	50	38
镍矿	86	77	66
钨矿	49	79	39
锡矿	45	67	30
锑矿	57	85	48
金矿	68	88	60
银矿	64	85	54
铂族	28	80	22
稀土金属	96	70	67
菱镁矿	54	100	54
萤石	60	68	41
耐火黏土	49	100	49

[①] 采矿回采率：采出资源储量占可采资源储量的比重，并且还分为工作面回采率、采区回采率、阶段回采率和全矿井回采率。

续表

矿 种	采矿回采率（%）	选矿回收率/选冶综合回收率（%）	采、选、冶综合回收率（%）
硫铁矿	54	74	40
磷矿	48	88	42
钾盐	90	70	63
硼矿	53	49	26
钠盐	9	46	4
水泥灰岩	76	85	65
金刚石	74	81	60
石棉	63	85	54
滑石	58	70	41

注：选矿回收率：精矿中的有用部分（或金属）的数量占原矿中有用（或金属）数量的百分比。
资料来源：中国矿业联合会、国土资源部信息中心（2005）。

（四）供需平衡及国际贸易

1. 供需平衡

近年来，中国矿产品产量的迅速提高并未跟上高速增长的需求，中国国内生产矿产品并不能满足国内高涨的需求。根据中国矿业联合会的研究，到2020年中国所需的45种主要矿产可以基本分为四类：可以保证；基本保证；短缺；严重短缺。其中，①可以保证的矿产有：煤、天然气、钨、钼、银、稀土、菱镁矿、萤石、耐火黏土、磷、重晶石、水泥灰岩、玻璃硅质原料、石膏、高岭土、石材、硅藻土、钠盐、芒硝、膨润土、石墨、石棉、滑石、硅灰石共24种。②基本保证的矿产有：钛、硫2种。③短缺的矿产有：石油、铀、铁、锰、铝土矿、锡、铅、镍、锑、金10种。④严重短缺的矿产有：铬、铜、锌、钴、铂族元素、锶、钾、硼、金刚石9种。

就目前掌握的研究资料来说，可能在判断严重短缺和短缺的矿产类别方面有些较小的差别，但是对短缺的矿产品的判断几乎一致。

2. 进口情况

讨论矿产的可得性如果局限在一国市场的范围内，那么各种各样的替代和技术进步就会起作用。但是，当今世界市场的融合使得这个概念必须放在全球的背景下。因此，关于矿产品供需必须考虑国际贸易。

表4-15　　　　　　主要矿产 2010 年、2020 年供需预测

矿产品	2010年			2020年		
	供应能力	需求	缺口	供应能力	需求	缺口
煤（亿吨）	16.00	18.25	2.25	18.00	21.05	3.05
石油（亿吨）	1.75	3.00	1.25	1.71	4.25	2.54
天然气（亿立方米）	1349	1100	−249	1650	1800	150
铁（矿石，亿吨）	2.20	5.29	3.09	2.40	5.34	2.94
锰（矿石，万吨）	350	925	575	350	935	585
铬（矿石，万吨）	20	290	270	10	440	430
铜（金属，万吨）	112	337	225	137	445	308
铅（金属，万吨）	107	85	−22	112	110	−2
锌（金属，万吨）	179	190	11	202	245	43
铝（金属，万吨）	354	800	446	405	1200	795
镍（金属，万吨）	5.29	8	2.71	5.97	12	6.03
硫（矿石，万吨）	1970	2590	620	2120	3050	930
磷（矿石，万吨）	3810	3810	0	4580	4580	0
钾（矿石，万吨）	212	1214	1002	213	1717	1504

资料来源：中国矿业联合会。

表4-16　　　　　　2004 年我国矿产品进口额结构

矿产品	进口额（亿美元）	占全部矿产品进口额的比重（%）
石油及其产品	445.1	37.2
金属矿砂及金属废料	252.1	21.1
钢铁	233.9	19.6
有色金属	141.9	11.9
非金属矿物制品	48.0	4.0
天然气及人造气	24.2	2.0
制成肥料（磷肥，钾肥）	22.8	1.9
天然肥料及矿物	18.0	1.5
煤炭、焦炭及煤砖	9.0	0.8
合　计	1195.0	100.0

资料来源：马建明（2005）。

过去 10 年，中国成为世界矿产品的进口大国，是世界最大的铁矿石进口国，虽然我们也是铁矿石的生产大国。中国对铁矿石的进口从 1990 年的 1400 万吨上升到 2005 年的 27500 万吨，同时，中国对精炼铜和镍的进口量也非常巨大。

从 2004 年进口额的结构看，金属矿砂及金属废料、钢铁、有色金属三项的总和占全部矿产品进口额的比重已经达到 52.6%，另外非金属矿物制品也达到了 4.0%，我国的磷肥和钾肥仍然很稀缺，需要大量进口。

2004 年，我国重要短缺矿产品消费对进口的依赖程度继续提高。石油达到 45.2%，铁矿石 55%，铜金属 70%，氧化铝 45%；由于国内产量的增长，钾盐的依赖程度呈下降趋势，但仍然高达 77%。近年来，我国石油、铁矿石、铜金属等对进口的依赖程度呈逐年增加的趋势，尤其是石油和铁矿石对进口的依赖程度增加更快。

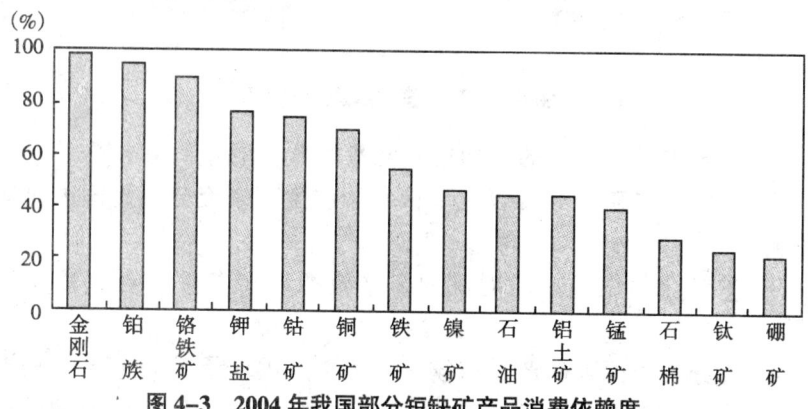

图 4-3 2004 年我国部分短缺矿产品消费依赖度

资料来源：马建明（2005）。

中国进口量和依赖度的增加使得世界矿产价格可能在波动中上扬，据澳大利亚农业和资源经济局 2006 年底发表的一份报告预计，由于全球对矿产的需求强劲而矿产供给增长缓慢，铁矿石等矿产价格将会继续上升。这份报告对 2006 年 7 月 1 日开始的澳大利亚 2006~2007 财政年度里初级产品价格的走势和澳初级产品出口前景进行了预测。报告预计，在澳本财政年度里，铁矿石、黄金、铝、镍、铜以及锌等的价格将会继续上升。

（五）小结

本章通过如图 4-4 所示的研究框架，对我国矿产资源的基本情况进行了较全面的分析。并得出了以下结论：

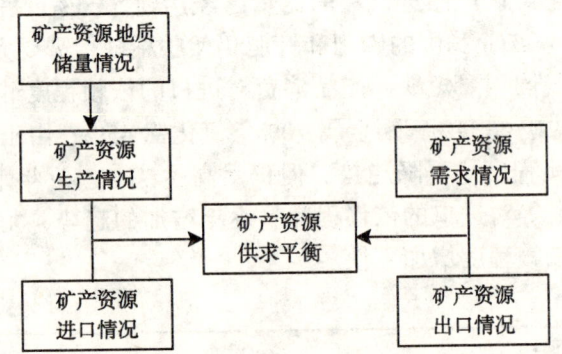

图 4-4　矿产资源状况分析框架

（1）中国主要矿产品的人均地质储量均低于世界平均水平。

（2）中国主要矿产品难以主要依靠国内生产来充分满足国内对矿产品的需求。

（3）中国今后很长一段时间对矿产资源的需求量还会有较大程度的增长。

（4）充分利用国际矿产品市场是平衡矿产供求矛盾的主要手段之一。

由于本章主要是对目前矿产品供求现状的分析，因而没有涉及价格机制在平衡矿产品供求平衡中的重要作用。实际上，价格机制可能是调节矿产品长期供求平衡的最重要的手段。但由于价格机制在矿产品市场发挥作用的时间较长，因而本章没有考虑其作用。①

---

① 对价格机制在保证矿产品供求平衡中的作用可参见《"资源约束下经济增长"的经济学解释》，《财贸经济》2007 年第 9 期。

二、"矿产资源约束下经济增长"的经济学解释

（一）引言

近几年世界资源产品价格涨幅较大，而我国石油、铁矿石等大量进口，因而社会各界对于资源（特别是矿产资源）对经济增长的约束讨论较多。有些经济学家认为"资源约束"是一个假命题。刘世锦认为只要世界上有一个以上的人，而资源是有限的，就会存在资源约束问题。在市场经济条件下，如果市场有效，资源约束的强弱将表现为价格的高低。因而所谓的"资源约束"实际上是"价格没有起到应有作用，当事人利益与资源节约缺少相关性"，"是我们使用资源的机制有问题，资源价格受到扭曲，价格所引导的增产、节约和创新功能无法有效发挥"。所谓"资源约束"只是表象，它背后的真实问题是"价格失效"。[①] 茅于轼也认为：按照经济学原理，任何所谓资源危机都是可以克服的，因此不太可能发生资源对经济发展的限制。[②] 但也有经济学家认为我国人均自然资源占有量偏低而经济增长却是粗放式，因而我国经济增长已经受到了资源的约束。

可以看出不同的学者对于是否存在资源对经济增长的约束持不同看法。本章的研究试图对这一问题进行回答。本章的资源只包括不可再生的矿产资源，而不包括可再生资源。

（二）矿产资源的供需与价格的经济学分析

1. 关于矿产资源储量的基本概念

一些学者认为资源供应最终会对经济增长产生约束，主要是因为资源

[①] 刘世锦：《增长模式转型：我们需要转变什么》，《经济学动态》2005年第10期。
[②] 茅于轼：《资源约束对经济增长的影响》，《金融经济》2005年第9期。

的地质储量有限,因而不断的开采最终会耗尽矿产资源。但实际上矿产资源的地质储量并非是一个明晰的概念,矿产资源的地质储量主要采用以下概念来衡量:

(1) 资源基础,是指地球系统中物质或财富的总量。矿产资源的基础是指地球系统中金属与非金属矿产资源的总量。很多矿产资源总量很大,但可供使用的部分只是资源基础中的一小部分。

(2) 矿产资源远景资源,是指未知的储量,但可望将来在目前仅作了部分勘查和开发的地区发现它们。理论资源是指那些被认为具有充分有利的地质条件,但迄今尚未勘查或极少勘查的地区可能会发现的矿藏。

(3) 矿产资源条件储量,也是已经查明的储量,但在当前的价格水平下,以现在可得的采掘技术和生产技术来开采是不经济的。划归这一类的储量,或因有用组分含量(品位)低;或因矿体厚度小(低于可采厚度);或因开采技术条件、水文地质条件特别复杂;或因矿产加工技术方法尚未解决;或因外部条件不允许等,均可能是造成该类储量暂不能利用的原因。

(4) 探明储量(Proved Reserves),是指经过详细勘探,在目前和预期的当地经济条件下,可用现有技术开采的矿产储量。

(5) 探明可采储量(Proved Recoverable Reserves),是在现有的经济和生产条件下,可从探明储量中开采到地面的数量,也就是探明储量乘以采收率(回采率)。因此,可采储量会随着开采技术的进步而增加。

(6) 已利用的矿产资源,是已经经过开采加工利用的矿产资源。

从上面的分析可知,矿产资源的地质储量没有一个明确的数量,随着技术进步、价格水平的变化,地质储量在不断发生变化。例如,随着价格水平的上涨,原来不具有开采价值的矿产资源变为了探明储量;随着技术的不断进步,探明可采储量也会不断上升。①

2. 价格机制如何调节矿产资源的供需平衡

按照基本的经济学原理,价格机制会自动调节供求。在供不应求的情况下,价格会上涨,价格上涨会导致供给量的增长及需求量的减少,从而最终在新的价格水平上实现供需的平衡。具体而言,价格上涨导致的供应量增加是通过如下途径实现的,如图4-7所示。

---

① 甚至有些人认为由于物质不灭,金属等主要利用元素化学性质的矿产不存在可耗尽问题。

（1）价格上涨会使现有采矿设施的利用率增加。在市场经济条件下，一般情况下任何产业生产能力的利用率都不会达到100%，而在供不应求、价格上涨的情况下，产业的生产能力的利用率（开工率）均会有所上升，采掘业也是如此。我国在2005年煤炭出现供不应求，价格大幅上涨，煤炭企业均超设计能力生产。例如，我国大同煤矿集团核定生产能力3554万吨，实际产量4254万吨；山西焦煤集团核定生产能力5078万吨，实际产量5548万吨，超过生产能力470万吨。由于企业提高了开工率，因而整个行业的供给能力得到了提高。① 从图4-5中也可以看出，随着2003年煤炭价格的上涨，整个行业供给能力不断提高。

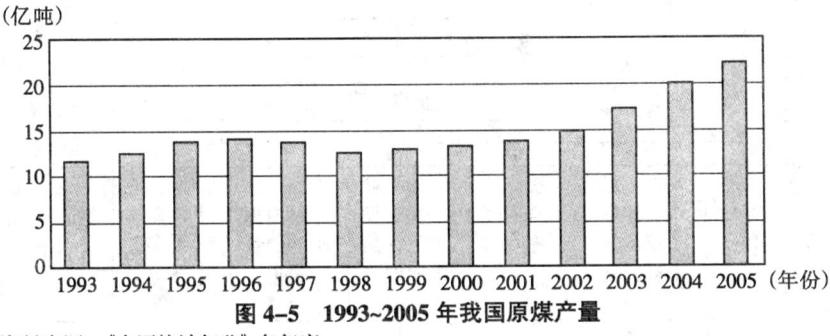

图4-5　1993~2005年我国原煤产量

资料来源：《中国统计年鉴》各年度。

（2）价格上涨后，会刺激企业加大固定资产投资，从而新增生产能力。我国从1993年到2005年金属及非金属采掘业固定资产净值总体上呈现不断增加的趋势。特别是"十五"期间金属及非金属采掘业固定资产净值从2001年的696.44亿元增加到2005年的892.42亿元（如图4-6所示）。从数据上可以看出，"十五"期间金属及非金属采掘业投资不断增加，特别是黑色金属矿采选业在"十五"期间投资额巨大，这与在"十五"期间采掘业产品价格不断上涨有直接关系。

（3）价格上涨后，使原来不具有开采价值的条件储量变为有开采价值的探明储量。2004年以后，我国小煤矿、小矿山不断增加，一方面，与地方保护主义等因素有关；另一方面，也是由于近几年采掘业产品价格不

---

① 当然由于企业超设计能力生产带来了严重的生产安全问题，这是近两年我国煤矿企业安全事故频繁发生的重要原因之一，但本章不讨论此问题。

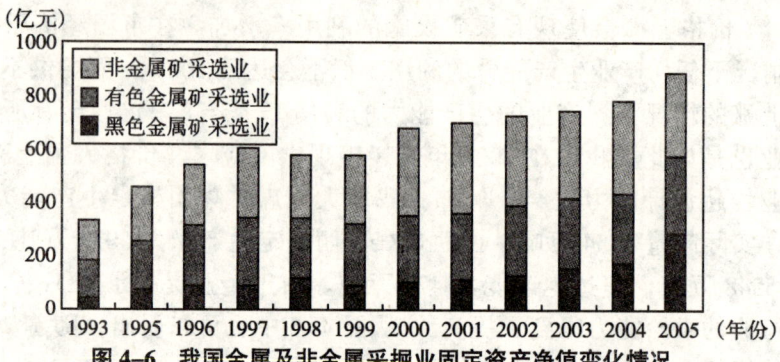

图 4-6 我国金属及非金属采掘业固定资产净值变化情况
资料来源：历年《中国统计年鉴》。

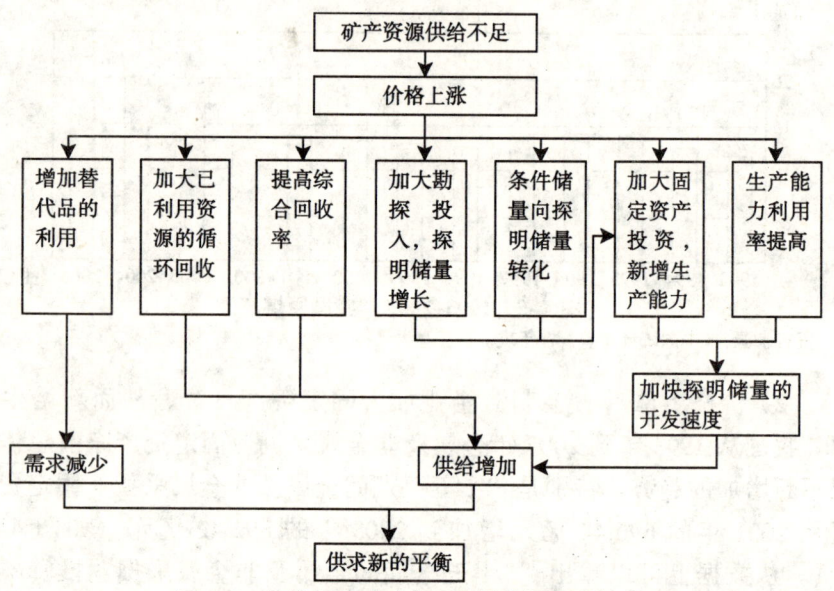

图 4-7 价格机制对矿产品供需的调节途径

断上升，使原来不具有开采价值的小矿山（条件储量）变成了有开采价值的探明储量。当然，如果原来没有生产设施，需要进行固定资产投资后才能形成新的生产能力。

（4）价格在高位运行一段时间后，特别是当生产企业预期价格会持续在高位运行时，会激励企业投入更多的勘探费用，一段时间后形成更大的探明储量，并最终建成矿山增加开采量。根据加拿大采矿协会的统计，世界铜矿、铁矿石及煤矿等主要矿产资源的勘探在 20 世纪 60 年代达到高

第四章 矿产资源与工业增长

峰；此后，这种大规模的勘探收获就越来越少了。到 20 世纪 90 年代，大规模矿床的发现数量降低到了 55 个。可以说，目前铜价的不断上涨并非因为地球上的铜矿储量不足，而是因为前些年的勘探投入不足。由于矿产资源价格的不断上涨，将不断刺激企业投入较大资金进行勘查。而目前我国矿产资源探明储量不足也与前些年我国勘探投入不足有关。长期以来，我国探矿与采矿业分属不同部门，尽管地质勘查与采矿都进行了体制改革，但尚没有改变探采分离体制。我国的探矿业过去主要由国家拨款进行找矿，而采矿主要由企业进行。这种体制在计划经济下尚能正常运转，但在向市场经济转轨的过程中却出现了很大的问题。最主要的后果是由于国家前几年对探矿投入不足，而企业也没有投入足够的资金进行勘探找矿，因而主要矿产品的采储比呈现不断下降的趋势。目前，我国探矿业、采矿业主体虽然都实行了企业化管理，但由于探矿业、采矿业分别属于不同的利益主体，缺少有效的激励机制促进两者联合进行勘探开采，结果是能探矿的企业没有足够的资源进行开采，从而限制了探矿企业进行大规模勘探；而开采企业又没有能力进行大规模勘探。我国一些矿业城市面临的困境，很多并不是因为无矿产储量，而是无探明矿可采。如果投入足够的资金进行资源勘探，很多老矿区还会有很大的开采潜力。总之，如果让市场机制更有效地发挥作用，在矿产资源价格长期高位运行的情况下，是可以刺激企业加大勘探投入的，从而完全可能找到更多的矿产储量。

（5）价格上涨后会刺激企业提高综合回收率。矿产资源特别是金属矿产资源一般都会有主矿及伴生矿。当矿产资源的价格上升后，伴生矿的利用在经济上可能就变得合理了。目前我国矿产品综合利用率远低于发达国家，我国的共伴生矿产资源综合利用率不到 20%，而国外平均为 40%~50%。矿产品价格的上涨，会刺激企业采取措施提高伴生矿的利用率。

（6）加大已经利用资源的循环回收。金属矿产资源与其他不可再生资源的区别是，由金属矿产资源的物理化学性质所决定，大多可以回收再利用。金属矿产价格的上涨会使原来在经济上不合理的资源回收行为变得有利可图，从而可以刺激加大资源的回收再利用率。2003 年，世界钢铁行业废钢再利用量已经占到粗钢产量的 43%，我国的废钢利用量为 5800 万吨，占我国粗钢产量的 26%；世界再生铜为铜产量的 37%，我国再生铜产量为 93 万吨，占我国铜产量的 22%；世界再生铝占铝产量的 40%，我国再生铝产量为 145 万吨，占我国铝产量的 21%。①当然，金属资源的回收再利用量还受到社会积蓄量的决定，随着工业化的推进，只有整个社会的金属品积蓄量不断增加，才可以有更多可回收再利用的金属废品。不过，无论如何，从经济机理上说，资源类产品价格在高位的持续运行，将会鼓励金属等资源类产品的回收再利用。

以上分析的是资源价格上涨对供给量增加的作用。从需求方面来分析，价格上涨后，需求量通常也会减少。一方面，是因为价格上涨后，有效需求会减少；另一方面，是因为价格上涨后，替代品使用量会增加，从而减少需求。需要说明的是，替代不仅包括原材料之间的替代，如用塑钢替代铝合金，也包括用资本替代原材料及能源。例如，如果能源价格上涨，将会使原来在经济上不合理的废热回收系统变得有利可图。对于最终消费者也是如此，能源价格上涨也将会使太阳能开发的投资变得具有更大的经济合理性。

3. 矿产品长期弹性与短期弹性有较大的差异

从以上的分析来看，矿产品供求与其他商品相似，也受价格的影响。供不应求时，价格上涨会引起供给增加、需求减少，从而供求在新的更高价格水平上达到平衡；而供过于求时，价格下降会引起供给减少、需求增加，从而在新的更低价格水平上达到供求平衡。但矿产品与其他商品的区别是，矿产品供给与需求长期价格弹性通常较高，而供给与需求短期价格弹性通常较低。表 4-17 是矿产品价格上涨（或下降）后，供给增加（或需求减少）的时滞特征。

从表 4-17 可以看出，总体而言，矿产品供给增加和需求减少的时间均很长，因而当发生较严重的供不应求状况时，通过价格调节机制实现供求平衡所需的时间就很长。所以，矿产资源往往容易出现供给相对不足与供给相对过剩交替出现的局面。价格表现上，就是市场价格的大幅波动。

---

① 当然我们不能简单因为我国金属矿产资源回收再利用的比例低，就认为我国资源回收再利用程度低，因而有很大的潜力可挖。一个国家资源回收率也与这个国家经济发展程度有关，一般而言，一个国家在工业化及城市化的过程中会大量使用金属矿产资源，而进入后工业化时代新使用的金属矿产资源减少，而金属矿产资源回收利用率增大。

第四章 矿产资源与工业增长

表 4-17　　　　　　　　　矿产资源供需调整的时滞特征

	决定行动的时滞	行动所需时间	总时滞	最短时滞
生产能力利用率提高	短	短	短	几周
加大固定资产投资，新增生产能力	较长	长	较长	一年以上
条件储量向探明储量转化	长	长	长	几年
加大勘探投入，探明储量增长	长	很长	很长	几年或者时间更长
提高综合回收率	长	长	长	一年以上
加大已利用资源的循环回收	短	短	较短	几个月
增加替代品的利用	长	较短	较长	一年以上

资料来源：作者整理。

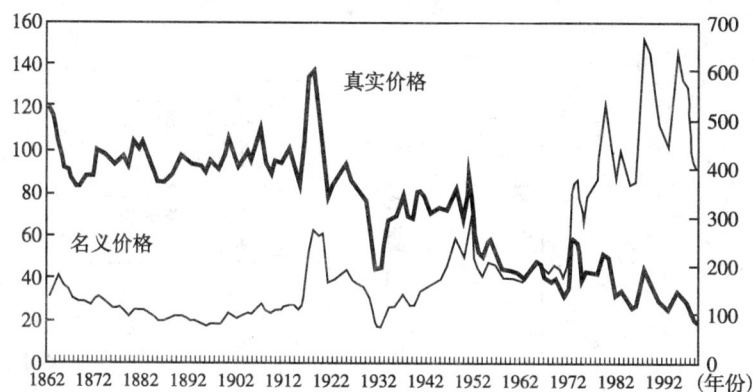

图 4-8　1862~1999 年世界原材料价格指数的变化情况

资料来源：Paul Cashin 等，2002。

图 4-8 是近 150 年原材料真实价格与名义价格变化的情况。从图中我们可以注意到，1918 年形成原材料价格高点，13 年后出现了波谷，而实际上 1922 年的价格就已经低于 1918 年前过去 50 年的平均价格。我们还注意到，近 150 年原材料真实价格是不断下降的。这可能说明了，长期而言技术进步将会克服原材料储量的有限性，因而从长期来看确实不存在资源对经济增长的约束"瓶颈"。

（三）"资源约束"的经济学含义

由于矿产品市场通过价格机制来调节供需平衡所需时间很长，因而可能造成的社会成本较大，从而造成"资源约束经济增长"的现象。下面我们来分析一下,"资源约束"的经济学含义是什么。

假设某种矿产品长期供给曲线及需求曲线如图 4-9 所示。从图中可以看出,长期均衡点为 A 点,均衡价格为 P_A,而均衡产量为 Q_A。在均衡状态下,整个社会消费者剩余与生产者剩余和为三角形 ADE 的面积。

如果由于某种原因,价格偏离均衡价格 P_A,上涨到价格 P_B,市场实现的有效需求是 Q_B,此时的整个社会消费者剩余与生产者剩余之和为梯形 BCED 的面积,与长期均衡点时实现的社会总剩余相比较,社会的净损失是三角形 ABC,即图中的阴影面积。也可以说,此时资源对经济增长的约束表现为图中的阴影面积。

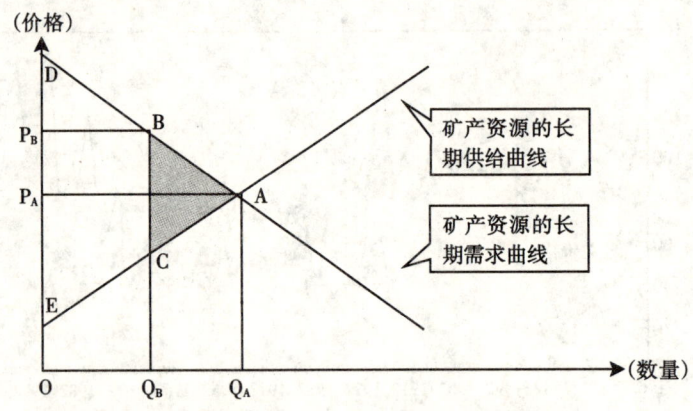

图 4-9 矿产资源价格高于均衡价格时对经济约束

矿产品价格上涨后,由于短期的价格供给与需求弹性均较低,因而要经过较长时间才能再次达到供求均衡。同样,如果由于某种原因矿产品价格下降了,也要经过较长时间的供求才能再次达到平衡。从全球来看,近几年来资源产品的价格不断上涨,因而我们更加关注资源价格高于均衡价格条件下的资源约束经济增长问题。实际上,当资源价格低于均衡价格时也会造成一定的社会福利损失。

假设如果由于某种原因,某种矿产品的价格下降为 P_C,此时消费量变为 Q_C,消费者剩余为三角形 DP_CC,生产者剩余为三角形 P_CEF 减去三角形 BFC 的面积。此时,全社会的总剩余量为三角形 ADE 的面积减去三角形 ABC 的面积。与均衡价格 P_A 时相比,社会总剩余量减少了三角形 ABC 的面积(即图 4-10 中阴影部分的面积)。

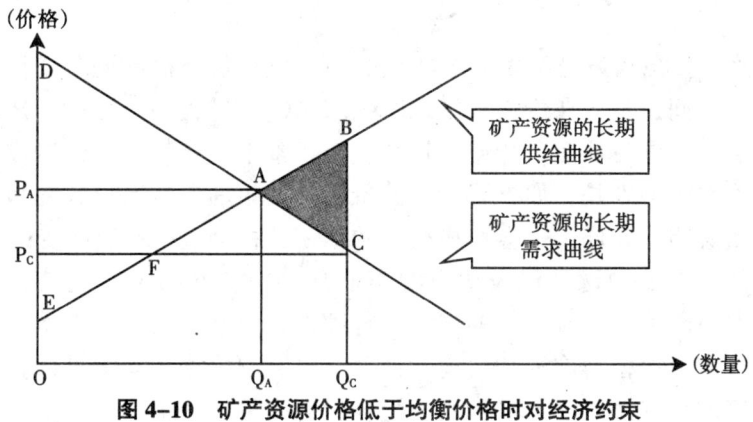

图 4-10 矿产资源价格低于均衡价格时对经济约束

从以上分析可知，矿产品价格长期低于均衡价格时，整个社会的剩余（或者说总福利）会减少。也就是说，如果资源产品由于价格管制等原因导致实际价格长期低于均衡价格时，整个社会的总福利会降低，所以，从理论上说应解除价格管制，使价格恢复到均衡的价格水平。但问题是，如果在很短的时间内（例如，在某一时间点上）放开价格管制，整个社会是否能承受如此大的冲击？无论是在计划经济还是在市场经济条件下，各种资源要素从一种组合状态变为另一种组合状态都不是无成本的，甚至这种成本可能高到难以实现重新组合。现实的经济社会条件可能是，当矿产品价格从管制的较低的价格水平突然变到均衡的价格水平时，将对整个社会产生极大的冲击，以至于整个社会陷于危机之中。特别是在价格上涨的过程中，当企业预计价格会继续上涨时，使用矿产品的企业往往会购进比真实需求量大得多的矿产品量，以避免更大的损失。① 而企业的此种行为会人为地放大供求的失衡，从而导致价格最终会上涨到远高于均衡价格的水平，使更大量的企业破产，加大社会成本。正是由于矿产品价格容易形成剧烈的波动，可能会造成社会巨大的损失，因而发达国家并没有因为市场体系的成熟与发达，就放手让主要矿产品市场完全由价格机制去自发调节，而是通过建立国家战略储备与企业强制储备等手段，抑制价格的大幅

---

① 就作者所知，在 2006 年油价不断上涨的过程中，中国很多炼油企业在高位大量购买了原油作为企业储备。当原油价格回落时，这些企业由于有大量的石油储备，又会减少原油的需求，从而加速了价格回落。

波动。

可见，资源约束经济发展的实质是由于仅靠价格机制调节资源类产品供求平衡时间过长，在价格机制调节供求平衡的过程中，可能会造成严重的社会经济问题，从而可能使大量的生产要素不能相互结合而造成了社会资源的浪费。特别是，如果因为资源价格的大幅度上涨而导致在短期内的企业大量关闭或破产，也会造成很大的动荡，社会也是难以承受的。

当然，上面的讨论仅表明资源类产品价格管制的突然放松是不合理的，并非意味价格管制从长期来看是合理的，恰恰相反，从根本上看，价格管制是应该放松和取消的。换句话说，当管制价格与均衡价格相差过大时，尽管难以突然取消价格管制，但合理的政策选择仍应是逐步的有计划的缩小管制价格与均衡价格的差距，①并提前将提价的计划告知社会，从而使企业能提前采取措施应对成本上涨的压力。总之，只要价格是逐步上涨的，就可以使整个社会逐渐消化生产要素重组的成本，在更高的技术水平上实现资源产品的长期供求平衡。

（四）小结

通过前面的分析我们可以得出如下的初步结论：

（1）根据经济学的原理及矿产资源的供求特点，长期而言价格机制会调节实现矿产品供求平衡。近150年来世界资源类产品实际价格不断下跌，也说明技术进步等因素会克服矿产资源地质储量不足的问题，保证矿产资源的供应。

（2）虽然矿产品价格的长期供给弹性及长期需求弹性较高，但价格的短期供给弹性及需求弹性却较低。因而价格偏离均衡价格后，需要较长的时间才能实现新的供需平衡。在此过程中，如果处理失当，可能会造成社会福利的较大损失。对整个社会进行成本—收益分析，就是要研究：大幅价格变化所引起的社会成本与实行价格管制而导致的社会成本，何者更高？或者进一步说，如果完全依靠市场机制实现供求的平衡，所造成的社

---

① 当然在现实经济中，我们将很难准确地确定均衡价格，在一般情况下，可以将国际市场价格近似看作均衡价格。中国石油价格改革，大致采取了逐步缩小管制价格与均衡价格差距的方法，放松价格管理的结果基本是成功的。

会成本是否能够承受？就像一种可以用手术根治的疾病，也许患者目前的身体状况根本就不能接受手术，强行手术的结果就可能导致立即死亡；但如果保守治疗一段时间，等患者身体状况允许时再进行手术，也许是更好的选择。但是，如果必须进行手术而犹豫不决，也可能丧失了治愈的时机。两种方法各有优劣，在现实中可能是一个相当困难的抉择。从长期看，中国资源价格管制的放松是一条必由之路，但采取何种方式才能实现市场机制的更有效调节，则取决于社会成本—收益的比较，特别是长短期利弊得失的判断和权衡。

三、矿产资源对中国经济增长约束的估计

（一）矿产资源约束经济增长的短期模型

1. 对经济增长估计的短期模型

假设一个经济体的矿产资源全部依赖进口，经济体的价格水平维持稳定。如果由于某种原因进口矿产资源的价格快速上升，根据我们前面的分析，由于矿产资源短期需求价格弹性较低，矿产资源使用量变化不大；①则进口矿产品需要增加大量支出。矿产资源进口支出增加对经济增长的影响通过两个效应来影响短期经济增长，一个效应是当期成本的增加，另一个效应是减少了下期的需求。

设当期进口支出增加了 ΔC_t，上期进口支出增加了 ΔC_{t-1}，当期减少的经济总量为 ΔY_t。假设消费乘数为 k_1，投资乘数为 k_2，假设消费边际倾向为 a，则应有

$$\Delta Y_t = \Delta C_t + k_1 a \Delta C_{t-1} + k_2 (1-a) \Delta C_{t-1}$$
$$= \Delta C_t + k_1 a \Delta C_{t-1} + k_2 (1-a) \Delta C_{t-1}$$

---

① 此处变化不大实际含义应是相对于价格基准情况需求变化不大；但实际需求的变化可能较大，而这种需求的变化可能是由于其他因素引起的。

$$= \Delta C_t + ((k_1 - k_2)a + k_2)\Delta C_{t-1}$$

实际中投资乘数与消费乘数相差很小，而 a 又小于 1，所以

$$(k_1 - k_2)a \approx 0$$

则上式可以简化为：

$$\Delta Y_t = \Delta C_t + k_2 \Delta C_{t-1} \quad (4-1)$$

因而矿产资源对经济增长的短期约束可以用（4-1）式来估计。

2. 对经济增长估计的长期模型

我们假设经济增长方程为：$Y = AK^\alpha L^\beta$

对上式两边取对数为：

$$\ln Y = A + \alpha \ln K + \beta \ln L \quad (4-2)$$

假设 K 的增长为 m 倍，其他因素不变，假设 Y 增长为 n 倍，则

$$\ln nY = A + \alpha \ln mK + \beta \ln L$$

上式可以变形为：

$$\ln n + \ln Y = A + \alpha \ln K + \alpha \ln m + \beta \ln L \quad (4-3)$$

（4-3）减（4-2）式为：

$$\ln n = \alpha \ln m \quad (4-4)$$

上式可以变形为：

$$n = m^\alpha \quad (4-5)$$

我们利用（4-5）式对矿产资源对经济增长的长期影响进行估计。

（二）中国矿产资源进出口数据及 ΔC 的估计

1. 矿产资源的进出口数量及金额

我国主要矿产资源 2001~2006 年进出口数量如表 4-18 所示。从表中可看出，2001~2006 年，我国矿产品进口量有较大幅度的提高，而出口量变化不大，因而矿产品资源净进口量有较大幅度的提高。

我国主要矿产资源 2001~2006 年进出口金额如表 4-19 所示。从表中可看出，2001~2006 年，我国矿产品进口总金额每年均有较大幅度的提高，而出口金额变化不大，因而矿产品资源净进口金额有较大幅度的提高。

表 4-18　中国 2001~2006 年主要矿产品进出数量数据

单位：吨

		2001年	2002年	2003年	2004年	2005年	2006年
出口	铁矿砂及其精矿，包括焙烧黄铁矿	586	698	1441	5896	1915	4541
	铜矿砂及其精矿	22320	35781	61978	14432	923	51
	铝矿砂及其精矿	145	290	496	576	140	20
	煤；煤砖、煤球及用煤制成的类似固体燃料	90119385	83841944	93927317	86708105	71724459	63297364
	褐煤，不论是否制成型，但不包括黑玉	5597	2827	3871	3039	6653	2988
	泥煤（包括肥料用泥煤），不论是否制成型	10432	52216	20241	14350	13660	16455
	煤、褐煤或泥煤制成的焦炭及半焦炭；甑炭	13856286	13587404	14750880	15077085	12882641	14572273
	石油原油及从沥青矿物提取的原油	7550605	7664627	8133323	5491571	8066870	6337217
	液化天然气	12	82	418	77	210	150
	天然气	2201815	2320971	1357412	1768094	2150970	2099920
进口	铁矿砂及其精矿，包括焙烧黄铁矿	92308272	111485623	148119453	208082790	275229167	326303326
	铜矿砂及其精矿	2255242	2065393	2668761	2869499	4059999	3611904
	铝矿砂及其精矿	320771	402825	616954	881994	2166105	9682777
	煤；煤砖、煤球及用煤制成的类似固体燃料	2493269	10810975	10760938	18683717	26171138	38247683
	褐煤，不论是否制成型，但不包括黑玉	220	290048	71902	164185	45223	116530
	泥煤（包括肥料用泥煤），不论是否制成型	163537	156477	193024	197382	9179	12016
	煤、褐煤或泥煤制成的焦炭及半焦炭；甑炭	223	334	1898	5518	516	382
	石油原油及从沥青矿物提取的原油	60255351	69406409	91020115	122809603	126817382	145175007
	液化天然气	1219	0	0	400	483	687543
	天然气		0	0	0	0	0

表 4-19　　中国 2001~2006 年主要矿产品进出口金额

单位：万美元

		2001年	2002年	2003年	2004年	2005年	2006年
出口	铁矿砂及其精矿，包括焙烧黄铁矿	9	9	22	35	33	60
	铜矿砂及其精矿	72	108	282	44	17	2
	铝矿砂及其精矿	8	10	7	11	1	1
	煤；煤砖、煤球及用煤制成的类似固体燃料	266667	253350	275562	381835	428135	368319
	褐煤，不论是否制成型，但不包括黑玉	22	23	44	24	96	24
	泥煤（包括肥料用泥煤），不论是否制成型	116	284	171	161	171	182
	煤、褐煤或泥煤制成的焦炭及半焦炭；甑炭	92769	95896	167534	395555	235461	201772
	石油原油及从沥青矿物提取的原油	138333	129618	166160	132469	269601	273698
	液化天然气	8	5	19	3	9	6
	天然气	21885	25353	15943	18695	21582	25109
	合计	519889	504656	625744	928832	955107	869172
进口	铁矿砂及其精矿，包括焙烧黄铁矿	250276	276907	485621	1269913	1837948	2092379
	铜矿砂及其精矿	89800	80945	129128	222804	372078	611725
	铝矿砂及其精矿	824	1042	1568	2579	7170	31941
	煤；煤砖、煤球及用煤制成的类似固体燃料	8750	32847	36341	89181	138345	161881
	褐煤，不论是否制成型，但不包括黑玉	1	799	206	581	191	486
	泥煤（包括肥料用泥煤），不论是否制成型	204	212	287	310	164	217
	煤、褐煤或泥煤制成的焦炭及半焦炭；甑炭	48	22	27	250	37	26
	石油原油及从沥青矿物提取的原油	1166126	1275731	1978240	3391168	4772276	6641130
	液化天然气	32	0	1	14	18	11543
	天然气		0	0	1	1	2
	合计	1516060	1668505	2631419	4976801	7128229	9551330
	净进口	996171	1163849	2005675	4047970	6173123	8682158

2. 矿产资源的进出口单价

根据表4-18及表4-19我们可以计算出每年矿产品进出口的平均价格，如表4-20所示。从表中可看出，2001~2003年，矿产资源的价格水平有涨有跌，变化不大；而2004~2006年，矿产资源的价格水平却有较大幅度的提高。我们计算出2001~2003年的平均价格，作为基准价格来估计2004~2006年进出口矿产资源的金额，如表4-21所示。

表4-20　　　　　中国2001~2006年主要矿产品进出口价格

单位：美元/吨

		2001年	2002年	2003年	2001~2003年的平均价格	2004年	2005年	2006年
出口	铁矿砂及其精矿，包括焙烧黄铁矿	154	125	152	144	59	171	131
	铜矿砂及其精矿	32	30	46	36	30	183	326
	铝矿砂及其精矿	566	357	134	352	185	100	634
	煤；煤砖、煤球及用煤制成的类似固体燃料	30	30	29	30	44	60	58
	褐煤，不论是否制成型，但不包括黑玉	40	81	114	78	78	144	82
	泥煤（包括肥料用泥煤），不论是否制成型	111	54	84	83	112	125	111
	煤、褐煤或泥煤制成的焦炭及半焦炭；甑炭	67	71	114	84	262	183	138
	石油原油及从沥青矿物提取的原油	183	169	204	186	241	334	432
	液化天然气	—	573	463	518	387	450	401
	天然气	99	109	117	109	106	100	120
进口	铁矿砂及其精矿，包括焙烧黄铁矿	27	25	33	28	61	67	64
	铜矿砂及其精矿	398	392	484	425	776	916	1694
	铝矿砂及其精矿	26	26	25	26	29	33	33
	煤；煤砖、煤球及用煤制成的类似固体燃料	35	30	34	33	48	53	42
	褐煤，不论是否制成型，但不包括黑玉	34	28	29	30	35	42	42
	泥煤（包括肥料用泥煤），不论是否制成型	13	14	15	14	16	179	180
	煤、褐煤或泥煤制成的焦炭及半焦炭；甑炭	2131	670	142	981	453	726	690
	石油原油及从沥青矿物提取的原油	194	184	217	198	276	376	457
	液化天然气	263			263	355	378	168
	天然气		77750	125000	101375	92778	252710	824963

资料来源：根据表4-18、4-19计算。

表 4-21　以基准价格估计的 2004~2006 年矿产资源的进出口金额

单位：美元/吨

		2004 年	2005 年	2006 年
出口	铁矿砂及其精矿，包括焙烧黄铁矿	85	28	65
	铜矿砂及其精矿	52	3	0
	铝矿砂及其精矿	20	5	1
	煤；煤砖、煤球及用煤制成的类似固体燃料	257655	213131	188090
	褐煤，不论是否制成型，但不包括黑玉	24	52	23
	泥煤（包括肥料用泥煤），不论是否制成型	119	114	137
	煤、褐煤或泥煤制成的焦炭及半焦炭；甑炭	126197	107829	121972
	石油原油及从沥青矿物提取的原油	101890	149671	117580
	液化天然气	4	11	8
	天然气	19218	23379	22824
	合计	505264	494223	450700
进口	铁矿砂及其精矿，包括焙烧黄铁矿	587742	777401	921662
	铜矿砂及其精矿	121853	172407	153379
	铝矿砂及其精矿	2263	5557	24842
	煤；煤砖、煤球及用煤制成的类似固体燃料	61812	86583	126536
	褐煤，不论是否制成型，但不包括黑玉	493	136	350
	泥煤（包括肥料用泥煤），不论是否制成型	269	13	16
	煤、褐煤或泥煤制成的焦炭及半焦炭；甑炭	224	21	15
	石油原油及从沥青矿物提取的原油	2434404	2513849	2877744
	液化天然气	11	13	18112
	天然气	1	0	0
	合计	3209071	3555979	4122658
	净值	27038064247	30617552628	36719579484

资料来源：作者计算。

3. ΔC 的估计

我们将表 4-19 及表 4-21 中的净出口金额统一列在表 4-22 中，将表 4-22 中的第一行减去第二行就可以得每年的 ΔC。根据每年年中的汇率（每年 6 月最后一个工作日）可以将美元折算为人民币。从表 4-22 中可以看出，每年的 ΔC 呈现快速增大的趋势，2004 年 ΔC 为 1112.5 亿元，到 2006 年已经增长为 4006.0 亿元，增长了近 3 倍。

表 4-22　　　　　　　　　　△C 的估计

	2004 年	2005 年	2006 年
实际净出口（亿美元）	405	617	868
基准价格估计净出口（亿美元）	270	306	367
△C（亿美元）	134	311	501
年中汇率（亿美元）	827.66	827.65	799.56
人民币（亿元）	1112.5	2575.1	4006.0

资料来源：作者计算。

（三）矿产资源对中国经济增长的估计

1. 对经济增长的短期估计

下面我们根据（4-1）式来估计从 2004~2006 年矿产资源对我国经济增长的约束。要想用（4-1）式进行估计我们还应知道 k_2（即投资乘数）的大小。不同的学者对中国投资乘数估计相差较大，从我们掌握的文献看，最低为 1.53，最高为 5.3，大部分学者的估计在 2 左右。因此，我们采用 2 作为投资乘数来估计矿产资源对经济增长的约束。估计的基础数据及结果如表 4-23 所示。

表 4-23　　　　　矿产资源对中国经济增长的约束估计

年 份	△C_t（亿元）	△C_{t-1}（亿元）	△Y_t（亿元）	上年 GDP	占上年 GDP 的比例（%）
2004	1112.5	0.0	1112.5	135174	0.82
2005	2575.1	1112.5	4800.1	159586.7	3.01
2006	4006.0	2575.1	9156.2	184739.1	4.96
2007	4006.0	4006.0	12017.9	209407	5.74

注：因为尚没有 2007 年全年的矿产资源进出口数据，因而表中 2007 年的 △C_t 采用 2006 年的值。考虑到 2007 年的实际情况，此值应小于 2007 年的实际值。

资料来源：作者计算。

从表 4-23 中可以看出，矿产资源影响经济增长的绝对值也在不断增长。2004 年为 1112.5 亿元，2006 年为 9156.2 亿元，到 2007 年增长到 12017.9 亿元。同时，影响经济增长的程度也在不断加大，2004 年影响经济增长 0.82 个百分点，到 2006 年影响经济增长 4.96 个百分点，估计到

2007年将影响经济增长5.74个百分点。从短期来看,矿产资源对经济增长的约束呈现不断上涨的趋势。

2. 对经济增长的长期估计

下面我们来估计矿产资源对中国经济增长的长期影响。

利用(4-5)式对矿产资源对经济增长的长期影响进行估计,首先需要对α值进行估计。目前国内有很多学者对α值进行了估计,不同学者对于α的估值相差较大,从我们掌握的资料看,学者估计的α值处于0.45~0.76之间,大部分处于0.6左右,因而本章以0.6作为α值进行估计。

使用(4-5)式估计,还必须知道目前的资本存量。但不能直接采用固定资产的净值,而必须进行价格调整。目前也有很多学者对我国的资本存量进行了估计,我们利用张军的估计值为基础数据进行调整。我们以2005年价格估计出,中国2006年的资本存量为59.92万亿元。

2004~2006年累计的ΔC为7693.6亿元,假设其中40%转化为了固定资产,则为3077.4亿元。因而矿产资源对资本存量的影响为3077.4亿元,折算为m为1.00514,则根据(4-5)式估计的n为1.0023,即影响经济增长0.23%,也就是说,矿产资源对经济增长的长期影响大约为0.23%(每年为450~500亿元)。因而长期来看,矿产资源对中国经济增长的影响是很有限的。

(四)小结

我们利用2001~2006年我国矿产资源进出口数据对矿产资源对中国经济增长的影响进行了估计。实证研究结果表明:

(1)矿产资源对我国经济增长的短期约束呈现不断上升的趋势。由矿产资源约束而减少的经济增长,2004年为1112.5亿元,2006年为9156.2亿元,2007年预计为12017.9亿元以上;矿产资源影响经济增长的程度也在不断加大,2004年影响经济增长0.82个百分点,2006影响经济增长4.96个百分点,估计到2007年将影响经济增长5.74个百分点以上。

(2)矿产资源对我国经济增长的长期约束有限。根据我们的估计,矿产资源对经济增长的长期影响大约为0.23%(每年为450~500亿元)。

以上所做的估计是在一系列假设条件下进行的粗略计算,结果数据并不具有严格的精确性。但是,所得出的趋势性结论则是比较可信的,即矿产资源对我国经济增长特别是工业增长的短期约束是显著的,而且具有继续增强的趋势。而矿产资源对于我国经济的长期约束却显著地小于短期约束。

四、经济发展、产业结构和矿产资源利用

资源问题和其他诸多经济问题一样,基本的供求分析是认识经济现象、判断经济走势的前提。而对经济现象的深入了解,则必须研究供求关系的内在决定因素。在本部分中,我们试图进一步揭示资源供求背后的驱动因素,从而更加深入地讨论我国目前的资源约束与工业增长的关系问题。

(一) 经济发展和资源利用

人类通过各种方式利用各种自然资源特别是矿产资源以满足其生存和生产的需要,可以假定人类利用自然资源的行为目标的最大化是本身效用。人类之所以为"人",是因为人类一方面必须适应自然及其变化,"适者生存"是人类延续的客观规律;另一方面,又能利用资源创造出大量工具和产品以改造自然环境,供自己享用。而资源之所以为"资源",也是基于人类的利用,即人类需要的物质才会成为"资源"。从某种意义上说,人类的历史也是矿产资源的开发史。经济发展反而也会通过种种渠道影响资源利用的量和结构,从而体现出与经济发展阶段相符的资源开发利用规律。经济史研究表明,矿产资源的利用强度会随着工业化推进由增加到衰落,呈现一个类似"倒U"的形状(参见图4-11)。

以最具代表性的工业化国家之一——美国为例,再选取工业化中最具代表性的资源——钢铁,截取1900~2000年整整一百年的具体数据,可以显著地看到,基本符合上述规律,即呈现出从增长到一峰值后出现不断下降的"倒U"的形状(参见图4-11)。

对现阶段的中国,总体上可以判断我国正处于矿产资源利用强度上升的阶段。我国已经成为世界上最主要的矿产消费者之一,这一点我们已经

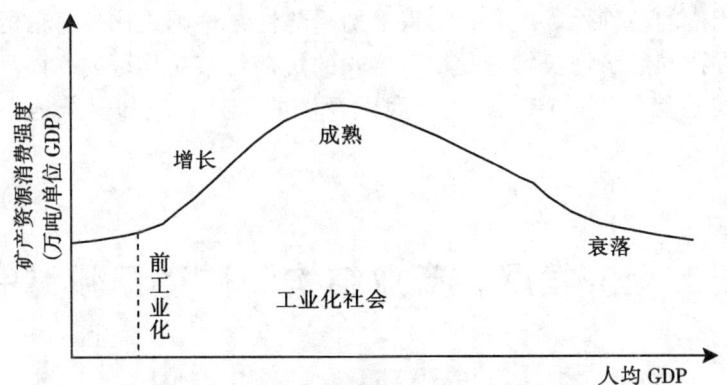

图 4-11 工业化时期矿产资源消费强度曲线

资料来源：张雷（2004）。

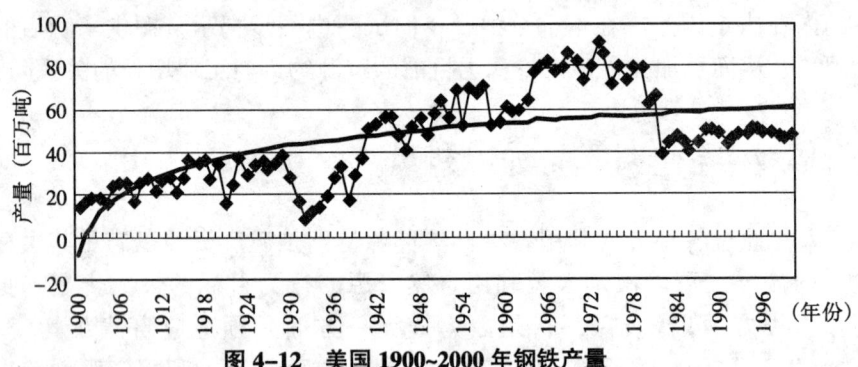

图 4-12 美国 1900~2000 年钢铁产量

资料来源：美国地理调查局（USGS）数据。

在第一节进行了具体研究。可见，经济发展以及结构重工业化的趋势无疑会继续加大对矿产资源的利用，一般认为其背后至少有三个主要动力：①工业本身的发展需要发展重工业，要建立一个有竞争力的产业体系更必须如此，而这些产业往往都是矿产资源和能源消耗的"大户"。②城市化、基础设施和能源建设的需要。我国的城市化水平相对滞后于工业化，现在正加速发展，而这需要大量的道路、水电、房屋等基础设施建设。③消费结构升级的需要。中国人民已经解决了温饱问题，现在正向全面小康社会发展。因此，住房、汽车、高档电器、旅游等成为新的消费热点。

因而不难看出，中国的矿产资源利用促进了经济的发展，同时中国的经济发展和结构变化反过来也会极大地影响矿产资源利用的量和结构。当然，资源部门的发展也是经济发展的一部分。那么，这背后是由哪些主要因素驱动的,它们之间的关系、相对地位是怎样的?下面我们将主要基于投入产出表进行初步的实证研究。相对于有关计量方法的研究,投入产出表法可以给出更加具体的结果。

(二) 资源部门的产品去向

在前面的研究中我们已经了解到资源部门是一个基础性产业。中国的工业化发展使得很多部门都需要有资源部门的投入,加速对资源的利用。

从投入产出表我们可以看出资源部门产品的去向,更加深入地了解资源产业与其他产业的关联性。根据投入产出基本原理,最终需求对生产的诱发额可以通过下式计算:

$$X = (I - A)^{-1} Y \qquad (4-6)$$

其中,X 为最终需求对生产的诱发额,即生产量;Y 为最终需求向量;A 为直接消耗系数矩阵;$(I-A)^{-1}$ 为莱昂惕夫逆矩阵,同时我们也可以计算出完全消耗系数。

我们根据 2002 年 42 部门的投入产出表计算了直接消耗系数和完全消耗系数,限于篇幅,我们在表 4-24 中列仅出了各资源部门完全消耗系数最大的 15 个产业。

表 4-24　　　　　　　　15 个产业的完全消耗系数

	煤炭开采和洗选业		石油和天然气开采业		金属矿采选业		非金属矿采选业	
1	燃气生产和供应业	0.2891	石油加工、炼焦及核燃料	0.6237	金属冶炼及压延加工业	0.1455	非金属矿物制品业	0.0669
2	电力、热力的生产和供应业	0.1876	燃气生产和供应业	0.1400	金属矿采选业	0.0848	非金属矿采选业	0.0563
3	非金属矿物制品业	0.0741	交通运输及仓储业	0.1012	金属制品业	0.0826	建筑业	0.0383
4	金属冶炼及压延加工业	0.0652	化学工业	0.0791	电气、机械及器材制造业	0.0501	化学工业	0.0254
5	石油加工、炼焦及核燃料加工业	0.0571	金属矿采选业	0.0709	通用、专用设备制造	0.0464	金属冶炼及压延加工业	0.0153
6	煤炭开采和洗选	0.0509	金属冶炼及压延加工业	0.0645	交通运输设备制造业	0.0362	金属制品业	0.0115
7	化学工业	0.0484	电力、热力的生产和供应业	0.0517	建筑业	0.0303	电气、机械及器材制造业	0.0104

续表

	煤炭开采和洗选业		石油和天然气开采业		金属矿采选业		非金属矿采选业	
8	水的生产和供应业	0.0477	非金属矿物制品业	0.0517	仪器仪表及文化办公用机械	0.0268	仪器仪表及文化办公用机械	0.0102
9	金属制品业	0.0450	建筑业	0.0504	通信设备、计算机及其他电子设备制造业	0.0201	其他制造业	0.0102
10	金属矿采选业	0.0426	非金属矿采选业	0.0503	科学研究事业	0.0198	卫生、社会保障和社会福利	0.0098
11	通用、专用设备制造业	0.0379	金属制品业	0.0488	其他制造业	0.0196	通信设备、计算机及其他电子设备制造业	0.0095
12	电气、机械及器材制造业	0.0361	电气、机械及器材制造业	0.0439	非金属矿物制品业	0.0162	通用、专用设备制造业	0.0086
13	其他制造业	0.0360	通用、专用设备制造业	0.0407	化学工业	0.0149	交通运输设备制造业	0.0079
14	建筑业	0.0343	其他制造业	0.0369	煤炭开采和洗选业	0.0137	纺织业	0.0062
15	木材加工及家具制造业	0.0332	交通运输设备制造业	0.0366	租赁和商务服务业	0.0122	木材加工及家具制造业	0.0060

资料来源：根据 2002 年投入产出表数据计算。

不难看出，对于资源部门，排名前 15 名的基本均为重工业。

（三）SDA 模型及若干分解方法

为进一步了解资源部门产出增加背后的影响因素，我们可以运用数量分析的方法进行更加细致的分解。投入产出技术中的结构分解分析（Structure Decomposition Analysis）一般可以研究总产出、结构变动、发展速度等问题，国内外不少学者运用此方法研究了很多关联产业的互动以及能源、环境等问题（Wolff，1997；Reiner Franke 等，2004；王玉潜，2003 等）。

经济系统由经济变量组成，经济变量又可以分解为若干个因素的乘积，经济变量的变化也可以反映为所构成因素的变动。我们考虑一个最简单的有两个变量的情形，$X = BF$，比如 X 为总产出向量，B 为 Leontief 逆矩阵，F 为最终需求向量，下标 1，0 分别代表计算期和基期，那么，可以定量测算总产出变动因素的大小，即：

$$X_1 - X_0 = B_1F_1 - B_0F_0$$

$$= (B_1 - B_0) F_0 + B_0 (F_1 - F_0) + (B_1 - B_0) (F_1 - F_0)$$

可以定义 $\Delta X = X_1 - X_0$，$\Delta B = B_1 - B_0$，$\Delta F = F_1 - F_0$，则上式变为：

$$\Delta X = \Delta B F_0 + B_0 \Delta F + \Delta B \Delta F \tag{4-7}$$

如果变量 X 受三个因素影响，不妨设 X = BDY，同理可证明：

$$\Delta X = \Delta B D_0 Y_0 + B_0 \Delta D Y_0 + B_0 D_0 \Delta Y \text{（可以认为是初始影响）}$$
$$+ \Delta B \Delta D Y_0 + \Delta B D_0 \Delta Y + B_0 \Delta D \Delta Y + \Delta B \Delta D \Delta Y \text{（可以认为是共同影响）} \tag{4-8}$$

对于 (4-7) 来说，$\Delta B F_0$、$B_0 \Delta F$、$\Delta B \Delta F$ 分别表示技术变动的影响、最终需求变动的影响和交互影响，一般交互影响项是被合并到某个初始影响中去，归因到各自变量，这样，(4-7) 式有两种合并方式：

$$\Delta X = \Delta B F_1 + B_0 \Delta F \tag{4-9}$$
$$\Delta X = \Delta B F_0 + B_1 \Delta F \tag{4-10}$$

从 (4-9) 式、(4-10) 式我们可以看出，ΔX 可以被认为是 ΔB 和 ΔF 的加权和，有两种加权方式也就意味着 B、F 影响的衡量不是唯一的，这是一个缺陷。一般的处理方式是两极分解法和中点权分解法：两极分解法是分解的时候只按计算期和基准期两个时期进行展开，即所谓两极，再将两种分解的结果按照算术平均求得每个因素变动影响的平均值；中点权分解法则类似两极分解法。根据李景华 (2004) 的证明，加权分解法是一个普适的方法，前两种方法都是它的近似解。设 x_i ($i = 1, 2,$) 为 n 个独立变量，且可以写成 n 个变量的乘积，即：

$$y = \prod_{i=1}^{n} x_i \tag{4-11}$$

第二个下标 1，0 分别表示计算期和基准期，那么 y 的变化为：

$$\Delta y = \prod_{i=1}^{n} x_{i1} - \prod_{j=1}^{n} x_{j0} \tag{4-12}$$

为易于理解，仅仅列出从基准期和计算期开始分解的结果，分别为：

$$\Delta y = (\Delta x_1) \prod_{i=2}^{n} x_{i0} + x_{11} (\Delta x_2) \prod_{j=3}^{n} x_{j0} + \cdots \prod_{k=1}^{n-2} x_{k1} (\Delta x_{n-1}) x_{n0} + \prod_{l=1}^{n-1} x_{l1} (\Delta x_n) \tag{4-13}$$

$$\Delta y = (\Delta x_1) \prod_{i=2}^{n} x_{i1} + x_{10} (\Delta x_2) \prod_{j=3}^{n} x_{j1} + \cdots \prod_{k=1}^{n-2} x_{k0} (\Delta x_{n-1}) x_{n1} + \prod_{l=1}^{n-1} x_{l0} (\Delta x_n) \tag{4-14}$$

如果有 n 个变量，类似的分解方式有 n! 种，可以定义 x_i 的影响为其平均值 $E(\Delta x_i)$，$E(\Delta x_i)$ 是包含 Δx_i 的 n! 个方程的算术平均值。那么

$$\Delta y = \sum_{i=1}^{n} E(\Delta x_i)$$

$$E(\Delta x_i) = \sum_{s} f(|s|) \prod_{j=1, j\neq i}^{n} \Delta x_{jt}(\Delta x_i) \tag{4-15}$$

$\sum_{s}$ 是对 t 的所有 $\{x_{1t}, x_{2t}, \cdots, x_{i-1,t}, \cdots, x_{nt}\}$ 组合求和，$|s|$ 是组合中 $t=1$ 的个数，且

$$f(|s|) = \frac{|s|!(n-|s|-1)!}{n!} \tag{4-16}$$

同样可以证明，其他分解方法会随着 n 的增大接近与加权分解法的结果。[①]

（四）资源部门的实证分析

1. 资源部门产出增长因素的 SDA 模型设定

我们选取 1992~2002 年为研究期间。为了进一步研究这 10 年以来资源部门总产出的变动原因和相对重要性，我们的分析基于基本的投入产出等式：

$$x_i = u_i(w_i + y_i + e_i) + e_i \tag{4-17}$$

其中 x_i、w_i、y_i、e_i 分别是 i 部门的总产出、中间需求、最终需求、净出口，$y_i = c_i + v_i$，c_i、v_i 分别为 i 部门的消费和固定资本形成。其中 $u_i = \frac{x_i - e_i}{x_i}$，代表的是 i 产品的国内利用率，这个值大于 1 代表该产业是净进口。值得注意的是：1 是一个关键的量化值，u_i 是一个关于出口的单调函数。

扩展写成矩阵形式：

$$X = U(AX + Y + e) + e$$

可以解得：

$$X = (I - UA)^{-1}(U(Y + e) + e) \tag{4-18}$$

[①] 具体可参见李景华（2004）。

为便于分解和计算，定义：$R = (1-UA)^{-1}$，$f = (U(Y+e)+e)$，其中 $Y = c + v$，I 为单位矩阵，s 为选择对角矩阵，由 0、1 组成，1 出现在资源部门对角元位置。则资源部门产出的变动为：

$$\Delta sX = s(X_1 - X_0)$$
$$= s(R_1 f_1 - R_0 f_0)$$
$$= s[R_1(U_1 + (Y_1 + e_1) + e_1) - R_0(U_0(Y_0 + e_0) + e_0)] \quad (4\text{-}19)$$

明显的 (4-19) 式可以有两种分解方式，$\Delta X = R_0 \Delta f + \Delta R f_1$ 和 $\Delta X = R_1 \Delta f + \Delta R f_0$，另外

$$\Delta R = R_0 (R_0^{-1} - R_1^{-1}) R_1$$
$$= R_0 [(I - U_0 A_0) - (I - U_1 A_1)] R_1$$
$$= R_0 (U_1 A_1 - U_0 A_0) R_1 \quad (4\text{-}20)$$

可以看出 R 和 U 相关，因此两者不是独立变量。因此 R 也有两种分解。
因为 $\Delta(UA) = U_0 \Delta A + \Delta U A_1$，$\Delta(UA) = U_1 \Delta A + \Delta U A_0$

所以，按照基准期和计算期分解，总体来说可以有四种分解方式。如果都按照基准期分解，可得如下结果：

$$\Delta sX = s(X_1 - X_0)$$
$$= sR_0 [U_0(\Delta c + \Delta v + \Delta e) + \Delta e + \Delta U(c_1 + v_1 + e_1)] + R_0(U_0 \Delta A + \Delta U A_1) X_1$$
$$= sR_0 [U_0 \Delta A X_1 + U_0 \Delta c + U_0 \Delta v + (U_0 + I) \Delta e + \Delta U(A_1 X_1 + c_1 + v_1 + e_1)]$$
$$(4\text{-}21)$$

同理可得另外三种分解：
$$sR_0 [U_1 \Delta A X_1 + U_1 \Delta c + U_1 \Delta v + (U_1 + I) \Delta e + \Delta U(A_0 X_1 + c_0 + v_0 + e_0)] \quad (4\text{-}22)$$
$$sR_1 [U_0 \Delta A X_0 + U_0 \Delta c + U_0 \Delta v + (U_0 + I) \Delta e + \Delta U(A_1 X_0 + c_1 + v_1 + e_1)] \quad (4\text{-}23)$$
$$sR_1 [U_1 \Delta A X_0 + U_1 \Delta c + U_1 \Delta v + (U_1 + I) \Delta e + \Delta U(A_0 X_0 + c_0 + v_0 + e_0)] \quad (4\text{-}24)$$

这样，我们可以看出，(4-21)～(4-24) 式中，第一项为直接消耗系数的变化所产生的影响，第二项是消费变动的影响，第三项是资本形成变动的影响，第四项是净出口变动带来的影响，第五项是国内使用率变动的影响。

2. 数据来源和处理

为了更好地分析中长期的效果，我们的研究选取了 1992 年的 33 个部门和 2002 年的 42 个部门的投入产出表。这当然不能直接进行计算，还必须对两个投入产出表进行数据处理。第一步，两个投入产出表都是根据当

年生产者价格编制的,为避免价格因素的影响,考虑投入产出表总体的平衡关系以及价格指数的准确性和可获得性,采用 GDP 指数对 2002 年的投入产出表进行了平减;第二步,由于两次编制的产业分类发生了比较大的变化,特别是第三产业,为保持两次的投入产出表产业分类一致且一一对应,我们根据《国民经济行业分类》(GB/T 4754-2002)的产业分类结果,对相关产业进行了合并。其中,将 1992 年产业分类中电力及蒸汽、热水生产和供应业,石油加工业,炼焦、煤气及煤制品业合并;机械工业、机械设备修理业和其他工业合并;第三产业总体合并。2002 年投入产出表中,其他制造业,废品废料,电力、热力的生产和供应业,燃气生产和供应业,水的生产和供应业合并到一个产业;第三产业总体合并。这样,1992 年和 2002 年的投入产出表都变成 21 个产业,且一一对应,可以进行 SDA 分解。

3. 计算结果和解释

为进一步看清楚 10 年来经济发展和结构变化对资源相关产业产出变动的影响,除了采掘业外,同样也计算了非金属矿物制品业、金属冶炼及压延加工业和金属制品业的影响。从各具体产业来看,体现了各自的特点:

表 4-25　　　　　　　　1992~2002 年国内利用率 U 的变化

	U_0	U_1	ΔU
煤炭开采和洗选业	0.9433	0.9656	0.0222
石油和天然气开采业	1.0734	1.3131	0.2397
金属矿采选业	1.1935	1.2393	0.0457
非金属矿采选业	1.0155	1.0173	0.0018
非金属矿物制品业	0.9572	0.9626	0.0054
金属冶炼及压延加工业	1.0878	1.0851	-0.0028
金属制品业	0.9269	0.9154	-0.0115

资料来源:作者计算。

就煤炭开采业来说,资本形成的变化的影响最大,其次是国内消费的拉动,这两个因素已经解释了变化的 81.58%。直接消耗系数的变化(12.98%)的正值也表明将煤炭作为中间投入的消耗系数变大了,其他两个因素作用比较小,值得注意的是,它的国内利用率一直小于 1,说明我国煤炭一直处于净出口的地位,但 10 年间煤炭业出口比率微弱减少。从总体产出变化看，10年间煤炭开采和洗选业是采掘业里面产出增加值最大的，这从一方面体现了煤炭仍然是我国的主导能源。

对于石油天然气产业来说，我国是石油进口大国，因此进口变化拉动的绝对量是最大的；其次是资本形成、消费、直接消耗系数的拉动，这部分地解释了其他产业对石油、天然气作为中间产品的依赖程度在不断加大。可能表明目前石油作为化工等相关产业原料的重要性也在增强。值得注意的是，它对进口的依赖程度变化的影响绝对值非常大，超过了260亿元，依赖性增加导致的产出增加额是所有资源相关产业中最大的。

作为另外一个极其重要的资源部门——金属矿采选业，体现了与石油天然气开采业略微不同的特色，它受资本形成的变化影响最大；同样这也是净进口的产业，而且净进口变化的影响绝对额比较大，影响排在第二位；接着是消费和直接消耗系数的变化。这个产业由于国内使用率变化的影响总额也超过了29亿元，也显示它对进口的依赖程度在增强。

非金属矿采选业则是另外一个景象，和其他采掘业不同的是，其他产业对它作为中间产品的消耗下降很快，这表明我国就非金属矿的利用的生产结构和技术结构可能发生了比较大的变化。当然，资本形成变化的影响也是非常巨大的。与煤炭开采业一样，这也是个净出口的产业，但是对总产出的影响微弱。

从采掘业总体来看，1992~2002年影响产出变化最大的因素依次是资本形成（76%）、消费（51%）和净出口（-44%），直接消耗系数和依赖程度的变化效应相对较小，但对进口的依赖程度在增加。

与非金属矿采选业非常类似的是，其他产业对非金属矿物制品业中间产品消耗下降的很快，绝对额是所有资源部门最大的，当然，资本形成的变化影响几乎抵销了这个负向影响。

1992~2002年的10年间，金属冶炼及压延加工业产出的增加额是所有产业中最大的，超过了3100亿元。和金属采选业一样，资本形成的影响最大，并且影响的绝对额是所有产业中最大的，超过了5400亿元；其次是消费。值得注意的是，其他部门对其中间产品的消耗系数下降了。它也是个净进口的产业，但10年间对进口的依赖性的变化影响并不是很大。当然，由于这里是总体数据，无法判断其具体进出口的产品结构。

金属制品业同样也是资本形成变动的影响最大（59%），其次是消费（28%）和净出口（21%），这是一个净出口的产业，不过它的净出口也下降了。其他产业对它的直接消耗在下降，但影响相对微弱。

表 4-26　　　　1992~2002 年资源部门产出增长因素分解

单位：万元（1992 年价格）

产业	直接消耗系数	消费	资本形成	净出口	国内使用	总影响
煤炭开采和洗选业	1938559	5514668	6672166	508785	304258	14938436
石油和天然气开采业	5639457	7878310	8977480	-12070030	2601747	13026963
金属矿采选业	1488047	3039171	6685935	-4810490	224855	6627518
非金属矿采选业	-6353321	2791807	6231832	103677	16696	2790693
采掘业合并	2712742	19223956	28567413	-16268058	3147556	37383610
非金属矿物制品业	-24002105	9991009	22372152	980406	190449	9531911
金属冶炼及压延加工业	-11018143	24660813	54950353	-9309838	-164550	59118636
金属制品业	-1446021	6074013	12957529	4611200	-291921	21904800

（五）结　论

从上述的研究中我们可以看到，从总体上看，资本形成是导致我国资源部门产出增加最大的驱动力。同时，消费的影响也十分巨大，大多数资源部门对国外的依赖性在加强，值得我们注意和警惕。

（1）因为是分析各个分类产业总产出的变化，只是总体的把握，并没有分析由于各个产业之间结构的变化、产业关联导致的影响，比如由于通用设备、专用设备产业的变化导致对金属矿采选业、金属冶炼及压延加工业的需求增长，反之亦然。

（2）由于数据所限，1992 年的投入产出表没有将进出口分开，因此，用的是净出口的指标，这样就无法得到进口的具体影响，同样我们也无法分析进出口的结构问题。一般认为，我国的资源部门目前的产品的总体技术含量还很低，所以，绝对量能说明的问题可能还是有一定局限性的。

总之，我们的量化分析还是相当初步的。而初步的分析已经可以发现我国资源部门同工业增长以至整个国民经济增长之间的密切关系。而且，数量分析所得到的基本结论同理论分析也具有很好的一致性。

参考文献

1. United States Geological Survey, 2006, "China's growing appetite for minerals", unpublished reports.

2. Melanie, J., Penney, K., Austin, A., Rumley, C. and Curtotti, R. 2007, "Sustainable Development of Mineral Sector in the APEC Region", ABARE Research Report.

3. IIED, 2002, "Breaking New Ground", Earthscan Publications Ltd. London.

4. Cashin Paul and C. John Mcdermott, 2002, "The Long-Run Behavior of Commodity Prices: Small Trends and Big Variability", IMF Staff Papers Vol. 49, No. 2.

5. Franke Reiner, Peter Kalmbach, 2004, "Structural Change in the Manufacturing Sector and Its Impact on Business-related Services: An Input-output Study for Germany", Structure Change and Economic Dynamics 16 (2005), pp. 467–488.

6. Julio Sanchez Choliz, Rosa Duarte, 2006, "The Effect of Structure Change on the Self-reliance and Interdependence of Aggregate Sectors: the Case of Spain, 1980–1994", Structure Change and Economic Dynamics 17 (2006), pp.27–45.

7. 金碚：《资源与环境约束下的中国工业发展》，《中国工业经济》2005 年第 4 期。

8. 刘世锦：《增长模式转型：我们需要转变什么》，《经济学动态》2005 年第 10 期。

9. 吕铁：《缓解资源约束促进产业发展》，《中国社会科学院院报》2004 年 8 月 3 日。

10. 茅于轼：《资源约束对经济增长的影响》，《金融经济》2005 年第 9 期。

11. ［英］朱迪·丽丝：《自然资源：分配、经济学与政策》，商务印书馆，2005 年。

12. 朱红章、王学军：《自然资本硬约束与我国经济的持续增长》，《经济管理》2006 年第 9 期。

13. 李润田、李永文：《中国资源地理》，科学出版社，2003 年。

14. 国土资源部信息中心：《2005 中国国土资源可持续发展研究报告》，地质出版社，2006 年。

15. 中国矿业联合会矿产资源委员会、国土资源部信息中心：《矿产资源循环利用：可持续发展必由之路》，2005 年。

16. 国家统计局：《中国统计年鉴》各年。

17. 国土资源部：《中国国土资源年鉴》（2005）。

18. 中国矿业年鉴编辑部：《中国矿业年鉴》（2005），地震出版社，2006 年。

19. 成升魁等：《中国资源报告（2002）》，商务印书馆，2003 年。

20. 马建明：《2003~2004 年我国矿产品进出口形势》，《国土资源情报》2005 年第 11 期。

21. 中国科学院可持续发展战略研究组：《2006 中国可持续发展战略报告》，科学出版社，2006 年。

22. 李钢、陈志、金碚：《"资源约束下经济增长"的经济学解释》，《财贸经济》2007 年第 9 期。

23. 张雷：《矿产资源开发与国家工业化》，商务印书馆，2004 年。

24. 宋辉、王振民：《利用结构分解技术建立投入产出偏差分析模型》，《数量经济技术经济研究》2004 年第 5 期。
25. 王玉潜：《能源消耗强度变动的因素分析方法及其应用》，《数量经济技术经济研究》2003 年第 8 期。
26. 李景华：《SDA 模型的加权平均分解法及在中国第三产业经济发展分析中的应用》，《系统工程》2004 年第 9 期。
27. 王岳平：《产业结构对交通运输业发展影响的定量分析》，《管理世界》2004 年第 6 期。
28. 许宪春、刘起运：《中国投入产出理论与实践》，中国统计出版社，2002 年。
29. 简钟丹、郝晓辉：《从产业关联看我国产业结构的调整》，《统计观察》2005 年 4 月。

第五章 环境保护与工业增长

在经济学中,环境被视为能够提供一系列服务的自然资产,在社会经济发展过程中,自然环境至少在生命支持、接受废弃物、提供宜人环境等方面,发挥着不可替代的重要作用。工业生产活动总是在一定的环境条件下进行,并且或多或少会对环境造成一定的影响。所以,研究环境与经济增长特别是工业增长的关系,具有重要的理论意义和现实意义。

一、环境保护的经济学分析

(一) 环境是一种自然资产

环境能够直接为消费者提供服务,我们呼吸的空气、饮用的水以及衣食住行过程中的许多方面都来自于环境服务。环境除了为消费者提供消费服务外,还能够吸收或接受人们在消费过程中产生的废物,例如生活垃圾、汽车尾气排放等。就生产活动而言,环境同时也是废物、废料的接受者,在一定限度内具有自净功能。在经济活动过程中,其作用相当于自然资源、劳动力、资本等(图5-1),生产活动也要以一定的环境投入为条件,所以,环境也应被视为一种自然资源。

经济学关注稀缺资源,资本、劳动是有限的,同样,环境对生活垃圾和生产废物废料的吸收功能也不是无限的。例如,一定限度内的空气污染或水污染,能够为植物或河流中的微生物吸收或分解,但超过这一限度的空气污染或污水排放将导致空气质量或水质量的迅速恶化。消费和生产过

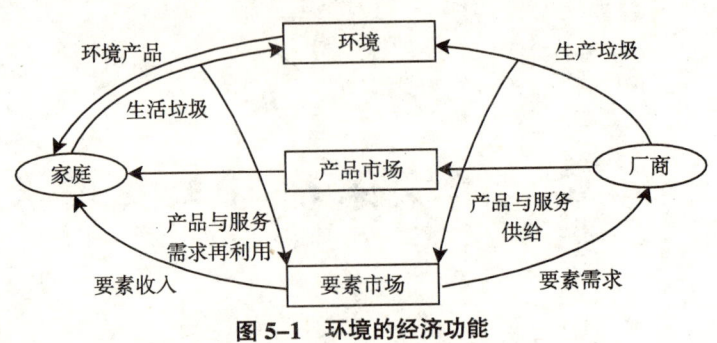

图 5-1 环境的经济功能

程中产生的废物，有些是可以被迅速分解或吸收的，有些则是很难分解的（如生活垃圾中的白色污染、工业生产过程产生的化学污染等）。因此，环境在提供资源和接受废物方面的作用是有限度的。要实现可持续发展，人们的社会经济活动必须在这个限度内进行。

作为一种自然资产，环境在经济活动中的作用并不能完全为劳动、资本等其他人造资本所替代。为了将自然资源和环境纳入经济增长模型，经济学家提出了与人造资本相对应的"自然资本"概念，它指的是矿藏、森林、渔场、水和环境等现存自然资源的价值。与人造资本和劳动一样，自然资本同样能够提供商品和服务，也是生产过程的必要投入。并且，自然资本像人造资本一样存在折旧，会在生产过程中被消耗掉；但在经济学中，对自然资本和人造资本是否存在完全替代的关系却存在不同的看法。

J.M.哈特威克（Hartwick）在1977年发表的著名论文《代际公平与可耗竭资源的租金转换》中指出，尽管经济活动会消耗可耗竭的自然资源，但如果将开采可耗竭资源所获得的霍特林租金（Hotelling Rent）全部投入到人造资本中去，从而保证包括自然资本和人造资本在内的总资本存量保持不变，那么就能够保证实现"非降的消费"或可持续发展。也就是说，尽管人们对可耗竭资源的开采导致了自然资本存量的下降，但如果自然资本的下降能够被人造资本的增加所抵销，那么，总资本存量就能够保持不变，这就是哈特威克准则。

哈特威克准则成立的条件，依赖于一些很强的假定：第一，自然资本主要是生产的投入品，假定不考虑资源环境作为消费品直接进入消费者效用函数的情形；第二，该准则取决于总生产函数的函数形式，哈特威克最初采用了类似于柯布—道格拉斯形式的生产函数；第三，也是人们争议最大的假定，即假定自然资本和人造资本之间可以完全替代。不少学者指出,一方面,多数自然资本和人造资本之间是不能完全替代的;另一方面,自然资本和人造资本在多数情况下是互补品而非替代品,自然资本的过度减少很可能导致人造资本难以独立发挥作用。

鉴于哈特威克准则关于自然资本和人造资本之间具有完全替代性的假定并不完全符合现实,一些学者(尤其是伦敦学派)进一步提出了"自然资本存量"准则,它要求维持自然资本存量本身保持不变。一般地,人们通常将哈特威克关于保持总资本存量不变的定义称为"弱替代性",而将后者关于自然资本存量保持不变的定义称为"强替代性"。也就是说,前者仅要求包括自然资本和人造资本在内的总资本存量不变,而后者则要求自然资本存量保持不变。显然,后者是一个更为严格的约束条件。此外,不少学者根据特定自然资本的重要性和不可替代性,进一步提出了更为严格的约束条件,这就是"最低安全标准"准则。

"最低安全标准"源于不确定条件下的决策,它要求某一特定自然资本的存量不能降低到最低安全标准之下,除非这样做的机会成本高得不可接受。对于许多资源与环境问题,例如煤炭、石油等可耗竭资源的开采或湿地、物种、气候条件等环境的保护,人们并不能确定现在的自然资源减少和环境恶化在未来究竟会产生怎样的成本,如我们并不能确定大熊猫的灭绝对于我们的子孙后代意味着有怎样的福利损失。在这种情况下,人们将面临资源环境保护和不保护两种选择。如果我们不能确定环境恶化的后果,那么,除非环境保护的机会成本高得无法接受,现在决定保护环境将是一种能将风险降低到最低程度的方法,因为它能够使社会"可能"遭受的最大损失最小化。

(二) 环境污染与工业增长

随着社会经济的发展和生产活动的扩张,人类社会的生产能力正在以前所未有的速度提高,它一方面使得物质财富迅速增加,另一方面也使得自然环境面临越来越大的压力。根据热力学第一定律,人类社会在生产出越来越多的物质产品的同时,向自然环境索取的原材料和排放的废弃物也必然相应增加。①这自然就引发了这样一个问题:经济发展与自然环境之间

---

① 热力学第一定律又称为"能量守恒定律",它认为在一个封闭的系统内,物质的能量既不会被创造出来又不能被毁灭。

究竟存在什么样的关系？经济发展一定导致环境的恶化吗？在这个问题上，"环境库兹涅茨曲线"假说有助于深化我们的认识。

20世纪50年代中期，美国经济学家西蒙·库兹涅茨在研究经济增长与收入分配的关系时，曾提出了这样一个假说命题，即在经济发展过程中，收入差异先扩大后缩小。由于它在平面图形中酷似倒置的英文字母"U"，因而被人们称为库兹涅茨"倒U"曲线（或库兹涅茨曲线）。粗略地观察表明，在经济发展过程中，环境也存在先恶化后改善的情形，被人们称为"环境库兹涅茨曲线"假说。

为了探明发展与资源环境的关系，西方很多经济学家运用各国数据对经济发展与资源环境的关系进行了估计。表5-1列出了部分有代表性的估计，从这个表中，我们可以看到，有的与"倒U"曲线相符，有的与"倒U"曲线不符。如表5-1中有的图形像N形，人均GDP达到一定水平后资源环境状况发生好转，但这种好转不会是直线的，经济发展到另一水平后，环境资源状况好转的趋势会再次逆转；有的图形像L形，经济发展水平很低时，资源消耗较小，环境破坏较小，当经济发展越过某临界点，经济越发展，对资源环境的破坏就越大。

1992年，世界银行在《世界发展报告》中对发展与资源生态的关系进行了讨论，发现：

（1）部分资源生态指标会随经济的发展而恶化。部分资源生态指标在一定时期内随着经济的发展会出现恶化现象，但经济的进一步发展又会使其得到改善，呈现出"倒U"曲线（见图5-2）。

（2）部分环境指标与发展的关系与"倒U"曲线不合。有的图形像直线，经济越发展，代表环境质量指标的数值就越糟糕；或者反过来，经济发展越好，指标的参数值越好。

尽管发展与资源生态的关系就不同的指标而言，呈现的关系会有所不同，但总体而论，"倒U"曲线关系是一种较为基本的形式。一些资源生态指标，还一直处于恶化状态，并不意味着它只能永远恶化下去，而只是表明，我们对这些指标目前还重视不够。有的指标随着发展而变好，并非普遍情形。

人类社会从狩猎、采集社会，经过农业社会，再到工业社会，再进入到后工业社会这个漫长的历程中，很多国家走过的正是"倒U"曲线之路，即经济学家所说的发展与资源生态关系的库滋涅茨曲线。它表明，经

第五章　环境保护与工业增长

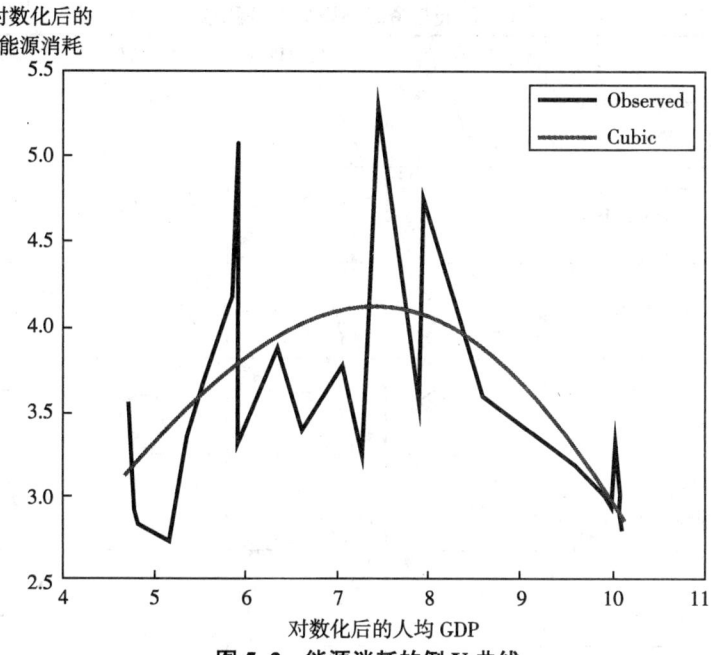

图 5-2　能源消耗的倒 U 曲线

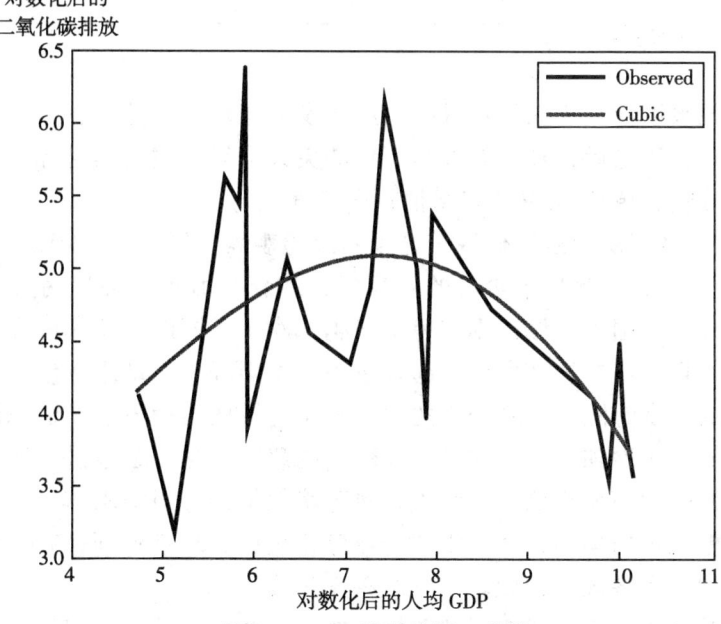

图 5-3　CO_2 排放的倒 U 曲线

表 5-1　　　　　　　　　　发展与资源环境关系的测量

	二氧化碳排放	二氧化硫排放	悬浮物	二氧化氮
夏飞克和班底约普（Shafik & Bandyoadhyay, 1992）	⌣	⌒	⌒	
潘那约托（Panayotou, 1993）		⌒	⌒	⌒
夏飞克（Shafik, 1994）	↗			
科尔、来利、比斯（Cole, Rayner & Bates, 1997）	⌒	⌒	⌒	⌒
卡松、江和马科宾（Carson, Jeon & Mccubbin, 1997）		✓		
卡松、江和马科宾（Carson, Jeon & Mccubbin, 1997）			↘	↘
布林、波和奥斯克（Bruyn, Bergh & Opschoor, 1998）	⌒	⌒	⌒	

资料来源：作者整理。

济发展从低水平向较高水平迈进时，经济发展与环境的关系会出现恶化趋势，经过一临界点后，经济发展与环境的关系会得到改善，对环境的污染和破坏会减轻，单位 GDP 的资源消耗会下降。

"环境库兹涅茨曲线"假说符合某些经验观察，同时也比较易于解释。例如，一些处于经济起飞阶段的新兴国家或新兴城市的环境污染日益严重，而那些发达国家的城市则变得越来越洁净了。同时，这一假说也比较符合人们的直觉：在经济发展的起步阶段，由于经济活动水平较低，因而环境污染的程度有限；随着经济的起飞和制造业的迅速发展，资源消耗和废弃物排放大大增加，并导致资源和环境的急剧恶化；在经济发展到一定水平后，人们的环境意识逐渐增强，对环境保护的相对需求增加，经济发展方式从粗放走向集约，污染重的产业停止生产，环境治理拥有了更为坚实的物质和技术基础，因此环境状况将逐步改善。

尽管不少经验研究证实了"环境库兹涅茨曲线"假说，但我们不能简单地认为：环境恶化是经济发展到一定阶段的必然结果，经济发展到一定阶段后，环境问题自然而然会得到解决。因此我们没有必要、也没有能力致力于环境状况的改善。这是因为，环境库兹涅茨曲线只是简单地描述了经济发展与环境状况之间的表面联系，并不能说明这种关系是最优的（事实上它肯定不是最优的），其理由有三：①由于经济发展伴随环境恶化阶段也许会经历很长一段时期，未来经济增长和优美环境的折现值很可能难以抵销当前环境破坏造成的损失。②环境污染早期阶段的治理成本，往往低于病入膏肓后的治理成本。③许多环境恶化是不可逆或逆转费用极其高昂的，例如沙漠化、物种灭绝、有害污染物对人体健康的损害等。

但环境库兹涅茨曲线的存在也提醒我们，在环境保护问题上也要实事求是，量力而为，不能急于求成，好高骛远。对于发展中国家，如果过早地采用并试图在一夜之间实现发达国家的严格环境标准，那么，其效果很可能是适得其反，导致既阻碍经济发展又无助于环境改善的结果。正确的做法，应该是深入地分析相关的成本—收益关系，采取适合本国国情，并能够实现社会经济和环境协调发展的环境治理策略与经济发展道路。

二、中国的工业污染

（一）工业污染排放的变化趋势

1. 排放总量

我们选取 1990 年、1995 年、2000 年和 2005 年四个代表性年份来考察中国各地区工业"三废"排放情况，具体数据见表 5-2。

从表 5-2 的数据可以看出，1990~2000 年大多数地区工业废水排放总量逐步下降；2000~2005 年则部分地区呈现反弹的趋势；1990~2005 年工业固体废弃物排放总量逐步减少，而工业废气排放总量却是不断增长。和 1990 年相比，2005 年大多数地区废气排放总量水平翻了一番。需要注意的是，这段时期也是我国工业产品增长最快的时期，据第一次全国经济普

表5-2 中国各地区工业"三废"排放状况

	1990年			1995年			2000年			2005年		
	废水(万吨)	废气(亿标立方米)	固体废物(万吨)	废水(万吨)	废气(亿标立方米)	固体废物(万吨)	废水(万吨)	废气(亿标立方米)	固体废物(万吨)	废水(万吨)	废气(亿标立方米)	固体废物(万吨)
全国	2486861	84380	4767	2218943	107478	2242	1942405	138145	3186	2431121	268988	1654.68
北京	40641	2770	213	36997	2910	51	23164	3227	32.11	12813	3532	9.14
天津	22865	1335	38	21897	1705	2	17604	1749	17.29	30081	4602	0.00
河北	99181	5669	150	82825	7370	31	89600	9858	118.65	124533	26518	42.41
山西	58430	4870	247	40656	4790	171	32406	6635	646.00	32099	15142	604.69
内蒙古	26225	2952	263	28239	3171	134	21844	4768	81.45	24967	12071	62.50
辽宁	163714	8135	218	140193	8498	95	109044	9432	84.05	105072	20903	9.39
吉林	57645	2895	53	46891	3163	12	37386	3082	21.74	41189	4939	1.86
黑龙江	112398	4846	526	69389	4224	3	52644	4326	—	45158	5261	0.03
上海	133218	3534	0	116116	4625	3	72446	5755	—	51097	8482	0.12
江苏	233503	5046	116	220184	7872	26	201923	9078	4.50	296318	20197	0.01
浙江	107247	2537	69	102807	3108	12	136433	6509	6.42	192426	13025	5.64
安徽	98620	2327	116	87006	3559	10	63106	3945	1.94	63487	6960	0.05
福建	76217	1347	42	66381	1940	14	57617	2828	9.15	130939	6265	5.77
江西	77123	1659	105	66880	2396	29	41956	2220	29.03	53972	4379	10.28
山东	87631	6684	120	95343	7386	3	110324	12179	1.40	139071	24129	0.14
河南	104934	3764	85	98364	6092	8	109210	7436	31.22	123476	15498	3.64
湖北	162302	3416	91	139938	3901	16	106733	5674	16.20	92432	9404	16.70
湖南	188633	2716	156	145251	3466	46	112563	3569	138.52	122440	6014	56.71
广东	140250	2586	74	128259	6476	11	114055	8326	11.70	231568	13447	13.85
广西	105248	1389	118	96563	2349	114	81571	4607	126.52	145609	8339	110.48

续表

	1990年			1995年			2000年			2005年		
	废水（万吨）	废气（亿标立方米）	固体废物（万吨）	废水（万吨）	废气（亿标立方米）	固体废物（万吨）	废水（万吨）	废气（亿标立方米）	固体废物（万吨）	废水（万吨）	废气（亿标立方米）	固体废物（万吨）
海南	8041	80	0	6985	182	—	7064	434	—	7428	910	0.04
重庆	—	—	—	—	—	—	84344	1908	238.42	84885	3655	184.50
四川	196499	4996	724	191593	6359	399	116979	4779	321.00	122590	8140	115.70
贵州	34224	1597	129	28206	2342	212	20598	3882	410.70	14850	3852	131.28
云南	42422	1559	548	48937	1674	516	35117	2749	530.40	32928	5444	70.66
西藏	129	6	0	2155	9	—	1006	15	17.04	991	13	7.30
陕西	40168	1775	162	40652	2378	97	30903	2379	126.66	42819	4916	34.87
甘肃	38375	1820	127	38393	2425	67	23795	2800	57.86	16798	4250	40.63
青海	6865	388	127	5029	442	65	4661	607	—	7619	1370	2.76
宁夏	8612	611	10	7813	932	7	10942	1445	13.03	21411	2844	4.10
新疆	15501	1071	140	19001	1734	89	15365	1944	92.60	20052	4485	109.43

资料来源：《中国统计年鉴》有关各期。

查数据计算，1990~2004年，化学纤维，纱布，机制纸及纸板，啤酒，卷烟，家用电冰箱，家用洗衣机，彩色电视机，原煤，原油，天然气，发电量，生铁，粗钢，钢材，水泥，平板玻璃，乙烯，硫酸，纯碱，烧碱，农用氮、磷、化学农药，塑料，金属切削机床，大中型拖拉机等增长2~10倍，而轿车增长65倍以上，房间空调器增长275倍，微型电子计算机增长548倍，集成电路增长195倍，移动电话机则从无到有，几乎平均每个家庭拥有1部。因此，需要进一步考察各地区污染物的排放强度，即每万元工业总产值的工业废水、废气和固体废物排放量。

从四大区域的工业"三废"排放情况看，东部地区的废水、废气排放居首位，而西部地区固体废弃物排放是最多的。在工业废水排放方面，与1990年相比，2005年东部地区增加排放267480万吨，中部地区减少排放202136万吨，西部地区增加排放21251万吨，东北地区减少排放142338万吨；在工业废气排放方面，与1990年相比，2004年东部地区增加排放89519亿标立方米，中部地区增加排放38645亿标立方米，西部地区增加排放41215亿标立方米，东北地区增加排放15227亿标立方米；在工业固体废弃物排放方面，与1990年相比，2004年东部地区减少排放745万吨，中部地区减少排放108万吨，西部地区减少排放1474万吨，东北地区减少排放786万吨（表5-3）。

表5-3　　　　　　1990~2005年四大区域工业"三废"排放的变化

	1990年			2005年			1990~2005年变化		
	废水（万吨）	废气（亿标立方米）	固体废物（万吨）	废水（万吨）	废气（亿标立方米）	固体废物（万吨）	废水（万吨）	废气（亿标立方米）	固体废物（万吨）
东部地区	948794	31588	822	1216274	121107	77	267480	89519	-745
中部地区	690042	18752	800	487906	57397	692	-202136	38645	-108
西部地区	514268	18164	2348	535519	59379	874	21251	41215	-1474
东北地区	333757	15876	797	191419	31103	11	-142338	15227	-786

注：东部地区包括北京、天津、河北、上海、江苏、浙江、福建、山东、广东和海南10个省市；中部地区包括山西、河南、湖南、湖北、江西、安徽6个省；西部地区包括内蒙古、陕西、甘肃、宁夏、新疆、青海、四川、云南、贵州、重庆、西藏、广西12个省市区；东北地区包括辽宁、吉林、黑龙江3个省。

资料来源：作者根据《中国统计年鉴》有关各期计算而得。

2. 排放强度

表5-4的数据表明,随着时间的推移,我国工业污染排放强度总体上是下降的,其中,工业废水、工业固体废弃物下降的幅度较大。就全国平均水平而言,2005年单位排放强度只相当于1990年时的20%左右,但是,工业废气排放强度下降比较缓慢,2005年单位排放强度相当于1990年时的60%左右。从各地区情况看,在工业废水排放强度方面,除西藏外,其余各地区在1990~2005年期间基本上都是不断下降的;在工业固体废弃物排放强度方面,各地区也是逐步下降的,但波动幅度较大。在工业废气排放强度方面,呈现出另外一种景象,各地区并没有呈现稳定的下降趋势,一些地区工业废气排放强度甚至出现了上升的趋势,如广西、海南。另外,还有1/3左右的地区基本上维持一种稳定的状态。从图5-4显示的变化趋势看,工业废水和工业固体废弃物在1990~1995年下降趋势比较明显,幅度最大,但在1995年之后,下降的速度有所放缓,幅度变小,显示出污染减排的难度加大和动力不足。

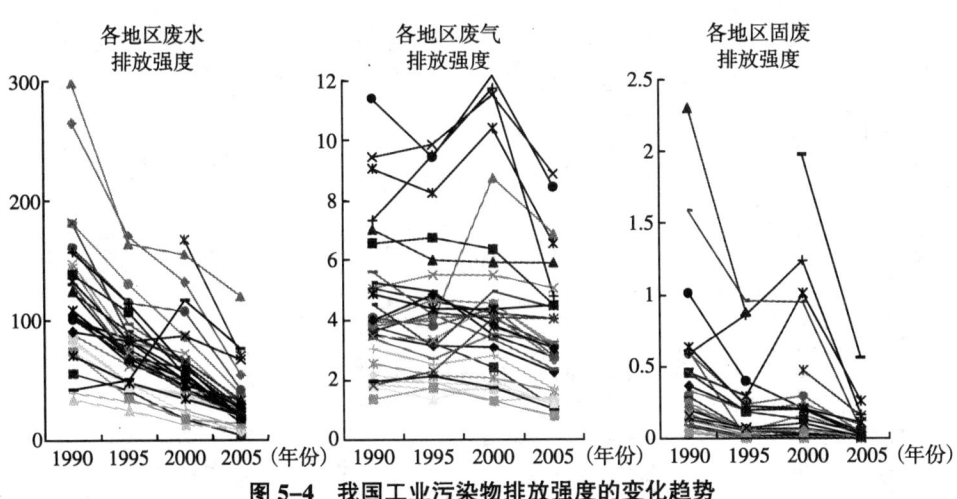

图5-4 我国工业污染物排放强度的变化趋势

从四大区域的情况看,在工业废水排放方面,1990年排放强度从高到低依次是中部地区、西部地区、东北地区和东部地区,2005年排放强度从高到低依次是西部地区、中部地区、东部地区和东北地区;在工业废气排放方面,1990年排放强度从高到低依次是西部地区、东北地区、中部

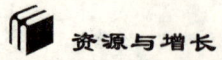

表 5-4　我国各地区工业"三废"排放强度（每万元工业总产值）

	1990年			1995年			2000年			2005年		
	废水(吨/万元)	废气(标立方米/元)	固体废弃物(吨/万元)	废水(吨/万元)	废气(标立方米/元)	固体废弃物(吨/万元)	废水(吨/万元)	废气(标立方米/元)	固体废弃物(吨/万元)	废水(吨/万元)	废气(标立方米/元)	固体废弃物(吨/万元)
全国	103.95	3.53	0.1993	64.55	3.13	0.0653	43.22	3.07	0.0709	20.24	2.24	0.0138
北京	55.32	3.77	0.2899	41.22	3.24	0.0568	17.21	2.4	0.0238	3.87	1.07	0.0028
天津	33.63	1.96	0.0559	24.51	1.91	0.0023	12.87	1.28	0.0126	9.31	1.42	0.0000
河北	88.3	5.05	0.1335	61.77	5.5	0.0232	49.85	5.49	0.066	23.71	5.05	0.0081
山西	108.53	9.05	0.4588	70.05	8.25	0.2945	50.76	10.39	1.012	13.87	6.54	0.2612
内蒙古	101.07	11.38	1.0136	84.1	9.44	0.399	55.61	12.14	0.2072	17.47	8.44	0.0437
辽宁	101.88	5.06	0.1357	76.39	4.64	0.0518	48.92	4.23	0.0377	20.36	4.05	0.0018
吉林	104.36	5.24	0.0959	73.41	4.94	0.0187	42.41	3.49	0.0246	22.76	2.73	0.0010
黑龙江	130.16	5.61	0.6091	68.68	4.17	0.0029	40.78	3.36	—	20.07	2.34	0.0000
上海	81.58	2.16	—	47.69	1.89	0.0012	22.27	1.77	—	6.79	1.13	0.0000
江苏	84.48	1.83	0.042	47.32	1.7	0.0056	36.83	1.66	0.0008	18.99	1.29	0.0000
浙江	74.86	1.77	0.0482	44.15	1.33	0.0052	39.38	1.89	0.0019	17.45	1.18	0.0005
安徽	147.12	3.47	0.173	81.45	3.34	0.0093	72.4	4.52	0.0023	29.13	3.19	0.0000
福建	143.41	2.53	0.079	73.38	2.14	0.0155	41.98	2.06	0.0067	33.73	1.61	0.0015
江西	181.15	3.9	0.2466	130.39	4.67	0.0566	85.8	4.54	0.0593	37.97	3.08	0.0072
山东	39.81	3.04	0.0545	32.39	2.51	0.001	25.3	2.8	0.0004	9.55	1.66	0.0000
河南	101.22	3.63	0.082	68.74	4.25	0.0056	59.57	4.06	0.017	24.67	3.10	0.0007
湖北	160.98	3.39	0.0903	97.02	2.7	0.011	66.4	3.53	0.0101	31.93	3.25	0.0058
湖南	264.69	3.81	0.2189	170.39	4.08	0.0539	131.8	4.17	0.1622	53.96	2.65	0.0250
广东	73.73	1.36	0.0389	34.46	1.74	0.0029	17.42	1.28	0.0017	13.50	0.78	0.0008

第五章　环境保护与工业增长

续表

	1990年			1995年			2000年			2005年		
	废水(吨/万元)	废气(标立方米/元)	固体废弃物(吨/万元)	废水(吨/万元)	废气(标立方米/元)	固体废弃物(吨/万元)	废水(吨/万元)	废气(标立方米/元)	固体废弃物(吨/万元)	废水(吨/万元)	废气(标立方米/元)	固体废弃物(吨/万元)
广　西	297.79	3.93	0.3339	163.57	3.98	0.1931	155	8.75	0.2404	119.79	6.86	0.0909
海　南	181.43	1.81	—	87.17	2.28	—	66.38	4.08	0.4724	32.91	4.03	0.0002
重　庆	—	—	—	114.57	3.8	0.2385	167.09	3.77	0.2947	70.43	3.03	0.1531
四　川	160.68	4.09	0.592	114.36	9.5	0.8595	107.36	4.38	1.2395	41.58	2.76	0.0392
贵　州	156.88	7.32	0.5913	90.99	3.11	0.9593	62.16	11.72	0.9509	18.41	4.78	0.1628
云　南	122.87	4.52	1.5873	50.27	2.11	—	62.95	4.94	1.9766	26.58	4.39	0.0570
西　藏	42.02	1.95	—	82.76	4.85	0.1974	116.7	1.73	0.2038	76.10	1.00	0.5606
陕　西	90.76	4.01	0.366	106.83	6.74	0.1864	49.74	3.83	0.1312	26.41	3.03	0.0215
甘　肃	138.2	6.55	0.4574	68.18	5.99	0.8813	53.97	6.35	—	17.70	4.48	0.0428
青　海	124.28	7.02	2.2991	82.63	9.85	0.074	45.31	5.91	0.1039	32.79	5.90	0.0119
宁　夏	133	9.44	0.1544	48	4.38	0.2248	87.23	11.51	0.2072	66.81	8.87	0.0128
新　疆	70.48	4.87	0.6366				34.37	4.35		19.99	4.47	0.1091

注：工业总产值使用的是1990年的不变价格。不变价格计算由作者根据《中国统计年鉴》(2005) 中的工业品出厂价格指数缩减而成（各地区统一使用全国平均价格指数）。
资料来源：《中国统计年鉴》和《中国环境年鉴》有关各期，经作者计算。

地区和东部地区，2005年排放强度从高到低依次是西部地区、中部地区、东北地区和东部地区；在工业固体废弃物排放方面，1990年排放强度从高到低依次是西部地区、东北地区、中部地区和东部地区，2005年排放强度从高到低依次是西部地区、中部地区、东部地区和东北地区。从1990~2005年变化情况看，废水排放强度下降最明显的是中部地区，平均下降了128.69吨/万元，废气排放下降最明显的是东北地区，平均下降2.26标立方米/元，固体废弃物下降最明显的是西部地区，平均下降0.6944吨/万元（表5-5）。

表5-5　　　　　　1990~2005年四大区域工业"三废"排放强度变化

	1990年			2005年			1990~2005年变化		
	废水（吨/万元）	废气（标立方米/元）	固体废弃物（吨/万元）	废水（吨/万元）	废气（标立方米/元）	固体废弃物（吨/万元）	废水（吨/万元）	废气（标立方米/元）	固体废弃物（吨/万元）
东部地区	85.66	2.53	0.0927	16.98	1.92	0.0014	-68.68	-0.61	-0.0914
中部地区	160.62	4.54	0.2116	31.92	3.64	0.0500	-128.69	-0.91	-0.1616
西部地区	130.73	5.92	0.8032	44.50	4.83	0.1088	-86.23	-1.08	-0.6944
东北地区	112.13	5.30	0.2802	21.06	3.04	0.0010	-91.07	-2.26	-0.2793

资料来源：作者根据《中国统计年鉴》和《中国环境年鉴》有关各期计算而得。

进一步考察"十五"期间我国工业污染物排放状况。图5-5显示，工业污染排放强度"十五"期间大部分指标呈下降趋势，但二氧化硫排放强

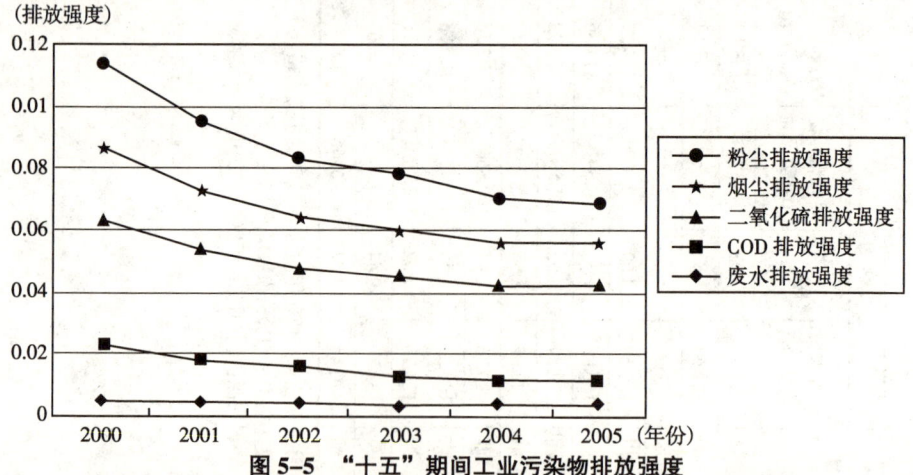

图5-5　"十五"期间工业污染物排放强度

注：本图按2000年不变价计算。废水排放强度单位为亿吨/亿元，其他为万吨/亿元。

度时有反弹。呈下降趋势的强度指标的下降幅度，"十五"晚期低于"十五"早期，显示出进一步降低的动能不足。

3. 工业污染防治仍以外延式为主

判断我国工业污染防治主要是通过结构调整还是通过技术进步的方式来进行的，即是以外延式为主还是以内涵式为主来进行工业污染的防治，可以用经济贡献率与污染贡献率偏离程度的变化来度量。偏差度是经济贡献率减污染贡献率之差。经济贡献率指行业/地区的工业总产值与整个工业总产值之比（％），污染贡献率是指行业/工业某种污染物的排放量与某种工业污染物排放总量之比（％）。若偏差度为负数，说明该行业或地区污染贡献率超过其经济贡献率，则这个行业或地区属于偏污染的行业或地区。动态地看，对于污染的行业或地区，若偏差度越来越小（偏差度的绝对值是越来越大），则表明这个行业或地区的污染越来越严重。

我们的计算发现，我国工业污染防治仍以外延式为主，即单位工业产值污染物排放强度下降主要是靠发展污染密集度较低的产业，提高其比重来实现的，而污染密集型行业通过技术进步实现降低污染密集度的作用在此表现并不十分明显，具体体现为重点行业排污的格局没有发生根本性转变。

在空气污染方面，电力行业作为二氧化硫排放大户，其二氧化硫排放与控制一直受到环保部门的高度重视，电厂的脱硫工程被政府列为八大工程之一，但电力行业的经济贡献率与二氧化硫污染贡献率的负向偏差仍然十分突出。除电力工业外，五大重点行业中非金属矿物制品业、有色金属矿物制品业等的负向偏离程度虽有所下降，但仍为负值，黑色金属冶炼、化工制造的偏离度虽为正值，但幅度十分有限，化工制造业甚至还呈现出

表5-6　　　重点污染行业经济贡献率和二氧化硫污染贡献率偏离度

行业	2000年	2001年	2002年	2003年	2004年
电力工业	-36.5	-47.8	-48.5	-56	-51.9
非金属矿物制品业	-15.9	-5.7	-6.9	-5.4	-5.5
黑色金属冶炼业	2.6	2.4	2.8	4.7	5.9
化工制造业	4.6	3.2	2.4	4.1	2.4
有色金属冶炼	-1.4	-0.9	-2	-0.6	-0.6
总体	-44.6	-50	-52.2	-52.9	-49.8

资料来源：作者根据2000~2004年全国环境统计公报计算。

表 5-7　　重点行业经济贡献率与化学需氧量污染贡献率的偏离度

行业	2000年	2001年	2002年	2003年	2004年
造纸	-41.5	-38.5	-33.1	-32.1	-30.8
食品、烟草加工、饮料制造	-13.4	-10.2	-12.8	-12.2	-10.9
化工制造业	2.2	-0.1	-2.8	-1.3	-2.9
纺织业	0.2	0.8	-0.7	-0.8	-2.3
总计	-52.5	-47.5	-49.4	-46.6	-48

资料来源：作者根据 2000~2004 年全国环境统计公报计算。

了下降趋势。在水污染方面，造纸、食品制造、烟草加工及饮料制造、化工制造、纺织等行业化学需氧量污染贡献率 2004 年达 71% 左右，是废水治理的重点行业。"十五"期间这几个行业总的经济贡献率与化学需氧量污染贡献率的偏离度一直在 -50 左右徘徊。

统计数据表明，我国工业污染排放的集中度较高。39 个工业行业中，废水排放量位于前 4 位的行业依次为化工制造业、造纸业、电力业、黑色金属冶炼业，2004 年，这 4 个行业排放的废水占重点统计企业废水排放量的 54.6%。电力工业、非金属矿物制品业、黑色金属冶炼业、化工制造业、有色金属冶炼业的二氧化硫排放占到工业总排放的 80% 左右。工业固体废弃物排放集中在煤炭开采和洗选业、黑色金属冶炼及压延加工业、黑色金属矿采选业、有色金属矿采选业、化工制造业，2004 年，这 5 个行业工业固体废弃物排放量占统计工业行业固体废弃物排放总量的 72% 左右。由于工业污染排放的集中度较高，而且这些行业部分具有基础性或原材料工业性质，如果不能通过环境保护政策与科技创新政策的整合以促进技术进步的方式有效地降低这些行业的污染密集度，我国工业实现主要污染物减排 10% 的目标难度就很大。

"十五"期间中国发达省份工业产值的贡献率与污染贡献率的偏差度缩小，一些经济不发达地区工业产值贡献率与污染贡献率的负向偏离度呈增加趋势就是对此最好的证明。它反映出在经济发达省份，其经济增长越来越依赖污染密集度低的产业发展带动的同时，一些经济相对不发达省份开始成为污染密集度型产业转移的承接地和发展的中心，特别是中部地区，表现尤其突出（见表 5-8）。

第五章 环境保护与工业增长

表5-8　2000~2004年各地区工业经济贡献率与工业污染贡献率的偏离度

	2000年			2001年			2002年			2003年			2004年			2000~2004年偏离度变化		
	废水	废气	固体废弃物	废水	废气	固体废弃物	废水	废气	固体废弃物	废水	废气	固体废弃物	废水	废气	固体废弃物	废水	废气	固体废弃物
北京	1.80	0.66	1.99	2.00	1.16	2.24	1.99	1.17	2.06	2.06	1.17	2.17	2.27	1.50	2.28	0.47	0.84	0.29
天津	2.14	1.78	2.50	2.03	1.30	—	1.94	0.90	—	1.83	0.65	2.84	1.88	1.62	—	-0.26	-0.16	—
河北	-0.61	-3.14	0.27	-1.14	-3.18	1.47	-1.28	-3.39	0.41	-1.09	-3.91	1.63	-1.46	-4.82	2.07	-0.84	-1.69	1.80
山西	-0.25	-3.38	-18.86	-0.07	-3.53	-24.21	0.07	-3.81	-27.74	0.26	-4.75	-30.69	0.45	-3.75	-33.29	0.70	-0.36	-14.43
内蒙古	-0.25	-2.58	-1.68	-0.16	-2.21	-0.75	-0.20	-2.52	-0.99	-0.16	-3.05	-2.37	0.01	-4.65	-4.03	0.26	-2.07	-2.35
辽宁	-0.65	-1.87	2.32	-0.22	-1.55	2.91	-0.03	-1.56	2.75	0.09	-2.13	3.56	0.11	-1.21	3.60	0.77	0.66	1.28
吉林	0.04	-0.27	1.28	0.21	-0.05	1.76	0.28	-0.05	1.93	0.39	-0.07	1.84	0.14	-0.16	1.60	0.10	0.11	0.32
黑龙江	0.16	-0.26	—	0.04	-0.39	—	-0.07	-0.40	—	-0.32	-0.39	2.02	-0.20	-0.25	1.84	-0.36	0.01	—
上海	3.51	3.08	—	3.98	3.01	12.27	3.86	2.74	12.51	4.39	3.35	7.27	4.38	3.21	6.92	0.86	0.13	1.16
江苏	1.81	5.63	12.06	-1.07	4.01	8.06	-0.16	4.37	8.59	1.02	5.32	12.68	1.31	5.73	13.22	-0.50	0.10	1.53
浙江	0.68	3.00	7.51	0.45	2.96	1.87	0.72	3.96	1.91	1.12	3.80	8.81	1.81	4.34	9.03	1.13	1.34	-0.07
安徽	-1.31	-0.92	1.88	-1.21	-1.08	2.68	-1.20	-1.00	3.05	-1.16	-0.87	1.83	-1.08	-0.68	1.81	0.23	0.23	-0.07
福建	0.09	1.01	2.77	-0.36	1.03	2.68	-0.47	1.28	3.05	-1.15	1.38	3.27	-1.85	1.25	3.04	-1.94	0.24	0.27
江西	-1.07	-0.52	0.18	-0.98	-0.32	0.66	-1.15	-0.42	0.47	-1.33	-0.57	0.54	-1.39	-0.57	0.43	-0.32	-0.06	0.25
山东	4.02	0.89	9.66	4.14	0.84	9.78	5.23	2.22	10.34	5.35	2.70	10.76	5.34	2.60	11.15	1.32	1.71	1.49
河南	-1.54	-1.30	3.10	-1.41	-1.72	2.93	-1.64	-2.19	3.53	-1.61	-2.26	3.59	-1.55	-1.76	3.52	-0.01	-0.45	0.42
湖北	-1.92	-0.53	3.07	-1.43	-0.22	2.91	-1.51	-0.43	2.67	-1.71	-0.54	2.34	-1.95	-1.26	1.93	-0.03	-0.73	-1.13
湖南	-3.89	-0.68	-2.45	-3.39	-0.56	-3.62	-3.50	-0.50	-4.34	-4.01	-0.48	-2.78	-3.76	-0.51	-3.28	0.14	0.17	-0.83
广东	8.70	8.54	14.20	9.14	8.83	13.37	7.78	8.75	13.42	8.11	9.55	14.20	7.20	9.37	13.75	-1.49	0.83	-0.45
广西	-3.03	-2.16	-2.80	-3.36	-2.29	-3.19	-3.62	-2.18	-3.52	-4.61	-2.33	-4.59	-4.55	-3.48	-6.48	-1.52	-1.32	-3.68
海南	-0.13	-0.08	—	-0.12	-0.08	—	-0.11	-0.06	—	-0.10	-0.03	0.23	-0.11	-0.06	0.20	0.02	0.01	—

续表

	2000年			2001年			2002年			2003年			2004年			2000~2004年偏离度变化		
	废水	废气	固体废弃物	废水	废气	固体废弃物	废水	废气	固体废弃物	废水	废气	固体废弃物	废水	废气	固体废弃物	废水	废气	固体废弃物
重 庆	-3.22	-0.26	-6.36	-2.88	-0.03	-5.69	-2.75	-0.02	-6.43	-2.75	-0.03	-6.18	-2.69	-0.43	-5.63	0.53	-0.17	0.73
四 川	-3.60	-1.04	-7.65	-3.26	-1.04	-10.36	-3.21	-1.69	-6.51	-3.28	-0.95	-4.46	-3.05	-0.80	-4.52	0.55	0.23	3.13
贵 州	-0.32	-2.07	-12.16	-0.30	-1.53	-13.14	-0.11	-1.29	-10.45	-0.11	-1.06	-15.72	-0.04	-1.07	-11.60	0.29	1.00	0.55
云 南	-0.57	-0.75	-15.41	-0.40	-0.87	-10.79	-0.43	-0.90	-9.66	-0.54	-1.02	-5.17	-0.70	-1.04	-2.09	-0.13	-0.29	13.32
西 藏	-0.03	0.01	-0.52	-0.04	0.01	-0.35	-0.03	0.01	0.02	-0.01	0.01	—	-0.03	0.00	-0.32	0.00	0.00	0.20
陕 西	-0.21	-0.34	-2.59	-0.01	-0.37	-1.72	-0.11	-0.59	-2.34	-0.26	-0.62	-1.43	-0.31	-0.48	-0.48	-0.10	-0.14	2.11
甘 肃	-0.24	-1.05	-0.84	-0.03	-0.74	-0.63	-0.01	-0.76	-1.66	-0.18	-1.22	-2.16	-0.04	-0.77	-2.45	0.20	0.28	-1.62
青 海	-0.01	-0.21	—	-0.01	-0.32	-0.08	0.01	-0.35	0.10	0.01	-0.33	-0.22	0.03	-0.34	-0.16	0.04	-0.12	—
宁 夏	-0.28	-0.77	-0.13	-0.23	-0.53	0.12	-0.31	-0.69	-0.14	-0.26	-0.62	-0.08	-0.16	-0.71	0.08	0.13	0.06	0.21
新 疆	0.20	-0.41	-1.91	0.09	-0.54	-1.64	0.04	-0.61	-2.40	0.01	-0.69	-3.76	-0.02	-0.82	-5.06	-0.22	-0.41	-3.14

资料来源：《中国统计年鉴》（2001~2005）以及第一次全国经济普查数据。

（二）实证分析：工业污染与工业发展水平的关系

借鉴库兹涅茨关于收入分配与经济发展之间的著名"倒U"曲线论述，一些学者指出经济发展与环境质量之间也可能存在"倒U"曲线关系，即在经济发展初期阶段经济增长、人均收入的提高将会导致环境质量的下降，然而一旦经济发展超越了某一临界值点，人均收入的进一步提高反而会有助于降低环境污染、改善环境质量。受这一观点启发，大量学者运用各国截面、时序或者面板数据，对是否存在环境库兹涅茨曲线（Environmental Kuznets Curve，EKC）进行了广泛研究。本书分别采用时间序列数据和地区截面数据验证我国工业污染与工业发展水平之间是否符合环境库兹涅茨曲线假说。

由于环境库兹涅茨曲线在形状上是一个"倒U"曲线，因此，不少学者在估算工业污染与经济发展水平之间的关系时，采用二次曲线（抛物线）或三次曲线（N形曲线）形式，本书借鉴这种方法，构建如下估计模型：

$$Y = C + \beta_1 x + \beta_2 x^2 + \beta_3 x^3 \qquad (5-1)$$

其中，Y是单位工业产值的废水、废气和固体废弃物排放强度（表示环境质量高低）；X是人均GDP（表示经济发展水平或工业发展水平）；C，β_1，β_2，β_3分别是待估参数。当β_3显著不为0时，（5-1）式就是三次曲线函数；当β_3显著等于0时，（5-1）式就是二次曲线函数。

1. 时间序列数据模型

根据1980~2005年全国单位工业产值工业废水、废气、固体废弃物排放量与人均GDP数据，分别对（5-1）式进行最小二乘法（OLS）估计，得到如表5-9结果。

表5-9　　　　　单位产值工业废水排放与人均GDP关系

变量	Coefficient	Std. Error	t-Statistic	Prob.
X	-7.528904	2.139077	-3.519698	0.0020
X^2	0.000995	0.000259	3.834996	0.0010
X^3	-3.87E-08	1.02E-08	-3.801948	0.0010
AR（1）	0.967589	0.013723	70.50813	0.0000

续表

变　量	Coefficient	Std. Error	t-Statistic	Prob.
R-squared	0.997821	Mean dependent var		7038.880
Adjusted R-squared	0.997510	S.D. dependent var		7182.203
S.E. of regression	358.4188	Akaike info criterion		14.74693
Sum squared resid	2697745	Schwarz criterion		14.94195
Log likelihood	−180.3366	Durbin-Watson stat		1.712851
Inverted AR Roots	0.97			

资料来源：作者计算。

表 5-10　　　　　　单位产值工业废气排放与人均 GDP 关系

变　量	Coefficient	Std. Error	t-Statistic	Prob.
C	1000.040	32.48947	30.78042	0.0000
X	−0.337750	0.018433	−18.32315	0.0000
X^2	4.05E−05	3.00E−06	13.51470	0.0000
X^3	−1.59E−09	1.46E−10	−10.91086	0.0000
R-squared	0.990712	Mean dependent var		196.0435
Adjusted R-squared	0.989246	S.D. dependent var		141.2066
S.E. of regression	14.64353	Akaike info criterion		8.362645
Sum squared resid	4074.227	Schwarz criterion		8.560123
Log likelihood	−92.17042	F-statistic		675.5657
Durbin-Watson stat	0.977143	Prob (F-statistic)		0.000000

资料来源：作者计算。

表 5-11　　　　　　单位产值工业固体废弃物排放与人均 GDP 关系

变　量	Coefficient	Std. Error	t-Statistic	Prob.
C	113.2953	27.24154	4.158916	0.0008
X	−0.044816	0.012296	−3.644898	0.0024
X^2	5.66E−06	1.71E−06	3.312960	0.0047
X^3	−2.28E−10	7.38E−11	−3.084333	0.0076
R-squared	0.848220	Mean dependent var		6.862105
Adjusted R-squared	0.817863	S.D. dependent var		10.26793
S.E. of regression	4.382092	Akaike info criterion		5.977593
Sum squared resid	288.0410	Schwarz criterion		6.176423
Log likelihood	−52.78714	F-statistic		27.94232
Durbin-Watson stat	0.533556	Prob (F-statistic)		0.000002

资料来源：作者计算。

单位工业产值的污染物排放量与人均 GDP 的关系，它们的三次项系数为负数，图的形状是"反 N 形"。根据相应的数学知识，其极值点所对应的 GDP 如表 5-12 所示。

表 5-12　　　　工业污染排放强度与工业发展水平之间的关系分析

因变量	方程形式	对应人均 GDP			
		极小值	对应年份	极大值	对应年份
单位工业废水排放量（2）	$Y = -7.528904449 \times X + 0.0009947602422 \times X^2 - 3.867780383E-008 \times X^3 + [AR(1)=0.9675891021]$	5639	1996 年	11508	2005 年
单位工业废气排放量（3）	$Y = 1000.039596 - 0.3377504125 \times X + 4.050271422E-05 \times (X^2) - 1.588066195E-09 \times (X^3)$	7326	2000 年	9677	2003 年
单位工业固废排放量（4）	$Y = 113.2952932 - 0.04481608929 \times X + 5.663542997E-006 \times X^2 - 2.277684669E-010 \times X^3$	1978	样本期之外（1983 年）	6525	1998 年

资料来源：作者计算。

从表 5-12 的结果可以发现，单位工业废水排放从一开始直到 1995 年是下降的，但是 1996 年之后却出现了反弹的趋势，直到人均 GDP 达到 11507.6 元才出现了极大值点，然后 2005 年出现了下降的趋势。单位工业废气排放从一开始直到 1999 年都是下降的，但是 2000 年之后却出现了反弹的趋势，然后在 2003 年又出现了下降的趋势。单位工业固体废弃物排放在样本期之外已经出现了极小值点，当人均 GDP 达到 6525 元时出现了极大值点，1998 年之后一直呈下降的趋势。这反映了一个什么样的趋势呢？我们认为，中国环境质量变化趋势总体上是符合"环境库兹涅茨曲线"假说的，目前正在穿越"倒 U 曲线"的顶部。但是，在"倒 U 曲线"左半部也不是一直呈上升趋势，而是有所震荡，存在时而上升、时而下降的变化状态。

2. 面板数据模型

根据（5-1）式，分别以单位工业产值废水排放量、COD 排放量、废气排放量、二氧化硫排放量、固体废弃物为因变量，以人均 GDP 为自变量，选取全国 31 个地区（省级行政区）2000~2005 年的相应数据，进行面板数据模型分析，得出回归结果并计算其相应的极值点如下：

表 5-13　　　　　　　工业污染物排放强度与人均 GDP 的关系

因变量	自变量：人均 GDP		
	回归方程	拐点 1（极小值）	拐点 2（极大值）
废水排放强度	$Y_1 = C_i + 71.00654356 - 0.007221089236 \times X + 2.360350271E{-}007 \times X^2 - 2.511719683E{-}012 \times X^3$	7648	26539
COD 排放强度	$Y_2 = C_i + 306.4581446 - 0.03645439602 \times X + 1.28358899E{-}006 \times X^2 - 1.377021296E{-}011 \times X^3$	7100	21961
废气排放强度	$Y_3 = C_i + 3.631670463 - 0.0001906563874 \times X + 5.521413154E{-}009 \times X^2 - 5.739678149E{-}014 \times X^3$	无	无
二氧化硫排放强度	$Y_4 = C_i + 517.2175838 - 0.04434115394 \times X + 1.493297939E{-}006 \times X^2 - 1.590235629E{-}011 \times X^3$	7423	24207
工业固废排放强度	$Y_5 = C_i + 2331.968958 - 0.3021131044 \times X + 1.254617886E{-}005 \times X^2 - 1.522449592E{-}010 \times X^3$	6020	17821

资料来源：作者计算。

从表 5-13 的排放强度的回归方程看，工业污染物排放强度与地区人均 GDP 发展水平之间呈现一种"反 N 形"曲线关系（三次曲线的三次项系数为负）。当一地区人均 GDP 分别低于 7648 元、7100 元、7423 元和 6020 元时，这些地区的废水、COD、二氧化硫、固体废弃物的排放强度是下降的。但是，当一地区人均 GDP 处于 7648~26539 元、7100~21961 元、7423~24207 元和 6020~17821 元时，这些地区的废水、COD、二氧化硫、固体废弃物的排放强度则处于上升阶段，直到这些地区的人均 GDP 越过 26539 元、21961 元、24207 元和 17821 元时，这些地区的废水、COD、二氧化硫、固体废弃物的排放强度才又出现了下降的趋势。从某些指标来看，如废水、COD、二氧化硫、固体废弃物等，我国绝大多数地区正处于工业污染物排放强度上升阶段，少部分东部沿海发达地区已经穿越"倒 U 曲线"的顶点。不过，工业废气排放强度并没有极值，呈现一种直线上升的态势，从目前的数据看，还不能断定工业废气排放强度何时会出现拐点。那么，这里有两个问题需要解决，一是为什么这个数据和前面的时间序列数据计算出来的位置不一样；二是为什么在出现极大值之前，会出现一个极小值点。第二个问题实际上在时间序列数据模型中也存在。

对于第一个问题,实际上许多计量模型分析时都存在类似的问题,这是因为数据的构成和来源是不一样的,自然结果不一样。实际上,它们反映的变化趋势是一样的,即在出现"倒U曲线"顶点之前,排放水平还有一个下降的过程,并导致出现了一个极小值点。

对于第二个问题,我们认为,我国工业污染物排放水平与人均GDP的关系并不是呈现简单的二次曲线关系,而是呈现比较复杂的三次曲线关系,就其形状看,类似"驼峰"(图5-6)。污染排放强度曲线实际上是由两部分产业的排放水平叠加而成:在工业化初期阶段,那些所谓"轻污染产业"由于技术比较落后、环境管制宽松等,实际上污染排放水平也是很高的;随着经济的发展、技术的进步、环境管制的加强,这些"轻污染产业"的排放水平很快出现了下降;但与此同时,重化工业的发展,即所谓的"重污染产业"也获得了很大的发展,它们在国民经济中的比重上升,必然导致总体排放水平的上升;随着经济的进一步发展,"重污染产业"的排放水平最终也会出现下降。两部分产业的叠加结果,就使污染排放强度曲线呈现出类似"驼峰"的形状。由于国民经济在发展过程中曾一度存在这样的时期,"轻污染产业"排放水平的快速下降的幅度超过"重污染产业"排放水平上升的幅度,由此出现了一个极小值点。但是,总体污染水平最终毕竟由重污染产业来决定,只有当重污染产业的排放水平出现了下降,总体污染水平才能真正出现稳定的下降,在下降之前,总体趋势是上升的,并由此出现一个极大值点。

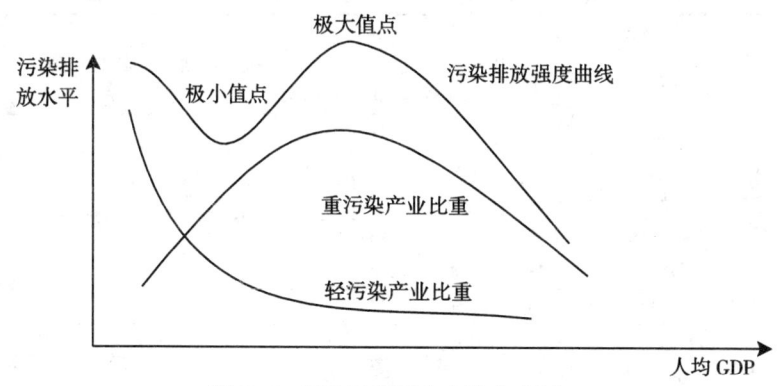

图5-6 污染排放强度曲线生成图

（三）实证分析：工业污染与工业增长、工业结构、技术进步的关系

为探讨工业污染与工业增长、工业结构、技术进步的关系，本书构建了如下计量模型：

$$\ln(Y) = C + \alpha \ln(X_1) + \beta \ln(X_2) + \gamma \ln(X_3) \qquad (5-2)$$

其中，Y指工业污染物排放强度，C是常数项，X_1指工业增长率，X_2指工业结构，X_3指工业技术进步。工业污染强度是指每万元工业总产值废水、化学需氧量、废气、二氧化硫、固体废弃物的排放量；工业增长率指工业增加值的增长率；工业结构指大中型工业企业总产值占工业企业总产值的比重，这实际上采用了工业规模结构；工业技术进步指规模以上工业企业科技活动经费内部支出占工业增加值的比重。以上原始数据来源于历年的《中国统计年鉴》、《中国科技统计年鉴》和《中国环境年鉴》。其中工业污染强度进行了价格调整，统一调整为2000年价格，即相当于2000年价格时的每万元工业总产值废水、化学需氧量、废气、二氧化硫、固体废弃物的排放量；工业增长率进行了价格调整，为真实增长率。

根据2000~2005年全国31个省（市、自治区）规模以上工业企业的相应数据，利用Eviews5.0软件，采用确定效应的面板模型，得到计量结果如表5-14。

表5-14　　工业污染与工业增长、规模结构、技术进步的计量结果

	因变量		自变量			拟合优度 R^2	F-检验值	备注
	LOG（Y）	常数项	LOG(X_1)	LOG(X_2)	LOG(X_3)			
方程1 （工业废水）	系数	7.48	−0.07	−0.41	−0.32	0.90	42.71	通过检验
	t-检验值	9.31	−1.87	−2.11	−3.56			
方程2 （化学需氧量）	系数	9.67	−0.27	−0.96	−0.78	0.91	47.99	通过检验
	t-检验值	7.73	−4.66	−3.15	−5.66			
方程3 （工业废气）	系数	2.43	−0.06	−0.32	−0.21	0.96	97.84	通过检验
	t-检验值	4.63	−2.50	−2.47	−3.64			
方程4 （二氧化硫）	系数	8.24	−0.10	−0.55	−0.40	0.95	91.40	通过检验
	t-检验值	10.76	−2.90	−2.96	−4.72			
方程5 （工业固废）	系数	18.55	−0.50	−2.64	−1.70	0.91	44.81	通过检验
	t-检验值	4.94	−2.67	−2.85	−3.68			

资料来源：作者计算。

从表 5-14 的结果可以发现，所有变量和方程均通过各项检验且拟合程度较高。上述结果说明，工业增长、工业规模结构和技术进步均对工业污染强度产生显著性影响，其中，工业增长越快，工业污染强度越小；大中型企业产值比重越高，工业污染强度越小；工业技术水平越高，工业污染强度越小（变量 X_1、X_2、X_3 前面的系数为负数的含义）。这说明，通过规模结构调整（如关闭"五小"、"十五小"等活动）和技术进步，我国的工业污染强度就会呈现下降趋势。工业增长速度与污染强度的关系令人感到意外。一般都认为，我国近几年环境状况部分指标不理想，工业增长速度快是重要原因，然而计量结果并不支持这一说法。对此的一个解释是，我国工业增长较快的地区多数属于东部沿海地区，近年来东部沿海发达地区对环境保护重视程度和执法力度比其他地区要严格，所以出现了工业增长率前面的系数为负数的情况。观察到变量 X_1、X_2、X_3 的系数的绝对值的关系是：X_2 的系数绝对值大于 X_3 的，而 X_3 的又大于 X_1 的，这说明，规模结构调整和技术进步是降低我国工业污染强度最重要的两个措施，且规模结构调整对降低工业污染的作用要大于技术进步对降低工业污染的作用。

此外，工业结构除了有规模结构外，还有高级化程度结构，比如，高技术产业产值占工业总产值的比重。将（5-2）式中 X_2，用工业结构高级化程度代替原来的工业规模结构，其他保持不变，则计量分析结果如表 5-15 所示。

表 5-15　　　工业污染与工业增长、结构高级化、技术进步的计量结果

	因变量 LOG (Y)	自变量				拟合优度 R^2	F-检验值	备注
		常数项	LOG (X_1)	LOG (X_2)	LOG (X_3)			
方程 1（工业废水）	系数	3.28	−0.20	0.46	−0.53	0.91	44.78	通过检验
	t-检验值	11.64	−5.23	4.18	−5.82			
方程 2（化学需氧量）	系数	4.86	−0.28	0.40	−0.78	0.91	46.46	通过检验
	t-检验值	11.03	−4.66	2.32	−5.51			
方程 3（工业废气）	系数	0.86	−0.07	0.12	−0.17	0.99	339.06	加权，通过检验
	t-检验值	9.77	−6.07	4.31	−4.87			
方程 4（二氧化硫）	系数	5.17	−0.09	0.33	−0.33	0.99	1648.91	加权，通过检验
	t-检验值	26.21	−4.12	4.29	−5.60			
方程 5（工业固废）	系数	4.78	−0.45	1.08	−1.32	0.99	306.12	加权，通过检验
	t-检验值	6.65	−4.79	4.28	−5.90			

资料来源：作者计算。

从表 5-15 的结果可以发现，所有变量和方程均通过各项检验且拟合程度较高。上述结果说明，工业增长、工业结构高级化、工业技术进步对工业污染强度是有显著影响的。其中，工业增长越快的地区，工业污染强度越低，反映了东部沿海发达地区对工业污染治理的重视；工业技术水平越高的地区，工业污染强度较低，反映了技术进步对降低工业污染的作用（反映工业增长和工业技术进步的变量前面的符号为负）。但是，为什么工业高级化程度越高的地区工业污染强度反而越高（符号为正）？原因可能是：

第一，我国目前的高技术产业的界定有问题，其中并没有将环境标准纳入高技术产业的评价体系之中，使得大量不符合环保标准的企业纳入了高技术产业统计范畴之中。

第二，高技术产业并不一定是环境友好型产业，或者说，目前的高技术产业企业并不重视工业污染治理问题。

第三，从国际产业分工体系看，我国高技术产业企业实际上从事的是整个高新技术产业链条的低端生产环节，而设计、研发、销售等高端环节为他国跨国公司所控制，而生产环节一般存在工业污染问题，高新技术的生产环节也不例外，或者更准确地说，国际高新技术产业存在向中国转移工业污染的问题。

第四，高技术产业比重高的地区，恰好也是重工业，或者更准确地说是高污染产业比重高的地区，它们之间呈现一种正的相关关系。但这里也说明了在这些地区，即使发展了高新技术产业，也不足以克服与此同时高污染产业发展所带来的环境污染问题。因此，如何通过产业结构高级化和技术进步来促进工业污染程度的下降，仍然是一个值得研究的课题。

第五，即使是那些高新技术产业比较发达的地区，高新技术产业仍没有达到完全替代污染密集型产业的发展阶段，而是处于发展的二元结构时期。

（四）实证分析：环境资源对工业增长的贡献

为度量环境资源要素对工业增长的贡献，选取工业"三废"排放量来度量环境资源的消耗状况。首先，设定如下工业产出模型：

$$Y = \lambda K^{\alpha}(AL)^{\beta} DW^{\gamma} DG^{\delta} DS^{\xi}$$

或者

$$\ln(Y) = c + \alpha \ln(K) + \beta \ln(AL) + \gamma \ln(DW) + \delta \ln(DG) + \xi \ln(DS) \quad (5-3)$$

其中，Y 是工业总产值，采用指数形式，反映我国工业实际增长情况；工业资本用工业固定资产净值表示，考虑到这个数据是当年的现值，需要利用价格指数进行调整，使之变成不变价格，受价格指数统计影响，本书在 1980~1990 年采用商品零售价格指数对其进行调整，1991 年之后用固定资产投资价格指数对其进行调整，调整的结果是 1978 年的不变价格；L 是从业人员年平均人数。这三组原始数据来源于国家统计局工业交通统计司编《中国工业经济统计年鉴》（历年）；DW、DG、DS 分别是工业废水、废气和固体废弃物排放量，这些数据来自国家统计局编《中国统计年鉴》（历年）；A 表示劳动有效性，用高中以上毕业人数占总人口的比例表示，它与 L 以乘积的形式出现在生产函数之中；c，λ 是常数，$c = \ln\lambda$；α，β，γ，δ，ξ 是待估参数。

1. 时间序列数据回归结果

根据 1980~2005 年全国序列数据（实际上，工业废气排放量数据是 1983~2005 年，工业固体废弃物的数据是 1987~2005 年），运用 Eviews5.0，采用最小二乘法对（5-3）式进行回归分析。经多次试验，变量 DS 前的系数均难以通过 t-检验，存在多重共线性问题。舍弃变量 DS，重新对（5-3）式进行回归，并利用迭代法排除序列模型中的自相关问题，得到的结果如表 5-16 所示。①

表 5-16　　　　　　　　工业增长对污染排放的回归结果

变　量	Coefficient	Std. Error	t-Statistic	Prob.
C	−8.944663	3.257712	−2.745688	0.0158
LOG（K）	0.600119	0.214215	2.801476	0.0141
LOG（A×L）	1.130501	0.178707	6.325996	0.0000
LOG（DW）	−0.904981	0.275807	−3.281209	0.0055
LOG（DG）	0.946247	0.264787	3.573610	0.0031
AR（1）	0.713832	0.244495	2.919622	0.0112
AR（2）	−0.528178	0.247338	−2.135447	0.0509
R-squared	0.998265	Mean dependent var		6.802948
Adjusted R-squared	0.997521	S.D. dependent var		1.015205

---

① 舍弃变量 DS 之所以可行，还因为工业固体废弃物对环境的危害相对于工业废水和工业废气对环境的危害要小一些。

续表

变 量	Coefficient	Std. Error	t-Statistic	Prob.
S.E. of regression	0.050546	Akaike info criterion		−2.870661
Sum squared resid	0.035769	Schwarz criterion		−2.522487
Log likelihood	37.14194	F-statistic		1342.322
Durbin-Watson stat	2.169280	Prob (F-statistic)		0.000000
Inverted AR Roots	0.36 + 0.63i	0.36 − 0.63i		

资料来源：作者计算。

或者写成：

$LOG(Y) = -8.94466272 + 0.6001186353 \times LOG(K) + 1.130501356 \times LOG(A \times L) - 0.9049814242 \times LOG(DW) + 0.9462465139 \times LOG(DG) + [AR(1) = 0.7138, AR(2) = -0.5282]$

根据上式得到的弹性系数，分别计算资本、劳动、废水（环境资源的一部分）、废气（环境资源的一部分）对工业增长的贡献，结果如表 5-17 所示。

表 5-17　　　　　　　　环境资源对工业增长贡献率的计算

	工业总产值	工业资本	工业劳动	工业废水	工业废气	其他
年均增长率	18.38	9.15	4.88	−0.45	6.81	
弹性系数		0.60	1.13	−0.90	0.95	
各要素对工业增长的贡献（%）		29.88	29.99	2.22	35.05	2.86

注：工业废水排放量实际上是震荡向下的，因此，在计算其年均增长率时，并不是简单地按首尾两数计算，而是按照开始的三年平均值和末尾的三年平均值计算而来。
要素对工业增长的贡献率＝要素增长率×弹性系数/工业增长率×100%。
资料来源：作者计算。

从表 5-17 可以发现，环境资源的消耗促进了工业增长，或者说，工业增长是以牺牲一定的环境资源为代价的。其中，由于工业废水排放量总体上呈下降趋势，其对工业增长的贡献率不是很大，只有 2.22%，但是，由于工业废气增长幅度很大，其对工业增长的贡献程度较高，达到 35.05%（尽管废水和废气的弹性系数绝对值大体相当）。工业废水和废气贡献率之和等于 37.27%，这基本上可以表示我国环境资源对工业增长的贡献程度。

2. 面板数据回归结果

与前一部分相类似,利用 2000~2005 年全国 31 个省、自治区、直辖市的相关数据构成的面板数据,对我国环境资源在 2000~2005 年对工业增长的贡献进行测量和分析(原始数据见附录部分)。首先利用公式(5-3)计算工业废水、废气和固体废弃物排放对工业产出的弹性:

$$\ln(Y) = c + \alpha \ln(K) + \beta \ln(AL) + \gamma \ln(DW) + \delta \ln(DG) + \xi \ln(DS)$$

其中,Y、K 经过价格指数的调整,统一折算为 2000 年价格;出于简化,本处假设各地区劳动有效性 A 是一致的,均等于全国平均水平。

表 5-18　　　　工业增长对污染排放回归(面板数据)

变　量	Coefficient	Std. Error	t-Statistic	Prob.
C	−1.797218	0.790052	−2.274809	0.0245
LOG (K?)	0.444191	0.096625	4.597073	0.0000
LOG (A×L?)	0.760517	0.104037	7.310090	0.0000
LOG (DW?)	−0.335082	0.075598	−4.432442	0.0000
LOG (DG?)	0.739573	0.056771	13.02738	0.0000
LOG (DS?)	−0.026822	0.011181	−2.399026	0.0178
Fixed Effects (Cross)				
_BJ—C	0.480358			
_TJ—C	0.274793			
_HEB—C	−0.644910			
_SX—C	−1.198044			
_NMG—C	−0.738860			
_LN—C	−0.533383			
_JL—C	0.105330			
_HLJ—C	−0.232191			
_SH—C	0.134060			
_JS—C	−0.164681			
_ZJ—C	0.078804			
_AH—C	−0.211542			
_FJ—C	0.448215			
_JX—C	0.207070			
_SD—C	−0.665609			
_HEN—C	−0.593448			

续表

变量	Coefficient	Std. Error	t-Statistic	Prob.
_HB—C	−0.189835			
_HUN—C	0.220005			
_GD—C	−0.066618			
_GX—C	−0.018620			
_HN—C	1.417376			
_CQ—C	0.794424			
_SC—C	−0.123725			
_GZ—C	−0.258195			
_YN—C	0.215156			
_XZ—C	2.742180			
_SHX—C	−0.126215			
_GS—C	−0.210881			
_QH—C	0.313759			
_NX—C	0.286272			
_XJ—C	0.236212			
Effects Specification				
Cross-section fixed (dummy variables)				
R-squared	0.994599	Mean dependent var		7.784074
Adjusted R-squared	0.993199	S.D. dependent var		1.323522
S.E. of regression	0.109148	Akaike info criterion		−1.407556
Sum squared resid	1.608300	Schwarz criterion		−0.746153
Log likelihood	156.3461	F-statistic		710.3265
Durbin-Watson stat	1.295778	Prob (F-statistic)		0.000000

资料来源：作者计算。

根据上述回归结果，利用各要素对产出的弹性系数，分别计算资本、劳动、工业废水、工业废气对工业增长的贡献，结果如表5-19。

表5-19　　　　2000~2005年全国环境资源消耗对工业增长贡献率的计算

	工业总产值	工业资本	工业劳动	工业废水	工业废气	工业固废	其他
年均增长率	24.62	9.78	9.51	9.69	16.91	−12.28	
弹性系数		0.44	0.76	−0.34	0.74	−0.03	
各要素对工业增长的贡献（%）		17.64	29.37	−13.19	50.80	1.34	14.04

资料来源：作者计算。

由表 5-19 可知，工业废水对工业产出的弹性系数为负数，表示由于废水治理、节水技术的使用和工业重复用水率的提高等原因，在大多数地区实现了在工业增长的同时，减少了工业废水的排放。与此同时，工业废气对工业产出的弹性系数为 0.74，而全国 2000~2005 年工业废气年均增长率是 16.91%，于是，工业废气对工业增长的贡献率高达 50.80%。工业固体废弃物对工业产出的弹性系数为-0.03，其年均增长率是-12.28%，工业固体废弃物对工业增长的贡献率仅为 1.34%。由此可知，2000~2005 年，工业"三废"对工业增长的贡献率之和为 38.95%，这和时间序列数据计算出来的数据大体相当。

三、环境保护与产业竞争力

在环境管制与经济增长、产业竞争力关系的研究上，早期的研究者普遍认为，环境管制的强化会有害于产业竞争力和经济增长。这个观点在 20 世纪晚期受到波特等人的挑战。他们认为，环境管制会通过刺激创新从而有利于提升国内企业竞争力，提出了环境管制有利于竞争力提升的"波特假说"。波特假说的提出，引发了一系列相关的经验研究。这些研究由于研究者所使用方法的不同，在环境保护与产业竞争力、经济增长之间的关系上得出了不同的结论。实际上，环境保护对产业竞争力的影响，取决于政府采取何种环境保护措施，选择何种环境保护工具，同时也取决于产业的市场结构。

（一）不同环境管制政策对产业竞争力的影响

1. 环境管制政策工具箱构成

根据环境政策工具的特征和演变历程，环境政策类型有两分法和三分法。两分法将环境政策工具划分为传统的或"命令—控制"型环境管制工具和市场化环境管制工具（或基于市场的环境管制）。三分法将环境政策工具划分为三种类型：第一代工具，传统的"命令—控制"型管制；第二代工具，市场化工具或基于市场的政策工具（MBI，Market-Based Instrument）；第三代工具，自愿环境管制。这两种分法没有本质的区别，前者是将自愿环境管制纳入到市场化工具之中，而后者则是将自愿环境管制从市场化工具中分离出来。

传统的环境管制政策通常被称为"命令—控制"型管制，是因为其为实现目标而规定的手段比较直接和笨拙。典型的"命令—控制"型管制就是对厂商制定统一的标准，通常采取的是基于技术和绩效的标准。技术标准给企业指定特别的方法，有时甚至是特定的设备来配合管制。例如，要求所有的发电厂采用特定种类的清洁剂来除尘。绩效标准对企业制定统一的控制目标，但在实现目标时给企业一些自由度。例如，要求在一定时间段内限制某种污染物的排放量，但并不要求用何种方法来达到此目的。可见，技术标准管制比绩效标准管制更呆板。

一般来说，"命令—控制"型的管制倾向于迫使每个厂商承担同样份额的污染控制负担，而不考虑相应的成本差异问题。这是"命令—控制"型环境管制的主要缺陷，许多国外的研究都证实"命令—控制"型环境管制成本的确高昂，例如，对八项关于大气污染控制的实证研究观察发现，对于洛杉矶地区的硫排放而言，传统的"命令—控制"型管制所花费的总成本是采用最低成本方法所花费总成本的 1.07 倍，而对于杜邦公司的国内所有工厂的碳氢化合物排放来说，两种方法所花费成本会有 22 倍的差距。[①]"命令—控制"型管制还有一个重大缺陷就是趋于阻碍污染控制技术的发展。此类政策几乎不存在促使企业超越其控制目标的经济激励，并且技术标准和绩效标准都妨碍企业采用新技术。一个采用新技术的企业得到的回报是更严格的控制标准和控制绩效，而无法从投资中取得经济利益——除非它的竞争者为达到新的标准面临更大的困难。

但是，"命令—控制"型环境管制也并不是一无是处，它对应付复杂的生态和技术风险具有一定的优势（比如，对于有毒废弃物管理，因为有毒废弃物一旦泄漏，危害巨大；又如，保护生物多样性，因为物种一旦灭绝，就不可逆转。在这些情况下，采用经济手段调节不是一个很好的选择）。由于路径依赖，传统的环境管制工具在世界各国仍然是最主要的手段。

---

① [美] 保罗·R.伯特尼、罗伯特·N.史蒂文斯：《环境保护的公共政策》，上海三联书店、上海人民出版社，2004年，第43页。

第五章 环境保护与工业增长

基于市场的政策工具是这样的一些管制手段，它鼓励通过市场信号来做出行为决策，而不是制定明确的污染控制水平或方法来规范人们的行动。这些政策工具包括排污收费和可交易的许可证交易制度等，通常被描述成"借助市场的力量"。如果它们能够被很好地设计并加以实施，将促进厂商或个人在追求自身利益的同时客观上导致污染控制目标的实现。

基于市场的政策工具超越传统的"命令—控制"方法的两个最为显著的特征是，它具有低成本高效率的特点和对技术革新及扩散的持续激励。

从理论上说，设计得当并得以实施的基于市场的政策工具能以最低的可能社会成本实现任一期望水平上的污染削减。此时，污染削减成本最低的厂商被激励去进行最大数量的污染削减。并不像统一排放标准那样使厂商的污染水平相等，市场导向型的政策工具力求使各个厂商削减污染的边际成本相等。

需要指出的是，"命令—控制"型的方法在理论上也可以实现成本最小化，但这需要对每个污染源制定不同的标准，因此，政策制定者必须掌握每个厂商所面临的执行成本的详细信息。显然，这样的信息政府是无法获取的。如果采用市场导向的政策工具，无须政府去了解，这些信息就能高效率地将污染负担分配于各厂商。

不过，基于市场的政策工具也并不是十全十美的，它的预期效果也不乏理想色彩，实际运行效果还需要通过更多的实践验证。它在实施过程中可能会遇到一系列障碍，比如，来自利益集团的抵制、来自公众的抵制，以及复杂的设计和执行程序等。因此，即使像美国、欧洲这样发达的国家和地区，基于市场的政策工具与传统的"命令—控制"型政策相比，仍然处于配角的地位。但不管怎样，基于市场的政策工具越来越受到重视，在许多国家正以不同的形式逐步得到实施，这是当今世界环境管制的一个潮流。

自愿环境管制往往被称为环境管制政策制定的"第三波"。它的流行可以通过提供、处理和传播相关信息的成本变化来解释（Tietenberg，1998）。自愿环境管制常常可以区分为三种类型：单边协议、公共自愿计划和谈判协议。①单边协议。单边协议在没有任何直接的政府干预下发生，企业（或行业）单方面采取自主行动，是一个环境的自我管制过程，企业自身设立环境改善计划，传达给其利益相关者，并设置目标、责任、执行和监督程序。它们可能同意利益相关者参与环境目标的定义，他们也可以委派一个第三方监督。②公共自愿计划。在公共自愿计划中,政府当局决定污染目标和达到这些目标的模式,建立要求企业自愿满足的特定标准或清洁技术,留给企业是否参与协议的选择。在这个计划中,建立个体参与的条件,企业服从的规定,监督标准和结果的评价,还有以R&D补贴、技术支持和来自生态标签使用提高的声誉等形式的经济利益。③谈判协议。谈判协议是存在于公共机构和行业之间的一个契约,意味着政府和企业在一个消除标准和一个执行进程上的积极谈判,两者之间存在一个讨价还价过程。由此可见,单边协议实际上是一种自我管制(Self-regulation),属于环境保护的私人供给;而后两者则是合作管制(Co-regulation)的形式,属于环境保护的联合供给,但无论如何,它们的共同特征都是具有自愿的性质。

以自愿方式执行管制,建立在企业与政府相互信任基础上,可以避免严厉执行的缺点,同时为企业和政府带来许多利益。管制者可以减缓资金预算下降的困扰,以更低的成本执行他们的要求。在这种方式下,管制者并不严格解释法律,惩罚企业的每一次违规。相反,他们给予企业一些管制豁免,激发企业服从管制的动力,使这些企业做出保证会努力通过自我控制环境行为和迅速报告及纠正违规来服从管制。因此,这一工具既消除了政府的监管成本,同时企业具有更大的灵活性采取更加合适自身情况的技术,因而产生更强的技术创新激励。所以,有人认为,与其他非自愿环境管制相比,自愿环境管制具有非常显著的优势(见表5-20)。

表5-20　　　　　　　　　　环境政策工具比较

环境政策工具	评估标准	环境改善的效果	执行效果（监督、执行成本）	环境技术创新和改进的激励程度
非自愿方法	强制性命令—控制	显著	成本较高	很小
	经济激励	总量不确定（可交易污染许可证除外）	成本较高	较高
自愿环境协议		总量不确定	成本较低	高

资料来源:彭海珍:《中国环境政策体系改革的思路探讨》,载《可持续发展:经济与环境》(下册),同济大学出版社,2005年。

但是,自愿环境管制也有很大争议。批评者认为,一些宣称"自愿途径"成功的例子似乎都言过其实(Mazurek, 1999)。如果没有政府的强制作为后盾,自愿环境管制很可能流于形式或成为欺骗消费者的广告宣传。

第五章　环境保护与工业增长

一些人甚至认为,这些所谓"自愿环境管制"成功的例子是"漂绿"(Greenwash)的形式,而没有得到真正的证实。

世界银行将环境政策工具划分为四类:利用市场、创建市场、环境法规和公众参与,每种类型工具包括若干种具体的政策工具(见表5-21)。托马斯·思德纳(2005)认为,环境政策工具除了以上四种类型,还有另外四种:环境服务设施的直接供应(如市政废弃物处理);国际协议(它是应用于多国层面的一种政策);环境听政,是指企业层面的一种主要政策工具(经常与加贴标签以及信息供应结合在一起使用);宏观政策(所有应用于整个经济从而对环境产生影响的财政、金融和贸易政策)。

表5-21　　　　　　　　政策矩阵中的工具分类

利用市场	创建市场	环境法规	公众参与
削减补贴	产权于地方分权	标准	公众参与
环境税费	可交易许可证和权利	禁令	信息公开
使用者收费	国际补偿机制	许可证与限制	
押金—退款制度		分区	
有指标的补贴		责任	

资料来源:世界银行1997年度报告。

2. 不同类型的环境政策对产业竞争力的影响分析

(1)静态效率的影响。环境问题之所以难以解决,是因为解决环境问题需要支付高昂的代价。因此,迫切需要通过成本与收益的理性权衡来选择一些目标,以求用最低的成本实现相应的目标,这就要求解决环境问题时,选择最有效率的环境政策工具。

为使讨论的问题简化,此处只比较基于市场的政策工具(如排污费与可交易许可证)与技术规制之间在效率方面的差异。

在图5-7中,我们假定市场上有两个具有不同减污成本曲线的企业,且假定减污是综合型的,即污染总量造成了环境污染,污染量可以自由地在企业之间交易而不影响总的污染效果。假设MC是两个企业总的边际成本,T是政府征收的税率,同时,T也是全社会减污的影子成本。

根据经济学基本理论,污染的边际损害和减污的边际成本的交点决定了最佳的减污量。由曲线TT和MC的交点决定了全社会最佳排污量位于A点,现在,对于A排污量有两种方式:一种是在两个企业中平均分配

A，每个企业排污量为 a（A/2）；另一种方式是每个企业按照其边际减排成本来进行。第一个企业排污量为 a_1，第二个企业排污量为 a_2，且 $a_1 + a_2 = 2a = A$。前者就是技术规制的方式，这时为达到排污量 A，全社会支付的成本是 $OaY_1 + OaY_2$。后者就是基于市场的政策工具的方式，为达到同样的 A 排污量，全社会所支付的成本是 $Oa_1X + Oa_2W$。一般地，后者所支付的社会成本要小于前者所支付的成本。特别地，如果两家企业的减污成本函数相差很大，那么，这种减污边际成本平均化的方式会使总成本明显降低。表 5-18 列出了为完成相同的减污量，采用市场化的工具所带来的成本节约。

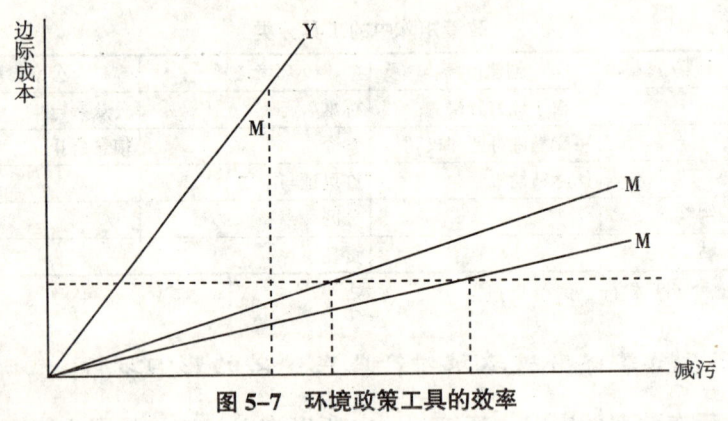

图 5-7 环境政策工具的效率

如果两个企业的边际成本相同，则两种方式的社会总成本是一样的，因为边际成本均等化将不带来任何成本节约。减污成本差别不大时，节约的成本也很少。即使企业的减污成本相差 50% 时（成本异质性指数为 1.5），与要求减污量相同的盲目规定相比，由 MBI 带来的潜在成本节约也仅 4%。但是，当减污成本的差别继续扩大时（如扩大到一个或两个数量级时），节约的成本就会很明显。尽管这些结果是在一些特殊的假定前提下得到的（如两个企业具有线形的边际减污成本，减污目标固定等），但还是可以很好地解释 MBI 所具有的效率带来的成本节约与减污成本函数中的异质性之间的密切关系（参见表 5-22）。

（2）动态效率。判断一个环境政策工具是不是科学除了要求其具有静态效率外（较低的成本），还要求其具有较好的动态效率，即能够促进技术进步。一般地，实施严格的环境管制措施，意味着企业生产成本的增

第五章 环境保护与工业增长

表 5-22 成本异质性和效率带来的成本节约

成本异质性指数	总成本		市场化工具（MBI）产生的成本节约（%）
	相同的减少量	有效的减少量	
1	2	2	0
1.5	2.5	2.4	4
2	3	2.67	11
3	4	3	25
4	5	3.2	36
9	10	3.6	64
99	100	3.96	96

注：假设排污目标为 $2a$，当两个企业的减污量相等时（$a_1 = a_2 = a$），企业 1 的成本为 $a^2/2$，而企业 2 的成本为 $ha^2/2$，这时总成本是 $(1+h)(a^2/2)$，这里 h 是成本异质性指数。MC 的均等化意味着 $MC_1 = MC_2$，则 $a_1 = ha_2$。因为 $a_1 + a_2 = 2a$，那么企业 1 的减污量 $a_1 = 2ha/(1+h)$，企业 2 的减污量 $a_2 = 2a/(1+h)$。两个企业的成本将分别是 $2h^2a^2/(1+h)^2$ 和 $2ha^2/(1+h)^2$，边际成本相等时，总成本可以写作 $(a^2/2)(4h)/(1+h)$。总成本的比较表明，污染减少量相同时的成本比最低成本（如 MC 相等时成本）高 $(1+h)^2/4h$。表中列出了不同 h 值时的成本节约情况。

资料来源：托马斯·思德纳：《环境与自然资源管理的政策工具》，上海三联书店、上海人民出版社，2005 年，第 216 页。

加，但是，严格的环境管制也会产生一个"补偿"，即企业为了规避环境管制，进行科技创新和采用新技术，从而提高了企业的生产效率：一方面，降低了治理污染的费用以及避免或减轻了因污染所招致的收费、罚款和不良声誉等损失；另一方面，随着技术创新和新技术的采用所带来的生产效率的提高，生产的总成本因此得以降低，在一定程度上也弥补了环境成本增加的损失。事实上，哈佛管理学院的波特教授正是依据上述推理，提出了"波特假说"：由于环境管制对技术革新的间接影响会促进生产力的提高，从而获得环境效益和经济效益的"双重红利"，即"环境管制有利于提升企业竞争力"。波特假说的基本观点和逻辑是：①更清洁的技术尚未开发，所以总会使效率更高，进而使费用更省。②为了适应更严格的规制，企业不得不努力提高生产力，从而为企业面对强大的竞争对手打下坚实的基础。[①] 当然，波特假说能不能成立，目前还存在争论，有的证实，有的证伪。但是，波特假说成立的一个必要条件是：所采用的环境管制工具具有灵活性，能够刺激企业技术创新和采用新技术。

---

① 托马斯·思德纳：《环境与自然资源管理的政策工具》，上海三联书店、上海人民出版社，2005 年。

如图 5-8 所示，在开始时边际损害成本与边际减排成本的交点位置所对应的最优排污量为 E_0，此时对应的最优排污税为 T_0，如果将技术规制排污量限定在 E_0 位置上，在 0 时技术规制与税收政策没有什么差别，但是，其差别在于排污税能够激励企业寻找使减污成本曲线下移的新技术，而规制希望企业保持在某一减污水平上，企业一旦掌握能够达到要求水平的减污技术，这种标准就失去了约束力，从而不会产生进一步的效果。如果采用排污税，刺激企业进行技术创新，企业的边际减污成本曲线由 MCa_0 变成 MCa_t，则企业由此获得的创新收益或成本节约为面积 ABW（面积 $OWAT_0$ - 面积 $OWCBT_0$）。

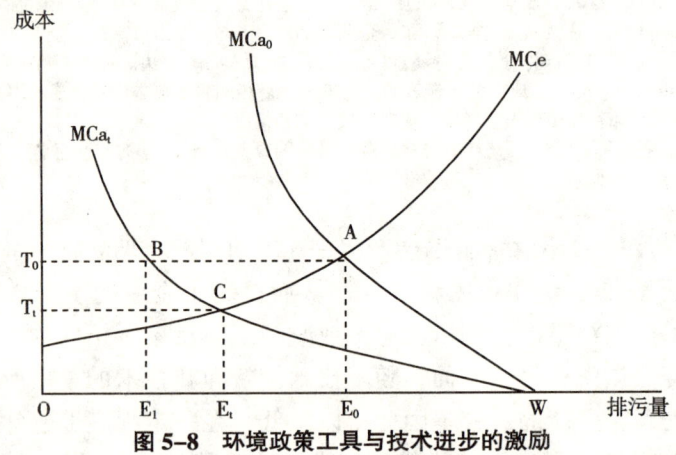

图 5-8　环境政策工具与技术进步的激励

注：MCa 为减污边际成本（在 t 时或 0 时）；MCe 为由排污引起的边际损害；T 为最优税收（在 t 时或 0 时）；E 为最优排污量（在 t 时或 0 时）；E_1 为技术创新后，且税收为 T_0 时对应的排污量。

不同的政策工具对科技创新的作用是不同的。表 5-23 列出了不同政策工具对技术创新的作用。

（二）环境管制、市场结构与产业竞争力

环境保护涉及三种成本：环境污染成本、减污成本和与工具选择有关的费用（如转移支付费用、信息费用和管理费用等），每种成本都会影响分配。其中，环境政策工具会造成两种类型的成本分配问题：一是排污者、受害者和社会之间的成本分配；二是排污者之间的成本分配。因此，

表 5-23　　　　　　　　不同政策工具对技术创新的影响

政策工具	一般特点	目的	适用情形
建立在现有技术之上的技术标准	多数情形下有效果，但效率低	技术扩散 渐进式创新	污染处理的边际成本差异少，现有技术经济上可行
建立在技术强制基础之上的技术标准	有效果，产业可能对过贵、次优技术可信性问题	技术创新	存在技术创新机会，技术选择上意见一致
创新免责	同技术强制标准	技术创新	存在技术创新机会，但最优解决方案不确定
生态税	有效率，但产业反应不确定，存在刺激不强、激励间接，会产生过高的环境成本，对政治家吸引力弱	物质循环与资源节约，技术扩散 渐进式创新	污染者对价格信号反应差异大，实现环境目标时存在多种技术
可贸易权	有效果，成本有效	技术创新和扩散	如税收、监督成本和交易成本不宜过高
协议与技术合同	是否遵守，需要惩罚机制支持，行政成本低	技术扩散	污染者数量庞大，对环境问题有多种解决方案，监督成本很高
研发支持	支持次优项目的风险，受支持者的横财效应	技术创新	技术不存在，未来政策不确定，存在创新收益占有和重大知识溢出，社会收益大、私人收益低
投资补贴	和污染者付费原则相冲突，横财效应，政治下的权宜之计	技术扩散	环境规制造成产业竞争力低下
信息揭示	使生产者、消费者关注环境问题，强制力弱	技术扩散	缺乏环境意识，存在信息失败
环境管理审计	提升环境知识和能力，强制力弱	技术扩散，产品改进，良好的内部管理	环境知识与能力不足
网络管理	创造交流与学习平台，要求了解技术和创新过程	技术扩散、创新	信息失败
社会参与（讨论）		促进相互了解，学产价值与信念系统，改变预期过程	在问题和解决问题的方法上存在争议

资料来源：作者整理。

一个好的环境政策工具能够公平地对待这两种类型的成本分配问题。

1. 垄断市场上污染者的成本转移

应该是由排污者，还是由社会来承担污染成本，是一个效率、福利和道德方面的问题。按照科斯的说法，这个问题可以作为如何界定环境产权的问题进行探讨。

政策工具引起的成本和收益在所有排污者以及所有受害者和社会间的分配情况，可以借助一个简单的图形进行讨论（见图 5-9）。管理者想将污染排放水平从原先的 E_0 下降到社会的最优水平 E^*，这时边际减污成本（MCa）正好等于环境污染的边际成本（MCe）。排污量减少对环境改善带来的收益等于面积 D（D 也代表减污成本）、F 和 G 的总和。这时社会的净收益为 F+G。不过，采用不同的政策工具时排污者和受害者之间的成本分配是不一样的。面积 C 是没有减掉的污染的成本；B+C 是经典的庇古税或稀缺租，而 B 是把税收或可拍卖可交易排污许可证（TEP）作为政策工具时从排污者转到社会的资金。同样，D+F 是政府按减污一个单位固定补贴 T 而支付给污染企业的补贴总额，其中，F 是按单位减污量给予固定补贴而从社会转到污染企业的资金，面积 D 与减污成本一致，政府补贴总额通常会设计成正好等于 D 或者只是 D 的一部分。

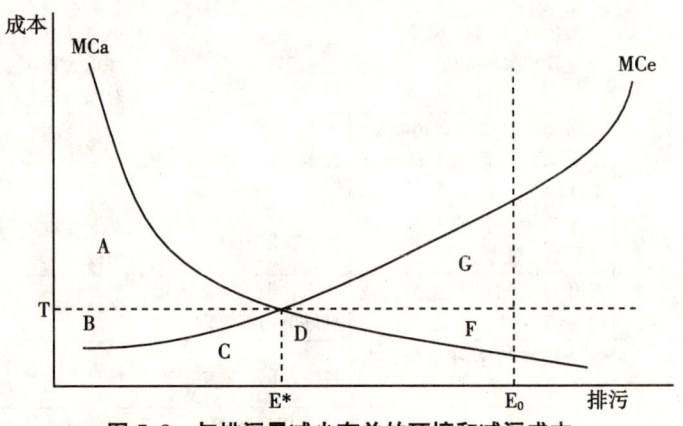

图 5-9　与排污量减少有关的环境和减污成本

对应于不同的环境所有权和不同的环境政策工具，这些成本在排污者和环境污染受害者之间具有不同的分布。托马斯·思德纳（2005）对此进行了专门的研究，他的成本分配方案如表 5-19 和表 5-24 所示。

即使将环境产权授予社会（受害者），但实际上环境成本并不会由企业全部承担，企业会通过一些手段将这些负担转嫁给社会。换句话说，环境成本并非由生产者全部承担，消费者实际上也承担了环境成本中的一部分。而且，如果其中的曲线 D 或曲线 S 的斜率发生改变（即产品的需求或

第五章 环境保护与工业增长

表 5-24　　　　　　不同政策工具和环境产权下的成本分配

政策工具	环境所有权				
	排污者（绝对的）	排污者（相对的）	混合的		受害者（排污者支付原则）
	(1)	(2)	(3)	(4)	(5)
成本和收益分配					
环境收益	D+F+G	D+F+G	D+F+G	D+F+G	D+F+G
排污者成本	F	0	−D	−(C+D)	−(B+C+D)
社会成本	−(D+F)	−D	0	C	B+C
政策工具类型					
数量型	公共清洁		CAC, VA, TEP（免费）	TEP, 部分拍卖	TEP, 拍卖
混合型			混合	混合（如 TEP+税收）	混合
价格型	补贴		REP, 税费−补贴	部分（REP）	税收、DRS

注：CAC 是控制—命令式政策，VA 是自愿性协议，TEP 是可交易排污许可证，REP 是可退款排污许可证，DRS 是押金—退款制度。各个字母表示图中对应的面积。

资料来源：托马斯·思德纳：《环境与自然资源管理的政策工具》，上海三联书店、上海人民出版社，2005年，第280~283页。

供给弹性不同），那么，消费者和生产者各自负担的成本也会发生相应改变。极端的情况是，如果需求弹性无限大，或供给弹性无限小，那么，生产者将负担全部的环境成本；反之，如果需求弹性无限小，或供给弹性无限大，那么消费者将承担全部的环境成本。一般情况下，假如消费者的需求不变，从需求方来看，产品的可替代性在很大程度上决定着产品的需求弹性；而从供给方来看，厂商的垄断程度可以左右供给曲线的弹性。显然，征收庇古税的例子可以类推至其他的环境政策社会成本分析之中。比如，对于政府的补贴则可以将其视为负税来进行同样的分析。

2. 污染者之间的成本分配

污染者之间的成本分配不是无关紧要的，如果这个分配问题处理不当，则环境政策工具就将遭到反对者的极力抵制而变得不可行。

在设计分配方案时，必须做出两个基本选择：一是选用历史变量，还是当前变量；二是权利（或义务）的分享，是按照产量、排污量，还是其他一些变量。如果按照历史数据来分配污染权，则会产生"鞭打快牛"的情形，结果是当前没有一个企业有动力去减少污染，相反，排污者甚至还会尽量扩大污染量，清洁技术的发展必然是非常缓慢的，并且按照历史数据分配权利，对于新进入的企业则显然是"不公平"的；但是，如果完全按照当前情形进行权利的分配，则会遇到相当多的阻力，它会扰乱正常的商业秩序。同样，是按照产量、排污量、还是其他一些变量如关键性投入原料来分配权利，结果也有很大的不同。不同方案会扭曲不同的市场环境，甚至形成不同的"寻租"渠道。

对于选用什么样的政策工具，不同的企业有不同的立场。比如，老企业就非常赞成追溯型许可证分配方案，因为这种分配方法承认过去的污染者所具有的污染权利；而新兴企业往往愿意采用像税收、可交易许可证和可退款的排污许可证等政策工具，因为新兴企业普遍采用了新技术，尽管它们也要为这些环境政策工具支付成本，但是它们的竞争者（老企业）面临着更高的成本，所以可以想象它们会赞成这些工具。

在图 5-10 中，a_2WXa_1 是企业 2 在减污中的净节约，而它的减污成本高于企业 1；$aRXa_1$ 是企业 1 增加的减污成本；两者之间的差别是社会在降低减污成本中的净节约。为了节约成本，必须使用市场化工具以鼓励企业 1 承担这个额外的减污成本。也就是说，企业必须得到补贴、缴纳税收或交易许可。无论采用哪一种机制，两个企业的支出相差 a_2WXa_1；如果采用环境税，对于同样的排污量企业 2 要缴更多的税；如果采用许可证，那么许可证的价值应为 a_2WXa_1 的一半。节约成本的数量取决于两企业减污成本的非均衡性。

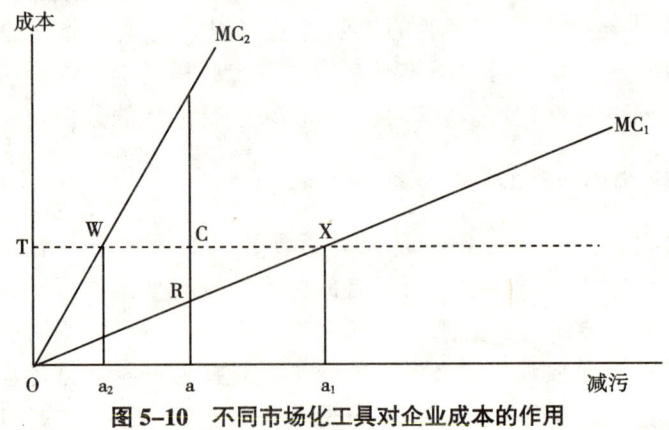

图 5-10　不同市场化工具对企业成本的作用

对一些参数值（减污成本的低非均衡性），由市场化工具引起的两个企业之间的转移支付，将比成本节约的净收益大得多。在这些情况下，企业之间的分配问题甚至比整个分配效率更为巨大。对于图5-10，假设企业具有线性边际成本函数：$MC_1 = a_1$ 和 $MC_2 = ha_1$。当减污量（a）的减少相同时，企业1支付 $1/2 \times a_2$，而企业2支付 $1/2 \times ha_2$。减污总成本是 $1/2 \times a_2 (h+1)$。如果允许交易，则企业1将减少 $2ha/(1+h)$，而企业2将减少 $2a/(1+h)$。减污边际成本是 $2ha/(1+h)$，所以减污总成本应分别为 $2h^2a_2/(1+h)^2$ 和 $2ha_2/(1+h)^2$（相当于图中的 OWa_2 和 OXa_1），减污成本共节约 $a_2(h-1)^2/2(h+1)$。每个企业的总成本由减污成本和许可证成本构成。此时，两个企业的总成本相差 $2ha_2(h-1)/(1+h)^2$。经计算可知，当 $1 \leqslant h \leqslant 2+\sqrt{5}$ 时，两企业之间的成本差异甚至大于减污总成本的节约。

因此，对于实行何种政策工具，需要对不同利益主体造成的成本进行分析，并且，在可能的情形下，考虑对利益受损者进行补偿是非常必要的。

表5-25　　　　　　　　　环境政策工具种类及其特征

政策工具	简要说明	主要特征（效率/公平/技术进步/激励相容/管理灵活性/应付复杂情况）	例子
直接供给	环境保护机构直接利用自身的人员、技术诀窍和资源去解决特定的问题，即提供公共产品。	应付复杂情况	废弃物管理
技术规制	规定企业所必须使用的技术或条件，企业没有选择余地。	应付复杂情况	化学物品禁令、催化式排气净化器
执行规制	为企业规定一个强制性的排污执行标准。在执行标准下，企业有一定的灵活性，只要选择合理排污手段达到标准即可。	应付复杂情况、管理灵活性	废水、废气达标排放
可交易的配额或权利	这个工具的理论创立者是Coase（1960）；通过排污权的交易，排污边际成本高的企业从排污边际成本低的企业购买排污权，污染削减成本最低的厂商被激励去进行最大数量的污染削减；实现各个厂商污染削减的边际成本相等，实现整个社会为达到既定目标的成本最小化。	效率、公平、技术进步、激励相容	SO_2排放权交易、碳排放权交易
税收或收费	这个工具的理论创立者是Pigou；如果设计排污税（费）率等于污染造成的边际损害，则这个税收（收费）称为庇古税；庇古税有效地将环境污染外部性内部化。除了对污染物征税外，还可以对投入物或产出物征税。	效率、公平、技术进步、激励相容、管理灵活性	工业污染税、废弃物费、汽油税

续表

政策工具	简要说明	主要特征（效率/公平/技术进步/激励相容/管理灵活性/应付复杂情况）	例子
补贴或补贴削减	与税收类似，补贴是一种负税收，但补贴没有产出替代效应；补贴对于某些"服务"，可以采取直接财政支付手段，对于某些投入或技术、贷款、信用市场，则适合采取优惠价格手段。补贴与税收最主要的差别是，在税收情况下要退出市场（利润为0或破产）的边际企业，在补贴情形下可能生存下来，由此，整个行业趋向拥有太多的企业以及生产过多的产品。在现实中，与环境最相关的问题不是对污染控制的补贴，而是对污染不合理的补贴（如化肥、农药的生产）的盛行，以至于削减这些"补贴"也被称为一种环境政策工具。	效率、技术进步、激励相容	能源税、减少的能源税、减少的化肥、农药补贴
押金—退款制度	对特殊项目的收费和对退还的补贴的政策组合，是一种双重政策工具。近年来，押金—退款制度的实行表明，押金和退款不一定是相同的数量。	效率、激励相容、管理灵活性	饮料罐、瓶子、二手汽车等回收、废弃物管理
退还的排污费	排污者对污染支付费用，但这些费用将被退还到同一个污染者群体，退款额不与排污费成比例，但与另一种测量值如产出成比例。就其净效应而言，是由超过平均排污水平的企业向低于平均排污水平的企业付费。	效率、公平、技术进步、激励相容	瑞典氮氧化合物的清除
创建产权	由界定权利的机制组成。比如，创建土地和其他自然资源的私有产权；创建排污许可证与开采许可证等。在国际框架内被称为"国际补偿机制"。	效率、技术进步、激励相容、管理灵活性	污染者付费原则的确立、生产者责任
责任与其他法律机制	法律机制与其他政策工具的最大区别就是对他人造成伤害或经济损害的个人需要承担责任的程度：惩罚、罚款、责任以及履约担保等。	公平、激励相容	采矿或危险废弃物的责任限制
自愿协议	从本质上说，污染者同意采用更清洁的技术以换取更宽松的管制。	效率、技术进步、激励相容、管理灵活性	ISO 14000 认证体系
信息公布、标签	帮助消费者和社会公众了解相关信息。信息提供被称为环境政策制定的"第三波"（在法律规制和基于市场的工具之后），在发达国家中使用得越来越多。标签计划分为1型、2型和3型：1型是企业申请的自愿证明，由独立的机构设立标准并评价产品；2型在企业内部进行，没有固定的标准或独立的外部检查；3型只是提供原始数据，不进行解释或评判。	效率、技术进步、激励相容、管理灵活性	产品绿色标签、节能标签；等级证书

资料来源：作者整理。

由于没有一个政策工具是十全十美的,并且鉴于现实情形的复杂性,以及同时满足多个目标(如效率、可持续性和公平分配等)的需要,管理当局就需要根据具体情况,相机选择一些政策工具和政策工具的适当组合。不同政策工具的相互作用有可能起叠加效果,也可能起相互削弱效果,因此,需要管制当局在实践中予以关注。环境的变化,要求所使用的政策工具也要相应改变。在变化的环境下,制定切合实际的政策是一门科学,也是一门艺术,需要适当排列和组合有关工具,以实现多重目标。

四、中国的环境管制制度

(一)中国环境管制政策的类型

1. 命令型管制

我国环境管制制度的特点是:行政手段占据主导地位,其他手段运用有限(我国主要环境政策工具如表5-26所示)。

表5-26　　　　　　　我国主要环境政策工具

经济手段			行政手段			信息手段和公众参与		
名称	起始时间	范围	名称	起始时间	范围	名称	起始时间	范围
超标排污费	1982	全国	污染物排放标准	1979	全国	环保标志	1984	全国
排污即收费	2003	全国	污染许可证制度		全国	ISO 14000认证	1996	全国
补贴	1982	全国	关停污染企业	1980	全国	空气污染指数	1997	主要城市
污水处理设施使用费		部分城市	环境影响评价制度	1998	全国	重点流域水质监测		主要流域
综合利用税收优惠	1984	全国	"三同时"制度		全国	环境听证制度	2004	
水资源和矿产资源税	1986	全国						

续表

经济手段			行政手段			信息手段和公众参与		
名称	起始时间	范围	名称	起始时间	范围	名称	起始时间	范围
押金返还制度		全国						
对污染企业的贷款限制	1996	全国						
排污许可证交易	1985	局部地区						

资料来源：根据《中国的环境保护（1996~2005）》和彭海珍：《中国环境政策体系改革的思路探讨》等整理。

在行政手段中，行政许可审批制度是最主要的环境管理工具。为实施《行政许可法》，国家对环境行政管理部门颁布的行政许可法规进行了清理，但依然保留了35个环境保护行政许可审批项目。可见，环保部门依法承担着大量的行政许可审批职能，行政许可审批制度仍然是环保部门进行环境管理最主要的政策工具。

（1）在35个环境保护行政许可审批项目中，法律、行政法规设定，继续实施的行政许可项目（环保项目24项）：

建设项目环境影响报告书审批、报告表（登记表）审批；

建设项目环境影响评价文件重新审核；

建设项目环境影响评价单位的资格审查；

建设项目环境保护设施的验收；

防治污染设施的拆除或闲置批准；

排污许可证（大气、水）核发；

国家限制进口的可用作原料的废物进口审查；

固体废物跨省转移许可证核发；

危险废物经营许可证核发；

向大气排放转炉气等可燃气体的批准；

有毒化学品进口环境管理登记（有毒化学品环境管理进口放行通知单的审批）、有毒化学品进口环境管理登记（有毒化学品进口环境管理登记证的审批）；

消耗臭氧层物质生产和进出口许可证核发；

在用机动车排放污染检测机构资质核准；

进入自然保护区实验区开展参观、旅游的审批；
因教学科研进入自然保护区缓冲区的审批；
民用核设施厂址选择审批；
民用核设施建造、装料、运行、退役许可证核发；
放射源、进口装有放射性同位素仪表登记备案；
放射性固体废物储存、处置许可证核发；
放射性污染监测机构资格证书核发；
民用核设施操纵人员执照核发；
核技术利用单位辐射安全许可证核发；
民用核材料许可证核准；
在水体进行放射性实验的审批。

（2）国务院决定保留的除法律、行政法规以外的规范性文件设定的行政许可项目（环保项目7项）：

环境保护设施专门运营单位资质认定；
加工利用国家限制进口、可用作原料的废电器定点企业认定；
民用核承压设备设计制造安装许可证核发；
新化学物质环境管理登记证核发、办理新化学物质免于申报手续（审批）；
危险废物越境转移核准；
民用核承压设备焊接人员取证备案和无损检验人员取证备案；
有毒化学品出口环境管理登记（有毒化学品环境管理出口放行通知单的审批）。

（3）非行政许可类行政审批项目（环保项目4项）：
地方环境质量标准与污染物排放标准备案；
地方机动车、船大气污染物排放标准批准；
在用车实行新的污染物排放标准改造方案的批准；
民用核设施场内核事故应急计划审查。

2. 排污收费制度

2002年1月30日，国务院第54次常务会议通过《排污费征收使用管理条例》，其后国家发改委等四部委通过了《排污费征收标准管理办法》，财政部、环保总局公布《排污费资金收缴使用管理办法》，这些法规于2003

资源与增长

年 7 月 1 日开始实施，加大了排污费征收力度：

第一，实行排污总量收费。将原来的超标收费改为排污即收费与超标收费并行。

《排污费征收使用管理条例》规定：排污者应当按照下列规定缴纳排污费：①依照大气污染防治法、海洋环境保护法的规定，向大气、海洋排放污染物的，按照排放污染物的种类、数量缴纳排污费。②依照水污染防治法的规定，向水体排放污染物的，按照排放污染物的种类、数量缴纳排污费；向水体排放污染物超过国家或者地方规定的排放标准的，按照排放污染物的种类、数量加倍缴纳排污费。③依照固体废物污染环境防治法的规定，没有建设工业固体废物储存或者处置的设施、场所，或者工业固体废物储存或者处置的设施、场所不符合环境保护标准的，按照排放污染物的种类、数量缴纳排污费；以填埋方式处置危险废物不符合国家有关规定的，按照排放污染物的种类、数量缴纳危险废物排污费。④依照环境噪声污染防治法的规定，产生环境噪声污染超过国家环境噪声标准的，按照排放噪声的超标声级缴纳排污费。排污者缴纳排污费，不免除其防治污染、赔偿污染损害的责任和法律、行政法规规定的其他责任。

第二，实行多因子收费。对同一排污口排放两种以上污染物的，由原来的按收费最高的一种污染因子收费改为按污染当量数排放前三项的污染因子收费。

《排污费征收使用管理条例》规定：负责污染物排放核定工作的环境保护行政主管部门，应当根据排污费征收标准和排污者排放的污染种类、数量，确定排污者应当缴纳的排污费数额，并予以公告。《排污费征收标准管理办法》则具体规定：对每一排放口征收污水排污费的污染物种类数，以污染当量数从多到少的顺序，最多不超过 3 项。其中，超过国家或地方规定的污染物排放标准的，按照排放污染物的种类、数量和本办法规定的收费标准计征污水排污费的收费额加一倍征收超标准排污费。对向大气排放污染物的，按照排放污染物的种类、数量计征废气排污费。对每一排放口征收废气排污费的污染物种类数，以污染当量数从多到少的顺序，最多不超过 3 项。

第三，提高了收费标准。比如，《排污费征收标准管理办法》规定，征收二氧化硫排污费，第一年每一污染当量征收标准为 0.2 元，第二年（2004 年 7 月 1 日起）每一污染当量征收标准为 0.4 元，第三年（2005 年

7月1日起）达到与其他大气污染物相同的征收标准，即每一污染当量征收标准为0.6元。氮氧化物在2004年7月1日前不收费，2004年7月1日起按每一污染当量0.6元收费。

新的排污收费制度的实施最直接的变化是，缴纳排污费的单位显著增多，排污费收入显著增长。比如，2003年全国缴纳排污费单位448164个，排污费收入总额为70.9亿元；2004年全国缴纳排污费单位733621个，排污费收入总额为94.2亿元。缴纳排污费单位增加285457个，增加率为63.7%，排污费收入总额增加23.3亿元，增加率为32.9%。

3. 总量控制越加明确，成为约束性指标

污染物排放总量控制始于"九五"时期，《中华人民共和国国民经济和社会发展"九五"计划和2010年远景目标纲要》提出了我国"九五"期间的环境保护目标："到2000年，力争使环境污染和生态破坏加剧的趋势得到基本控制，部分城市和地区的环境质量有所改善，"并提出"创造条件实施污染物排放总量控制"。

根据《"九五"期间全国主要污染物排放总量控制》，"九五"期间对环境危害大的、国家重点控制的主要污染物，环境监测和统计手段能够支持的，能够实施总量控制的12种污染物实行排放总量控制：大气污染物指标（3个）：烟尘、工业粉尘、二氧化硫；废水污染物指标（8个）：化学需氧量、石油类、氰化物、砷、汞、铅、镉、六价铬；固体废物指标（1个）：工业固体废物排放量。"九五"期间确立的总目标：到2000年，全国主要污染物排放总量控制在"八五"末的水平，总体上不得突破；对危害性大的有毒污染物如氰化物、砷、重金属等，必须从严控制，比"八五"末有所减少；对烟尘、工业粉尘、化学需氧量、石油类、工业固体废物排放量等要控制在"八五"末的水平；对控制难度大的二氧化硫排放量在酸雨和二氧化硫控制区要力争控制在"八五"末的水平。

根据《国家环境保护"十五"计划指导思想和目标》，2005年，二氧化硫、尘（烟尘及工业粉尘）、化学需氧量、氨氮、工业固体废物等主要污染物排放量比2000年减少10%；工业废水中重金属、氰化物、石油类等污染物得到有效控制；危险废物得到安全处置。酸雨控制区和二氧化硫控制区的二氧化硫排放量比2000年减少20%，降水酸度和酸雨发生频率有所降低。重点流域、海域的水污染防治实现规划目标，国控断面水质主要

资源与增长

指标基本消除劣V类，水环境质量得到改善。但是，"十五"计划所确立的主要污染物排放总量减少的控制指标未能如期完成。其中的一个重要原因是，"十五"计划所确立的环保目标能否完成存在"软约束"的问题，并不是约束性指标。"十五"计划强调要继续推进"九五"期间确定的环境保护重点区域——三河（淮河、海河、辽河）、三湖（太湖、巢湖、滇池）、两区（酸雨控制区和二氧化硫控制区）、一市（北京市）、一海（渤海）的污染防治工作，但对其他地区的污染防治工作控制不力。

为建立以环境容量为基础、以排污许可证为主要管理手段、以改善环境质量为目标的污染防治管理体制，2003年国家环保总局决定在杭州市和唐山市开展污染物排放总量控制试点工作。积极开展以环境容量为基础，以环境质量按功能达标为目标，探索环境容量总量控制管理方法。

"十一五"规划中，我国加强了对污染物排放总量的控制，确立主要污染物排放总量减少10%作为约束性指标。根据《"十一五"期间全国主要污染物排放总量控制计划》，"十一五"期间国家对化学需氧量、二氧化硫两种主要污染物实行排放总量控制计划管理，排放基数按2005年环境统计结果确定。计划到2010年，全国主要污染物排放总量比2005年减少10%，具体是：化学需氧量由1414万吨减少到1273万吨；二氧化硫由2549万吨减少到2294万吨。在国家确定的水污染防治重点流域、海域专项规划中，还要控制氨氮（总氮）、总磷等污染物的排放总量，控制指标在各专项规划中下达，由相关地区分别执行，国家统一考核。鼓励各地根据各自的环境状况，增加本地区必须严格控制的污染物，纳入本地区污染物排放总量控制计划。

"十一五"期间，减少化学需氧量排放总量的主要工程措施是加快和强化城市污水处理设施建设与运行管理，减少二氧化硫排放总量的主要工程措施是加快和强化现役及新建燃煤电厂脱硫设施建设与运行监管。同时，要加大工业污染源治理力度，严格监督执法，实现污染物稳定达标排放。新、扩、改建项目要积极采用先进技术，严格执行"三同时"制度（同时设计、同时施工、同时投产使用），根据国家产业政策促进产业结构调整升级，实现增产不增污或增产减污。在电力、冶金、建材、化工、造纸、纺织印染和食品酿造等重点行业大力推行清洁生产，发展循环经济，降耗减污。在总结"九五"、"十五"期间实施总量控制制度经验的基础上，制定实施方案和管理办法，实行排污许可证制度，落实项目和资金，严格

第五章 环境保护与工业增长

表 5-27 "十一五"期间全国化学需氧量与二氧化硫排放总量控制计划表

省 份	化学需氧量（万吨）				二氧化硫（万吨）			
	2005年排放量	2010年控制量	2010年比2005年增加（%）	2005年排放量	2010年控制量	2010年比2005年增加（%）	其中：电力
北京	11.6	9.9	-14.7	19.1	15.2	-20.4	5
天津	14.6	13.2	-9.6	26.5	24	-9.4	13.1
河北	66.1	56.1	-15.1	149.6	127.1	-15	48.1
山西	38.7	33.6	-13.2	151.6	130.4	-14	59.3
内蒙古	29.7	27.7	-6.7	145.6	140	-3.8	68.7
辽宁	64.4	56.1	-12.9	119.7	105.3	-12	37.2
其中：大连	6.01	5.05	-16	11.89	10.11	-15	3.54
吉林	40.7	36.5	-10.3	38.2	36.4	-4.7	18.2
黑龙江	50.4	45.2	-10.3	50.8	49.8	-2	33.3
上海	30.4	25.9	-14.8	51.3	38	-25.9	13.4
江苏	96.6	82	-15.1	137.3	112.6	-18	55
浙江	59.5	50.5	-15.1	86	73.1	-15	41.9
其中：宁波	5.22	4.44	-14.9	21.33	11.12	-47.9	7.78
安徽	44.4	41.5	-6.5	57.1	54.8	-4	35.7
福建	39.4	37.5	-4.8	46.1	42.4	-8	17.3
其中：厦门	5.56	4.94	-11.2	6.77	4.93	-27.2	2.17
江西	45.7	43.4	-5	61.3	57	-7	19.9
山东	77	65.5	-14.9	200.3	160.2	-20	75.7
其中：青岛	5.79	4.75	-18	15.54	11.45	-26.3	4.86
河南	72.1	64.3	-10.8	162.5	139.7	-14	73.8
湖北	61.6	58.5	-5	71.7	66.1	-7.8	31

· 285 ·

续表

省份	化学需氧量（万吨）			二氧化硫（万吨）			
	2005年排放量	2010年控制量	2010年比2005年增加（%）	2005年排放量	2010年控制量	其中：电力	2010年比2005年增加（%）
湖南	89.5	80.5	-10.1	91.9	83.6	19.6	-9
广东	105.8	89.9	-15	129.4	110	55.4	-15
其中：深圳	5.59	4.47	-20	4.35	3.48	2.78	-20
广西	107	94	-12.1	102.3	92.2	21	-9.9
海南	9.5	9.5	0	2.2	2.2	1.6	0
重庆	26.9	23.9	-11.2	83.7	73.7	17.6	-11.9
四川	78.3	74.4	-5	129.9	114.4	39.5	-11.9
贵州	22.6	21	-7.1	135.8	115.4	35.8	-15
云南	28.5	27.1	-4.9	52.2	50.1	25.3	-4
西藏	1.4	1.4	0	0.2	0.2	0.1	0
陕西	35	31.5	-10	92.2	81.1	31.2	-12
甘肃	18.2	16.8	-7.7	56.3	56.3	19	0
青海	7.2	7.2	0	12.4	12.4	6.2	0
宁夏	14.3	12.2	-14.7	34.3	31.1	16.2	-9.3
新疆	27.1	27.1	0	51.9	51.9	16.6	0
其中：新疆生产建设兵团	1.43	1.43	0	1.66	1.66	0.66	0
总 计	1414.2	1263.9	-10.6	2549.4	2246.7	951.7	-11.9

注：①全国化学需氧量削减10%的总量控制目标为1272.8万吨，实际分配给各省1263.9万吨，国家预留8.9万吨，用于化学需氧量排污权有偿分配和交易试点工作。②全国二氧化硫排放量削减10%的总量削减目标为2294.4万吨，实际分配给各省2246.7万吨，国家预留47.7万吨，用于二氧化硫排污权有偿分配和排污权交易试点工作。

资料来源：国家环保总局、国家发展改革委：《"十一五"期间全国主要污染物排放总量控制计划》。

执法，强化对各种违法排污行为的监督查处力度，确保实现计划目标。

国务院《关于"十一五"期间全国主要污染物排放总量控制计划》的批复指出："十一五"期间全国主要污染物排放总量减少10%是《国民经济和社会发展第十一个五年规划纲要》确定的约束性指标，各省（区、市）人民政府必须严格执行，《计划》确定的化学需氧量和二氧化硫分省排放总量控制指标均不得突破；环保总局、统计局、发展改革委要每半年向社会公布各省（区、市）主要污染物的排放总量，并会同监察部对《计划》完成情况进行年度检查和考核，向国务院报告。可见，我国对于污染物排放总量控制是越来越严格了。

4. 局部地区和部分领域开展了排污权交易

早在20世纪80年代，上海市开始了排污权有偿转让的尝试。第一家购买排污许可的是上海永新彩色显像管有限公司。这是一家中外合资企业，属国家重点项目，拟建于梅陇淮水源保护区。厂址附近环境条件较好，但没有排污指标。因此，由环境保护部门牵线搭桥，1987年这家企业以150万元购入宏文造纸厂上马污水治理项目，使污染物排放下降到大大低于新标准的水平。此后，又达成了约20项类似的排污有偿转让交易。这无疑为我国利用市场机制对污染实行有效管制提供了成功范例。

1999年国家环保总局在南通市和本溪市两个城市进行二氧化硫排污权交易试点工作。2000年以来，国家环保总局先后出台了《SO_2排放总量指标分配方案》、《SO_2排污许可证管理办法》、《SO_2排放总量控制监控实施方案》、《SO_2排放权交易管理办法》等一系列政策。国家环保总局办公厅于2002年3月1日印发了环办函〔2002〕51号文件，决定"在山东省、山西省、江苏省、河南省、上海市、天津市、柳州市开始推动SO_2排放总量控制及排污政策实施试点"，在随后的环办函〔2002〕188号文中，又增加了华能集团参加示范，简称"4+3+1"。

在这些试点地区和领域中已经进行的排污权交易有：①自2003年11月到2006年年底，南通市如皋泰尔特染整有限公司向如皋市亚点毛巾织染公司以每吨1000元的价格，向亚点毛巾转让共88.67吨COD的排放权。②柳州化学工业集团作为柳州地区重点企业，2003年，为发展生产以400元/吨的价格，向通过综合利用、淘汰燃煤锅炉而富余出SO_2排放指标的柳州木材厂每年购买200吨SO_2排污权。既保证了生产的扩大发展，又没有突破总量控制指标。③2003年，太仓港环保发电有限公司和南京的下关发电厂两家企业达成协议：从2003年7月至2005年7月，太仓港环保发电有限公司每年将从下关发电厂买回1700吨的二氧化硫排污权指标，并以每千克1元的价格，向下关发电厂支付170万元的交易费用。这是我国第一例异地二氧化硫排放权交易。双方还商定到2006年之后，将根据市场行情重新决定交易价格。

据了解，一个基本共识已经在示范地区官员、企业主间形成，即排污权交易在保证区域环境目标前提下利用市场机制调动了排污企业减排积极性，是确保以最低成本实现总量控制的好思路。但是，排污权交易有许多基础性的工作要做，正如前国家环保总局局长解振华认为，"有大量的、基础性的工作还要做，像总量、核定总量，发放许可证，排放的情况还要进行核算、监测；另外，譬如如何进行交易、怎样进行定价……在这些基础之上再搞二氧化硫排污权交易还是很有市场，很有前景的"。

5. 排污许可证

2004年国家环保总局发出《关于开展排污许可证试点工作的通知》(环函〔2004〕5号)，决定在河北省唐山市、辽宁省沈阳市、浙江省杭州市、湖北省武汉市、广东省深圳市、宁夏回族自治区银川市开展排污许可证试点工作。积极探索建立以环境容量为基础、以排污许可证为主要管理手段、以改善环境质量为目标的污染防治管理体制。

试点城市环保部门按照国家环保总局《关于印发全国地表水环境容量和大气环境容量核定工作方案的通知》(环发〔2003〕141号)以及《关于加强环境容量测算工作的通知》(环办〔2003〕116号)要求，科学测算环境容量，严格核定测算结果。根据环境容量的核定结果，以环境质量按功能达标为目标，结合本地区现有排污总量，给主要排污者分配排污总量控制指标和确定污染物排放总量削减目标，使排污许可证制度与污染物排放总量控制制度结合起来，把改善环境质量的要求落到实处。对于环境质量达标的地区，污染物排放总量可以不削减；对于环境质量超标的地区，污染物排放总量的削减目标应按照核定的环境容量来确定。将全面推行排污许可证制度作为深化污染防治工作的重要手段，使排污许可证成为反映企业环境责、权、利的法律文书和凭证，并将排污许可证作为环保行政主管部门和排污者之间的重要纽带，管理模式上要实行一证式管理，做到依证管理，按证排污，违证处罚，规范排污者的环境行为。

在全面发放排污许可证的同时，重点控制主要排污者。参加排污许可证试点工作的城市对辖区内所有排污者发放排污许可证，其中对主要排污者（污染负荷按从大到小的顺序排列，累计占该地区污染负荷80%以上的排污者）发放的排污许可证应有排污总量控制指标要求，对其他排污者发放的排污许可证只按排放标准进行要求。

6. 自愿环境管制

自愿环境管制是国际上逐步发展起来的新型环境管制措施。在企业认证方面，比较有影响的是国际标准化组织的ISO14000认证，欧洲的EMAS（生态管理和审核计划）认证等；在产品的生态认证方面，种类较多，如德国的"蓝色天使"（Blue Angel）、北欧的"天鹅标志"（Nordic Swan）、美国的"绿色印章"（U.S. Green Seal）、加拿大的"环境选择"生态标志（Canadian Environmental Choice）、日本的"生态标记"、法国的"NF环境"等，有的国家还有多个生态标签计划，如瑞典最常见的标签有Environment Choice和Nordic Swan。

在企业认证方面，我国已有12000多家企业获得了ISO14000环境管理体系认证；1999年，我国开展创建ISO14000国家示范区活动，吸引了大批工业开发区、高新技术开发区参与该项活动，目前，我国有ISO14000国家示范区28个（名录见表5-28）。

在产品认证方面，我国高度重视"环境标志产品认证"工作。1995年开始，我国环境标志产品认证工作从无到有逐步得到发展，环境标志产品的种类和数量不断扩大。目前，国家环保总局已制定了（现行有效的）56项环境标志产品标准，开展认证的产品种类达56个大类，涉及建材、纺织品、汽车、日化用品、电子产品、包装制品、办公用品等行业。至2004年年底，共有900余家企业17000个多种型号的产品获得中国环境标志产品认证，环境标志产品的年产值近600亿元人民币。[①]

近年来，各地大力开展了绿色社区、绿色学校、绿色家庭创建活动，目前全国有2348个社区参加了绿色社区创建活动，25000多所中小学校、中等职业学校及幼儿园参加了绿色学校创建活动，100个绿色家庭受到表

[①]《中国环境年鉴》(2005)，第226页。

表 5-28　　　　　　　　ISO 14000 国家示范区名录

序号	名　称	批准文号	批准日期
1	苏州新区（高新技术产业开发区）	环函〔1999〕305号	1999.09.01
2	大连经济技术开发区	环函〔2000〕195号	2000.05.24
3	上海金桥出口加工区	环函〔2000〕300号	2000.08.28
4	无锡新区（高新技术产业开发区）	环函〔2000〕400号	2000.10.27
5	天津经济技术开发区	环函〔2000〕490号	2000.12.25
6	秦皇岛经济技术开发区	环函〔2001〕112号	2001.06.07
7	广东省肇庆星湖风景名胜区	环函〔2001〕220号	2001.09.27
8	苏州工业园区	环函〔2001〕334号	2001.12.25
9	烟台经济技术开发区	环函〔2002〕151号	2002.06.03
10	北京经济技术开发区	环函〔2003〕40号	2003.02.10
11	厦门鼓浪屿风景名胜区	环函〔2002〕95号	2002.04.06
12	南京中山陵园风景名胜区	环函〔2003〕41号	2003.02.10
13	威海火炬高新技术产业开发区	环函〔2003〕42号	2003.02.10
14	上海漕河泾新兴技术开发区	环函〔2003〕226号	2003.08.14
15	西安高新技术产业开发区	环函〔2004〕160号	2004.05.26
16	普陀山风景名胜区	环函〔2004〕257号	2004.08.05
17	温州经济技术开发区	环函〔2004〕348号	2004.10.11
18	青岛经济技术开发区（黄岛区）	环函〔2004〕406号	2004.11.17
19	上海市张江高科技园区	环函〔2005〕18号	2005.01.11
20	杭州高新技术产业开发区（滨江）	环函〔2005〕70号	2005.03.02
21	广州开发区（广州经济技术开发区、广州高新技术产业开发区、广州出口加工区、广州保税区）	环函〔2005〕71号	2005.03.02
22	廊坊市	环函〔2005〕131号	2005.04.14
23	成都高新技术产业开发区	环函〔2005〕451号	2005.10.20
24	天津新技术产业园区华苑产业区	环函〔2006〕2号	2006.01.06
25	宁波保税区（出口加工区）	环函〔2006〕57号	2006.02.07
26	南通经济技术开发区	环函〔2006〕81号	2006.03.02
27	昆山经济技术开发区	环函〔2006〕200号	2006.05.18
28	宁波经济技术开发区	环函〔2006〕200号	2006.05.18

彰；通过"保护母亲河"、"绿色承诺"、"天天环保"、"生态监护"等实践活动，对广大青少年进行生态环境道德教育，增强他们的环境保护意识；举办绿色中国论坛、中国环境文化节等活动，进行环境知识培训，引导公众参与讨论环境问题，形成"人人参与、共创绿色家园"的社会氛围。①

---

① 见《中国的环境保护（1996~2005）》。

（二）环境管制的软约束

"十五"期间中国工业污染防治计划没有很好完成，最根本的原因在于环境保护政策缺乏完美可执行性，即遵守环境保护政策不是企业的最优策略。完美可执行性环境政策需要满足两个条件：一是把环境的外部性内部化；二是外部性内部化的成本最低。而中国工业污染防治制度存在三大明显缺陷，即成本—收益分析制度缺乏，环境政策与科技创新政策整合不足，激励型生态补偿制度不完善，使完美可执行性的这两个条件难以满足。成本—收益分析制度的缺乏、环境政策与科技创新政策的整合不足使得完美可执行环境政策的第二个条件难以满足，生态补偿制度不完善使环境政策难以满足完美可执行性的第一个条件。

1. 环境管制中缺乏成本—收益分析制度

为了选择更有效的环境保护政策，美国在环境保护制订过程中，较早就引入了环境管制成本—收益评估制度。1981年，里根总统以行政命令方式，要求管制机构对准备实施的管制政策进行管制影响分析。1993年，克林顿总统颁布行政命令，明确规定：所有重要的管制行动均要进行成本—收益分析，只有通过合理收益和成本比较分析后的环境管制措施才能被认可。1995年美国国会颁布了《非资助性命令改革法案》，要求对所有拟议中的和最终的管制条例进行成本—收益比较，其中包括年度费用在1亿美元以上的环境管制措施。1996年美国《饮用水安全法案》的修正案授权环保局在制定标准时要考虑降低整体风险，对新的管制措施进行成本—收益分析，修正案还允许环保局根据成本—收益分析结果调整最高污染标准。1996年美国《小企业公平法》要求环保局以对大量的小规模实体的显著性经济影响来分析所有管制措施的调整灵活性问题。目前，经济合作与发展组织（OECD）国家以及日本、韩国、澳大利亚等国，也在一定程度上引进了管制的成本—收益分析。①

中国已经建立了较为完善的环境影响评价制度，2002年中国还制定了环境影响评价的专门性法律《环境影响评价法》。但与环境影响评价制度的

---

① 赵红：《美国的环境管制影响分析》，《生态经济》2005年第12期，第32~48页。

日臻完善形成鲜明对照的是,中国对环境管制的经济社会影响评价制度迄今仍是空白。

中国作为发展中国家,仍面临着解决环境污染与经济发展之间的权衡问题。社会愿意接受的环境质量标准取决于政府用以实现这些标准的政策的效率,如果政府不能以合理有效的方式实现既定的环境目标,其结果将是这些目标不得不为经济活动做出让步。所以,政府制定和实施环境管制政策,既要提高环境污染治理效率,也要坚持经济效率,这就要求政府在改善环境质量状况的同时,尽可能减少成本和效率损失,降低其对经济与社会的负面影响,否则,环境政策不可能得到很好的执行。"十五"期间中国工业污染防治目标没有得到很好实现,其中的一个重要原因就是,中国当前的环境管制需要各地付出较高的经济成本,影响了各地执行环境保护的积极性。改变这种形势的重要举措,就是要改变中国环境管制的工具组合,选择成本有效的政策工具,而在环境管制政策中建立成本—收益分析制度则是实现这一变革的前提。

2. 环境保护与科技创新政策缺乏整合

在环境管制与经济增长、产业竞争力关系的研究上,早期的研究者普遍认为,环境管制的强化会有害于产业竞争力和经济增长。这个观点在20世纪晚期受到波特等人的挑战。他们认为,环境管制会通过刺激创新从而有利于提升国内企业竞争力,从而提出了环境管制有利于竞争力提升的"波特假说"(Porter,2003)。①波特假说的提出,引发了一系列相关的经验研究。这些研究尽管由于研究者所使用方法的不同,在环境保护与产业竞争力、经济增长之间的关系上得出了不同的结论,②但相同的是,加强环境管制要获得环境状况改善、生产效率提高的双重红利,就必须在环境管制与科技创新之间架起连接的桥梁,环境管制要有力地推动科技创新,实现科技创新方向的重大转变,即科技创新不仅仅要提高生产效率,

---

① 迈克尔·波特:《竞争论》,中信出版社,2003年,第361~390页。
② Gray, W. and R. Shadbegian: Pollution abatement costs, regulation, and plant-level productivity [M], in: Gray, W. (ed.): The economic costs and consequences of environmental regulation, Ashgate Publishing, Aldershot, UK, 2002. Trent Yang, Kira Matus, Sergey Paltsev and John Reilly: Economic benefits of air pollution regulation in the USA: an integrated approach [J], MIT Report, No.113, 2005.

而且要促进环境保护,即用可持续发展的思想贯穿科技创新的整个过程,但中国目前环境保护政策与科技创新政策的整合性仍然不高。

3. 激励型生态补偿制度不完善

生态补偿就是一种环境管制工具的创新,在国内外也是一个热门话题,但由于侧重点不同及生态补偿本身的复杂性,到目前为止还没有一个统一的定义。如卡佩斯将生态补偿定义为,在发展中对生态功能和质量所造成损害的一种补助,这些补助的目的是为了提高受损地区的环境质量或者用于创建新的具有相似生态功能和环境质量的区域。① 毛显强等将生态补偿定义为,通过对损害(或保护)资源环境的行为进行收费(或补偿),提高该行为的成本(或收益),从而激励损害(或保护)行为的主体减少(或增加)因其行为带来的外部不经济性(或外部经济性),达到保护资源的目的。② 总体来说,在20世纪90年代前期的文献中,生态补偿通常是生态环境加害者付出赔偿的代名词,可以称为惩罚型生态补偿;但20世纪90年代以来,生态补偿则更多地指对生态环境保护者、建设者的一种利益驱动和激励机制。至今,生态补偿已经不再是单纯意义上对环境负面影响的一种补偿,它也包括对环境正效益的补偿,可以称为激励型生态补偿。

惩罚型生态补偿与激励型生态补偿虽然都以外部性理论作为理论基础,但两者还是存在重大差异。前者实际上是把环境的使用权授给了受害者,后者则把环境的使用权授给了环境服务的提供者。这种不同的权力配置,对环境保护有着十分重要的影响,后者比前者更有利于环境的改善,特别是在环境遭到重大破坏需要对环境进行修复时,激励型生态补偿比惩罚型生态补偿意义更为重大。因为在这样的时期,仅仅防止对环境的破坏是远远不够的。中国虽然正处于这样一个历史时期,但中国的激励型生态补偿机制建设却严重不足,已经成立起来的,也多具有工程性质,没有可持续性。

环境保护中没有建立成本—收益分析制度、环境保护与科技政策缺乏

---

① Ruud Cupers: Guidelines for ecological compensation associated with highway [J], Biological Conservation, 1990 (90): pp.41—51.

② 毛显强等:《生态补偿的理论探讨》,《中国人口·资源与环境》2002年第2卷第4期,第38~42页。

整合以及激励型生态补偿制度不完善,都会影响环境保护政策的执行,引致环境保护中的"软约束现象"的产生,就是实际执行的环境标准低于设计标准。假定环境保护标准变化的成本与收益曲线如图5-11。曲线R_0R_0和C_0C_0是按成本有效性原则,并考虑了科技创新能力和收益内部化后设计环境保护政策时的边际收益曲线和边际成本曲线,如果政府追求环境保护收益最大化,则两条曲线相交的环境标准就是设计的环境标准,这个标准在实际中也能得到很好地执行,所以,也同时是执行的标准。当对环境保护政策缺乏成本—收益分析制度时,政府更可能选择成本较高的政策,使边际成本曲线上移变为C_1C_1。此时,政府设计的环保标准虽然不变,但实际执行的环境标准却是S_1,低于设计标准。环境政策与科技创新政策缺乏整合的作用与此相类似,相当于推高了边际成本曲线,如至C_2C_2。激励型生态补偿机制不足的作用有所不同,它的影响体现在对边际收益曲线的影响上。由于环境服务的外部性特征,提供环境服务的地区只能得到部分环境服务收益,如果不对其进行补偿,其边际收益曲线就会低于R_0R_0,如处于R_1R_1的位置,此时,地方政府执行的标准是S_{01}($<S_0$)。

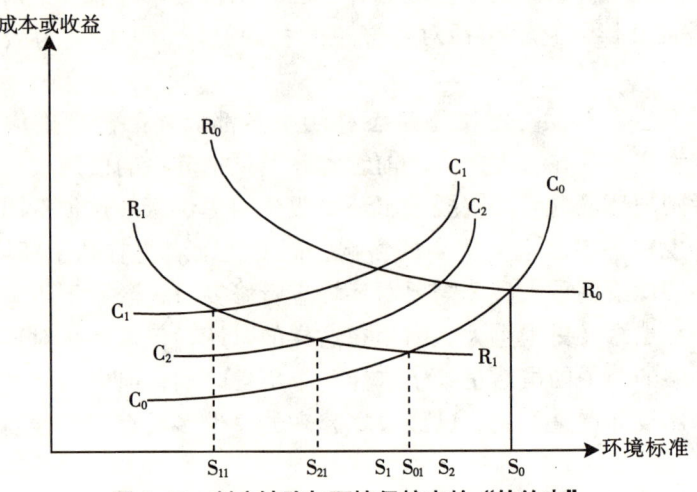

图5-11 制度缺陷与环境保护中的"软约束"

（三）制度挤出与环境保护政策设计

1. 制度挤出

标准的新古典经济模型预言，工作的努力程度、工作绩效会随经济激励的增加而增加，但这个看似颠扑不破的真理现在已经受到制度挤出理论的挑战。制度挤出理论建立在一系列心理学和经济学实验的基础上，它批评新古典经济学忽视激励方案可能产生的隐性成本，指出制度挤出现象极其重要，它会导致经济激励方案产生与我们预期完全相反的结果。

制度与制度之间的关系可以分为互补和挤出两种。当一种制度更有利于另一种制度发挥作用时，或一种制度只有在另一种制度存在时才能发挥作用，制度之间的关系就是互补关系。当一种制度破坏另一种制度时，就会出现制度挤出。与制度互补相比，经济学对制度挤出的研究相对较晚，但关注的程度有日益增加之势。

20世纪60年代，医院对血液的需求大幅度增加。Cooper和Culyer对如何才能有效地满足日益增加的血液需求开展了研究，发表了血液的价格的研究报告。报告中提出，血液是经济物品，通过提高对捐献者的付费将增加血液供应。Titmuss通过对英国和美国献血制度的比较研究却发现了完全相反的结论。在他们研究的时代，英格兰、威尔士实行的是无偿献血制度，美国实行的是有偿献血制度。通过统计分析，还发现，无偿献血制度更能增加血液供给，而且更能保证血液的质量，血液和捐献关系的商业化，对利他主义形成挤出。Deci、Lepper和他的同事研究发现，当外部奖赏具有非偶然性、有形、显著、可预期、无法传递参与者的能力信息等特征时，会对参与者的内部动机产生挤出。一些行为心理学家对此并不认同，Cameron和Pierce，Eisenberger和Cameron等对1970~1991年的相关研究分析后指出，他们对动机挤出现象是否存在持否定态度，但是他们的结论受到了Deci、Koestner和Ryan等人（1998）的质疑。后者（1998）在对1971~1997年的59篇文章中涉及的68个实验97种实验影响的综合分析得出结论，有形的奖励，特别是物质补偿，在代理人的眼中表现为委

资源与增长

托人对自己的控制和自我决定权的丧失,从而对内在动机形成挤出。①

随着心理学对经济学影响的增加,从 20 世纪 90 年代中后期开始,经济学家开始研究制度挤出现象,对金钱激励或处罚的挤出效应进行了一系列的实验。Gneezy 和 Rustichini 在以色列对罚款的挤出效应开展了研究,他们选择了 6 所日间托儿所进行实验。第一期,他们记录下迟到父母的数量;第二期,引入处罚机制,对迟到的父母进行处罚,结果却出人预料,迟到父母的数量不降反升,翻了一番多。这一数量直到处罚被撤销 16 周后仍没有下降,其间,控制组迟到父母的数量却没有变化。② 这一实验验证了挤出效应的存在。进行处罚使父母按时到的责任转化成为一种金钱关系,货币激励挤出了父母按时到的责任感。经济学家中类似的证明挤出效应存在的研究很多,如 Fehr, E. hr 和 S. Gächt Gächter 研究了激励合约对自愿合作的影响,证明了激励合约对互惠的挤出效应;Frey 和 Götte 研究了经济激励对志愿者行为的影响,证明了志愿者的经济激励会降低志愿者的努力程度等。③

挤出现象的发现,对标准的经济模型提出了挑战,一种产品、服务等的供应只与相对价格相关,经济学的这一标准模式可能难以成立。标准经济模型只考虑货币等外在激励,并不关心其他的激励,把货币动机与个人的其他动机相分离。只要这种分离成立,即便承认人类动机的多样化,标准的经济学理论仍然成立,考虑货币之外的动机,只不过是在货币动机之外线性增加罢了。挤出现象的发现推翻了这一假定,对政府设计具有极其重要的意义。

制度的挤出效应可以用图 5-12 加以说明,假设为了鼓励个人为提供环境公共品做贡献,政府采取经济激励的办法,以提高其积极性,个人的努力程度与奖励成正比,不考虑挤出效应,那么报酬与努力程度的关系就

---

① Deci, Edward L., Richard Koestner and Richard M.Ryan: Extrinsic Rewards and Intrinsic Motivation: A Clear and Consistent Picture After All [R]. Mimeo. Department of Psychology, University of Rochester. 1998.

② Uri Gneezy and Aldo Rustichini: Pay Enough or Don't Pay At All [J]. The Quarterly Journal of Economics, 2000, Aug., pp.791-810.

③ Bruno S. Frey and Reto Jegen: Motivation Crowding Theory: A Survey of Empirical Evidence [J]. Journal of Economic Surveys, 2001, Vol. 15 (5): pp.589-611. Frey, B. S. and L. Gätte: Do Does Pay Motivate Volunteers? [R]. Unpublished Manuscript, Institute for Empirical Economic Research. University of Zurich. 1999.

是 AA′，考虑到挤出效应，报酬与努力程度的关系可能变成 BB′。[①]

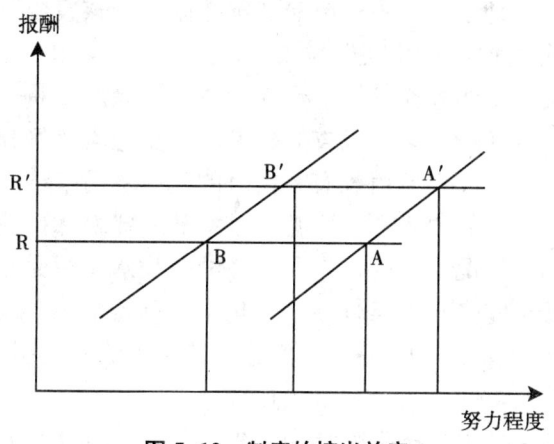

图 5-12 制度的挤出效应

2. 环境保护中的挤出问题

制度挤出研究相当一部分是与公共产品供应与合作有关。环境质量因为是一种公共产品，解决环境问题又需要各方面的通力合作。环境经济学建立在标准的新古典经济学之上，它据此设计的解决环境问题的政策方案，同样会产生制度挤出，从而影响环境政策的效果。

环境问题产生的根源在于外部性。当外部性存在时，从生产者的角度和从整个社会的角度来看，其福利最大化的条件是不同的。也就是说，如果生产者有权污染，为了使自身福利最大化，就可能不采取任何降低污染的措施，仅从生产者的角度出发，那么其产量和污染量都会高于社会最优时的规模。而至于受害者，为了使自己的福利最大化，其选择则会与社会最优时的条件相符。为了解决私人收益与社会收益不同，就需要引入各种机制，如行政强度、排污收费等政策，这些政策是否会产生挤出问题？相关研究已对此做出了肯定回答。

Frey 等在核废料的处理上发现了经济补偿对于公民责任或内在动机的挤出现象。在一些地区建有负面影响的工程，为了不至于引起当地居民的反对，一般的做法就是对这些地区实行经济补偿，但这种补偿可能会引起

---

① Bruno S. Frey and Reto Jegen：Motivation Crowding Theory：A Survey of Empirical Evidence [J]. Journal of Economic Surveys，2001，Vol. 15（5）：pp.589-611.

更大的反对。为了验证这一假设，Frey等人对瑞士的一些社区居民进行了一次调查，询问其是否同意中央政府把本社区作为核废物处理场所，结果是50.8%的居民同意把本社区作为核废料处理点，44.9%的人反对，4.3%的人对此并不关心。调查完毕后，研究者改变了激励结构，对作为核废料储藏地的居民进行补偿，然后调查居民是否同意把本社区作为核废弃料储藏地，表示同意的居民比例由没有补偿时的50.8%下降到了24.6%。[①]

Cardenas等在哥伦比亚进行过现场的关于近郊森林砍伐的实验。在没有引入显性激励的情况下，受试者所选择的砍伐水平只是略高于社会最优水平，而远远低于完全自利条件下最大化个人利益的纳什均衡水平。但是在对受试者的砍伐量引入监督，以及对过度砍伐的农民引入罚款制度后，砍伐的数量不仅没有降低，反而大幅度提高了。[②]

要分析环境保护中的挤出现象，首先需要厘清环境保护中包括哪些可能被挤出的因素，就是要找出，在除从新古典经济学出发设计标准政策之外，哪些其他的因素对环境保护会有所影响。由于环境质量具有公共物品性质，所以，我们不仅可以通过分析各类环境保护研究，而且还可以通过分析大量的公共物品研究找到这一问题的答案。

Bruno S. Frey和Alois Stutzer对一系列公共产品博弈实验结果进行了总结，其核心结论如下：

（1）个人对公共产品的贡献在一次性博弈和有限次重复博弈中会将其40%~60%的财产用于公共品生产。

（2）随着博弈次数的增加，贡献会下降，但仍大于0。

（3）固定配对博弈中，个人对公共品生产的贡献大于随机配对博弈。

（4）在较长期的博弈中个人学会战略性合作的能力处于中等水平。

（5）相信其他人也会为公共产品做贡献的个人对公共产品的生产贡献较大。

（6）面对面的认同与交流有助于提高合作的可能性。

（7）参与者愿意承担成本，以处罚那些对公共产品生产的贡献低于平

[①] Frey, B. S. and F. Oberholzer-Gee: The Cost of Price Incentives: An Empirical Analysis of Motivation Crowding-Out [J]. American Economic Review, 1997, 87 (4): pp.746–755.

[②] Cardenas, Juan Camilo, Stranlund John and Willis, Cleve: Local Environmental Control and Institutional Crowding out [J]. World Development, 2000, Vol.28, No.10: pp.1719–1733.

均水平的参与者。① 为什么经验证据和理论的预见相反？为什么会发生制度挤出？制度挤出的形成机理是什么？心理学家、经济学家分别从偏好、信念和内在动机三个不同的角度进行了解释。② 基于这三种解释，环境保护的制度挤出也可分为三种类型：偏好挤出、内在动机挤出和信念挤出。

第一个角度与偏好有关。新古典经济学在政策设计时假定偏好一定。在设计任何政府体系时，每个人都应该被假想成流氓，他的行动除了追求他的私人利益之外不再有任何其他的目的。我们必须利用这种利益来控制他，也要利用这种利益使他为了公共利益的善而合作。这是大卫·休谟的格言。但是，一项政策出台会改变人们的偏好，如基于个人自利基础上的制度设计，会对个人的社会偏好产生抑制作用。政策与法律的有效性不仅仅依赖于它们引导自利动机实现社会目的的能力，而且还取决于它们所引导或唤起的偏好，一个为流氓设计的制度可能只产生流氓。③

第二个角度与内在动机有关。某些激励方式的引入可能使代理人感到其自尊、自由受到了影响。

第三个角度与信念有关。不同的激励方式，传递了不同的信号，将报酬与工作努力挂起钩来，传递了委托人的偏好和委托人对代理人的形态分布的信号，会改变代理人对委托人的信念。

环境保护中制度挤出试验虽然找到了经济激励可能因为对内在动机形成挤出，从而导致环境状况更趋恶化的情形；但从理论上而言，环境保护中运用经济激励机制是否导致环境状况更趋恶化，取决于制度挤出与价格效应的平衡，只有当制度挤出大于相对价格效应时，环境状况才会更趋恶化，否则就是改善环境质量。

环境保护政策大体上可以分为三类：命令—控制型、经济激励型和自愿管制型。这三种类型的环境保护政策会产生不同强度的挤出，因而对环境质量的改善存在不同的影响。

---

① Bruno S. Frey and Alois Stutzer: Environmental Moral and Motivation [R]. Working Paper No. 288 of Institute for Empirical Research in Economics, University of Zurich, 2006.

② Bruno S. Frey and Reto Jegen: Motivation Crowding Theory:A Survey of Empirical Evidence [J]. Journal of Economic Surveys, 2001, Vol. 15（5）: pp. 589–611. Samuel Bowles: Social Preferences and Public Economics: Are good laws a substitute for good citizens? [R]. Working Paper of Santa Fe Institute.2007.

③ 萨缪·鲍尔斯:《微观经济学：行为、制度和演化》，江艇、洪福海、周业安译，中国人民大学出版社，2006年，第368页。

"命令—控制"型政策是通过对厂商制定统一的标准,强制企业或个人遵守。这类政策采取的标准是基于技术和绩效的标准。技术标准给企业指定特别的方法,有时甚至是特定的设备来配合管制。例如,要求所有的发电厂采用特定种类的清洁剂来除尘。绩效标准对企业制定统一的控制目标,但在实现目标的问题上给企业一些自由度。例如,要求在一定时间段内限制某种污染物的排放量,但并不要求用何种方法来达到此目的。

命令—控制型政策具有强制性,它把环境保护的决策权与责任转移到了政府手中,会对自我决定和环境道德形成挤出。这种挤出对环境质量的影响取决于实施处罚的力度,包括处罚的可能性和处罚强度,如果处罚的力度很大,相对价格效应就会抵销制度挤出效应,使环境质量得到改善。

经济激励型政策(有人也将其称为基于市场的政策工具)的特点是,运用市场信号来影响企业或个人的决策,而不是制定明确的污染控制水平或方法来规范人们的行动。这些政策工具包括排污收费和可交易的许可证交易制度等,通常被描述成"借助市场的力量"。如果它们能够被很好地设计并加以实施,将促进厂商或个人在追求自身利益的同时,客观上导致污染控制目标的实现。但是,这种政策使排污合法化,把排污行为完全转化为一种经济行为,使企业完全从社会责任中解脱出来。如果激励的程度有限,相对价格的效应就会难以抵销制度挤出效应,导致环境状况恶化。

自愿环境管制往往被称为环境管制政策制定的"第三波"。它的流行可以通过提供、处理和传播相关信息的成本变化来解释。自愿环境管制常常可以区分为三种类型:单边协议、公共自愿计划和谈判协议。①单边协议。单边协议在没有任何直接的政府干预下发生,企业(或行业)单方面采取自主行动,是一个环境的自我管制过程,企业自身设立环境改善计划,传达给其利益相关者,并设置目标、责任、执行和监督程序。他们可能同意利益相关者参与环境目标的定义,他们也可以委派监督给第三方。②公共自愿计划。在公共自愿计划中,政府当局决定污染目标和达到这些目标的模式,建立要求企业自愿满足的特定标准或清洁技术,留给企业是否参与协议的选择。在这个计划中,建立个体参与的条件、企业服从的规定、监督标准和结果的评价,还有以 R&D 补贴、技术支持和来自生态标签使用提高的声誉等形式的经济利益。③谈判协议。谈判协议是存在于公共机构和行业之间的一个契约,意味着政府和企业在一个消除标准和一个执行进程上的积极谈判,两者之间存在一个讨价还价过程。由此可见,单边协议实际上是一种自我管制（Self-regulation），属于环境保护的私人供给；而后两者则是合作管制（Co-regulation）的形式，属于环境保护的联合供给。但无论如何，它们的共同特征都具有自愿的性质。

以自愿方式执行管制，建立在企业与政府相互信任的基础上，可以避免严厉执行的缺点，同时为企业和政府带来许多利益。管制者可以减缓资金预算下降的困扰，以更低的成本执行他们的要求。在这种方式下，管制者并不严格解释法律，惩罚企业的每一次违规。相反，他们给予企业一些管制豁免，激发企业服从管制的动力，使这些企业做出保证会努力通过自我控制环境行为和迅速报告及纠正违规来服从管制。因此，这一工具既消除了政府的监管成本，同时企业具有更大的灵活性采取更加合适自身情况的技术，因而产生更强的技术创新激励。所以，有人认为，与其他非自愿环境管制相比，自愿环境管制具有非常显著的优势。但是，自愿环境管制也有很大争议。批评者认为，一些宣称"自愿途径"成功的例子似乎都言过其实（Mazurek，1999）。自愿环境管制虽然不会产生制度挤出，但在企业缺乏社会责任感或社会责任感不强、社会的互信机制没有建立起来的条件下，如果没有政府的强制作为后盾，自愿环境管制将无法解决世界各国面临的环境问题。

3. 环境保护的新战略：《节能减排综合工作方案》的简要评价

"十一五"规划中，我国加强了对污染物排放总量的控制，确立主要污染物排放总量减少10%作为约束性指标。根据《"十一五"期间全国主要污染物排放总量控制计划》，"十一五"期间国家对化学需氧量、二氧化硫两种主要污染物实行排放总量控制计划管理，排放基数按2005年环境统计结果确定。计划到2010年，全国主要污染物排放总量比2005年减少10%，具体是：化学需氧量由1414万吨减少到1273万吨；二氧化硫由2549万吨减少到2294万吨。在国家确定的水污染防治重点流域、海域专项规划中，还要控制氨氮（总氮）、总磷等污染物的排放总量。从2006年和2007年的情况看，要完成这些指标具有相当的难度。2008年一季度，工业特别是高耗能、高污染行业增长过快，占全国工业能耗和二氧化硫排放近70%的电力、钢铁、有色金属、建材、石油加工、化工六大行业增长20.6%，同比加快6.6个百分点。"十一五"期间为了保证各项环保指标不至于落空。2007年6月3日，国务院专门发布了由国家发改委会同有关

资源与增长

部门共同制定的《节能减排综合性工作方案》。这个方案的最大特点就是加大了处罚力度,虽然会造成制度挤出,但仅从相对价格效应及制度的挤出效应的综合平衡考察,如果各项措施能得到全面实施,节能减排目标的实现就是可能的,但成本比较高,所以,《节能减排综合工作方案》是一个高成本的有效方案。

在制度挤出的研究中,研究者发现,较低的环境税和较高的环境税的作用比中等水平的环境税的作用明显。原因在于,低的环境税的挤出问题不严重,高的环境税增加了排污企业的成本,其作用足以抵销制度挤出效应。中等环境税一方面产生了挤出效应,另一方面,它又不能有效地诱导企业大量减少污染排放,所以,结果比实施较低的环境税更坏。Gneezy等人在海法大学进行的一次实验,证实了这一结论。通过在海法大学进行的一次 IQ 实验,他们发现,较低的金钱激励产生的绩效最差。他们把学生分为四组:第一组没有报酬;第二组每答对一道题付 10 分作为报酬;第三组每答对一道题付 1 个以色列新谢克尔(NIS);第四组的报酬是 3 以色列新谢克尔。实验的结果是,正确答案从第一组的 28 道题降到第二组的 23 道,再升到第三组的 38 道,然后保持稳定(一共 50 道题)。[1] Iris Bohnet、Bruno S. Frey 和 Steffen Huck 在就法律的执行力对违约行为的影响分析后发现,法律的执行力对执行合约行为的影响并不呈现单调递增,当法律的执行力较弱或很强时,执行合约的可能性就大,当法律的执行力处于中等时,合约执行的可能性较小。[2]

Uri Gneezy 把金钱激励或处罚与绩效的关系称为 W 效应,较少的奖励会引起绩效下降,随着奖励的增加,绩效得到改善;处罚与此对称,较少的处罚无助于绩效的改善,随着处罚力度增加,绩效随之改善。

我国环境保护措施多种多样,以命令—控制型和排污收费制度为主,但对违规企业和个人处罚力度不大,环境保护中的软约束问题十分严重(张其仔、郭朝先等,2006)。这些措施一方面对企业的内在动机形成挤出,另一方面,使价格机制没有充分发挥作用,从而弱化了环境保护中企

---

[1] Uri Gneezy, and Aldo Rustichini: Pay Enough or Don't Pay At All [J]. The Quarterly Journal of Economics, 2000, Aug. pp. 791–810.

[2] Iris Bohnet, Bruno S. Frey and Steffen Huck: More Order with Less Law: On Contract Enforcement, Trust, and Crowding [J]. American Political Science Review, 2001, Vol. 95, No.1: pp. 131–144.

第五章　环境保护与工业增长

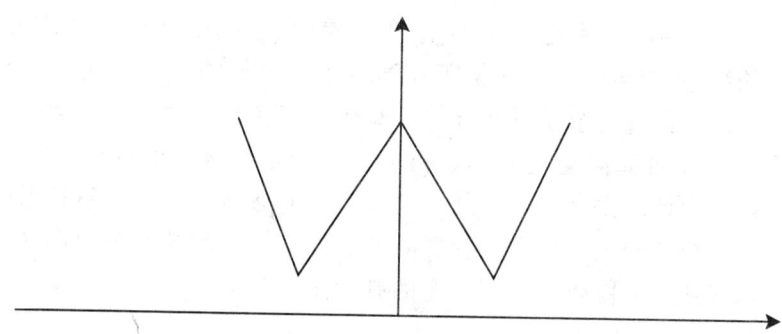

图 5-13　W 型激励效应

业和地方的合作行为。《节能减排综合工作方案》的突出特点之一，就是加大了对违规和没有完成计划指标的惩处力度。采取更严厉的处罚制度虽然会产生制度挤出，但相对价格效应足以抵销制度挤出效应，从而提高实现节能减排的可能性。

在解决人类可持续发展的问题时，越来越多的方案已经超越了新古典经济学所框定的架构，把它建立在更为广泛的人类行为研究成果的基础上。2005年，英国发布了《保证未来安全》的报告，这个报告建立在新人类行为研究的基础上，报告将在利用这些研究成果之上提出的战略称为新战略。新战略的突出特点是综合性和动态性，综合性表现为采取多种措施影响人类的行为和态度，形成新行为规范和行为方式，动态性则表现为保证可持续发展的政策、措施根据人类行为和态度的变化而进行调整。新战略提出的措施，除包括经济激励，如税收、收费、罚款等措施外，还包括其他三类重要的措施：

第一类是提高个人行动可能性的措施，报告将它称为促动（Enable），包括诸如教育、培训、提供基础条件、提供信息、提高能力等措施。采取这类措施的主要目的是要克服态度与行动之间的鸿沟。在英国，30%的人关心公司的环境与社会纪录，但只有3%在产品的购买中会考虑此项因素。这就是态度—行动鸿沟。鸿沟产生的原因在于，行动的成本较高（与价格无关）。

第二类是提高公民参与的措施，如社区活动、共同生产、个人接触、网络利用等。这类措施有助于改变人的习惯，形成新的行为模式，同时也有助于克服由政府管制造成的制度挤出。

第三类是示范，如政府带头等。这类措施的作用和第二类措施的作用

· 303 ·

相似，有助于新的行为模式的形成，但在克服制度挤出上起不到什么作用。

《节能减排综合工作方案》不仅涉及了经济措施，也包括了上述三类非经济措施，但报告缺乏对态度与行动鸿沟问题的关注，从制度挤出的角度而言，方案对如何建立一套可行的公众及社区参与的制度缺乏有效设计。方案中设计的提高公众参与、社区参与的方案，实质上还是需要政府的发动，没有充分体现公众、社区的能动性，是一种政府管制形式下的参与，难以起到克服由政府管制产生的制度挤出问题。

参考文献

1. 萨缪·鲍尔斯：《微观经济学：行为、制度和演化》，江艇、洪福海、周业安译，中国人民大学出版社，2006年。
2. Titmuss, R. M. (1970): The Gift Relationship. London: Allen and Unwin.
3. Lepper, M. R. and D.Greene (eds.) (1978): The Hidden Costs of Reward: New Perspe Perspectives on Psychology of Human Motivation. Hillsdalele, NY: Erlbaum.
4. Deci, E. L. (1971): Effects of Externally Mediated Rewards on Intrinsic Motivation. Journal of Personality and Social Psychology 18 (11): pp. 105-115.
5. Cameron, J., and Pierce, W. D. (1994): Reinforcement, reward, and intrinsic motivation: A meta-analysis. Rev. Educ. Res. 64: pp.363-423.
6. Deci, Edward L., Richard Koestner and Richard M. Ryan (1998): Extrinsic Rewards and Intrinsic Motivation: A Clear and Consistent Picture After All. Mimeo, Department of Psychology, University of Rochester.
7. Fehr, E. hr, and S. Gächt Gächter (2000): Do Incentive Contracts Crowd Out Voluntary Cooperation? Working Paper No. 34. Institute for Empirical Research in Economics Working Paper Series. Zurich University.
8. Frey, B. S. and L. Gätte (1999): Do Does Pay Motivate Volunteers? Unpublished Manuscript. Institute for Empirical Economic Research. University of Zurich.
9. Bruno S. Frey and Reto Jegen: Motivation Crowding Theory: A Survey of Empirical Evidence. Journal of Economic Surveys, 2001, Vol. 15 (5), pp.589-611.
10. Samuel Bowles (2007): Social Preferences and Public Economics: Are good laws a substitute for good citizens? Working Paper of Santa Fe Institute. Frey, B. S. and F. Oberholzer-Gee (1997): The Cost of Price Incentives: An Empirical Analysis of Motivation Crowding-Out. American Economic Review 87 (4): pp.746-755.
11. Cardenas, Juan Camilo, Stranlund John and Willis, Cleve (2000): Local Environmental Control and Institutional Crowding Out. World Development. Vol.28, No. 10,

pp.1719–1733.

12. Bruno S. Frey and Alois Stutzer: Environmental Morale and Motivation, 2006, Working Paper No. 288 of Institute for Empirical Research in Economics, University of Zurich.

13. Tom Tietenberg：《环境与自然资源经济学》，经济科学出版社，2003年。

14. 张其仔、郭朝先、孙天法：《中国工业污染防治的制度性缺陷及其纠正》，《中国工业经济》2006年第8期。

15. Uri Gneezy, Aldo Rustichini（2000）: Pay Enough or Don't Pay At All. The Quarterly Journal of Economics, 2000, Aug, pp.791–810.

16. Iris Bohnet, Bruno S. Frey and Steffen Huck: More Order with Less Law: On Contract Enforcement, Trust, and Crowding. American Political Science Review, Vol. 95, No. 1, March 2001: pp.131–144.

17. The Secretary of State for Environment: Food and Rural Affairs of UK（2005）: Securing the future.

18. 托马斯·思德纳：《环境与自然资源管理的政策工具》，上海三联书店、上海人民出版社，2005年。

19. European Environment Agency: Market-based instruments for environmental policy in Europe, EEA Technical Report No. 8/2005.

20. ［美］保罗·R.伯特尼、罗伯特·N.史蒂文斯：《环境保护的公共政策》，上海三联书店、上海人民出版社，2004年。

21. 中国社会科学院工业经济研究所编：《中国工业发展报告》（2006），经济管理出版社，2006年。

22. 中国社会科学院环境与发展研究中心编：《中国环境与发展评论》（第二卷），社会科学文献出版社，2004年。

23. 邓楠主编：《可持续发展：经济与环境》（上、下册），同济大学出版社，2005年。

24.《中国环境年鉴》（2005），中国环境年鉴出版社，2005年。

25. 赵细康：《环境保护与产业国际竞争力》，中国社会科学出版社，2003年。

26. 宫本宪一：《环境经济学》，三联书店，2004年。

27. 王俊豪：《政府管制经济学导论》，商务印书馆，2001年。

28. 国务院新闻办公室：《中国的环境保护（1996~2005）》，2006年6月。

29. 国家环境保护总局：《关于发布环境行政许可保留项目的公告》（环发［2004］119号）。

30. 国家环境保护总局：《国家环保总局关于推进循环经济发展的指导意见》。

31. 柯金虎：《工业生态学与生态工业园论析》，《科技导报》2002年第12期。

32. 梁本凡：《中国环境税制问题及其改革方向》，载中国社会科学院：《首届中国经济论坛论文集》,2005年。

33. 潘岳:《战略环评与可持续发展》,《中国环境报》2005年8月30日。

34. 应瑞瑶、周力:《外商直接投资、工业污染与环境规制》,《财贸经济》2006年第1期。

35. 张赞:《中国工业化发展水平与环境质量的关系》,《财经科学》2006年第2期。

36. 齐建国:《发展循环经济需要构建新的成本与价格体系》,《中国社会科学院院报》2006年5月23日。

第六章 资源环境对工业增长总体贡献的分析

一、经济增长与自然资源

任何一个国家在迈向工业化的进程中,都面临着如何充分利用稀缺性资源的问题,能否有效地利用自然资源、资本、劳动力、技术等要素直接影响到一个国家经济增长的效率和长期过程。这是经济增长理论需要研究的重要课题,但在大量的经济增长研究中,资源环境问题却没有得到应有的重视。

在古典经济学家中,李嘉图指出了资源的有限性对经济增长的约束作用。萨伊提出,斯密关于价值是由人类劳动创造并表现人类劳动的观点是不正确的。他认为,任何财富和价值都是"归因于劳动、资本和自然力这三者的作用和协力"。马歇尔研究了劳动、资本、土地和组织四个生产要素的供给及其变动规律在经济增长中的作用。但在现代经济增长理论中,人造资本、技术的作用得到充分重视,假定它可以完全突破资源与环境的约束边界,为经济增长提供无限的可能性。索洛认为,在短期内,技术进步率、资本增长率和人口增长率是决定总产量增长率的三个因素。但是,对于理解长期增长和人均产量来说,资本增长率和人口增长率作用不大,一国经济增长中的决定性因素是技术进步。20世纪80年代中期后,罗默、卢卡斯再次复兴了经济增长理论,形成了内生经济增长理论,进一步分析了技术进步的决定因素,把报酬递增引入到经济增长方程中,为持续的经济增长提供了理论支撑。在经济增长研究中,一些经济学家虽然也考虑到了资源环境约束问题,但总体而言,资源环境约束在主流经济增长理论中并不占重要位置。

与主流经济增长理论相对立的另一种理论观点却把资源环境问题摆在了至高无上的位置。生态学家认为，自然资源被利用、开发，数量不断减少，会使生态系统中的总体特性发生相应的变化，进而影响其所在的自然资源系统的结构和功能。经济系统所处的自然环境系统发生变化，变得脆弱，进而使得整个经济增长受到自然资源的限制，自然资源的约束无法完全由人造资本、技术等因素来最终解决。罗马俱乐部于1972年出版的《增长的极限》一书，可视为悲观主义论调的代表性作品。它认为，人类社会的经济活动是以资源消耗和环境污染为代价的，如果传统意义上制约世界经济发展的社会经济关系没有太大的改变，那么，在未来不到100年的时间里，人类社会将耗尽工业发展所必需的可耗竭资源；一旦这些资源被耗尽，经济系统就会陷于瘫痪和崩溃！即使资源存量显著增加，但过度污染仍会造成经济系统的崩溃，这是因为资源增加促进了工业化进程并造成了污染加剧。只有通过限制人口增长、防止污染加剧，并使经济增长停止，才能最终避免经济系统的崩溃！

罗马俱乐部的结论是令人震惊和发人深省的，其报告引起了人们广泛的关注。毫无疑问，罗马俱乐部的报告提出了经济学界曾一度忽视的重要问题：任何经济活动都依赖于一定的资源环境条件，经济发展依赖于资源环境的支撑能力。不过，其分析方法则存在一定的局限性：其一，在他们的模型中，资源消耗等多数流量变量，均呈固定的指数增长；其二，可利用耕地（从而食物）、可耗竭资源等存量变量均保持不变。显然，资源消耗的指数增长和资源的固定供给相结合，必然会导致资源最终枯竭的结论，并进而导致系统的崩溃。这一分析方法，不仅忽视了市场价格机制的调节作用，而且忽略了技术进步因素。事实上，随着资源供给的减少，其价格必然趋于上升，而价格的提高不仅会促进需求的下降，而且会促进旨在减少生产成本、增加资源供给的技术进步。戴利认为，经济学家把宏观经济视为一个孤立的系统，与周围的环境没有物质或能量的交换。所以，我们需要的不是对一个错误视野上的修正性分析，而是一个崭新的视野，将宏观经济学视为有限的自然生态系统的一个子系统，而不是抽象的交换价值的孤立循环，不受物质平衡、熵和边界的限制。世界是一个"空"的世界（见图6-1），如果人造资本能完全替代自然资本，世界永远不会从空的世界走向满的世界（见图6-2）。很多宏观经济学家认为，人造资本可以成为对自然资本的完美替代,如果是这样,那么,自然资本就永远不会稀缺。但事实并不是这样,自然资本和人造资本很大程度上具有互补性,而只能部分替代。例如说,我们有锯木厂,但没有森林,锯木厂就不会有什么用;如果我们有渔船,而没有鱼,那也打不出鱼来;如果有灌渠,而没有水,这有什么用?人造资本只是自然资源的一种物质转换,生产的人造资本越多,需要的自然资本也会越多。如果生产的人造资本越多,需要消耗的自然资本越多,那么,世界就会从空的世界走向满的世界。①

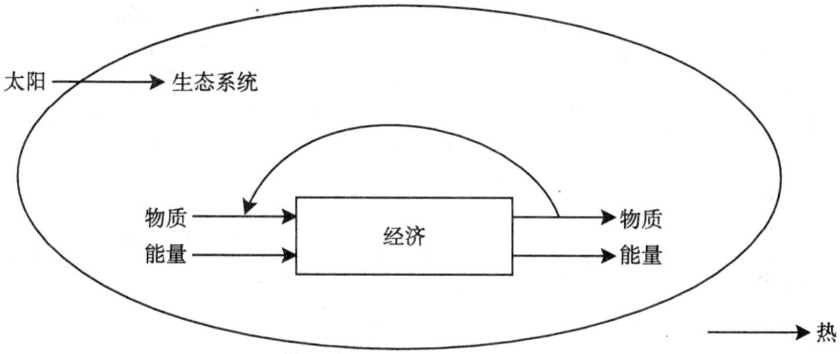

图 6-1 空的世界

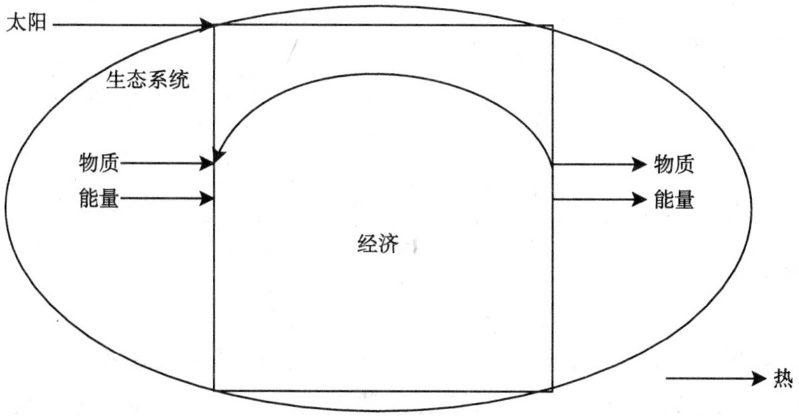

图 6-2 满的世界

---

① 戴利:《超越增长:可持续发展经济学》,上海译文出版社,2001年,第66~68页。

世界目前已进入到了一个满的世界。根据魏克格尔（Wackenagel）的研究，自1977年以来，地球提供的可持续生产力与人口不相容，为容纳1999年的人口，该年需要1.2个地球（见表6-1），如果五大洲面积相等，全球还需要一个大洲。我国的生态赤字比起全球来更加严重。要容纳2001年我国这么多的人口，该年需要2个以上的中国（见表6-2）。

表6-1　　　　　　　　　　　　全球生态足迹（1999）

面　积	全球需求/每人（公顷）	全球可提供的生产力面积/每人（公顷）
农用地	0.53	0.53
草地	0.10	0.27
林地	0.29	0.87
渔域	0.14	0.14
建筑用地	0.10	0.10
能源	1.16	0.00
合计	2.32	1.91

资料来源：引自陶在朴：《生态包袱与生态足迹》，经济科学出版社，2003年，第166页。

表6-2　　　　　　　　　　　　我国的生态足迹（2001）

土　地	需求足迹	供给足迹
化石能源	0.5964	0.0000
耕地	0.7347	0.4412
牧地	0.1171	0.1062
林地	0.5422	0.2530
建筑用地	0.0042	0.0004
海洋	0.0400	0.0026
总计	2.0346	0.8034

资料来源：顾小薇、刘建兴：《生态足迹的理论与方法》，东北大学资源与土木工程学院生态足迹研究组打印稿，2003年，第182页。

就资源环境对经济增长的约束进行长期预测是十分困难的。但毫无疑问的是，资源环境对经济增长的贡献功不可没。这种贡献主要体现为对资本、劳动的替代。丰富的自然资源、更大的环境容量，意味着可以在投入较少资本与劳动的条件下，获得更高的经济增长率。如果在经济增长研究过程中忽略资源与环境的影响，就会过分夸大资本、劳动等的作用，就不利于我们充分认识影响经济增长的主要因素。因此，研究资源环境对经济增长特别是工业增长的贡献,具有十分重要的意义。

二、资源环境对工业增长贡献的总体计量分析

对我国发展阶段判断存在两种不完全相同的意见,一种意见认为,我国已经进入到资本推动型阶段;另一种意见则认为,中国的经济增长还没有完全摆脱对资源与环境的依赖,经济增长需要以大规模消耗资源为代价。在本章中,我们将运用计量的方法,估计资源环境对工业增长的贡献。从而也对我国工业增长目前所处阶段的要素驱动特征做一个基于量化分析的理论判断。

(一) 时间序列数据模型设定与数据来源

根据众多研究成果分析可以发现,资源环境对经济增长的作用方程可以表示为柯布—道格拉斯函数形式,据此设定如下资源环境要素对工业经济增长的影响模型:

$$Y = \lambda K^{\alpha_1} (AL)^{\alpha_2} T^{\alpha_3} W^{\alpha_4} E^{\alpha_5} ST^{\alpha_6} SN^{\alpha_7} DG^{\alpha_8} DW^{\alpha_9} DS^{\alpha_{10}}$$

或者写成:

$$\ln(Y) = c + \alpha_1 \ln(K) + \alpha_2 \ln(AL) + \alpha_3 \ln(T) + \alpha_4 \ln(W) + \alpha_5 \ln(E) + \alpha_6 \ln(ST) + \alpha_7 \ln(SN) + \alpha_8 \ln(DG) + \alpha_9 \ln(Dw) + \alpha_{10} \ln(DS) \quad (6-1)$$

其中:Y 是工业总产值,采用指数形式,反映我国工业实际增长情况;工业资本用工业固定资产净值表示,考虑到统计数据采用现值,因此,利用价格指数进行调整,使之变成不变价格,本书对 1980~1990 年数据采用商品零售价格指数对其进行调整,1991 年之后的数据用固定资产投资价格指数对其进行调整,调整的结果统一采用 1978 年的不变价格;L 是从业人员年平均人数。上述三组原始数据来源于国家统计局编《中国统计年鉴》和《中国工业经济统计年鉴》(历年)。A 表示劳动有效性,用高中以上毕业人数占总人口的比例表示,它以与 L 乘积的形式出现在方程中,数据来源于国家统计局编《中国统计年鉴》和《新中国五十五年统计资料汇编》。T 表示工业用地,数据来源于《中国城市建设统计年报》。W

表示工业用水量（新鲜用水），这方面的数据缺得较多，20 世纪 90 年代后期以来的数据来自国家环境保护总局编《中国环境年鉴》（历年）。E 表示工业用能源，数据来自国家统计局工业交通统计司、国家发展和改革委员会能源局编《中国能源统计年鉴》（历年）。ST 表示战略性、金属矿产资源的消耗，以钢铁产量代替，由生铁、钢和成品钢材三者之和构成；SN 表示普通的非金属矿产资源的消耗，以水泥产量代替。考虑到这两种资源并不是全部用于工业（更多用于房地产），因此，在计算工业用量时乘上一个小于 1 的系数。DG、DW、DS 分别表示工业废气、废水和固体废弃物排放量。这些数据均来自国家统计局编《中国统计年鉴》（历年）。c，λ 是常数，$c = \ln\lambda$；α_i（$i = 1, 2, \cdots, 9$）是待估参数。

（二）方程计量与贡献率分析

第一步，根据方程（6-1），将所有变量都代入方程，进行计量分析，结果发现，一些变量的符号与经济学常识不符，一些变量的估计系数不显著（t-统计量很小），但方程的 R^2 值很大，说明方程存在严重的多重共线性问题。

第二步，将一些数据时期短，或者根据经验判断对工业产出影响小的因素舍弃掉。比如，将水资源变量 W 和固体废弃物变量 DS 从方程中舍弃。但舍弃这两个变量后，方程仍有一些变量不能通过显著性检验。得到回归结果如表 6-3 所示。

第三步，进一步将符号错误的变量和不能通过显著性检验的变量从方程中舍弃。考虑到变量之间存在经济学和统计学的密切相关关系，比如，LOG（T）= 0.917055LOG（K）、LOG（E）= 0.974947LOG（DG）和 LOG（ST）= 1.025716LOG（SN），因此，将变量 T、E、ST 替换掉。这时，出现的结果如表 6-4 所示。

上述方程各变量均通过 t-检验，方程通过 F-检验，$R^2 = 0.999593$，拟合程度高，DW 统计量接近 2，基本排除自相关问题。各种变量间的关系如表 6-5 所示。

根据上述变量之间的关系式，将变量的弹性系数进行分配；又根据各个变量的增长情况，计算它们对工业增长的贡献率，结果如表 6-6 所示。

第六章 资源环境对工业增长总体贡献的分析

表 6-3   工业增长对资源环境的回归

变量	Coefficient	Std. Error	t-Statistic	Prob.
C	−6.849111	1.056641	−6.481965	0.0000
LOG (K)	0.195372	0.076303	2.560463	0.0227
LOG (A×L)	0.450900	0.139163	3.240094	0.0059
LOG (T)	0.153240	0.186295	0.822565	0.4245
LOG (E)	0.049534	0.118039	0.419643	0.6811
LOG (ST)	−0.063045	0.021115	−2.985743	0.0098
LOG (SN)	0.641774	0.104010	6.170319	0.0000
LOG (DG)	0.879976	0.089175	9.867939	0.0000
LOG (DW)	−0.773435	0.094609	−8.175105	0.0000
R-squared	0.999776	Mean dependent var		6.645558
Adjusted R-squared	0.999647	S.D. dependent var		1.099722
S.E. of regression	0.020649	Akaike info criterion		−4.636100
Sum squared resid	0.005970	Schwarz criterion		−4.191777
Log likelihood	62.31515	F-statistic		7798.139
Durbin-Watson stat	2.298658	Prob (F-statistic)		0.000000

表 6-4   工业增长对资源环境的回归

变量	Coefficient	Std. Error	t-Statistic	Prob.
C	−7.316613	1.214493	−6.024418	0.0000
LOG (K)	0.196747	0.092673	2.123037	0.0487
LOG (A×L)	0.456224	0.100348	4.546421	0.0003
LOG (SN)	0.624087	0.068545	9.104810	0.0000
LOG (DG)	0.985036	0.095178	10.34937	0.0000
LOG (DW)	−0.738952	0.108859	−6.788180	0.0000
R-squared	0.999593	Mean dependent var		6.645558
Adjusted R-squared	0.999473	S.D. dependent var		1.099722
S.E. of regression	0.025237	Akaike info criterion		−4.301563
Sum squared resid	0.010827	Schwarz criterion		−4.005347
Log likelihood	55.46797	F-statistic		8351.617
Durbin-Watson stat	1.891171	Prob (F-statistic)		0.000000

表 6-5 各种变量之间关系

自变量	Coefficient	Std. Error	t-Statistic	Prob.
因变量：LOG（T）				
LOG (K)	0.917055	0.004074	225.1084	0.0000
R-squared	0.834302	Mean dependent var		8.145181
Adjusted R-squared	0.834302	S.D. dependent var		0.444978
S.E. of regression	0.181133	Akaike info criterion		−0.539993
Sum squared resid	0.787419	Schwarz criterion		−0.491238
Log likelihood	7.749915	Durbin-Watson stat		0.132610
因变量：LOG（E）				
LOG (DG)	0.974947	0.002688	362.6901	0.0000
R-squared	0.809479	Mean dependent var		11.29783
Adjusted R-squared	0.809479	S.D. dependent var		0.342378
S.E. of regression	0.149444	Akaike info criterion		−0.921290
Sum squared resid	0.491335	Schwarz criterion		−0.871920
Log likelihood	11.59483	Durbin-Watson stat		0.268432
因变量：LOG（ST）				
LOG (SN)	1.025716	0.006617	155.0165	0.0000
R-squared	0.875112	Mean dependent var		10.58272
Adjusted R-squared	0.875112	S.D. dependent var		0.988631
S.E. of regression	0.349377	Akaike info criterion		0.772374
Sum squared resid	3.051612	Schwarz criterion		0.820762
Log likelihood	−9.040858	Durbin-Watson stat		0.461302

表 6-6 各种变量间的弹性系数与贡献

变量	弹性系数	年均增长率	贡献率（%）	备 注
Y		18.378		
K	0.103	9.151	5.110	资本
A × L	0.456	4.876	12.104	劳动与劳动有效性
T	0.094	6.489	3.323	土地
E	0.486	6.011	15.904	能源
ST	0.316	11.079	19.050	矿产资源
SN	0.308	10.970	18.389	矿产资源
DG	0.499	6.808	18.476	环境
DW	−0.739	0.080	−0.321	环境
其他			7.965	其他未解释变量或误差

第六章 资源环境对工业增长总体贡献的分析

由表6-6可知，我国1980~2005年工业增长中，矿产资源的消耗对工业增长的贡献程度最大，贡献率为37%；其次是环境资源的消耗，对工业增长的贡献率为18%；能源对工业增长的贡献也很大，为16%；土地对工业增长的贡献相对较小，仅为3.3%。相比之下，资本和劳动对工业增长的贡献有限，二者之和仅为17%。此外，约有8%的贡献是由其他未解释变量做出或由误差造成的。以上的统计分析结果数据尽管没有精确的意义，但至少可以反映出，从20世纪80年代以来20多年的中国工业增长中，资源环境的投入具有非常大的贡献。对此，我们长期缺乏充分地认识。基于这样的分析结果，可以说，我国工业增长在很大程度上确实具有资源驱动型的显著特征。

（三）进一步利用面板数据模型进行计算

根据2000~2005年全国30个省（市、自治区）（西藏部分数据缺失）规模以上工业企业的相关数据，利用前面类似的排除多重共线性方法，将固体废弃物变量DS舍弃，将变量W整合到变量DW之中（因为LOG（W?）= 1.096763 × LOG（DW?））。最后采用确定效应、加权最小二乘法计算方法（Fixed Effects，Cross Section Weights），得到回归结果如表6-7所示。

表6-7　　　　　工业增长对资源环境的回归（面板数据）

变量	Coefficient	Std. Error	t-Statistic	Prob.
C	−3.872184	0.380179	−10.18515	0.0000
LOG（K?）	0.158024	0.048109	3.284716	0.0013
LOG（L?）	0.269757	0.053928	5.002143	0.0000
LOG（T?）	0.188385	0.052777	3.569437	0.0005
LOG（E?）	0.715356	0.057442	12.45362	0.0000
LOG（ST?）	0.091552	0.025763	3.553559	0.0005
LOG（SN?）	0.211664	0.042559	4.973415	0.0000
LOG（DW?）	−0.161875	0.043094	−3.756316	0.0003
LOG（DG?）	0.202694	0.035651	5.6855244	0.0000
Fixed Effects（Cross）				
_BJ—C	0.493129			
_TJ—C	1.088095			
_HEB—C	−0.951185			

续表

变 量	Coefficient	Std. Error	t-Statistic	Prob.
_SX—C	−1.149222			
_NMG—C	−0.645315			
_LN—C	−0.557389			
_JL—C	0.143718			
_HLJ—C	−0.093067			
_SH—C	0.723556			
_JS—C	0.147692			
_ZJ—C	0.378689			
_AH—C	−0.313858			
_FJ—C	0.696227			
_JX—C	−0.036126			
_SD—C	−0.417671			
_HEN—C	−0.563703			
_HB—C	−0.369395			
_HUN—C	−0.247057			
_GD—C	0.217831			
_GX—C	−0.119502			
_HN—C	1.587924			
_CQ—C	0.400702			
_SC—C	−0.538649			
_GZ—C	−0.588321			
_YN—C	−0.019570			
_SHX—C	0.046941			
_GS—C	−0.189780			
_QH—C	0.607484			
_NX—C	0.418936			
_XJ—C	−0.151116			
Cross-section fixed (dummy variables)				
Weighted Statistics				
R-squared	0.999913	Mean dependent var		12.19776
Adjusted R-squared	0.999891	S.D. dependent var		8.198503
S.E. of regression	0.085621	Sum squared resid		1.041002
F-statistic	44352.66	Durbin-Watson stat		1.530116
Prob (F-statistic)	0.000000			
Unweighted Statistics				
R-squared	0.995250	Mean dependent var		7.852145
Sum squared resid	1.120743	Durbin-Watson stat		1.161557

第六章 资源环境对工业增长总体贡献的分析

上述方程各变量均通过 t-检验，方程通过 F-检验，$R^2 = 0.9999$，方程拟合程度高。考虑到 LOG（W?）= $1.096763 \times$ LOG（DW?），将回归结果中的变量 DW 弹性系数进行分解。根据 2000~2005 年各变量增长率，计算各要素对工业增长的贡献率，结果见表 6-8。

表 6-8　　　　　　　　各要素对工业增长的贡献

变量	弹性系数	年均增长率	贡献率（%）	备注
Y		24.623		
K	0.158	9.775	6.274	资本
L	0.270	4.403	4.824	劳动
T	0.188	7.977	6.103	土地
W	−0.085	3.665	−1.260	水资源
E	0.715	10.615	30.840	能源
ST	0.092	0.631	0.235	矿产资源
SN	0.212	12.354	10.620	矿产资源
DG	0.203	16.912	13.922	环境
DW	−0.077	9.685	−3.037	环境
			31.481	其他未解释变量

由表 6-8 可知，在 2000~2005 年工业增长中，能源消耗对工业增长的贡献程度最大，贡献率为 30.84%，矿产资源和环境资源的消耗对工业增长的贡献率大体相当，均约等于 10.9%，土地对工业增长的贡献率为 6.1%，水资源消耗对工业增长的贡献为负数，反映了工业节水方面的进步。相比之下，资本和劳动对工业增长的贡献有限，二者之和仅为 11%。此外，约有 31.5% 的贡献是由其他未解释变量做出的或由误差造成的。

尽管利用面板数据、时间序列数据，以及各项资源环境对工业增长的贡献进行单独估计时，资源环境对工业增长的贡献有所不同，但各种估计都表明，我国的工业增长还没有摆脱资源依赖型阶段，资本对增长的推动，相当程度上表现为对资源的大规模开采利用以及对环境的高强度利用。

附录 原始数据

附表1 时间序列数据

年份	工业总产值（现价）	y 工业总产值指数 (1978=100)	工业资本（现价）	K 工业资本 (1978年价格)	L 工业从业人数（万人）	A 劳动有效性（高中以上毕业人数占总人口的比例）	T 工业用地（平方公里）	E 工业用能源（万吨标准煤）	SN 水泥（万吨）	ST 钢铁（万吨）	DW 工业废水排放量（万吨）	DG 工业废气排放量（亿标立方米）	DS 工业固体废弃物排放量（万吨）
1980	5154	109.3	2830	2618	4762	6.30		41010	7986	10230	2335512		
1981	5400	114.0	3064	2768	4983	6.78	1636	39631.3	8290	9647	2379272		
1982	5811	122.9	3322	2945	5115	7.08	1730	41291.3	9520	10169	2394396		
1983	6461	136.7	3624	3165	5205	7.31	1794	43765.3	10825	10812	2387744	63167	
1984	7617	158.9	3936	3344	5343	7.49	2035	44002	12302	11720	2513637	68501	
1985	9716	192.9	4664	3641	5557	7.68	2065	51068	14595	12756	2574009	73972	

续表

年份	工业总产值(现价)	y 工业总产值指数(1978=100)	工业资本(现值)	K 工业资本(1978年价格)	L 工业从业人数(万人)	A 劳动有效性(高中以上毕业人数占总人口的比例)	T 工业用地(平方公里)	E 工业用能源(万吨标准煤)	SN 水泥(万吨)	ST 钢铁(万吨)	DW 工业废水排放量(万吨)	DG 工业废气排放量(亿立方米)	DS 工业固体废弃物排放量(万吨)
1986	11194	215.5	5417	3989	5781	7.90	2228	54441	16606	14342	2602380	69679	
1987	13813	253.7	6347	4356	5971	8.17	2380	58792	18625	15517	2637531	77270	8719
1988	18224	306.4	7420	4297	6158	8.44	2661	63040	21014	16336	2683886	82382	7200
1989	22017	332.5	8752	4303	6228	8.71	2742	66291	21029	16838	2520945	83062	5700
1990	23924	358.4	10139	4882	6378	8.98	2828	67578	20971	18026	2486861	85380	4767
1991	26625	411.4	12020	5625	6551	9.26	3082	71413	25261	65701	2358687	84653	3376
1992	34599	513.1	14118	5730	6621	9.54	3291	76279	30822	69033	2338534	90308	3000
1993	48402	653.1	18428	5910	6626	9.83	3649	81223	36788	70406	2194919	93423	2152
1994	70176	811.2	23627	6863	6582	10.10	3947	87855	42118	74495	2155111	97463	1932
1995	91894	975.9	32287	8856	6610	10.39	4238	96191	47561	79570	2218943	107478	2242
1996	99595	1137.9	37034	9769	6451	10.72	4447	100322	49119	85780	2058881	111196	1690
1997	113733	1286.9	41788	10839	6216	11.07	4514	100080	51174	91802	1883296	113378	1549
1998	119048	1425.9	43833	11395	6196	11.48	4704	94409.2	53600	100429	1712355	110807	1821
1999	126110	1591.3	49367	12884	5805	11.90	4654	90797.5	57300	104769	1607678	114721	1154
2000	85674	1860.3	52798	13628	5559	12.38	4874	95442.8	59700	105715	1530600	123151	1040
2001	95449	2131.9	56626	14559	5441	12.90	5105	92346.7	66104	100238	2030000	160863	2894
2002	110776	2519.9	60820	15603	5521	13.44	5769	102181	72500	96608	2070000	175257	2635
2003	142271	3162.4	68234	17130	5749	14.08	6225	121771	86208	101456	2120000	198906	1941
2004	201722	4484.3	82138	19530	6099	14.82	6709	143244	96682	98593	2211425	237696	1762
2005	251620	5592.0	92803	21724	6896	15.72	7155	158058	106885	109092	2430000	268988	1655

资料来源：《中国统计年鉴》、《中国工业经济统计年鉴》、《中国环境年鉴》、《中国能源经济统计年报》、《中国城市建设统计年鉴》各年。

附表2 各地区工业总产值

	当年价（亿元）						2000年价格（亿元）					
	2000年	2001年	2002年	2003年	2004年	2005年	2001年	2002年	2003年	2004年	2005年
北京	2565	2909	3173	3810	5733	6946	2926	3304	3908	5707	6825
天津	2606	2940	3323	4050	5855	6774	3066	3615	4300	5974	6904
河北	3426	3767	4295	5709	8682	11008	3771	4325	5366	7316	8886
山西	1217	1397	1718	2439	3771	4851	1393	1653	2091	2783	3249
内蒙古	749	830	995	1356	2096	2996	829	1001	1322	1945	2645
辽宁	4249	4480	4888	6113	8604	10815	4544	5068	6118	8044	9616
吉林	1680	1877	2171	2662	3344	3792	1871	2195	2626	3140	3415
黑龙江	2461	2365	2488	2910	3719	4715	2467	2652	2772	3133	3405
上海	6205	7004	7741	10343	13968	15768	7243	8301	10940	14255	15816
江苏	10453	11748	13866	18037	26682	32707	11855	14333	18230	25323	30260
浙江	6604	7882	9779	12864	18728	23107	8019	10267	13421	18617	22453
安徽	1661	1825	2124	2610	3660	4567	1851	2158	2563	3323	4016
福建	2616	2945	3676	4954	6783	8136	3002	3857	5161	6886	8242
江西	932	1016	1189	1472	2212	2979	1036	1230	1465	2007	2484
山东	8312	9377	11498	15380	22521	30523	9463	11749	15190	20898	27304
河南	3495	3843	4304	5366	7576	10487	3824	4341	5155	6602	8617
湖北	3064	3240	3589	4030	4960	6067	3272	3692	4006	4663	5456

续表

	当年价（亿元）						2000年价格（亿元）					
	2000年	2001年	2002年	2003年	2004年	2005年	2001年	2002年	2003年	2004年	2005年
湖 南	1628	1811	2099	2611	3654	4755	1815	2120	2571	3330	4092
广 东	12481	14035	16379	21513	29555	35943	14249	17228	22795	30798	36901
广 西	1003	1059	1181	1436	2025	2547	996	1161	1375	1767	2119
海 南	203	220	265	333	407	473	222	272	344	420	491
重 庆	962	1073	1228	1588	2143	2526	1094	1284	1650	2155	2466
四 川	2077	2305	2737	3387	4717	6178	2295	2791	3436	4542	5718
贵 州	632	697	798	978	1395	1690	682	789	935	1235	1396
云 南	1063	1157	1321	1557	2092	2596	1159	1346	1566	1933	2295
西 藏	16	18	19	21	23	27	18	20	22	22	25
陕 西	1185	1338	1505	1879	2735	3398	1333	1490	1760	2386	2684
甘 肃	841	951	1036	1148	1583	1988	966	1074	1082	1305	1496
青 海	196	194	208	248	374	487	207	227	257	349	412
宁 夏	239	269	269	353	554	672	268	269	340	485	554
新 疆	852	877	917	1113	1572	2103	910	978	1032	1253	1438

资料来源：原始数据来自《中国统计年鉴》、《中国工业经济统计年鉴》，经作者整理。

附表3 各地区规模以上工业企业固定资产净值年平均余额

		当年价（亿元）						2000年价格（亿元）					
	2000年	2001年	2002年	2003年	2004年	2005年	2000年	2001年	2002年	2003年	2004年	2005年
全 国	51792	55437	59483	66068	73849	89461		56077	61430	66043	69291	80775
北 京	1517.2	1571.9	1591.2	1629.8	1737.6	2590.4		1581.3	1656.8	1671.7	1729.7	2545.4
天 津	1561.4	1657.9	1729.5	1793.1	1842.1	2155.4		1728.7	1881.5	1903.9	1879.6	2196.9
河 北	2285	2572.9	2747.5	3028.9	3288	3894.2		2575.4	2766.8	2847.2	2770.8	3143.6
山 西	1473.7	1581.9	1834.4	2020.3	2258.1	2855.7		1577.1	1764.8	1731.8	1666.7	1912.9
内蒙古	946.87	978.82	1033	1155.9	1397.8	2022.6		977.84	1039.2	1126.9	1297.1	1786
辽 宁	3449.1	3810.2	4073.6	3940.3	4418.4	4848.7		3864.3	4223.5	3943.7	4130.6	4311.3
吉 林	1253	1420.9	1501.2	1520.5	1653.2	1854.2		1416.6	1517.7	1500	1552.7	1669.8
黑龙江	1961.3	2087.7	2245.1	2245.3	2297.6	2379.9		2176.9	2393.5	2138.8	1935.6	1718.6
上 海	3383.1	3481.5	3657	3875.1	4420.1	5226.5		3600.3	3921.9	4098.7	4511	5242.8
江 苏	4183.9	4429.9	4817.5	5591.4	6729.5	8758.7		4470.2	4979.8	5651.4	6386.6	8103.4
浙 江	2624.6	2952.4	3346.8	4024.5	4438.7	6518.3		3003.5	3514	4198.6	4412.4	6333.9
安 徽	1226.2	1291.7	1379.1	1557	1743.2	1910.9		1310	1401.2	1528.7	1582.5	1680.1
福 建	1464.6	1639.6	1783.3	2019.1	2260.3	2521.3		1671.3	1870.8	2103.5	2294.6	2554.1
江 西	763.58	802.83	842.72	923.4	1048.2	1221		818.38	872.12	918.95	951.21	1018.2
山 东	3983.7	4213.5	4680.2	5556	6554.6	8309.6		4251.8	4782.5	5487.5	6082.1	7433.4
河 南	2207.1	2458.1	2571.8	2784	3096	3788.6		2445.9	2594.3	2674.6	2698.3	3113

续表

	当年价（亿元）						2000年价格（亿元）					
	2000年	2001年	2002年	2003年	2004年	2005年	2001年	2002年	2003年	2004年	2005年
湖　北	1943.9	2045.2	2148.3	3276.5	3664.3	3850.1	2065.9	2209.9	3256.7	3444.7	3462.5
湖　南	1268.6	1314.8	1454.9	1558.2	1842.3	1886.6	1317.4	1469.4	1534	1678.9	1623.5
广　东	5420.3	5661	6018.2	6666.8	7167	8834.7	5747.2	6330.1	7064	7468.4	9070.2
广　西	920.13	948.34	937.2	983.38	1086.1	1248.3	892.14	921.94	941.21	947.3	1038.4
海　南	187.48	188.48	185.86	180.36	204.74	358.52	190.96	190.79	186.15	211.31	371.96
重　庆	754.33	777.32	818.98	838.63	925.81	1056.3	792.38	855.81	871.12	931.22	1031.3
四　川	1944	2016.5	2117.6	2370.7	2653.9	3040	2008.5	2158.8	2404.9	2555.4	2813.7
贵　州	608.02	672.36	703.16	759.68	835.54	1122.7	657.89	695.39	726.59	739.67	926.93
云　南	969.9	983.95	1074.8	1144	1213	1361.5	984.93	1095.7	1150.1	1120.7	1203.6
西　藏	35.136	47.48	46.76	47.38	44.63	70.49	48.105	48.442	47.98	42.609	64.136
陕　西	1170.1	1330.4	1453.6	1601.8	1857.8	2155.2	1325	1438.3	1499.8	1620.5	1702.2
甘　肃	799.99	842.93	923.88	1017.5	1097.3	1117.7	855.77	958.36	959.2	905	840.98
青　海	361.62	399.35	403.15	423.16	461.89	560.46	426.2	440.97	438.9	430.7	474.07
宁　夏	233.31	260.81	268.74	333.73	361.91	426.84	260.03	268.8	321.43	316.96	351.91
新　疆	891.27	996.96	1093.7	1202	1249.8	1515	1035.3	1167	1114.6	996.03	1035.9

资料来源：原始数据来自《中国统计年鉴》、《中国工业经济统计年鉴》，经作者整理。

附表4　各地区规模以上工业企业从业人员

单位：万人

	2000年	2001年	2002年	2003年	2004年	2005年
全　国	5559.36	5441.42	5520.67	5748.56	6098.61	6895.95
北　京	113.13	108.02	107.56	100.81	99.93	116.97
天　津	120.19	123.44	120.95	115.28	117.97	122.17
河　北	269.75	272.98	261.86	270.24	273.55	292.21
山　西	183.56	178.57	181.54	182.49	185.99	213.2
内蒙古	85.34	81.44	78.87	72.15	78.62	83.7
辽　宁	295.18	260.68	250.49	241.99	247.71	276.55
吉　林	134.85	124.52	114.3	101.48	100.37	101.83
黑龙江	195.17	177.36	168.82	133.14	132.57	136.85
上　海	204.94	208.44	208.97	220.01	238.93	259.63
江　苏	518.19	514.8	531.67	569.33	623.1	704.24
浙　江	323.22	366.62	412.73	481.96	563	659.12
安　徽	162.61	149.73	149.36	148.94	154.01	155.21
福　建	155.55	161.93	178.96	221.35	245.81	290.41
江　西	108.85	100.65	95.72	96.12	99.73	112.11
山　东	522.37	523.08	556.37	595.42	647.81	738.23
河　南	345.2	335.73	322.47	317.32	326.92	362.79
湖　北	230.36	218.32	205.82	198.6	196.97	188.3
湖　南	166.71	155.2	152.26	158.44	158.66	169.25
广　东	572.79	578.94	644.39	741.17	814.21	1085.65
广　西	91.25	88.86	82.31	82.93	85.59	91.21
海　南	12	11.78	13.1	12	9.62	12.1
重　庆	90.79	84.19	82.01	84.47	88.86	92.42
四　川	208	195.97	191.62	201.62	207.95	218.99
贵　州	68.34	66.36	65.16	65.53	66.8	68.08
云　南	77.07	70.96	68.59	66.36	63.5	68.83
西　藏	2.92	2.92	2.76	2.77	1.83	1.99
陕　西	124.98	115.46	113.87	112.12	115.39	118.97
甘　肃	91.25	85.98	81.83	77.82	77.07	68.62
青　海	15.87	14.1	13.48	14.24	13.77	14.04
宁　夏	22.41	22.02	21.47	22.8	23.92	25.58
新　疆	46.52	42.37	41.36	39.66	38.45	46.7

资料来源：《中国工业经济统计年鉴》各年。

附表5 各地区工业用土地

单位：平方公里

	2000年	2001年	2002年	2003年	2004年	2005年
全 国	4874.45	5104.72	5768.9	6224.57	6708.6	7085.49
北 京	83.99	116.55	162.8	177.8	196.8	196.8
天 津	86.15	95.86	106.48	116.87	114.9	119.6
河 北	215.86	194.81	227.19	241.49	259.37	272.7
山 西	142.05	95.04	151.01	150.55	152.86	149.1
内蒙古	112.2	113.5	115.93	121.31	116.94	130.2
辽 宁	362.22	380.74	405.93	399.17	400.41	409.7
吉 林	150.83	154.24	156.95	163.78	180.1	191.4
黑龙江	246.41	245.55	246.11	250.51	273.25	294.7
上 海	384.65	446.32	470.29	470.29	470.29	470.29
江 苏	318.87	378.75	478.77	560.29	615.96	647.1
浙 江	181.88	218.21	262.27	328.92	382.4	414.6
安 徽	188.46	190.9	203.68	208.01	222.22	259.6
福 建	93.49	97.49	102.16	126.11	118.38	142.3
江 西	122.87	108.36	126.99	137.21	129.35	124.5
山 东	337.51	363.51	413.5	472.6	557.14	603
河 南	234.81	247.96	252.06	261.87	280.06	289.8
湖 北	286.43	294.33	286.56	284.23	304.72	303.7
湖 南	173.27	184.9	198.51	188.49	209.05	219
广 东	299.83	314.92	499.77	577.07	704.48	752.2
广 西	118.15	125.88	129.46	143.01	142.19	158.8
海 南	24.48	16.45	18.69	15.88	17.69	25.1
重 庆	56.91	60.61	73.9	93.09	91.65	123.1
四 川	219.49	231.78	248.49	261.68	267.53	280.2
贵 州	63.79	67.98	71.83	76.17	77.43	78
云 南	43.93	45.81	48.17	52.84	54.52	62.6
西 藏	7.08	7.08	7.08	7.02	7.02	6.3
陕 西	85.93	88.32	86.76	98.56	113.26	111.1
甘 肃	89.43	93.88	92	99.77	101.49	96.3
青 海	17.1	15.38	15.4	16.59	15.68	17
宁 夏	25.11	26.89	28.35	34.13	38.35	40.9
新 疆	82.53	82.72	81.81	89.26	93.11	95.8

注：北京、上海2005年数据缺，用2004年数据代替。
资料来源：《中国城市建设统计年报》各年。

附表6　各地区工业新鲜用水量

单位：万吨

	2000年	2001年	2002年	2003年	2004年	2005年
全　国	6653436	7101186	7116811	7412087	7486854	7965397
北　京	60362	53217	49746	42474	46765	28954
天　津	36035	40555	42080	37685	43558	74868
河　北	125871	168541	171300	162642	184010	201501
山　西	73371	79789	106591	100694	104855	122412
内蒙古	48676	42097	45534	49499	53496	61479
辽　宁	177325	185228	174196	165281	162955	179340
吉　林	96760	99941	110724	85586	108395	114290
黑龙江	257218	216109	216275	212125	193428	217933
上　海	682134	698996	712645	709615	579425	638187
江　苏	884606	654142	630119	662283	698367	761860
浙　江	692285	859749	904011	962656	982767	1207211
安　徽	411538	395236	419155	439363	366270	353342
福　建	165890	284320	225074	296628	313452	323284
江　西	148071	169079	219151	274124	317952	216049
山　东	167131	262588	167906	183035	203805	213144
河　南	156718	170792	185320	187727	183030	202858
湖　北	305485	308097	311143	288648	303631	297665
湖　南	209230	258151	234563	245557	253776	200499
广　东	949705	1131681	1130404	1144173	1113341	1374627
广　西	163348	207057	224371	289744	330262	286019
海　南	10281	8060	9495	9516	10490	12206
重　庆	245440	194999	199203	216924	262415	257039
四　川	198366	242922	259979	270191	273453	245737
贵　州	115308	72417	70832	69306	67268	60764
云　南	71781	83212	79933	95346	97747	67863
西　藏	531	1982	1915	1898	2148	2026
陕　西	51163	47963	51198	56790	82437	80545
甘　肃	68615	67744	61014	59911	57702	51109
青　海	7633	10203	11137	17157	15431	19090
宁　夏	19852	20808	41370	24967	20663	32297
新　疆	52707	65511	50427	50542	53560	61199

资料来源：《中国环境年鉴》各年。

附表7 各地区能源消费总量

单位：万吨标准煤

	2000年	2001年	2002年	2003年	2004年	2005年
全 国	145630	153919.5	175163	199335	230818	262321
北 京	4144	4313	4436	4648	5140	5522
天 津	2794	2918	3022	3215	3697	4115
河 北	9893	10391	13405	15298	17348	19745
山 西	6728	7968	9340	10386	11251	12312
内蒙古	3549	4073	4560	5778	7623	9643
辽 宁	10766	10656	10602	11253	13074	14685
吉 林	3766	3863	4531	5174	5603	5958
黑龙江	6166	6037	6004	6714	7466	8026
上 海	5499	5818	6249	6796	7406	8069
江 苏	8612	8881	9609	11060	13652	16895
浙 江	5967	6530	8280	9523	10825	12032
安 徽	4879	5118	5316	5457	6017	6518
福 建	3463	3163	4236	4808	5449	6157
江 西	2505	2329	2933	3426	3814	4286
山 东	8203	9955	14599	16625	19624	23610
河 南	7919	8244	9055	10595	13074	14625
湖 北	6269	6052	6713	7708	9120	9851
湖 南	4071	4622	5382	6298	7599	9110
广 东	9448	10179	11355	13099	15210	17769
广 西	2669	2669	3120	3523	4203	4981
海 南	480	520	602	684	742	819
重 庆	2428	3016	2696	3069	3670	4360
四 川	6518	6810	7510	9204	10700	11301
贵 州	4279	4438	4470	5534	6021	6429
云 南	3468	3490	4131	4450	5210	6024
西 藏						
陕 西	2731	3257	3713	4170	4776	5424
甘 肃	3012	2905	3174	3525	3908	4368
青 海	897	930	1019	1123	1364	1670
宁 夏	1179	1278.5	1378	2015	2322	2510
新 疆	3328	3496	3723	4177	4910	5507

资料来源：《中国能源统计年鉴》各年。

附表8　各地区钢铁生产量

单位：万吨

	2000年	2001年	2002年	2003年	2004年	2005年
全　国	38957.15	46785.3	54572.8	67708.29	82186.25	107470.31
北　京	2273.35	2336.57	2339.79	2389.86	2470.09	2607.73
天　津	900.63	1075.72	1536.42	1992.1	2710.52	3285.66
河　北	4245.85	6017.75	8090.67	12021.77	15622.72	20857.36
山　西	1958.71	3189.74	2993.02	4398.37	4094.85	6253.12
内蒙古	1243.35	1318.2	1554.34	1744.09	1873.85	2475.95
辽　宁	4552.41	4929.2	5915.56	6649.57	7719.44	9408.93
吉　林	463.25	596.15	815.59	1069.41	1167.93	1350.01
黑龙江	230.16	253.32	331.6	443.82	588.4	662.52
上　海	4796.16	5021.46	4622.52	4811.38	4998.53	5619.48
江　苏	2341.82	3180.7	4274.15	5488.53	7636.21	10423
浙　江	545.23	669.2	805.24	1034.54	1177.51	1638.5
安　徽	1384.41	1698.19	1955.78	2110.47	2812.1	3414.35
福　建	558.1	673.27	760.53	945.07	1193.57	1520.18
江　西	907.45	1123.98	1532.89	1760.75	2161.06	2808.45
山　东	2047.05	2357.46	2979.37	4234.43	5740.81	9416.23
河　南	1319.34	1595.29	1870.38	2358.96	2731.85	3632.98
湖　北	2485.86	2759.64	3044.72	3415.14	3853.26	4603.13
湖　南	935.9	1295.61	1533.8	1729.8	2401.24	2970.46
广　东	894.84	1186.86	1405.64	1797.8	2268.58	2891.64
广　西	332.68	420.9	548.05	684.84	1035.06	1501.56
海　南	8.61	8.27	8.28	17.41	20.73	19.64
重　庆	503.87	561.28	586.75	674.92	791.35	818.66
四　川	1699.3	1951.25	2188.43	2358.89	2920.96	3327.15
贵　州	468.05	459.12	558.85	616.58	612.13	740.38
云　南	624.77	746.16	838.43	1093.67	1349.16	1846.26
西　藏						
陕　西	173.88	207.14	292.99	476.65	592.31	961.66
甘　肃	626.78	686.04	637.14	708.5	869.74	1379.41
青　海	79.3	80.7	77.32	88.03	84.61	105.06
宁　夏	12.46	8.14	28.6	40.73	44.24	35.11
新　疆	343.58	377.99	445.95	552.21	643.44	895.74

资料来源：《中国统计年鉴》各年。

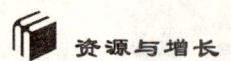

附表9 各地区水泥产量

单位：万吨

	2000年	2001年	2002年	2003年	2004年	2005年
全　国	58319.29	66103.99	72181.26	86208.11	93368.62	106884.79
北　京	827	809	884	999	1128	1183.8
天　津	267.81	338.99	377.75	451	537	518.64
河　北	4694.59	4878.03	5769.24	6811.4	7825.51	7686.04
山　西	1193.65	1573.01	1680	1949	1923.23	2310.68
内蒙古	630.02	698.12	711.43	947.86	1182.44	1632.25
辽　宁	1954.87	2101.45	2145.75	2439.74	2472.08	2680.67
吉　林	758.86	907.25	889.2	1119.13	1376.31	1718.62
黑龙江	903.68	965.56	957.71	1114.43	1128.08	1214.48
上　海	311.69	433.69	351.59	744.67	665	1045.21
江　苏	4599.52	5246.93	6035.29	7825.14	7993.22	9681.49
浙　江	4256.61	4791.03	5742.79	7194.1	8191.61	9128.97
安　徽	1905.57	2371.52	2403.51	3072.96	3235.46	3352.56
福　建	1513.64	1762.02	1698.69	2400.2	2245.34	2791.64
江　西	1463.04	1608.31	1965.97	2524.18	2976.13	3700.5
山　东	6547.05	7287.25	8238.69	9935	12363.84	14425.85
河　南	3723.4	4686.4	4481.3	4722.6	5393.6	6487.18
湖　北	2460.92	2796.7	2948.66	3445.81	3767.66	4485.69
湖　南	2395.72	2761.89	2746.5	3135	3358.22	3742.32
广　东	5872.4	6018.02	7442.3	7530.01	7785.25	8228.92
广　西	2198.35	2140.45	2401.18	2665.19	2679.54	3306.13
海　南	315.05	312.59	347.35	397.84	418.7	446.42
重　庆	1402.78	1698.8	1750	2037.66	1957.23	2226.15
四　川	2766.42	3162.14	3294.47	4059.85	3819.91	4480.19
贵　州	783.88	1204	1121.11	1590.98	1428.8	1685.1
云　南	1512	1640.87	1709	2052.79	2151	2832.62
西　藏	49.32	49.59	59.08	124.91	95.98	128.15
陕　西	989.44	1492.91	1328.3	1828	1800.5	2164.86
甘　肃	723.5	891.65	1081.02	1160.82	1353.04	1415.99
青　海	123.71	176.13	263.5	307	342.81	370.62
宁　夏	280.25	318.69	374.24	494.13	582.79	567.58
新　疆	894.55	981	981.64	1127.71	1190.34	1245.47

资料来源：《中国统计年鉴》各年。